国家社科基金
GUOJIA SHEKE JIJIN HOUQI ZIZHU XIANGMU
后期资助项目

U0838978

戴震学术成就及其对皖派朴学的引领

徐玲英◎著

北京师范大学出版集团
BEIJING NORMAL UNIVERSITY PUBLISHING GROUP
安徽大学出版社

图书在版编目(CIP)数据

戴震学术成就及其对皖派朴学的引领 / 徐玲英著. 合肥 : 安徽大学出版社, 2025. 7. -- ISBN 978-7-5664-3028-1

Ⅰ. B249.65

中国国家版本馆 CIP 数据核字第 2025788FC0 号

戴震学术成就及其对皖派朴学的引领

Daizhen Xueshu Chengjiu Ji Qi Dui Wanpai Puxue De Yinling

徐玲英 著

出版发行: 北京师范大学出版集团
安 徽 大 学 出 版 社
(安徽省合肥市肥西路 3 号 邮编 230039)
www.bnupg.com
www.ahupress.com.cn

印　　刷: 合肥远东印务有限责任公司
经　　销: 全国新华书店
开　　本: 710 mm×1010 mm　1/16
印　　张: 16.25
字　　数: 328 千字
版　　次: 2025 年 7 月第 1 版
印　　次: 2025 年 7 月第 1 次印刷
定　　价: 52.00 元

ISBN 978-7-5664-3028-1

策划编辑:李加凯
责任编辑:李加凯
责任校对:龚婧瑶
装帧设计:李　军　孟献辉
美术编辑:李　军
责任印制:陈　如　孟献辉

国家社科基金后期资助项目
出版说明

后期资助项目是国家社科基金设立的一类重要项目，旨在鼓励广大社科研究者潜心治学，支持基础研究多出优秀成果。它是经过严格评审，从接近完成的科研成果中遴选立项的。为扩大后期资助项目的影响，更好地推动学术发展，促进成果转化，全国哲学社会科学工作办公室按照“统一设计、统一标识、统一版式、形成系列”的总体要求，组织出版国家社科基金后期资助项目成果。

全国哲学社会科学工作办公室

目　录

引论：戴震生平及戴学研究现状

戴震（1724—1777），字慎修，又字东原，安徽休宁隆阜人，乾嘉时期朴学大师、唯物主义哲学家。他精通文字、音韵、训诂、天文、地理、算学和哲学，是个百科全书式人物。其弟子段玉裁称其师“凡故训、音声、算数、天文、地理、制度、名物、人事之善恶是非，以及阴阳气化、道德性命，莫不究乎其实”①。

戴震蕴蓄极深，十岁才开口说话，说话便清晰可辨，“就傅读书，过目成诵，日数千言不肯休”。他天性善疑，喜欢刨根究底，即便对朱熹的《大学章句》，他也抱以怀疑态度。《戴东原先生年谱》记载，十岁时“授《大学章句》，至‘右经一章’以下，问塾师：‘此何以知为孔子之言而曾子述之？又何以知为曾子之意而门人记之？’师应之曰：‘此朱文公所说。’即问：‘朱文公何时人？’曰：‘宋朝人。’‘孔子、曾子何时人？’曰：‘周朝人。’‘周朝、宋朝相去几何时矣？’曰：‘几二千年矣。’‘然则朱文公何以知然？’”②梁启超深服戴震童年便有此等怀疑精神，云：“此一段故事，非惟可以说明戴氏学术之出发点，实可以代表清学派时代精神之全部。盖无论何人之言，决不肯漫然置信，必求其所以然之故；常从众人所不注意处觅得间隙，既得间，则层层逼拶，直到尽头处；苟终无足以起其信者，虽圣哲父师之言不信也。此种研究精神，实近世科学所赖以成立。而震以童年具此本能，其能为一代学派完成建设之业固宜。”③于私塾中，戴震打下了坚实的小学功底。“先生读书，每一字必求其义，塾师略举传注训解之，先生意每不释然。师不胜其烦，因取汉许叔重《说文解字》十五卷授之，先生大好其书，学之三年，尽得其节目。”《说文解字》是我国第一部系统分析字形、考究字源的文字学奠基之作。由于戴震早年就立志走“由字以通其词，由词以通其道”之路，故刻苦研读《说文解字》。此外，“又取《尔雅》《方言》及汉儒笺注之存于今者，搜求考究。一字之义，必贯群经、本六书以为定诂。由是尽通前人所合集《十三

---

① 段玉裁：《戴东原集序》，见《经韵楼集》，上海：上海古籍出版社，2008年，第370页。

② 段玉裁撰、杨应芹订补：《东原年谱订补》，见张岱年主编：《戴震全书》（第六册），合肥：黄山书社，1995年，第650页。

③ 梁启超：《清代学术概论》，上海：上海古籍出版社，2005年，第28～29页。

经注疏》,举其辞无遗,时先生年十六七矣"[①]。由《说文解字》再及《尔雅》《方言》,由此推及汉儒传注,熟背《十三经》及其注文,少年的戴震已经打下了坚实的小学功底,这为其后来释读六经且多有发明奠定了基础。戴震虽谨慎地宣称:"余于疏不能尽记,经、注则无不能倍诵也。"[②]但由此已可见戴震学术根底之深厚无比。

走出私塾后,有一技之长的戴震"随父文林公客江西南丰,就近课学童于邵武"[③]。其后的教学谋生经历使其经学益进。二十岁时,戴震拜见邑人程恂,程氏一见便爱重之,曰:"载道器也。吾见人多矣,如子者,巍科硕辅,诚不足言。"[④]经程恂推荐,戴震拜江永为师。江永治经数十年,精于《三礼》及步算、钟律、声韵、地名沿革,博综淹贯,岿然大师。江永爱戴震盛年博学,"一日举历算中数事问先生曰:'吾有所疑,十余年未能决。'先生请其书,谛视之,因为剖析比较,言其所以然。江先生惊喜,叹曰:'累岁之疑,一日而释,其敏不可及也。'先生亦叹江先生之学周详精整"[⑤]。其后,戴震受聘于儒商汪梧凤家。汪家数代经商,乐善好施,建有不疏园弘扬儒学。此园聚集众多名家、学者,当时江永就住在其家。汪中《大清故贡生汪君墓志铭》记曰:"乾隆初纪,老师略尽,而处士江慎修崛起婺源,休宁戴东原继之。经籍之道复明,始此。两人自奋于末流,常为乡俗所怪,又孤介少所合,而地僻陋无从得书。是时歙西溪汪君独礼而致诸其家,饮食供具惟所欲,又斥千金置书,益招好学之士日夜诵习,讲贯其中,久者十数年,近者七八年,四五年,业成散去。"不疏园不仅为戴震提供典籍资料,还提供其与学人相切磋之机会,与郑牧、金榜、汪肇龙、程瑶田、方矩等从江、方二先生质疑问难[⑥]。他们相师相友,戴震学识大长。此时的戴震已小有成就,许承尧言:"先生之学,深造自得,不由师授。年未逾壮,所为《策算》《六书论》《考工记图》《尔雅文字考》《屈原赋注》皆成书。迨策蹇入都,一时通人如纪昀、王鸣盛、钱大昕、王昶、朱筠、卢文弨辈,莫不敛手。"[⑦]

---

① 洪榜:《戴先生行状》,见张岱年主编:《戴震全书》(第七册),合肥:黄山书社,1997 年,第 4 页。

② 段玉裁撰、杨应芹订补:《东原年谱订补》,见张岱年主编:《戴震全书》(第六册),合肥:黄山书社,1995 年,第 651 页。

③ 洪榜:《戴先生行状》,见张岱年主编:《戴震全书》(第七册),合肥:黄山书社,1997 年,第 4 页。

④ 段玉裁撰、杨应芹订补:《东原年谱订补》,见张岱年主编:《戴震全书》(第六册),合肥:黄山书社,1995 年,第 653 页。

⑤ 洪榜:《戴先生行状》,见张岱年主编:《戴震全书》(第七册),合肥:黄山书社,1997 年,第 7 页。

⑥ 魏建功:《戴东原年谱》,见张岱年主编:《戴震全书》(第七册),合肥:黄山书社,1997 年,第 124 页。

⑦ 许承尧:《戴东原先生全集序》,见张岱年主编:《戴震全书》(第七册),合肥:黄山书社,1997 年,第 173 页。

戴震"立身则曰不苟,待人则曰无憾。事事不苟,犹未能远耻辱也,念念求无憾,犹未能免怨尤也"①。三十三岁时,族子豪者抢占其祖坟并贿赂县令,欲致其罪,戴震"乃脱身挟策入都"②,只身避难京师,寄居于歙县会馆,过了一段清苦的日子。是年,戴震拜见钱大昕,谈论学术,钱大昕对他极为赏识。经钱大昕推荐,戴震为秦蕙田所延请,于味经轩同纂《五礼通考》。秦氏所遇难题,戴震一一为之疏通剖析,戴震之说多被采纳。1756年,戴震又受聘于王安国府第,教其子王念孙读书。

戴震以其渊博的学识赢得京师学界认可,声誉鹊起。其后,王昶、纪昀、王鸣盛、朱筠、姚鼐等京师名流皆与戴震频繁交往,段玉裁追忆曰:"盖先生是年讼其族子豪者侵占祖坟,族豪倚财结交县令,令欲文致先生罪,乃脱身挟策入都,行李衣服无有也。寄旅于歙县会馆,饘粥或不继,而歌声出金石。是时纪太史昀、王太史鸣盛、钱太史大昕、王中翰昶、朱太史筠,俱甲戌进士,以学问名一时,耳先生名,往访之,叩其学,听其言,观其书,莫不击节叹赏,于是声重京师,名公卿争相交焉。"③洪榜亦称:"先生之始至京师,当时馆阁诸公,今光禄卿嘉定王君鸣盛,今学士嘉定钱君大昕,大兴朱君筠,纪君昀,余姚卢君文弨,今大理卿青浦王君昶,皆折节交先生。"④跻身于众硕儒之中,问学于诸大师之间,他们或抵掌而谈,或书信往来,质疑问难,切磋问学。例如戴震《与王内翰凤喈书》探"光被四表"中"光"之"充"训;《与姚孝廉姬传书》论求十分之见;《与卢侍讲绍弓书》论《大戴礼》校勘事宜……于京师访学交友,戴震开阔了学术视野,提高了知名度。

戴震仕途不济,四十岁方才中举,次年入京,屡次讲学,段玉裁皆参与听讲。三年后,段玉裁正式成为戴震弟子。戴震五十一岁时,经纪昀等人推荐,以举人身份特招入四库馆,充任纂修官,主要负责天文、算术、地理、小学等书的校订。五十三岁时奉命与乙未贡士一起殿试,赐同进士出身,授翰林院庶吉士。这是戴震以其学识获得的殊荣。此后,戴震一直致力于《四库全书》的编纂工作。《清史稿·儒林传》记载,"震以文学受知,出入著作之庭。馆中有奇文疑义,辄就咨访。震亦思勤修其职,晨夕披检,无间寒暑"。在馆四年,经戴震亲手校订之书主要有《仪礼集释》《仪礼识误》《大戴

① 钱大昕:《戴先生震传》,见张岱年主编:《戴震全书》(第七册),合肥:黄山书社,1997年,第13页。

② 段玉裁撰、杨应芹订补:《东原年谱订补》,见张岱年主编:《戴震全书》(第六册),合肥:黄山书社,1995年,第666页。

③ 段玉裁撰、杨应芹订补:《东原年谱订补》,见张岱年主编:《戴震全书》(第六册),合肥:黄山书社,1995年,第666页。

④ 洪榜:《戴先生行状》,见张岱年主编:《戴震全书》(第七册),合肥:黄山书社,1997年,第8页。

礼记》《水经注》《周髀算经》《九章算术》等近二十部。《清史稿》对戴震所校之书评价极高，曰："震为学精诚解辨，每立一义，初若创获，乃参考之，果不可易。"[①]辛苦的编纂工作损害了戴震的健康。于五十四岁时，戴震突患脚病。次年五月二十七日，戴震于北京崇文门西范氏颖园去世。戴震于临终前十数日成《声类表》九卷，又手批《六书音均表》一部。戴震卒后，其弟子各传其学，"其小学，则高邮王念孙、金坛段玉裁传之；测算之学，则曲阜孔广森传之；典章制度之学，则兴化任大椿传之：皆其弟子也"[②]。

戴震出生于徽州，"徽人居群山中，率走四方经商为活，学者少贫，往往操贱事，故其风亦笃实而通于艺"[③]。土风的熏陶，生活的艰辛，使戴震发愤为学，勤苦自砺，虽馇粥不继，仍笔耕不辍，故其著作等身。据《清史稿·儒林传》记载："其小学书有《六书论》三卷，《声韵考》四卷，《声类表》九卷，《方言疏证》十卷。""其测算书《原象》一卷，《迎日推策记》一卷，《句股割圜记》三卷，《历问》一卷，《古历考》二卷，《续天文略》三卷，《策算》一卷。""震所著典章制度之书未成。有《诗经二南补注》二卷，《毛郑诗考正》四卷，《尚书义考》一卷，《仪经考正》一卷，《考工记图》二卷，《春秋即位改元考》一卷，《大学补注》一卷，《中庸补注》一卷，《孟子字义疏证》三卷，《尔雅文字考》十卷，《经说》四卷，《水地记》一卷，《水经注》四十卷，《九章补图》一卷，《屈原赋注》七卷，《通释》三卷，《原善》三卷，《绪言》三卷，《直隶河渠书》一百有二卷，《气穴记》一卷，《藏府算经论》四卷，《葬法赘言》四卷，《文集》十卷。"[④]

戴震以其显赫的考据学成就、标新立异的哲学思想受到其同时代人和后世学者的关注。戴震去世后，时人纷纷为其作传。其中，段玉裁所作《戴东原先生年谱》最为详赡[⑤]，详细介绍了戴震生平事迹及其主要撰述。此外，洪榜的《戴先生行状》强调了戴震巨细毕究、本末兼察的为学特点，以及遂情达欲、一以道义的哲学思想[⑥]；钱大昕的《戴先生震传》指出戴震由音声、文字求训诂，由训诂求义理，以及实事求是、不偏主一家的治学特色[⑦]；

---

① 赵尔巽等：《清史稿·儒林传》，北京：中华书局，1977年，第13198、13199页。

② 赵尔巽等：《清史稿·儒林传》，北京：中华书局，1977年，第13200页。

③ 钱穆：《中国近三百年学术史》，北京：商务印书馆，1997年，第342页。

④ 赵尔巽等：《清史稿·儒林传》，北京：中华书局，1977年，第13199～13200页。

⑤ 段玉裁撰、杨应芹订补：《东原年谱订补》，见张岱年主编：《戴震全书》（第六册），合肥：黄山书社，1995年，第649～718页。

⑥ 洪榜：《戴先生行状》，见张岱年主编：《戴震全书》（第七册），合肥：黄山书社，1997年，第3～11页。

⑦ 钱大昕：《戴先生震传》，见张岱年主编：《戴震全书》（第七册），合肥：黄山书社，1997年，第12～17页。

凌廷堪的《戴东原先生事略状》着重指出戴震由训诂而义理的研究理路，同时他亦指出："理义固先生晚年极精之诣，非造其境者，亦无由知其是非也。其书具在，俟后人之定论云尔。"①近儒中首尊戴震的是章太炎。章太炎《清儒》指出戴震求学深邃，言直核而无蕴藉，不同于方苞、姚鼐等的桐城义法②。在戴震诞辰二百周年时，梁启超为纪念会所作的《戴东原哲学》，高度评价戴震发明的义理，认为戴震哲学重视情欲的原因，在于其要建设"生活主义"③；胡适所撰的《戴东原的哲学》更是认为戴震用科学家求知的态度对待人生问题，戴震哲学对理学的反动最激烈④。戴震哲学的价值被不断地发现，戴震成了清代学术与思想的新典范。后来，余英时进一步丰富戴学研究内容，分析戴震与同时代学者的关系⑤。

目前，戴学已成为显学，并得到学界普遍关注。"戴震研究会"的成立，加强了学者之间的交流；《戴震全书》⑥《戴震全集》⑦的编订，为研究者提供了全面的资料。近期，戴震研究的论著有近百篇，主要集中在三个方面：第一，戴震哲学思想研究。这是目前戴学研究的主要内容。论文主要有吴根友《戴震"自然—必然"范畴的理论新意再探析》⑧、陶清《重评戴震——关于戴震思想在中国社会历史发展中的地位和意义的省思》⑨、吴震《戴震哲学的方法论反思》⑩、吴根友《从经学解释学到经典解释学——戴震的经学解释学及其当代的活化》⑪、李畅然《戴震解经方法论发微——以〈与是仲明论学书〉为中心》⑫和邓国宏《戴震哲学方法论新探——以"解释学循环"

① 凌廷堪：《戴东原先生事略状》，见张岱年主编：《戴震全书》(第七册)，合肥：黄山书社，1997年，第18～23页。

② 章太炎：《清儒》，见张岱年主编：《戴震全书》(第七册)，合肥：黄山书社，1997年，第340～342页。

③ 梁启超：《戴东原哲学》，见张岱年主编：《戴震全书》(第七册)，合肥：黄山书社，1997年，第353～379页。

④ 胡适：《戴东原的哲学》，见《胡适学术文集·中国哲学史》(下册)，姜义华编，北京：中华书局，1991年，第1039页。

⑤ 余英时：《论戴震与章学诚：清代中期学术思想史研究》，北京：生活·读书·新知三联书店，2000年。

⑥ 张岱年主编：《戴震全书》(第一～七册)，合肥：黄山书社，1994—1997年。

⑦ 戴震：《戴震全集》(第一～六册)，北京：清华大学出版社，1991年。

⑧ 吴根友：《戴震"自然—必然"范畴的理论新意再探析》，载《中国哲学史》2023年第3期。

⑨ 陶清：《重评戴震——关于戴震思想在中国社会历史发展中的地位和意义的省思》，载《云南大学学报(社会科学版)》2022年第6期。

⑩ 吴震：《戴震哲学的方法论反思》，载《哲学研究》2022年第9期。

⑪ 吴根友：《从经学解释学到经典解释学——戴震的经学解释学及其当代的活化》，载《社会科学战线》2019年第6期。

⑫ 李畅然：《戴震解经方法论发微——以〈与是仲明论学书〉为中心》，载《文史哲》2014年第4期。

为视角的观察》①，研究了戴震哲学的历史地位和研究方法；陶清《戴震哲学思想研究——以〈孟子字义疏证〉为个案》②、陶武《传统人性理论再解读——戴震人性可善论摭谈》③分别讨论了戴震的“理”“欲”关系和人性论；屠凯《戴东原的法哲学》④认为戴震哲学的核心价值在于他“以己之情，絜人之情，而无不得其平也”的是非判定法则；等等。第二，戴震音韵、训诂、水地和方志等方面研究。如黄易青《古音研究中的“以义正音”》⑤和徐道彬《徽州学者与清代审音派》⑥研究了戴震的语音观念；孔媛媛《〈孟子字义疏证〉训诂研究》⑦探讨了戴震的训诂特点；徐道彬《戴震考据学研究》⑧探讨了戴震的考据学成就与方法；杨应芹《御用之作与独立研究的终极成果——戴震两种不同版本的〈水经注〉》⑨指出戴震水地研究的特点；马春晖《试析戴、章学派之争下的方志艺文志走向》⑩和梅森《方志性质之争抑或编纂方法之论——戴震与章学诚宁波道署论争辨析与方志学派存在与否之质疑》⑪探讨了戴震的方志研究特色；等等。第三，戴震与江永、惠栋的关系研究。这方面的研究主要有徐到稳的《江永反朱思想及其对戴震的影响——基于新见文献〈昏礼从宜〉的研究》⑫和吴根友的《再论皖派与吴派的学术关系——以戴震与惠栋为例》⑬。此外，还有漆永祥从文献学角度探讨了戴震学术研究中的几个争议问题⑭。

目前，戴学研究主要集中在对戴震某一学科思想和某一方面的研究，缺乏对戴震特殊建树的体系化梳理，而且研究戴震对时人、后世影响的成

① 邓国宏：《戴震哲学方法论新探——以“解释学循环”为视角的观察》，载《孔子研究》2018年第2期。

② 陶清：《戴震哲学思想研究——以〈孟子字义疏证〉为个案》，载《孔子研究》2016年第5期。

③ 陶武：《传统人性理论再解读——戴震人性可善论摭谈》，载《学术界》2014年第10期。

④ 屠凯：《戴东原的法哲学》，载《清华法律论坛》2014年第1期。

⑤ 黄易青：《古音研究中的“以义正音”》，载《北京师范大学学报(社会科学版)》2012年第4期。

⑥ 徐道彬：《徽州学者与清代审音派》，载《安徽大学学报(哲学社会科学版)》2013年第5期。

⑦ 孔媛媛：《〈孟子字义疏证〉训诂研究》，西北师范大学硕士论文，2012年。

⑧ 徐道彬：《戴震考据学研究》，合肥：安徽大学出版社，2007年。

⑨ 杨应芹：《御用之作与独立研究的终极成果——戴震两种不同版本的〈水经注〉》，载《文史哲》2014年第2期。

⑩ 马春晖：《试析戴、章学派之争下的方志艺文志走向》，载《图书馆工作与研究》2013年第8期。

⑪ 梅森：《方志性质之争抑或编纂方法之论——戴震与章学诚宁波道署论争辨析与方志学派存在与否之质疑》，载《中国地方志》2014年第9期。

⑫ 徐到稳：《江永反朱思想及其对戴震的影响——基于新见文献〈昏礼从宜〉的研究》，载《云南大学学报(社会科学版)》2013年第3期。

⑬ 吴根友：《再论皖派与吴派的学术关系——以戴震与惠栋为例》，载《中国高校社会科学》2014年第3期。

⑭ 漆永祥：《再论戴震学术研究中的几个争议问题》，载《学术界》2015年第3期。

果更为罕见①。《清史稿》虽指出了戴震训诂学、典章制度和哲学对后世的影响，曰“其小学，则高邮王念孙、金坛段玉裁传之；测算之学，则曲阜孔广森传之；典章制度之学，则兴化任大椿传之：皆其弟子也”②，但是不够全面，其他如程瑶田作《通艺录》《禹贡三江考》《仪礼丧服文足征记》等对经书中的名物、制度的考辨，凌廷堪《礼经释例》提倡的“以礼代理”思想等都是对戴震学术思想的继承和弘扬。

本书将系统梳理戴震哲学、训诂学、校勘学、文字音韵学、自然科学等方面的建树及其对皖派朴学的影响，突出戴震在学术史上的地位。同时，澄清戴学研究相关领域的一些误解，例如关于戴震哲学思想的来源、戴震哲学思想与程朱理学的关系等问题。研究戴震哲学、训诂学、校勘学、文字音韵学以及自然科学方面的成就及其对皖派朴学的引领作用，是对戴学研究的深化，也是把握清代学术发展脉络的重要内容。研究成果可运用于徽学研究、皖派朴学研究、清代学术史研究等领域。同时，戴震的情感哲学和实事求是的治学方法也可以为当代社会主义精神文明建设和学术研究提供借鉴。

---

① 有几篇论文在研究其他学者时涉及戴震学术的影响，如徐道彬的《论王念孙对戴震学术的继承与发展——以〈广雅疏证〉为例的考察》，载《安徽大学学报（哲学社会科学版）》2011 年第 4 期；李富侠的《凌廷堪〈礼经释例〉对戴震学术的继承与发展》，载《洛阳师范学院学报》2012 年第 9 期；等等。

② 赵尔巽等：《清史稿 · 儒林传》，北京：中华书局，1977 年，第 13200 页。

第一章　戴震哲学思想及其对皖派朴学的影响

第一节　戴震哲学思想体系的构建及其价值

戴震曾对段玉裁说："仆生平论述最大者，为《孟子字义疏证》一书，此正人心之要。"[①]但是，由于《孟子字义疏证》的义理为戴震晚年"极精之诣，非造其境者，亦无由知其是非也"[②]，戴震哲学并未得到同时代大多数学者的认可。"近儒首尊东原者自太炎"[③]。章太炎认为戴震《原善》《孟子字义疏证》"专务平恕，为臣民诉上天，明死于法可救，死于理即不可救"[④]，其终极旨趣在于斥责统治者假借理学杀人。其后，梁启超盛赞戴震哲学著作"《疏证》一书，字字精粹……综其内容，不外欲以'情感哲学'代'理性哲学'"[⑤]，认为其终极旨趣在于强调人之情感。钱穆则认为戴震《绪言》"主要在辨理气之先后"，《疏证》"则主在辨理欲之异同"[⑥]。刘师培则认为戴震《原善》《孟子字义疏证》所言，与"西国民主政治，凡立一政行一法，咸取决于多数之民，所谓公好恶"相类似，具有人类平等之精神[⑦]。侯外庐也认为戴震以"情之不爽失"为"理"，是在倡导"人与人的平等关系"，虽然这种平等思想"尚非政治的平等理想，但他已经说到若无此平等的社会关系之'认识'，便是'任其意见而祸斯民'"[⑧]。吴根友则认为戴震"情之不爽失"与现代自由主义者探讨的自由意志、个人自由相类似，具有追求自由的伦

---

① 戴震：《与段茂堂等十一札》，见张岱年主编：《戴震全书》（第六册），合肥：黄山书社，1995年，第543页。

② 凌廷堪：《戴东原先生事略状》，见张岱年主编：《戴震全书》（第七册），合肥：黄山书社，1997年，第18～23页。

③ 钱穆：《中国近三百年学术史》，北京：商务印书馆，1997年，第396页。

④ 章太炎：《释戴》，见张岱年主编：《戴震全书》（第七册），合肥：黄山书社，1995年，第337页。

⑤ 梁启超：《清代学术概论》，上海：上海古籍出版社，2005年，第35页。

⑥ 钱穆：《中国近三百年学术史》，北京：商务印书馆，1997年，第389页。

⑦ 刘师培：《东原学案序》，见《左盦外集》，上海：上海古籍出版社，2011年，第591页。

⑧ 侯外庐：《中国思想通史》（第五卷），北京：人民出版社，1980年，第454～455页。

理学思想①。李开认为戴震运用他的唯物主义理则说展开对宋儒的批判②。近现代学者研究戴震哲学的关注点，主要集中在戴震的“理欲之辨”和“以情絜情论”。由于诠释主体视域的不同，戴震的“理欲之辨”和“以情絜情论”被赋予了反理学、反清朝统治者或追求平等、自由的价值。但是正如戴震自己所言，其哲学的终极旨趣是要“正人心”③，他的“理欲之辨”和“以情絜情论”都是服务于生生之伦理学思想，他要为人的生存和实践提供合理性依据。

戴震哲学著作主要有《原善》《孟子私淑录》《绪言》《孟子字义疏证》《答彭进士允初书》《与某书》。虽然戴震哲学主要集中在对理、气、善、道、性、命、才、情、欲等范畴的语言阐释上，实现了中国古典哲学的语言学转向，但是戴震在摧毁程朱哲学思想的立论之基——理的基础上，已经从人的生存和发展的内在要求角度构建了一整套哲学思想体系。

一、戴震哲学的语言学转向

针对宋明以来理学空谈心性之弊，顾炎武提出“经学即理学”的口号，并指出“读九经从考文始，考文从知音始”④的研究方法，开启了哲学的语言学转向端绪。钱大昕曾言：“国朝通儒，若顾亭林、陈见桃、阎百诗、惠天牧诸先生，始笃志古学，研覃经训，由文字、声音、训诂而得义理之真。”⑤他们通过对语言文字的考据，排除心学的影响，获得更接近原始意义的经学解释，从而把握经典中的义理。戴震继承了清初学者的实学精神，系统地提出哲学的语言学转向方法，并身体力行，通过对儒学核心概念的语言学阐释，构建了自己的哲学思想体系。

戴震认为“圣人之道在六经”⑥，为发掘六经中的微言大义，“非从事于字义、制度、名物，无由以通其语言”⑦，况且“士生三古后，时之相去千百年之久，视夫地之相隔千百里之远无以异。昔之妇孺闻而辄晓者，更经学大

① 吴根友：《戴震伦理学中的自由思想申论》，载《武汉大学学报（哲学社会科学版）》1999 年第 4 期。

② 李开：《戴震评传》，南京：南京大学出版社，1992 年，第 353～363 页。

③ 段玉裁撰、杨应芹订补：《东原年谱订补》，见张岱年主编：《戴震全书》（第六册），合肥：黄山书社，1995 年，第 700 页。

④ 顾炎武：《答李子德书》，见《亭林诗文集》，北京：商务印书馆，1937 年，第 244 页。

⑤ 钱大昕：《潜研堂集》，上海：上海古籍出版社，2009 年，第 390 页。

⑥ 戴震：《沈学子文集序》，见张岱年主编：《戴震全书》（第六册），合肥：黄山书社，1995 年，第 393 页。

⑦ 戴震：《与段茂堂等十一札》，见张岱年主编：《戴震全书》（第六册），合肥：黄山书社，1995 年，第 541 页。

师转相讲授，而仍留疑义”①。为了克服时空带来的语言隔阂，戴震明确提出了“由字通词，由词通道”的实现路径：“经之至者，道也；所以明道者，其词也；所以成词者，未有能外小学文字者也。由文字以通乎语言，由语言以通乎古圣贤之心志，譬之适堂坛之必循其阶，而不可以躐等。”②戴震力主将文字训诂当作阐释义理的基础。他指出：“有一字非其的解，则于所言之意必差，而道从此失。”③为求一字之义，戴震重新研究六书，提出著名的“四体二用”说，即指事、象形、谐声、会意为造字之法，假借、转注为用字之法。由于典籍中存在大量假借字，为求假借字之本义，戴震考古与审音并重，精研音理，创立了完整的阴、阳、入相配系统，正式提出声、韵正转和变转之法，为因声求义提供语音学理论根据。

戴震所谓“词”，相当于现代汉语的言语，包括天文、历算等文化语词，所以除文字训诂外，戴震还特意强调文化知识对经典阐释的重要性。他曾言：“至若经至难明，尚有若干事。诵《尧典》数行至‘乃命羲和’，不知恒星七政所以运行，则掩卷不能卒业。诵《周南》《召南》，自《关雎》而往，不知古音，徒强以叶韵，则龃龉失读。诵古《礼经》，先《士冠礼》，不知古者宫室、衣服等制，则迷于其方，莫辨其用。不知古今地名沿革，则《禹贡》职方失其处所。不知少广、旁要，则《考工》之器不能因文而推其制。不知鸟兽虫鱼草木之状类名号，则比兴之意乖。”④文化知识为订经的一大资助，所以为发明经典微言大义，戴震亦研究天文历算、名物典制、地理沿革等文化知识，并在各领域取得卓越成就。

戴震已系统提出哲学的语言学转向方法，即在研究文字、音韵的基础上，正确训诂经典文字，并正确把握经典中名物典制、天文历算、水地方志等语词的含义，然后用心体会古圣贤的微言大义。戴震曾言：“学者大患在自失其心，心全天德，制百行。不见天地之心者，不得己之心；不见圣人之心者，不得天地之心；不求诸前古贤圣之言与事，则无从探其心于千载之下。是故由六书、九数、制度、名物，能通乎其词，然后以心相遇。”⑤戴震不仅恪守理性的考据，还兼顾对义理的整体发明，从而跳出语言文字考据的

---

① 戴震：《尔雅文字考序》，见张岱年主编：《戴震全书》（第六册），合肥：黄山书社，1995年，第275页。

② 戴震：《古经解钩沉序》，见张岱年主编：《戴震全书》（第六册），合肥：黄山书社，1995年，第378页。

③ 戴震：《与某书》，见张岱年主编：《戴震全书》（第六册），合肥：黄山书社，1995年，第495页。

④ 戴震：《与是仲明论学书》，见张岱年主编：《戴震全书》（第六册），合肥：黄山书社，1995年，第371页。

⑤ 戴震：《郑学斋记》，见张岱年主编：《戴震全书》（第六册），合肥：黄山书社，1995年，第407页。

零散，获得对经典义理的整体认知，继而构建出更接近儒家原始的思想体系。所以胡适说："戴震在清儒中最特异的地方，就在他认清了考据名物训诂不是最后的目的，只是一种'明道'的方法。他不甘心仅仅做个考据家；他要做个哲学家。"①

戴震晚年的集大成之作《孟子字义疏证》，在其前期考据的基础上，通过对理、气、善、道、性、命、才、情、欲等儒学核心概念的语言学阐释，构建了自己的哲学体系。

为证明"古人所谓理，未有如后儒之所谓理者矣"，戴震从"理"字字义入手，指出《中庸》："文理密察，足以有别也。"《乐记》："乐者，通伦理者也。"郑玄注曰："理，分也。"许慎《说文解字序》："知分理之可相别异也。"②可见"理"字在儒学经典中为"区分"之义。基于语言学阐释，戴震将"理"解释为："理者，察之而几微必区以别之名也，是故谓之分理；在物之质，曰肌理，曰腠理，曰文理；得其分则有条而不紊，谓之条理。"③也就是说，"理"在物为事物之肌理、腠理、文理，在人为得事物的条理，皆与客观存在的事物有关。"理"既为分理、条理，"天理"即为天然之分理。戴震引《庄子》记载："庖丁为文惠君解牛，自言：'依乎天理，批大郤，导大窾，因其固然，技经肯綮之未尝，而况大軱乎！'"并指出："天理，即其所谓'彼节者有间，而刀刃者无厚，以无厚入有间'，适如其天然之分理也。"④天理即事物自然之分理。戴震以字义为基础，以文献为佐证，证实了宋儒所谓"得于天而具于心"的理或天理并不存在，理实为事物之内在规律。

"道"亦是儒学的核心概念，《孟子字义疏证》对"道"进行了语言学阐释。《诗经·载驰》"女子善怀，亦各有行"，《毛传》云"行，道也"；《竹竿》"女子有行，远兄弟父母"，郑笺云"行，道也"。戴震首先依据汉儒传注指出："道，犹行也。气化流行，生生不息，是故谓之道。"然后依据儒学经典《易》"一阴一阳之谓道"，《洪范》"五行：一曰水，二曰火，三曰木，四曰金，五曰土"，指出："阴阳五行，道之实体也。"⑤对于《易》"形而上者谓之道，形而下

---

① 胡适：《戴东原的哲学》，见《胡适学术文集·中国哲学史》（下册），姜义华编，北京：中华书局，1991年，第1009页。

② 戴震：《孟子字义疏证》，见张岱年主编：《戴震全书》（第六册），合肥：黄山书社，1995年，第151页。

③ 戴震：《孟子字义疏证》，见张岱年主编：《戴震全书》（第六册），合肥：黄山书社，1995年，第151页。

④ 戴震：《孟子字义疏证》，见张岱年主编：《戴震全书》（第六册），合肥：黄山书社，1995年，第152页。

⑤ 戴震：《孟子字义疏证》，见张岱年主编：《戴震全书》（第六册），合肥：黄山书社，1995年，第175页。

者谓之器”，朱熹将其解释为：“阴阳，气也，形而下者也；所以一阴一阳者，理也，形而上者也；道即理之谓也。”朱熹以道为形而上者，以阴阳之气为形而下者。戴震从语言学角度辨析“形”和“之谓”之义，指出：“形乃品物之谓也。”“古人言辞‘谓之’‘之谓’有异：凡曰‘之谓’，以上所称解下……《易》曰：‘一阴一阳之谓道。’则为天道言之，若曰道也者一阴一阳之谓也。凡曰‘谓之’，以下所称之名辨上之实，如《中庸》‘自诚明谓之性；自明诚谓之教’，此非为性教言之，以性教区别‘自诚明’‘自明诚’二者耳。”通过对“形”和“之谓”的语言学阐释，戴震得出《易》所谓“形而上者谓之道，形而下者谓之器”，“本非为道器言之，以道器区别其形而上形而下耳。形谓已成形质，形而上犹曰形以前，形而下犹曰形以后。阴阳之未成形质，是谓形而上者也，非形而下明矣。”[①]通过对关键词语“形”和“之谓”的语言学阐释，戴震指出形而上指形成品物之前，即阴阳之气；形而下指形成品物之后，即成形的品物，从而区别于程朱的“道为形而上者、气为形而下者”之言。据此，戴震提出了“气化即道”的唯物主义观点，并且反驳了宋儒“道即理”“理在气先”的唯心主义谬论[②]。

吴根友指出，戴震从语言学角度思考哲学问题，至少在方法论层面实现了中国古典哲学的语言学转向。戴震的语言哲学思想包括四个方面：第一，名实之辨，将描述实体实事与指称纯粹中正的名称分开；第二，分析句法，重新解释传统的哲学命题；第三，分析语句，达到对传统哲学思想的还原性解释；第四，提出字—词—道的阶梯式言意观[③]。前文已指出，戴震不仅提出了“字—词—道”的哲学语言学转向方法论，并通过分析句法等还原儒学经典的本意，还通过区分名词、形容词明确儒学核心概念。戴震说：“学者体会古贤圣之言，宜先辨其字之虚实。今人谓之‘字’，古人谓之‘名’。”又说：“曰‘人’，曰‘言’，曰‘行’，指其实体实事之名也；曰‘圣’，曰‘贤’，称夫纯美精好之名也。曰‘道’，曰‘性’，亦指其实体实事之名也。道有天道人道：天道，阴阳五行是也；人道，人伦日用是也。曰‘善’，曰‘理’，亦称夫纯美精好之名也。”[④]戴震所谓“实体实事之名”指描述对象的称谓，不含价值判断，相当于现代汉语中的名词；“纯美精好之名”指价值判断性的称谓，相当于现代汉语中的形容词。区分描述性词语与价值判断性词

---

① 戴震：《孟子字义疏证》，见张岱年主编：《戴震全书》（第六册），合肥：黄山书社，1995年，第176页。

② 戴震著，安正辉选注：《戴震哲学著作选注》，北京：中华书局，1979年，第115页。

③ 吴根友：《试论戴震的语言哲学思想》，载《中国哲学史》2009年第1期。

④ 戴震：《绪言》，见张岱年主编：《戴震全书》（第六册），合肥：黄山书社，1995年，第104页。

语，可以清晰地展现“性”与“善”、“道”与“德”的关系。“善”与“德”是对实体实事人伦日用美好状态的价值性判断，不能离开实体实事的人伦日用本身。“善者，称其美好之名；性者，指其实体之名；在天道不分言，而在人物分言之始明，究之美好者即其实体之美好，非别有美好以增饰之也”①。戴震将性作为实体事实加以考察，考察结果中符合人类理想状态的部分被评价为“善”，离开实体实事的人伦日用，就无所谓“善”。村濑裕也认为，戴震这是从人的现实性角度把握人，在气质的扩充中实现人的善的价值②。戴震所言的“美好者即实体之美好”体现了他对人伦日用的关照，也是他提出“体民之情，遂民之欲”政治主张的基础。同时，戴震认为“彼释氏弃人伦以成其自私，不明乎此也”③，借此批判了宋儒将外加于人的“纯美精好之名”的“理”看作“实体实事之名”，认为其“如有物焉”，从而抛弃人伦日用空谈圣人之道的错误思想。李开指出，戴震“语言解释哲学的运用，‘以词通道’，本身就包含对理学的批判……从语言文字入手，就意味着抛弃宋明理学的架空而言”④。

二、运用考据方法摧毁程朱理学的“理”

至宋明时期，随着理论思维水平的提升，理学家们努力从本体论高度论证封建伦理纲常的合理性，赋之以至上的道德真理的本体意义。程颢和程颐认为“理”或“天理”是宇宙的本体。“理则天下只是一个理，故推至四海而准，须是质诸天地、考诸三王不易之理”⑤。朱熹也以“理”为世界本源，说“理也者，形而上之道也，生物之本也”⑥，“未有天地之先，毕竟也只是理”⑦。理能生气，气化流行形成万事万物。“气也者，形而下之器也，生物之具也”⑧。理随着气化生成而进入万物，万物便先天性地带有了这个理。这个理是一以贯之的，它制约着万事万物的发展和变化，所以说“理

① 戴震：《绪言》，见张岱年主编：《戴震全书》（第六册），合肥：黄山书社，1995年，第105～106页。

② ［日］村濑裕也：《戴震的哲学：唯物主义和道德价值》，王守华、卞崇道、于时化、刘荣、史学善译，济南：山东人民出版社，1996年，第192页。

③ 戴震：《绪言》，见张岱年主编：《戴震全书》（第六册），合肥：黄山书社，1995年，第105页。

④ 李开：《戴震评传》，南京：南京大学出版社，1992年，第280页。

⑤ 程颢、程颐：《二程集》，北京：中华书局，1981年，第38页。

⑥ 朱熹：《晦庵先生朱文公文集》，见朱杰人、严佐之、刘永翔主编：《朱子全书》（第23册），上海：上海古籍出版社，合肥：安徽教育出版社，2002年，第2755页。

⑦ 朱熹：《朱子语类》，见朱杰人、严佐之、刘永翔主编：《朱子全书》（第14册），上海：上海古籍出版社，合肥：安徽教育出版社，2002年，第114页。

⑧ 朱熹：《晦庵先生朱文公文集》，见朱杰人、严佐之、刘永翔主编：《朱子全书》（第23册），上海：上海古籍出版社，合肥：安徽教育出版社，2002年，第2755页。

一”。“万物皆有理，顺之则易，逆之则难”①。理随着气化生人、生物而分殊到具体事物中，从而一物便有了一物的分理。本体论上的理可以从万事万物的分理中体会出来。“圣人未尝言理一，多只言分殊。盖能于分殊中事事物物，头头项项，理会得其当然，然后方知理本一贯。不知万殊各有一理，而徒言理一，不知理一在何处”②。具体事物的规律是有差别的，但是从更高层次来看，有个普遍规律存在，只有理会分殊方能把握理一。“分殊决定了积累的必要性，理一决定了贯通的可能性”③。

“理一分殊”是程朱哲学思想的基础。人作为气化生成的万物之一种，自然先天性地带有这个作为世界本源的理。人类分殊的理具体而言就是“上下之分，尊卑之义，理之当也。……下顺乎上，阴承乎阳，天下之至理也”，“夫上下之分明，然后民志有定”④，“居今之时，不安今之法令，非义也”，“父子君臣，常理不易”⑤。尊卑贵贱、仁义礼智等封建伦理道德被形而上化，成了“天理”和人先天具有的“良知”。朱熹于《西铭解》中说：“盖以乾为父，坤为母，有生之类，无物不然，所谓‘理一’也。而人、物之生，血脉之属，各亲其亲，各子其子，则其分亦安得而不殊哉！一统而万殊，则虽天下一家、中国一人，而不流于兼爱之弊；万殊而一贯，则虽亲疏异情、贵贱异等，而不梏于为我之私。”⑥“理一分殊”落实到人间便体现为各亲其亲与等差之爱。“宇宙之间，一理而已，天得之而为天，地得之而为地，而凡生于天地之间者，又各得之以为性。其张之为三纲，其纪之为五常，盖皆此理之流行，无所适而不在”⑦。按照朱熹的说法，三纲五常等伦理规范都来自天理，这就从宇宙论高度赋予了封建社会伦理规范的合理性和永恒性。尽管封建社会的伦理规范有其存在的合理性，但是，如果人们将其视作一种只能被动地接受和执行的纯粹的精神存在，那么作为维系社会秩序的人伦便完全外化为一种强制性约束机制。所以陈来指出：“程朱的主要错误在于把自然规律与道德原则混为一谈，从而道德原则被提高到自然法则的地位

① 朱熹编：《河南程氏遗书》，上海：商务印书馆，1935年，第135页。

② 朱熹：《朱子语类》，见朱杰人、严佐之、刘永翔主编：《朱子全书》（第15册），上海：上海古籍出版社，合肥：安徽教育出版社，2002年，第975页。

③ 陈来：《朱子哲学研究》，北京：生活·读书·新知三联书店，2010年，第143页。

④ 程颐：《周易程氏传》，北京：九州出版社，2010年，第42～43页。

⑤ 朱熹编：《河南程氏遗书》，上海：商务印书馆，1935年，第18、45页。

⑥ 朱熹：《西铭解》，见朱杰人、严佐之、刘永翔主编：《朱子全书》（第13册），上海：上海古籍出版社，2002年，第145页。

⑦ 朱熹：《晦庵先生朱文公文集》，见朱杰人、严佐之、刘永翔主编：《朱子全书》（第23册），上海：上海古籍出版社，合肥：安徽教育出版社，2002年，第3376页。

而赋予了与自然法则同等的必然性和普遍性。"[①]张立文也指出:"道德伦理的规范、原理、法则,已蕴含在自然道德行为之中,不必要在道德行为('身之所行')之外,另立道德行为规范、原理、法则,而造成道德行为与道德行为规范、原理的脱离,朱熹之失,就在于此。"[②]

尽管程朱也将满足于基本生存要求的正当人欲纳入天理,指出"饮食者,天理也"[③],但是他们认为,不当的"人欲"与"天理"不共戴天,主张"存天理、灭人欲"。由于对正当与不正当欲望的判断标准"不是根据对欲望本身'尽其微'(戴震)的客观精察来决定,而是专依如何理解'天理'——即赋予天理什么样的意义内容来决定的"[④],这就为统治者对程朱理学的改造留下了突破口。所以张立文指出:"虽然理学家不否定人的饮食男女,但统治者往往视天理与人欲为对立,而有忽视人欲之失。"[⑤]

程朱理学的建构是以伦理学为指归的,主要是为了论证封建伦常的普遍必然性,并且它已通过科举与教育渗透到社会基层,成为老百姓的道德规范。早在民初蔡元培就指出:

> 自汉武帝以后,儒教虽具有国教之仪式及性质,而与社会心理尚无致密之关系……及宋而理学之儒辈出,讲学授徒,几遍中国。其人……演绎之于日用常行之私德,又卒能克苦躬行,以为规范,得社会之信用。其后,政府又专以经义贡士,而尤注意于朱注之《大学》、《中庸》、《论语》、《孟子》四书。于是稍稍聪颖之士,皆自幼寝馈于是。达而在上,则益增其说于法令之中;穷而在下,则长书院,设私塾,掌学校教育之权。或为文士,编述小说剧本,行社会教育之事。遂使十室之邑,三家之村,其子弟苟有从师读书者,则无不以四书为读本。而其间一知半解互相传述之语,虽不识字者,亦皆耳熟而详之。虽间有苛细拘苦之事,非普通人所能耐,然清议既成,则非至顽悍者,不敢显与之悖,或阴违之而阳从之,或不能以之律己,而亦能以之绳人,盖自是始确立为普及之宗教焉。[⑥]

① 陈来:《朱子哲学研究》,北京:生活·读书·新知三联书店,2010年,第165页。

② 张立文:《戴震哲学研究》,北京:人民出版社,2014年,第146页。

③ 朱熹:《朱子语类》,见朱杰人、严佐之、刘永翔主编:《朱子全书》(第14册),上海:上海古籍出版社,合肥:安徽教育出版社,2002年,第389页。

④ [日]村濑裕也:《戴震的哲学:唯物主义和道德价值》,王守华、卞崇道、于时化、刘荣、史学善译,济南:山东人民出版社,1996年,第246页。

⑤ 张立文:《戴震哲学研究》,北京:人民出版社,2014年,第142页。

⑥ 蔡元培:《中国伦理学史》,北京:商务印书馆,1999年,第73~74页。

程朱之言理，“原重以之自责，以成贤成圣，而非重在责人。然人能以理自责，亦自可以理责人，而对天下人之事，为是是非非之论。此亦初未尝非合理。然人自责难而责人易。而专尚理而重是非，亦恒导向于多责人”①。偏离程朱原旨的作为意识形态的理学长于以理责人，它通过封建社会残酷、俱细的礼教，束缚着人个性的发展，制约着老百姓的生活，甚至残害着老百姓的生命。

戴震“自幼为贾贩，转运千里，复具知民生隐曲”②。他切身感受到作为意识形态的程朱理学③“存天理、灭人欲”思想对普通百姓生活实际的影响，说“盖言之谬，非终于言也，将转移人心；心受其蔽，必害于事，害于政。彼目之曰小人之害天下后世也，显而共见；目之曰贤智君子之害天下后世也，相率趋之以为美言，其入人心深，祸斯民也大，而终莫之或寤”④。他致信段玉裁曰：“夫仁义何以祸斯民？观近儒之言理，吾不知斯民之受其祸之所终极矣。”戴震指出，古人言“理解”即“寻其腠理而析之”；言“依乎天理”即“彼节者有间”。孔子讲“恕”、《大学》讲“絜矩之道”、孟子讲“与民同之”，皆为体民情、遂民欲耳。而后儒以理、欲相对，视理、欲为正、邪之别；言存理仅以敬、肆之别。古人斥为意见者，今人以不出于私即为理，“由是以意见杀人，咸自信为理矣”⑤。“今人无论正邪，尽以意见误名之曰理，而祸斯民”⑥，所以“他发愤作《原善》《孟子字义疏证》，专务平恕，为臣民诉上天，明死于法可救，死于理即不可救”⑦。

戴震于《答彭进士允初书》中曰：“程、朱以理为‘如有物焉，得于天而具于心’，启天下后世人人凭在己之意见而执之曰理，以祸斯民。更淆以无欲之说，于得理益远，于执其意见益坚，而祸斯民益烈。”⑧为消除程朱理学的影响，戴震首先必须摧毁程朱理学“得于天而具于心”的理，从而从人性内在要求的角度建立自己的伦理思想体系。所以被戴震自诩为“生平最大著

---

① 唐君毅：《中国哲学原论（原教篇）》，北京：中国社会科学出版社，2006年，第461页。

② 章太炎：《释戴》，见张岱年主编：《戴震全书》（第七册），合肥：黄山书社，1997年，第337页。

③ 戴震所批判的程朱理学，实际上是偏离程朱原旨、作为意识形态的程朱理学，为行文方便，下文不再一一指出。

④ 戴震：《孟子字义疏证序》，见张岱年主编：《戴震全书》（第六册），合肥：黄山书社，1995年，第147页。

⑤ 戴震：《与段茂堂等十一札》，见张岱年主编：《戴震全书》（第六册），合肥：黄山书社，1995年，第541～542页。

⑥ 戴震：《与段茂堂等十一札》，见张岱年主编：《戴震全书》（第六册），合肥：黄山书社，1995年，第543页。

⑦ 章太炎：《释戴》，见张岱年主编：《戴震全书》（第七册），合肥：黄山书社，1997年，第337页。

⑧ 戴震：《答彭进士允初书》，见张岱年主编：《戴震全书》（第六册），合肥：黄山书社，1995年，第362页。

述”“正人心之要”的《孟子字义疏证》开篇明义，指出“理者，察之而几微必区以别之名也”①。“天地、人物、事为，不闻无可言之理者也，《诗》曰‘有物有则’是也……实体实事，罔非自然，而归于必然，天地、人物、事为之理得矣”②。又曰：“举凡天地、人物、事为，虚以明夫不易之则曰理。所谓则者，匪自我为之，求诸其物而已矣。”③戴震认为并不存在一个本体论上的理，理就是天地、人物、事为的必然规律，求理的方法就是对人、事剖析至微。正如梁启超所言，“一个字表示一个概念，字的解释弄不清楚，概念自然是错误混杂或囫囵，概念错误混杂囫囵，所衍出来的思想当然也同一毛病”④。为弄清“理”义，戴震运用考据学方法，征引《孟子》《中庸》《乐记》郑康成注和《说文解字序》关于理的阐释，证实自己的观点，并得出结论：“古人所谓理，未有如后儒之所谓理者矣。”⑤这就将程朱作为世界本源的形而上的理拉下了神坛，恢复了理的本来面目，理即事物发展的客观规律。

戴震在对程朱先验存在的“理”作现实还原的同时，唯物地指出构成世界的物质基础是气。“气化流行，生生不息”⑥。气分为阴阳两种，阴阳二气交感流行生人、生物。“天地间百物生生，无非推本阴阳”⑦。阴阳二气杂糅万变，形成不同的品物。“在气化曰阴阳，曰五行，而阴阳五行之成化也，杂糅万变，是以及其流形，不特品物不同，虽一类之中又复不同”⑧。戴震把物质性的实体“气”及其运动作为万事万物存在之本，不存在一个形而上的理。“六经、孔、孟之书不闻理气之辨，而后儒创言之，遂以阴阳属形而下，实失道之名义也。”⑨戴震指出：“古人言道，恒该理气；理乃专属不易之

① 戴震：《孟子字义疏证》，见张岱年主编：《戴震全书》（第六册），合肥：黄山书社，1995年，第151页。

② 戴震：《孟子字义疏证序》，见张岱年主编：《戴震全书》（第六册），合肥：黄山书社，1995年，第164页。

③ 戴震：《绪言》，见张岱年主编：《戴震全书》（第六册），合肥：黄山书社，1995年，第89页。

④ 梁启超：《戴东原哲学》，见张岱年主编：《戴震全书》（第七册），合肥：黄山书社，1997年，第354页。

⑤ 戴震：《孟子字义疏证》，见张岱年主编：《戴震全书》（第六册），合肥：黄山书社，1995年，第151页。

⑥ 戴震：《孟子字义疏证》，见张岱年主编：《戴震全书》（第六册），合肥：黄山书社，1995年，第175页。

⑦ 戴震：《孟子字义疏证》，见张岱年主编：《戴震全书》（第六册），合肥：黄山书社，1995年，第170页。

⑧ 戴震：《孟子字义疏证》，见张岱年主编：《戴震全书》（第六册），合肥：黄山书社，1995年，第179～180页。

⑨ 戴震：《孟子字义疏证》，见张岱年主编：《戴震全书》（第六册），合肥：黄山书社，1995年，第176～177页。

则，不该道之实体。”[①]道指气的运动变化，包含理气；理专指气化运行中遵循的规律。戴震用现实世界代替了程朱抽象性的天理世界[②]。所以胡适指出：“（戴震）这种一元的唯物论，在中国思想史上，要算很大胆的了……他是当日的科学家，精于算数历象之学，深知天体的运行皆有常度，皆有条理，可以测算，所以他的宇宙观也颇带一点科学色彩。”[③]

在否定了程朱理学本体论上的理之后，戴震指出，人伦上的天理必须从实体实事的人伦日用上去推求。饮食男女，人之大欲存焉，欲节而不过，则为依乎天理。“天理者，节其欲而不穷人欲也……有而节之，使无过情，无不及情，可谓之非天理乎！”[④]人伦上的天理就是“情之不爽失”。何为“情之不爽失”？就是以情絜情而情得平。具体而言就是“凡有所施于人，反躬而静思之：‘人以此施于我，能受之乎？’凡有所责于人，反躬而静思之：‘人以此责于我，能尽之乎？’以我絜之人，则理明”。以我之情絜人之情，“情得其平，是为好恶之节，是为依乎天理”[⑤]。戴震肯定天下之人无论高低贵贱都具有相同的情感、相同的欲望，以情絜情而情得其平就是依乎天理。戴震引用孔子“己所不欲勿施于人”，《大学》“所恶于上，毋以使下；所恶于下，毋以事上”，“所恶于前，毋以先后，所恶于后，毋以从前”，“所恶于右，毋以交于左，所恶于左，毋以交于右”，证明六经孔孟都是以“以情絜情而得其平”为天理。“戴震伦理学对于伦理法则的认识不带有任何神秘性的成分，在原则上，伦理法则都可以按照经验世界的物与事的‘分理’去加

① 戴震：《绪言》，见张岱年主编：《戴震全书》（第六册），合肥：黄山书社，1995年，第88页。

② 戴震以先秦典籍中的理为“物之则”，即以事物的分理、条理之义解构程朱理学的立论之基，这一研究思路受到新儒学家唐君毅的诟病。他认为，戴震所说的分理只是理字的第二义或引申义，理字本义为治玉，乃是条贯义、总持义，宋明理学家之天理，乃重在统贯总持义；戴震以理为事物之理，便抛弃了“道德上之发自内心之当然之理”。参见唐君毅：《中国哲学原论：导论篇》，台北：台湾学生书局，1986年，第39～42、44页。其实，戴震提出的“条分缕析”“察之几微”，已经不是在静的分位上的分别义，而是由分而合，在动的历程中的总持义；而且戴震以理为事物之理，只是在本体论层面剥离了理的道德意义，而在认识论层面赋予了理的道德价值。戴震的“理”“不只是一个纯粹的关于事物法则的概念，还富有价值内涵和道德意义。这也是戴震哲学既反对理学又向原始儒学回归的典型表现”。参见王艳秋：《戴震“理”概念的价值和道德内涵》，载《安徽师范大学学报（人文社会科学版）》2003年第6期，第651～657页。

③ 胡适：《戴东原的哲学》，见《胡适学术文集·中国哲学史》（下册），姜义华编，北京：中华书局，1991年，第1012～1013页。

④ 戴震：《孟子字义疏证》，见张岱年主编：《戴震全书》（第六册），合肥：黄山书社，1995年，第162页。

⑤ 戴震：《孟子字义疏证》，见张岱年主编：《戴震全书》（第六册），合肥：黄山书社，1995年，第152页。

以认识”①。

一人以为然而未至于同然者，就是意见，不可谓之理义，否则百姓将深受其祸。戴震认为程朱“如有物焉，得于天而具于心”的理没有经过以情絜情的过程，舍情言理就是个人意见。戴震详细列举了时人以意见为理的祸害：“今虽至愚之人，悖戾恣睢，其处断一事，责诘一人，莫不辄曰理者，自宋以来始相习成俗，则以理为‘如有物焉，得于天而具于心’，因以心之意见当之也。于是负其气，挟其势位，加以口给者，理伸；力弱气慑，口不能道辞者，理屈。”“尊者以理责卑，长者以理责幼，贵者以理责贱，虽失，谓之顺；卑者、幼者、贱者以理争之，虽得，谓之逆。于是下之人不能以天下之同情、天下所同欲达之于上；上以理责其下，而在下之罪，人人不胜指数。人死于法，犹有怜之者；死于理，其谁怜之！”②因为程朱以理在人心，尊者、上者、强者以存于心的理责诘卑者、下者、弱者，是其所是，非其所非，而不能反躬其身：若他人以此理责己，自己能受之乎？而不知其所以为的是非已有偏失；而卑者、下者、弱者因上下之分、尊卑之义不敢致斥而深受理之祸。这种“得于天而具于心”的理适成为尊者、上者、强者欺压、残杀卑者、下者、弱者的工具。所以戴震说，一个“理”字，“关乎德行，行事匪小”③。

为做到釜底抽薪，最终摧毁百姓对程朱伦理思想的迷信与膜拜，戴震指出程朱“得于天而具于心”的理，是援老、庄、释氏以入六经孔孟，已脱离了孔孟之道。“老、庄、释氏以其所谓‘真宰’‘真空’者为‘完全自足’……程子、朱子就老、庄、释氏所指者，转其说以言夫理，非援儒而入释，误以释氏之言杂入于儒耳……程子、朱子尊理而以为天与我……而其所谓理，别为凑泊附着之一物，犹老、庄、释氏所谓‘真宰’‘真空’之凑泊附着于形体也。理既完全自足，难于言学以明理，故不得不分理气为二本而咎形气。”④“老、庄、释氏尊其神为超乎阴阳气化，此尊理为超乎阴阳气化”。程朱理学只是以理易老、庄、释氏“真宰”“真空”之说。“盖程子、朱子之学，借阶于老、庄、释氏，故仅以理之一字易其所谓‘真宰’‘真空’者而余无所易”，从而感叹“自宋儒杂荀子及老、庄、释氏以入六经、孔、孟之书，学者莫知其非，而

---

① 吴根友：《戴震“分理”说的两个原则与诸新命题及其理论贡献》，载《道德与文明》2022 年第 5 期，第 104 页。

② 戴震：《孟子字义疏证》，见张岱年主编：《戴震全书》（第六册），合肥：黄山书社，1995 年，第 154、161 页。

③ 戴震：《与段茂堂等十一札》，见张岱年主编：《戴震全书》（第六册），合肥：黄山书社，1995 年，第 542 页。

④ 戴震：《孟子字义疏证》，见张岱年主编：《戴震全书》（第六册），合肥：黄山书社，1995 年，第 166～168 页。

六经、孔、孟之道亡矣”。戴震敬重程朱为人，认为以程朱之贤，不会故意杂老、庄、释氏入儒，而借圣贤之语来粉饰一己之言，“盖其学借阶于老、庄、释氏，是故失之。凡习于先入之言，往往受其蔽而不自觉”①。援老、庄、释氏以入六经孔孟，是朱熹的无心之失。朱熹得举之前从“三君子”(胡宪、刘勉之、刘子翚)学习，“三君子”皆不同程度地对佛老感兴趣。其中，刘子翚“儒佛合一”思想和“儒之道可以包容佛老”思想，导致朱熹一度泛滥出入于佛老，“朱熹无疑受到了影响”②。所以梁启超认为，戴震“斥宋儒之糅合儒佛，虽辞带含蓄，而意极严正，随处发挥科学家求真求是之精神”③。

戴震运用考据方法解构了程朱哲学思想的立论之本“理”，从而为建立一套自己的哲学思想体系打下了基础。

三、由天道推演人道的哲学思想体系构建

为论证“无过情无不及情”为人伦上的“天理”，戴震循着“人道本于性，而性源于天道”的哲学思路，由天道探讨人性，进而探讨道德标准等问题，从人的发展和社会发展的内在要求角度构建了一整套哲学思想体系。

(一)人性源于天道

戴震认为，天道就是“气化流行，生生不息”。他在《孟子字义疏证》中曰：“(天)道，犹行也；气化流行，生生不息，是故谓之道。《易》曰：‘一阴一阳之谓道。’《洪范》：‘五行：一曰水，二曰火，三曰木，四曰金，五曰土。’行亦道之通称……阴阳五行，道之实体也。”阴阳五行之气为形成人物的物质基础。不同于程朱以理为形而上者，以气为形而下者，戴震指出，《易》所谓“形而上者谓之道，形而下者谓之器”，是就气化与品物而言。“形谓已成形质，形而上犹曰形以前，形而下犹曰形以后。阴阳之未成形质，是谓形而上者也，非形而下明矣。”阴阳五行就是道之实体，“其五行之气，人物咸禀受于此，则形而上者也”④。

阴阳二气交感流行，形成万事万物。人物各限于所分而成性各殊。“性者，分于阴阳五行以为血气、心知、品物，区以别焉，举凡既生以后所有之事，所具之能，所全之德，咸以是为其本”。也就是说，万物之性取决于所

---

① 戴震：《孟子字义疏证》，见张岱年主编：《戴震全书》(第六册)，合肥：黄山书社，1995年，第170、172、178页。

② 陈来：《朱子哲学研究》，北京：生活·读书·新知三联书店，2010年，第11、35页。

③ 梁启超：《清代学术概论》，上海：上海古籍出版社，2005年，第35页。

④ 戴震：《孟子字义疏证》，见张岱年主编：《戴震全书》(第六册)，合肥：黄山书社，1995年，第175～176页。

分的阴阳之气，所分的阴阳之气决定了该类事物独特的品性，从而区别于其他事物。作为万物之一的人，“凡分形气于父母，即为分于阴阳五行”，便具有了血气心知。“血气心知，性之实体也”。有血气就要遂其生，遂生的方法，就是通过眼、耳、鼻、口与天地之气恒相通。“外内相通，其开窍也，是为耳目鼻口”，表现为声色臭味之欲、喜怒哀乐之情，血气也因饮食而得以养。“人之血气心知，原于天地之化者也。有血气，则所资以养其血气者，声、色、臭、味是也。有心知，则知有父子，有昆弟，有夫妇，而不止于一家之亲也，于是又知有君臣，有朋友；五者之伦，相亲相治，则随感而应为喜、怒、哀、乐。”①人的欲、情、智无不是人性的自然表现，具体就是：

> 人生而后有欲，有情，有知，三者，血气心知之自然也。给于欲者，声色臭味也，而因有爱畏；发乎情者，喜怒哀乐也，而因有惨舒；辨于知者，美丑是非也，而因有好恶。声色臭味之欲，资以养其生；喜怒哀乐之情，感而接于物；美丑是非之知，极而通于天地鬼神。声色臭味之爱畏以分，五行生克为之也；喜怒哀乐之惨舒以分，时遇顺逆为之也；美丑是非之好恶以分，志虑从违为之也；是皆成性然也。有是身，故有声色臭味之欲；有是身，而君臣、父子、夫妇、昆弟、朋友之伦具，故有喜怒哀乐之情。惟有欲有情而又有知，然后欲得遂也，情得达也。天下之事，使欲之得遂，情之得达，斯已矣。②

分于阴阳五行的血气、心知为性之实体。有血气便知怀生畏死、趋利避害；有心知便会仁及其亲，此皆肖于天地生生之机也，但这些都不是人与动物的根本区别。人与动物的区别在于，人之生也，禀天地之气，即并天地之德有之，而其气清明，能通夫天地之德。“人之心知，有思辄通，能不惑乎所行也。”③资于问学，人的情欲能在心知的指导下而无过、无不及之失。所以戴震说“惟有欲有情而又有知，然后欲得遂也，情得达也”。人之欲、情、知都根于血气心知，源于阴阳五行之气，为人之本性。人是有情感、有欲望、有神明的生命体。针对程朱理学的理欲对立，戴震指出“生养之道，

---

① 戴震：《孟子字义疏证》，见张岱年主编：《戴震全书》（第六册），合肥：黄山书社，1995年，第179、180、175、158、193页。

② 戴震：《孟子字义疏证》，见张岱年主编：《戴震全书》（第六册），合肥：黄山书社，1995年，第197页。

③ 戴震：《孟子字义疏证》，见张岱年主编：《戴震全书》（第六册），合肥：黄山书社，1995年，第183页。

存乎欲者也”，“性之欲，其自然之符也”[①]，“凡出于欲，无非以生以养之事”[②]。人之欲不可灭也，灭则使人无为、无德。“凡事为皆有于欲，无欲则无为矣；有欲而后有为，有为而归于至当不可易之谓理”[③]。“人之生也，莫病于无以遂其生。欲遂其生，亦遂人之生，仁也；欲遂其生，至于戕人之生而不顾者，不仁也。不仁，实始于欲遂其生之心；使其无此欲，必无不仁矣。然使其无此欲，则于天下之人，生道穷促，亦将漠然视之。己不必遂其生，而遂人之生，无是情也”[④]。欲遂己之生才会遂人之生，欲望是人类活动的动力。所以说：“凡事为皆有于欲，无欲则无为矣；有欲而后有为。”[⑤]萧萐父等认为，戴震的突出贡献就在于提出了“欲、情、知”三者相统一的自然人性论，“以‘欲、情、知’的全面发展为‘自然之极则’，深刻揭露宋代理学家摄取佛道，借助宗教异化来强化伦理异化、‘以理杀人’的本质，对理欲关系作出了近代人文主义的解说”[⑥]。

当然，由于所分之气的偏全、厚薄、清浊、昏明之不等，每个个体之性又有细微差别。“一言乎分，则其限之于始，有偏全、厚薄、清浊、昏明之不齐，各随所分而形于一，各成其性也。然性虽不同，大致以类为之区别，故《论语》曰‘性相近也’”[⑦]。戴震认为孟子所说的“性善”并不是无等差之善。“‘孟子道性善，言必称尧、舜’，非谓尽人生而尧、舜也，自尧舜而下，其等差凡几？则其气禀固不齐，岂得谓非性有不同？”由于气禀不同，不是人人生而知仁义礼智的。“仁义礼智之懿不能尽人如一者”。但是人的心知可至于神明。“人则能扩充其知至于神明，仁义礼智无不全也。仁义礼智非他，心之明之所止也，知之极其量也。”由于人的知恻隐、知羞恶等善的本性，可以扩而充之，至于仁义礼智。“人之心知，于人伦日用，随在而知恻隐，知羞恶，知恭敬辞让，知是非，端绪可举，此之谓性善。于其知恻隐，则扩而充之，仁无不尽；于其知羞恶，则扩而充之，义无不尽；于其知恭敬辞让，则扩

① 戴震：《原善》，见张岱年主编：《戴震全书》（第六册），合肥：黄山书社，1995年，第10～11页。

② 戴震：《孟子字义疏证》，见张岱年主编：《戴震全书》（第六册），合肥：黄山书社，1995年，第160页。

③ 戴震：《孟子字义疏证》，见张岱年主编：《戴震全书》（第六册），合肥：黄山书社，1995年，第216页。

④ 戴震：《孟子字义疏证》，见张岱年主编：《戴震全书》（第六册），合肥：黄山书社，1995年，第159～160页。

⑤ 戴震：《孟子字义疏证》，见张岱年主编：《戴震全书》（第六册），合肥：黄山书社，1995年，第216页。

⑥ 萧萐父、许苏民：《明清启蒙学术流变》，沈阳：辽宁教育出版社，1995年，第697页。

⑦ 戴震：《孟子字义疏证》，见张岱年主编：《戴震全书》（第六册），合肥：黄山书社，1995年，第180页。

而充之，礼无不尽；于其知是非，则扩而充之，智无不尽。仁义礼智，懿德之目也。"①

戴震虽继承了孟子的性善论，但戴震认为，孟子所说的性善只是指人在人伦日用中怀有恻隐、羞恶之心，能够恭敬辞让，能够明辨是非。如果人类不能感物而动，那就没有了羞恶、辞让、是非之心，也就没有道德可言。古贤圣所谓"仁义礼智"，不能离开人之血气心知而求于欲望之外。"孟子之所谓性，即口之于味、目之于色、耳之于声、鼻之于臭、四肢于安佚之为性；所谓人无有不善，即能知其限而不逾之为善，即血气心知能底于无失之为善；所谓仁义礼智，即以名其血气心知，所谓原于天地之化者之能协于天地之德也。"②

为回应性善、性恶之争，戴震提出"才"的概念。"气化生人生物，据其限于所分而言谓之命，据其为人物之本始而言谓之性，据其体质而言谓之才。由成性各殊，故才质亦殊。才质者，性之所呈也；舍才质安睹所谓性哉！"才是性的体现，性善则才美。才有不美者，失其养使然也。"人之性善，故才亦美，其往往不美，未有非陷溺其心使然，故曰'非天之降才尔殊'。"③戴震认为人限于所分，其心之精爽，巨细不同。"人之血气心知，其天定者往往不齐，得养不得养，遂至于大异"④。戴震以火光照物比喻心之精爽，说："光小者，其照也近，所照者不谬也，所不照斯疑谬承之，不谬之谓得理；其光大者，其照也远，得理多而失理少。且不特远近也，光之及又有明暗，故于物有察有不察；察者尽其实，不察斯疑谬承之，疑谬之谓失理。失理者，限于质之昧，所谓愚也。"人即使愚，也可以通过学习而进于智。"惟学可以增益其不足而进于智，益之不已，至乎其极，如日月有明，容光必照，则圣人矣。"⑤学习不在于识记，而在于消化。"苟知问学犹饮食，则贵其化，不贵其不化。记问之学，入而不化者也。自得之，则居之安，资之深，

---

① 戴震：《孟子字义疏证》，见张岱年主编：《戴震全书》（第六册），合肥：黄山书社，1995年，第183～184页。

② 戴震：《孟子字义疏证》，见张岱年主编：《戴震全书》（第六册），合肥：黄山书社，1995年，第194页。

③ 戴震：《孟子字义疏证》，见张岱年主编：《戴震全书》（第六册），合肥：黄山书社，1995年，第195、198页。

④ 戴震：《孟子字义疏证》，见张岱年主编：《戴震全书》（第六册），合肥：黄山书社，1995年，第159页。

⑤ 戴震：《孟子字义疏证》，见张岱年主编：《戴震全书》（第六册），合肥：黄山书社，1995年，第156页。

取之左右逢其源，我之心知，极而至乎圣人之神明矣。”①所以典籍说“虽愚必明”。这就进一步证明了人性本善。

（二）人道本于性

戴震认为，所谓“人道”就是“人伦日用身之所行皆是也。在天地，则气化流行，生生不息，是谓道；在人物，则凡生生所有事，亦如气化之不可已，是谓道。”人承天地生生之气而有血气心知，有血气心知，便有怀生畏死、趋利避害之情。人的日用事为无不为遂人之生。“道者，居处、饮食、言动，自身而周于身之所亲，无不该焉也。”②人的居处、饮食、言动以及亲其亲，无不本于人的血气心知。日用事为皆为遂人之生的手段，也是对天地生生之德的承继。所以戴震说：“言日用事为，皆由性起，无非本于天道然也。”凡为遂人之生的人伦日用等身之所行都是人道。人道本于性，而性源于天道。“古贤圣之所谓道，人伦日用而已矣，于是而求其无失，则仁义礼之名因之而生。非仁义礼有加于道也，于人伦日用行之无失，如是之谓仁，如是之谓义，如是之谓礼而已矣。”人伦日用之事就是人道，就人伦日用求其无失，就是仁义礼智。戴震用饮食而求知味比喻就人伦日用而求人道：“饮食，喻人伦日用；知味，喻行之无失；使舍人伦日用以为道，是求知味于饮食之外矣。就人伦日用，举凡出于身者求其不易之则，斯仁至义尽而合于天。人伦日用，其物也；曰仁，曰义，曰礼，其则也。专以人伦日用，举凡出于身者谓之道，故曰‘修身以道，修道以仁’，分物与则言之也；中节之为达道。”人伦日用，咸道之实体实事；凡日用事为能中节而无过失就是大道。所谓“中节”就是“纯粹中正，推之天下而准也……智仁勇以行之，而后纯粹中正。然而即谓之达道者，达诸天下而不可废也”。由于“人之心知有明暗，当其明则不失，当其暗则有差谬之失”，所以道不可以不修。“道之责诸身，往往易致差谬，故又曰‘修道以仁’。此由修身而推言修道之方，故举仁义礼以为之准则；下言达道而归责行之之人，故举智、仁、勇以见其能行。”③仁义礼智勇是人道的至高要求。但是因为人物继承天地之清明之气，故而能达到至善。“善者，称其纯粹中正之名；性者，指其实体实事之名。一事之善，则一事合于天；成性虽殊而其善也则一。善，其必然也；性，其自然

① 戴震：《孟子字义疏证》，见张岱年主编：《戴震全书》（第六册），合肥：黄山书社，1995年，第159页。

② 戴震：《孟子字义疏证》，见张岱年主编：《戴震全书》（第六册），合肥：黄山书社，1995年，第199、202页。

③ 戴震：《孟子字义疏证》，见张岱年主编：《戴震全书》（第六册），合肥：黄山书社，1995年，第200～203页。

也;归于必然,适完其自然,此之谓自然之极致,天地人物之道于是乎尽"①。

戴震指出,《中庸》曰"君臣也,父子也,夫妇也,昆弟也,朋友之交也,五者,天下之达道也",是举实体实事为言。举凡日用事为,大致不出于以上五种关系。具体就是"为君而行君之事,为臣而行臣之事,为父为子而行父之事、行子之事,皆所谓道也。君不止于仁,则君道失;臣不止于敬,则臣道失;父不止于慈,则父道失;子不止于孝,则子道失;然则尽君道、臣道、父道、子道,非智仁勇不能也"②。人处在复杂的社会关系中,扮演着不同的角色,但大致不出于君臣、父子等五种关系。如果人能处理好以上五种关系,那就是大道了。而处理这些关系的所作所为仍不外乎人伦日用。所以戴震说本于性的日用事为就是人道。"人道,人伦日用是也"③,"'民之质矣,日用饮食',自古及今,以为道之经也"④。

(三)本于人道的道德规范

道德规范是调节人们日常人伦事为的规则,当然要从人们的人伦日用中推求。"所谓则者,匪自我为之,求诸其物而已矣"⑤。道德就是对人伦日用必然性规律的总结认知,并用以指导人伦日用,使之无失,必须从人伦日用中推求。

戴震由天道推演人道,得出人道就是行人伦日用之事。行人伦日用之事无失,就是仁义礼智,就是道德的最高标准。"自人道溯之天道,自人之德性溯之天德,则气化流行,生生不息,仁也。由其生生,有自然之条理,观于条理之秩然有序,可以知礼矣;观于条理之截然不可乱,可以知义矣。在天为气化之生生,在人为其生生之心,是乃仁之为德也;在天为气化推行之条理,在人为其心知之通乎条理而不紊,是乃智之为德也。惟条理,是以生生;条理苟失,则生生之道绝"⑥。能把握日用事为的条理而遂人之生生,就是仁义礼智之德。分言之,仁就是生生之德,"一人遂其生,推之而与天

① 戴震:《孟子字义疏证》,见张岱年主编:《戴震全书》(第六册),合肥:黄山书社,1995年,第201页。

② 戴震:《孟子字义疏证》,见张岱年主编:《戴震全书》(第六册),合肥:黄山书社,1995年,第204页。

③ 戴震:《绪言》,见张岱年主编:《戴震全书》(第六册),合肥:黄山书社,1995年,第104页。

④ 戴震:《孟子字义疏证》,见张岱年主编:《戴震全书》(第六册),合肥:黄山书社,1995年,第158页。

⑤ 戴震:《绪言》,见张岱年主编:《戴震全书》(第六册),合肥:黄山书社,1995年,第89页。

⑥ 戴震:《孟子字义疏证》,见张岱年主编:《戴震全书》(第六册),合肥:黄山书社,1995年,第205页。

下共遂其生，仁也”[①]。由己及人、爱己及人，是为仁德；义就是条理分明而不乱，万事万物各得其宜，是为义德；礼就是条理之秩然有序，不仅包括自然、社会之条理有序，还包括人为设置的典章制度、行为规范的条理有序，“礼之设所以治天下之情，或裁其过，或勉其不及，俾知天地之中而已矣”[②]，行为协于中，是为礼德；智就是把握仁义礼的能力，“条理得于心，其心渊然而条理，是为智”[③]，能认识天地、社会、事为条理的能力，是为智德。

人秉承天地清明之气而能不惑于所行，故有仁义礼智之德。“仁义礼智非他，不过怀生畏死，饮食男女，与夫感于物而动者之皆不可脱然无之，以归于静，归于一，而恃人之心知异于禽兽，能不惑乎所行，即为懿德耳”[④]。凡有血气心知，便有怀生畏死之情、饮食男女之欲，人伦日用无不本于此。但人不同于动物，人能调节自己的自然情欲，在满足自己情欲时做到恰到好处，无过之无不及。舍人伦日用，就无所谓“仁义礼智”了。“就人伦日用而语于仁，语于礼义，舍人伦日用，无所谓仁，所谓义，所谓礼也。血气心知者，分于阴阳五行而成性者也，故曰‘天命之谓性’；人伦日用，皆血气心知所有事”[⑤]。

道德不是强加于人的精神力量，而是存在于人的人伦日用之中，是人伦日用中人们遵循的必然性规律。人伦日用是道德的基础。“古贤圣之所谓道，人伦日用而已矣，于是而求其无失，则仁义礼之名因之而生。非仁义礼有加于道也，于人伦日用行之无失，如是之谓仁，如是之谓义，如是之谓礼而已矣”[⑥]。道德与人伦日用之间是“自然”与“必然”的关系。“必然”与“自然”相互依存，“自然”是“必然”的基础，“必然”是“自然”的提升。戴震说：

> 欲者，血气之自然，其好是懿德也，心知之自然，此孟子所以言性善。心知之自然，未有不悦理义者，未能尽得理合义耳。由血气之自

---

① 戴震：《孟子字义疏证》，见张岱年主编：《戴震全书》（第六册），合肥：黄山书社，1995年，第205页。

② 戴震：《孟子字义疏证》，见张岱年主编：《戴震全书》（第六册），合肥：黄山书社，1995年，第206页。

③ 戴震：《原善》，见张岱年主编：《戴震全书》（第六册），合肥：黄山书社，1995年，第10页。

④ 戴震：《孟子字义疏证》，见张岱年主编：《戴震全书》（第六册），合肥：黄山书社，1995年，第184页。

⑤ 戴震：《孟子字义疏证》，见张岱年主编：《戴震全书》（第六册），合肥：黄山书社，1995年，第208页。

⑥ 戴震：《孟子字义疏证》，见张岱年主编：《戴震全书》（第六册），合肥：黄山书社，1995年，第202页。

然，而审察之以知其必然，是之谓理义；自然之与必然，非二事也。就其自然，明之尽而无几微之失焉，是其必然也。如是而后无憾，如是而后安，是乃自然之极则。若任其自然而流于失，转丧其自然，而非自然也；故归于必然，适完其自然。①

人之情欲、人心之向善皆本于血气心知，是人性的自然表现。但人的情欲未必都合情合理。因为人不同于动物而能明于必然，所以人能于人伦日用中掌握其客观必然性，用“必然”来调节“自然”，使自然得到完善，归于圆满。如任其自然而流失，则反而丧失其自然而同于动物。“性之欲，其自然之符也；性之德，其归于必然也。归于必然适全其自然，此之谓自然之极致”②。“必然”依赖于“自然”，道德来源于人伦日用，离开人伦日用就没有道德可言；“必然”能完善“自然”，人伦日用在道德的指导下，由自发的自然提高到自觉的自然，即“自然之极致”，“自然之极则是谓理”③。吴根友指出，戴震在伦理学上讨论的“自然”具有两种倾向，一是血气所需的饮食男女之欲望，一是心知对懿德的价值偏好。“人类所规定的‘理义’——人为，也不仅仅是人为的规定，是通过心知的活动，对于血气之自然精审考察之后而认为不得不如此，因而获得了关于‘血气之自然’的‘必然’。”这种“必然的理义”，就是说“我们有关人类的道德法则的规定，包含着某种合乎人类自然属性的客观性内容在其中，并不是纯粹的主观意志的产物”④。戴震要求人们做到明于自然，归于必然，以实现自然之极致。

不同于程朱以“得于天而具于心”的理为人类的最高道德规范，戴震将道德规范拉回到现实生活，赋予了传统的道德规范“仁义礼智”以新的内容，认为人伦日用与道德的关系就是物与则的关系。人们掌握了人伦日用的必然规律，用以调节人的自然情欲，使之无过、无不及，从而有利于生生之事，这就是懿德，就是仁义礼智。所以当被问“情与理之名何以异”时，戴震指出：“在己与人皆谓之情，无过情无不及情之谓理。”⑤

那么，如何判断人的自然情欲无过、无不及呢？戴震提出了“以情絜

---

① 戴震：《孟子字义疏证》，见张岱年主编：《戴震全书》（第六册），合肥：黄山书社，1995年，第171页。

② 戴震：《原善》，见张岱年主编：《戴震全书》（第六册），合肥：黄山书社，1995年，第11页。

③ 戴震：《孟子私淑录》，见张岱年主编：《戴震全书》（第六册），合肥：黄山书社，1995年，第74页。

④ 吴根友：《戴震“自然—必然”范畴的理论新意再探析》，载《中国哲学史》2023年第3期。

⑤ 戴震：《孟子字义疏证》，见张岱年主编：《戴震全书》（第六册），合肥：黄山书社，1995年，第153页。

情”“情得其平”的道德标准。他说：

> 理也者，情之不爽失也；未有情不得而理得者也。凡有所施于人，反躬而静思之：‘人以此施于我，能受之乎？’凡有所责于人，反躬而静思之：‘人以此责于我，能尽之乎？’以我絜之人，则理明。天理云者，言乎自然之分理也；自然之分理，以我之情絜人之情，而无不得其平是也。①

道德作为规范人行为的准则，必须是符合人的本性的，必须有利于人的自然情欲的满足。但作为社会的人，在满足自己情欲的同时不能阻碍他人的生存和发展。所以戴震指出，每当有一事施于人、有一语责于人时，都要反躬自身，将心比心。如果“以我之情絜人之情，而无不得其平”，那么这就是天下人心之所同然，就是天理。“情得其平，是为好恶之节，是为依乎天理。”“情得其平”就是心之所同然。只有心之所同然的才是理，否则不可名之为理，而是个人意见。戴震曾于与彭绍升书中指出：“程、朱以理为‘如有物焉，得于天而具于心’，启天下后世人人凭在己之意见而执之曰理，以祸斯民。更淆以无欲之说，于得理益远，于执其意见益坚，而祸斯民益烈。”②只有心之所同然者才是理，否则“未至于同然，存乎其人之意见，非理也，非义也。凡一人以为然，天下万世皆曰‘是不可易也’，此之谓同然”③。萧萐父等认为，戴震的“心之所同然”，虽然停留在主观层面，但是“他的心之所同然”是与“个人意见相对立的”，所以“在当时反对道学家们的偏见和独断，其积极意义是应该肯定的”④。宋儒辨乎理欲之分，谓“不出于理则出于欲，不出于欲则出于理”，则其“治己以不出于欲为理，治人亦必以不出于欲为理，举凡民之饥寒愁怨、饮食男女、常情隐曲之感，咸视为人欲之甚轻者矣”⑤，故而不能“体民之情，遂民之欲”。冯友兰所指出的，戴震云理也者，情之不爽失者，此就人事方面而言，求理的方法就是“以情

① 戴震：《孟子字义疏证》，见张岱年主编：《戴震全书》（第六册），合肥：黄山书社，1995年，第152页。

② 戴震：《答彭进士允初书》，见张岱年主编：《戴震全书》（第六册），合肥：黄山书社，1995年，第362页。

③ 戴震：《孟子字义疏证》，见张岱年主编：《戴震全书》（第六册），合肥：黄山书社，1995年，第153页。

④ 萧萐父、李锦全主编：《中国哲学史》（下），北京：人民出版社，1983年，第275页。

⑤ 戴震：《孟子字义疏证》，见张岱年主编：《戴震全书》（第六册），合肥：黄山书社，1995年，第217页。

絜情”[①]。以情絜情的道德标准就是在承认天下同情的基础上要求人人能推己及人。“遂己之欲者,广之能遂人之欲;达己之情者,广之能达人之情。道德之盛,使人之欲无不遂,人之情无不达,斯已矣”[②]。特别是要求统治者,在一人遂其生的时候,能推之而与天下共遂其生,最终通天下人之情,达天下人之欲。戴震以尧、舜、文王为例,指出有至高道德的尧、舜、文王无不为人民谋人欲之事:“夫尧、舜之忧四海困穷,文王之视民如伤,何一非为民谋其人欲之事!”[③]使天下无不达之情和不遂之欲就是道德之盛。

四、戴震哲学思想的价值

容肇祖指出:“戴震说的理及求理的方法,是戴学的精髓,所以使戴震在中国哲学史上站立了一个顶重要的位置的原因。”[④]“理”既是戴震摧毁程朱理学立论之基的工具,又是其构建哲学体系的基础。由于戴震精通自然科学,所以他唯物地指出,理是抽象的事物的法则,具体到人事方面,就是人自然生理需要的合理满足与实现,而求理的方法就是“以情絜情”,从人的“情”和“欲”上求得。

戴震“自幼为贾贩,转运千里,复具知民生隐曲,而上无一言之惠,故发愤著《原善》《孟子字义疏证》,专务平恕,为臣民诉上天,明死于法可救,死于理即不可救。又谓衽席之间,米盐之事,古先王以是相民,而后人视之猥鄙。其中坚之言尽是也”[⑤]。戴震深知民间疾苦,故其哲学关怀在于满足下层民众合理的情欲需求。他认为,任何背离人的情欲谈天理、谈道德,都是主观独断,从而导致苛刻残忍之风俗。钱穆说:“岂东原抱其奇才,毕生不遇,少为稗贩,涉历南朔,闾里奸邪,米盐琐细尽知之,因有以感通夫细民之幽怨,而发之特为深切欤?”[⑥]

程朱理学以三纲五常为道德规范,以其为“得于天而具于心”的理,这就赋予了封建伦理纲常以天理、天命的神秘色彩。但是正如张岱年先生指出:“‘三纲’之说,始于汉代。先秦时代儒家的代表人物孔子、孟子、荀子都

---

① 冯友兰:《中国哲学史》(下册),北京:中华书局,1961年,第1001～1002页。

② 戴震:《孟子字义疏证》,见张岱年主编:《戴震全书》(第六册),合肥:黄山书社,1995年,第197页。

③ 戴震:《孟子字义疏证》,见张岱年主编:《戴震全书》(第六册),合肥:黄山书社,1995年,第216页。

④ 容肇祖:《戴震说的理及求理的方法》,见张岱年主编:《戴震全书》(第七册),合肥:黄山书社,1997年,第415页。

⑤ 章太炎:《释戴》,见张岱年主编:《戴震全书》(第七册),合肥:黄山书社,1997年,第337页。

⑥ 钱穆:《中国近三百年学术史》,北京:商务印书馆,1997年,第391页。

未讲‘三纲’。孔子讲过‘君君、臣臣’；孟子讲过父子、君臣、夫妇、长幼、朋友等人伦；荀子讲过‘君臣、父子、兄弟、夫妇……’。然而都没有提出所谓‘三纲’。”[①]也就是说，先秦时期并没有三纲五常之说，三纲五常并不是亘古不变的天理。“三纲五常”来源于先秦的“五伦”之说。《礼记·礼运》曰：“父慈子孝、兄良弟悌、夫义妇听、长惠幼顺、君仁臣忠。”《孟子·滕文公上》曰：“父子有亲，君臣有义，夫妇有别，长幼有序，朋友有信。”但是“五伦”之说注重人生、社会和等差之爱，并无封建礼教的权威性与束缚性。在这五种人伦关系中，每一方都享有特定的权利、负担特定的义务，人伦关系不是单向的服从或领导，而是双向的责任和义务[②]。

然而，随着秦汉君主集权制的建立，因为政治的需要，五伦不断地被统治者改造利用。“在等级社会里，由于权力的不平等，有权者总是凭自身的优势将外显的或律他的道德保留，而将自我约束的道德向下层推移，从而进一步摆脱自己的伦理、道德限制，实现政治、伦理的双重特权；而下层人民则由于政治权力的不平等，又背上了伦理的负担，唯一争取生活自由的途径也被堵上了。”[③]五伦成为一方主体单向履行义务，另一方主体纯粹享受权利的尊卑贵贱的等级观念，并成为封建伦理道德的基本原则。特别是“宋儒持理欲之辨……究竟制欲太甚，使所谓礼教成为严酷的”[④]。即使如狱讼之事，也要先论尊卑、上下、长幼之分。例如朱熹在《戊申延和奏札》中说：“凡有狱讼，必先论其尊卑上下、长幼亲疏之分，而后听其曲直之辞。凡以下犯上、以卑凌尊者，虽直不右，其不直者罪加凡人之坐。”[⑤]这种上下尊卑等级森严的道德规范，实成为尊者、上者、强者欺压、残杀卑者、下者、弱者的工具。所以戴震说：“尊者以理责卑，长者以理责幼，贵者以理责贱，虽失，谓之顺；卑者、幼者、贱者以理争之，虽得，谓之逆。”[⑥]

戴震实现了中国传统哲学思想的回归与嬗变，重新重视人之生生、讲究情感平等。戴震由天道推演人性，认为天道就是“气化流行，生生不息”。阴阳二气交感流行形成万事万物，天道之大德就是生生。万事万物由于所

---

① 张岱年：《中国伦理思想研究》，上海：上海人民出版社，1989 年，第 149 页。

② 陈海红、李长泰：《儒家人伦思想的建构与展开》，载《人文杂志》2003 年第 3 期。

③ 王园园：《论〈孟子字义疏证〉对程朱理学的批判》，载《内蒙古师范大学学报（哲学社会科学版）》2010 年第 4 期。

④ 张岱年：《中国哲学大纲》，北京：中国社会科学出版社，1982 年，第 465 页。

⑤ 朱熹：《晦庵先生朱文公文集》，见朱杰人、严佐之、刘永翔主编：《朱子全书》（第 20 册），上海：上海古籍出版社，合肥：安徽教育出版社，2002 年，第 657 页。

⑥ 戴震：《孟子字义疏证》，见张岱年主编：《戴震全书》（第六册），合肥：黄山书社，1995 年，第 161 页。

禀之气的不同而成性各殊。人禀天地清明之气，而有血气心知，“血气心知，性之实体也”，从而肯定了人的现实存在。许苏民深知戴震由天道推演人性的目的，指出：“他的本体论论证，不过是为了建立其人学本体论所作的关于自然演化的必要铺垫而已，究其归宿和实质，他的所谓元气本体论，实质上是近代式的人学本体论。”[①]现实的人因为有血气，便有饮食男女之欲。“人之生也，莫病于无以遂其生”。日用饮食，血气资之以养。人生之后所作所为无不本于性而适完其生生之事，所以戴震以行人伦日用之事为人道。道德规范是调节人伦日用的规范，所以必须从人伦日用中推求。

戴震消解了程朱理学的先验道德属性，认为道德体现在人伦日用之中，是对人伦日用必然规律的客观认识。日用饮食，无非人道所以生生者。戴震在人伦日用中谈论道德，就是对现实存在的自然人的生命的重视。戴震重视人的自然属性，不仅肯定人的情欲的合理性，还认为人的心知能至于神明。人的心知通过问学能达到至德的高度，从而指导人的生活，使日用事为无过失。道德虽然不能等同于生活，但道德应该源于生活而高于生活，能使人的生活更美好。道德的底线是不能侵犯人的生存与发展。“欲之失为私，私则贪邪随之矣；情之失为偏，偏则乖戾随之矣；知之失为蔽，蔽则差谬随之矣。不私，则其欲皆仁也，皆礼义也；不偏，则其情必和易而平恕也；不蔽，则其知乃所谓聪明圣智也”[②]。情、欲、智之不偏、不私、不蔽，就是天理，就是最高的道德规范。作为意识形态的宋明理学将人欲与道德对立，是对人生命的扼杀。因为人欲是人生存与发展的动力。只有遂己之欲的人才能遂人之欲，从而达到共同发展。

戴震“以情絜情”“情得其平”道德标准的提出，是对生生的倡导，是把他人视作与己具有同样情感的“人”来尊重。侯外庐指出，这种情感平等思想“正是这位汉学家最有特色的地方。严格地说，在这一点上，他复活了十七世纪清初大儒的人文主义的统绪，启导了十九世纪的一线曙光”[③]。在戴震看来，无论是老弱病残还是尊卑贵贱，都乘天地之气而生，有着相同的血气和相同的心知，有着相同的情感和欲望。“诚以弱、寡、愚、怯与夫疾病、老幼、孤独，反躬而思其情，人岂异于我！……一人之欲，天下人之所同欲也，故曰‘性之欲’。好恶既形，遂己之好恶，忘人之好恶，往往贼人以逞欲。反躬者，以人之逞其欲，思身受之之情也。情得其平，是为好恶之节，

---

① 许苏民：《戴震与中国文化》，贵阳：贵州人民出版社，2000 年，第 87～88 页。

② 戴震：《孟子字义疏证》，见张岱年主编：《戴震全书》（第六册），合肥：黄山书社，1995 年，第 197 页。

③ 侯外庐：《中国思想通史》（第五卷），北京：人民出版社，1956 年，第 455 页。

是为依乎天理。"天理即自然之分理，自然之分理即"以我之情絜人之情，而无不得其平是也"①。人以类划分，人不异于我。道德规范就是在天下人同情的基础上提出来的。圣人能先得天下人之同情，见天地之条理，定之以为天下万世法则，这就是道德规范。村濑裕也指出，戴震的"以情絜情""情得其平"的道德标准，"尊重所有在现世享有生的人，站在自己及他人同样具有实现其生的资格的原点上，即应排除一切判断行为中的自我中心主义，这不外乎是作为人的基本存在方式而提出的要求"②。吴友根甚至指出，戴震提出"以情絜情"的忠恕之道，"实际上是承认每个人的生存权、发展权的近代人道主义思想的中国化表达，是用旧的语言形式表达出来的新伦理思想"③。

戴震重生以及主张情感平等的哲学思想，虽然仅停留在道德层面，并寄希望于统治者的自觉推行，显得不切实际，但是正如张之洞所说，"知君臣之纲，则民权之说不可行也；知父子之纲，则父子同罪免丧废祭之说不可行也；知夫妇之纲，则男女平权之说不可行也"④，三纲五常是民主发展的障碍，戴震揭示出三纲五常的实质，它是"以理杀人"的不平等规范，是对卑者、下者、弱者的戕害，它剥夺了卑者、下者、弱者应该享有的发言权甚至生存权，从而破除了人们对三纲五常伦理思想的迷信和膜拜。正如萧萐父等所说，"哲学理性的任务，在于为人类的生活和实践提供合理性依据"⑤。戴震哲学虽然关乎整个宇宙秩序，但他的关注点主要在于为人的生存和发展提供哲学思想的指导，希冀建立一个"人人欲得遂、情得达"的理想社会。戴震实现了哲学思想的嬗变，即由尊卑贵贱转向重生及情感平等。戴震倡导的遂情达欲的重生思想和以情絜情而得其平的道德理性，"经过其传承者的延续和发扬光大，对近代中国的社会改革运动和反专制的思想文化运动起了催化剂的作用，对中国社会和文化的转型发挥了有力的推动作用"，戴震的五传弟子鲁迅"对'吃人的礼教'的批判，正是戴震对程朱理学'以理杀人'的批判思想的继续"⑥。"东原所阐发的孔、孟学术，全部是不含时代

---

① 戴震：《孟子字义疏证》，见张岱年主编：《戴震全书》（第六册），合肥：黄山书社，1995年，第152页。

② ［日］村濑裕也：《戴震的哲学：唯物主义和道德价值》，王守华、卞崇道、于时化、刘荣、史学善译，济南：山东人民出版社，1996年，第170页。

③ 吴根友：《戴震伦理学中的自由思想申论》，载《武汉大学学报（哲学社会科学版）》1999年第4期。

④ 张之洞：《劝学篇》，北京：中华书局，2016年，第73页。

⑤ 萧萐父、许苏民：《王夫之评传》，南京：南京大学出版社，2002年，第88页。

⑥ 吴根友、孙邦金等：《戴震、乾嘉学术与中国文化》，福州：福建教育出版社，2015年，第950～951页。

性的，所以不发生时代价值问题”①，戴震的情感哲学甚至对当代社会的民生建设仍有借鉴价值。

第二节　戴震哲学思想的渊源

章学诚是戴震同时代人中意识到戴震哲学价值的寥寥数人之一，他说：“戴著《论性》《原善》诸篇，于天人理气，实有发前人所未发者。”②戴震“发前人所未发”的哲学思想渊源是什么？这一直是戴学研究的重要领域。胡适说，戴震在清儒中最特异的地方，就在于他以考据为明道的手段，而不是目的③。胡适的话道出了戴震的考据工作与其义理的关系。考察戴震哲学思想的渊源必须结合其前期考据工作，否则便失之偏颇。

一、关于戴震哲学思想渊源的研究成果及其片面性

戴望首次将戴学与颜李学派作了比较，并于《颜氏学记·处世颜先生元》中总结道：“戴吉士震作《孟子绪言》，始本先生此说言性，而畅发其旨。”④戴望指出的戴学与颜李学派的渊源关系，为后人研究戴震哲学思想渊源标示了一个方向。近代著名学者梁启超于《戴东原哲学》中指出：“我深信东原的思想，有一部分是受颜李学派影响而成的。”虽然在戴震的著作中没能找到受颜李学派影响的实证，但是梁启超认为，戴震可以从以下途径闻得颜李学说：第一，戴震可从方家子弟中间接闻得颜李的学说。第二，戴震可以从是仲明及他的门下闻得颜李的学说。第三，戴震可从程廷祚和程晋芳那里间接闻得颜李的学说乃至得到他们的书⑤。胡适亦赞成梁启超的观点，只是认为“戴学与颜学的媒介似乎是程廷祚”⑥。

对于戴震学术渊源于颜李学派之论，有学者提出疑问。例如王茂认

---

① 梁启超：《戴东原哲学》，见张岱年主编：《戴震全书》（第七册），合肥：黄山书社，1997年，第357～358页。

② 章学诚：《书朱陆篇后》，见张岱年主编：《戴震全书》（第七册），合肥：黄山书社，1997年，第288页。

③ 胡适：《戴东原的哲学》，见《胡适学术文集·中国哲学史》（下册），姜义华编，北京：中华书局，1991年，第1009页。

④ 戴望：《处士颜先生元》，见张岱年主编：《戴震全书》（第七册），合肥：黄山书社，1997年，第334页。

⑤ 梁启超：《戴东原哲学》，见张岱年主编：《戴震全书》（第七册），合肥：黄山书社，1997年，第361页。

⑥ 胡适：《戴东原的哲学》，见《胡适学术文集·中国哲学史》（下册），姜义华编，北京：中华书局，1991年，第1006页。

为，颜李重实践、讲习行，戴震重心知、讲问学扩充，完全不是一个路数。他认为戴震学说来自浙东学派，理由是：黄宗羲《太极图讲义》论气化之理，与戴震所论的化、神很接近；《孟子师说》所说的心、知、理、气，戴震之说与之相似；《伊川学案》黄百家按语论仁、义、礼、智，论命、性、才，戴震之说亦与之相类。此外，王茂还从戴震行踪考察戴震学说与浙东学派的关系。他说，黄宗羲《宋元学案》完成于全祖望之手，全祖望死后，书稿归其同邑（宁波）弟子卢文弨。卢文弨与戴震为至交，且黄氏家学天下闻名。戴震于乾隆三十七年（1772）和三十八年（1773）春主讲浙江金华书院，在此期间与卢家往来论学，不至于未见到《学案》稿①。

王茂的观点同样受到辩驳，许苏民于《戴震哲学思想研究综述》中说："戴震于乾隆三十七年（1772）至三十八年春主讲浙东金华书院，此期间确有可能从卢文弨那里读到黄宗羲等人的《宋元学案》未刊稿。但当时戴震已经是 50—51 岁，而戴震思想的转变则发生在他 44—47 岁之间，这期间标志其思想转变的著作已有三卷本《原善》和《绪言》。我们又怎么能根据戴震 50 岁时有可能读到《宋元学案》的未刊稿来证明其思想源自浙东学派呢？何况，即使就王茂先生所列举的内证来说，例如元气本体论、气质之性一元论等等，都不是浙东学派首创，而是在浙东学派产生之前很久就已经有了。"②许苏民所论确实言之成理。

除了戴震哲学思想渊源于颜李学派和浙东学派之观点外，容肇祖认为"戴震的学术，多渊源于荀子"。因为"戴震说'解蔽莫如学'，而荀卿则有《解蔽篇》，又有《劝学篇》为《荀子》一书的冠首"③。戴震哲学思想渊源于荀子的观点同样不能令人信服。因为戴震虽然赞叹荀子的善言学，但他认为荀子重学问的思想是对古贤圣重学问思想的继承。戴震曾曰："古贤圣知人之材质有等差，是以重问学，贵扩充……荀子谓常人之性，学然后知礼义，其说亦足以伸。"同时，戴震还指出荀子将学然后知的礼仪与性视若隔阂不可通之误，曰："此荀子立说之所以异于孟子也"，"荀子举其小而遗其大也，孟子明其大而非舍其小也。"④

前辈学者对戴震哲学思想来源的论证难以令人信服，主要原因在于他们都受戴震思想分期说的影响，脱离了戴震的学术研究历程，对戴震哲学

---

① 王茂：《戴震哲学思想研究》，合肥：安徽人民出版社，1980 年，第 128～132 页。

② 许苏民：《戴震哲学思想研究综述》，载《社会科学动态》1997 年第 7 期。

③ 容肇祖：《戴震说的理及求理的方法 · 戴震学说的渊源》，见张岱年主编：《戴震全书》（第七册），合肥：黄山书社，1997 年，第 434 页。

④ 戴震：《孟子字义疏证》，见张岱年主编：《戴震全书》（第六册），合肥：黄山书社，1995 年，第 167、187、188 页。

思想渊源的探讨局限于比较其思想与其他学术的相似性，这样难免具有片面性。“对戴震思想的分期由来已久，并几乎成为学界的共识。在戴震逝世后不久，洪榜、凌廷堪、翁方纲和章学诚等人对其学行进行了总结，虽然评价完全不同，但共同勾勒出了一个早年致力于考据学研究、拥护程朱理学，晚年才开始义理探索，并逐渐成为理学批评者的戴震形象。此后钱穆与余英时承袭了‘分期’的基本立场，为‘分期说’提供了最为丰富的论据，并确定戴震思想转向的契机是乾隆二十二年丁丑年戴震与惠栋的短暂相处”①。“分期说”将戴震划归为两个截然不同的角色，即“考据学家戴东原”与“思想家戴东原”，人为地割断了戴震考据与义理的关系，使得对戴震哲学思想渊源的探讨有一叶障目之嫌，从而为后人留下了反驳的余地。戴震哲学思想的渊源值得继续探讨。

二、从戴震的学术研究历程看其哲学思想渊源

一种思想的形成总是具有历时性和可溯性的。在理解某个思想家的思想时，我们可以对其思想的形成过程进行还原性的勾勒，而这种勾勒必须以原始文本为依据。戴震哲学思想的渊源便可从其所研究的著作中探得。戴震虽然“自十七岁时有志闻道”，但他继承了清初儒者的实学精神，反对宋明理学“不习六艺之文，不考百王之典，不综当代之务，举夫子论学论政之大端，一切不问，而曰‘一贯’，曰‘无言’，以明心见性之空言，代修己治人之实学”②。宋明理学空谈心性之习，必然导致“宋人则恃胸臆为断，故其袭取者多谬，而不谬者在其所弃”③。戴震认为，空凭胸臆所得之义理④非贤人圣人之义理，义理存于古经之中。由于今古悬隔，古经赖训故而明。训故明则古经明，古经明则贤人圣人之义理明。贤人圣人之理义存乎典章制度之中。所以戴震大半生从事名物典制的训故，其义理之学来源于对六经、孔孟的切实考证。

（一）考据对象：戴震哲学思想的渊源

戴震继承了顾炎武“经学即理学”的思想，认为“六经者，道义之宗而神

---

① 龙鑫：《戴震思想“分期说”评议》，载《北京大学研究生学志》2010 年第 2 期。

② 顾炎武：《日知录》，长沙：岳麓书社，1994 年，第 240 页。

③ 戴震：《与某书》，见张岱年主编：《戴震全书》（第六册），合肥：黄山书社，1995 年，第 495 页。

④ 在戴震的文章中用的是“理义”，但学界习惯表述为“义理”，本书亦从之。

明之府也”[①]，“圣人之道在六经也”[②]。例如，《诗经》在他眼里，“皆忠臣、孝子、贤妇、良友之言也，而又有立言最难、用心独苦者，则大忠而托之诡言逊辞，亦圣人之所取也”[③]。六经中蕴涵着古贤圣的道义，“其心志与天地之心协”[④]。要探得天地之心，必须探明圣人之心。然而，诚如戴震所言，“时之相去千百年之久，视夫地之相隔千百里之远无以异，昔之妇孺闻而辄晓者，更经学大师转相讲授，而仍留疑义”[⑤]。为探求六经中圣人之道，首先得识字。字是通往大道的舟楫、阶梯，“宋儒讥训诂之学，轻语言文字，是欲渡江河而弃舟楫，欲登高而无阶梯也”[⑥]。于字书中，戴震最重《尔雅》，因其为六经之通释。“古故训之书，其传者莫先于《尔雅》，六艺之赖是以明也。所以通古今之异言，然后能讽诵乎章句，以求适于至道”[⑦]。自《尔雅》外，惟《方言》《说文》切于治经，因此戴震作《方言疏证》和《尔雅文字考》以期“俾治经、读史、博涉古文词者，得以考焉”[⑧]。戴震远承东汉古文经学的治学方法，近接清初实学之风，致力于朴学。为求一字之“的”解，他不仅要本之六书，分析形体，发掘文字形体所寓之义，同时还要了解古音，由音索义，实行音义互求，并且利用前人训诂成果，汇综群籍，择善而从，形成了鲜明的训诂特色。戴震之所以如此致力于训诂，精心考释文字，是因为“有一字非其的解，则于所言之意必差，而道从此失”[⑨]。例如《尚书》“舜让于德弗嗣”，孔传训“嗣”为“嗣成帝位”，戴震指出：“如曰让于有德之人，则便当举此人，如岳之举舜，否则让属虚文，圣人岂为之哉？然必无不让者，临事而惧之，诚虽小节，必恐其不胜，况任天下重器而不为之变动恐惧，则非也。是以至德犹惧德薄，史臣记其授受之时，不怡见于貌。‘不怡’也者，惕然内变，精诚外著也。古字嗣、怡声同。《毛诗》‘子宁不嗣音’，《韩诗》作‘不怡

① 戴震：《古经解钩沉序》，见张岱年主编：《戴震全书》（第六册），合肥：黄山书社，1995 年，第 377 页。

② 戴震：《沈学子文集序》，见张岱年主编：《戴震全书》（第六册），合肥：黄山书社，1995 年，第 393 页。

③ 戴震：《毛诗补传》，见张岱年主编：《戴震全书》（第一册），合肥：黄山书社，1994 年，第 126 页。

④ 戴震：《古经解钩沉序》，见张岱年主编：《戴震全书》（第六册），合肥：黄山书社，1995 年，第 377 页。

⑤ 戴震：《古训》，见张岱年主编：《戴震全书》（第六册），合肥：黄山书社，1995 年，第 503 页。

⑥ 戴震：《与段茂堂等十一札》，见张岱年主编：《戴震全书》（第六册），合肥：黄山书社，1995 年，第 541 页。

⑦ 戴震：《尔雅文字考序》，见张岱年主编：《戴震全书》（第六册），合肥：黄山书社，1995 年，第 275 页。

⑧ 戴震：《方言疏证序》，见张岱年主编：《戴震全书》（第三册），合肥：黄山书社，1994 年，第 6 页。

⑨ 戴震：《与某书》，见张岱年主编：《戴震全书》（第六册），合肥：黄山书社，1995 年，第 495 页。

音’，亦怡、嗣互出之证。若以‘不嗣帝位’为解，则于圣人之仁，以天下为己任，圣人之心，不以己为至德，二者合而为一之极致，与夫圣人之诚让非虚文，皆不可见。且下文‘受终’以承‘弗嗣’，亦扞格不可通矣。此一字之误，关于至道者非浅小也。”①戴震运用因声求义之法，得出“嗣”“怡”通用之结论，并于《诗经》不同版本用字中得到证实。不怡之貌即体现了圣人以天下为己任，而又不以己为至德的精诚。从这里可以看出：戴震对一字一义的考证都是为了探究文字背后的微言大义。他认为，宋儒所犯的错误就在于“以己之见硬坐为古贤圣立言之意，而语言文字实未之知，其于天下之事也，以己所谓理强断行之，而事情源委隐曲实未能得，是以大道失而行事乖”②。

要真正读懂经典，除客观地推求每字之义外，还要了解经典涉及的名物、制度，因为“贤人圣人之理义非它，存乎典章制度者是也”③。要明确了解名物、制度，需要广博的知识结构。正如戴震于《与是仲明论学书》中所指出的，不知恒星七政所以运行，则不能理解《尚书》历法；不懂古音，则不能解释《诗经》的押韵；不知古者宫室、衣服之制，则不能辨别其制作与功用；不知古今地名沿革，则《禹贡》职方失其处所；不知鸟兽虫鱼草木之状类名号，则不能理解《诗经》比兴。所以戴震作《释天》《句股割圜记》《迎日推策记》等，讨论天体运行之大致；作《声韵考》《声类表》《转语二十章》等，讨论古音之大端毕举；作《考工记图》《记冕服》《记冠衰》等，还原器物之形貌；作《水地记》《水经考次》《汾州府志》等，详考地理沿革……于经典中的名物、典制，戴震必征之古而靡不条贯，合诸道而不留余议，巨细毕究，本末兼察，以求得十分之见。

为探究圣人之道，戴震一生有个宏伟规划，即著《七经小记》，“《七经小记》者，先生朝夕常言之，欲为此以治经也……治经必分数大端以从事，各究洞原委，始于六书、九数，故有《诂训篇》，有《原象篇》，继以《学礼篇》，继以《水地篇》，约之于《原善篇》，圣人之学如是而已矣”④。《七经小记》是戴震治学的整体框架，虽天不假以时日，未能全部完成，但我们可以从中窥见戴震治学的理路，即从六书、九数开始，举数大端以究其原委，然后抽绎出六经之精神，最后归结到《原善篇》的创作，即对圣人之道的领悟和阐释。

---

① 戴震：《尚书义考》，见张岱年主编：《戴震全书》（第一册），合肥：黄山书社，1994年，第73页。

② 戴震：《与某书》，见张岱年主编：《戴震全书》（第六册），合肥：黄山书社，1995年，第495页。

③ 戴震：《题惠定宇先生授经图》，见张岱年主编：《戴震全书》（第六册），合肥：黄山书社，1995年，第505页。

④ 段玉裁撰、杨应芹订补：《东原年谱订补》，见张岱年主编：《戴震全书》（第六册），合肥：黄山书社，1995年，第705页。

六书、九数等事不是戴震毕生追求的最终目的，它们只是个手段。戴震“志存于闻道”的思想是贯彻始终的。戴震说：“六书、九数等事，如轿夫然，所以舁轿中人也。以六书、九数等事尽我，是犹误认轿夫为轿中人也。”①又曰：“余于训诂、声韵、天象、地理四者，如肩舆之隶也。余所明道，则乘舆之大人也。”②“轿中人”“乘舆之大人”即戴震所追求的隐含于六经中的“圣人之道”。戴震于训诂、名物、制度中寄托着独创性的以求“圣人之道”的思想意图。他批评“今之博雅文章善考核者，皆未志乎闻道”③，申述“治经先考字义，次通文理。志存闻道，必空所依傍”④。诚如戴震所言，义理之精微，“非强著书邀名者所能至也。日用饮食之地，一动一言，好学者皆有以合于当然之则。循是而尚论古人，如身居其世睹其事，然后圣人之情见乎词者，可以吾之精心遇之。非好道之久，涵养之深，未易与于此”⑤。六经中的微言大义，不求诸前古贤圣之言与事，不能通乎其词，是不可能凭空获得的。“训故明则古经明，古经明则贤人圣人之理义明，而我心之所同然者乃因之而明”⑥。在戴震那里，义理同考据之间有着内在的联系：考据寄托着对义理的追求，是义理的基础，义理是考据的结论。义理“非语言之能空论也，宜还而体会六经、孔、孟之书本文云何”⑦，“夫所谓理义，苟可以舍经而空凭胸臆，将人人凿空得之，奚有于经学之云乎哉”⑧。戴震通过对当时制度礼数的还原，论其世，知其人，然后揣摩圣人创作之义，探究圣人之心于千载之下，然后以心相遇，真正体会了文字背后的微言大道，建构了一套接近于儒学原旨的学术思想体系。

(二)考据结论：戴震哲学是对儒学思想的回归

经过几十年的焚膏继晷，戴震“渐于经有所会通，然后知圣人之道，如

---

① 段玉裁：《戴东原集序》，见《戴震集》，上海：上海古籍出版社，1980年，第452页。

② 章学诚：《书朱陆篇后》，见张岱年主编：《戴震全书》(第七册)，合肥：黄山书社，1997年，第288页。

③ 戴震：《答郑丈用牧书》，见张岱年主编：《戴震全书》(第六册)，合肥：黄山书社，1995年，第374页。

④ 戴震：《与某书》，见张岱年主编：《戴震全书》(第六册)，合肥：黄山书社，1995年，第495页。

⑤ 戴震：《春秋究遗序》，见张岱年主编：《戴震全书》(第六册)，合肥：黄山书社，1995年，第381～382页。

⑥ 戴震：《题惠定宇先生授经图》，见张岱年主编：《戴震全书》(第六册)，合肥：黄山书社，1995年，第505页。

⑦ 戴震：《答彭进士允初书》，见张岱年主编：《戴震全书》(第六册)，合肥：黄山书社，1995年，第356页。

⑧ 戴震：《题惠定宇先生授经图》，见张岱年主编：《戴震全书》(第六册)，合肥：黄山书社，1995年，第505页。

悬绳树槷，毫厘不可有差”[①]，灼然知古今治乱之源。也就是说，通过几十年如一日的对经典创制时的原始境遇的还原，平心体会经文之后，戴震已经与蕴涵于六书、九数、制度、名物中贤人圣人之理“相接以心”，真正了解经典的本意。再重新审视宋明以来的儒学，戴震发现，“宋儒虽自命为得道统之传，但实际上受二氏之影响，其学术之所以空疏无用，正是因为其弃去六书九数、训诂、典章之学，故对于道器、理气、性命、才情、仁义礼智、忠恕、一贯、经权、克己等基本观念的理解已非圣人之本旨。而对这些观念的误解导致宋儒之学偏离了人伦日用的基本方向”[②]。宋儒“人欲净尽天理流行”的观点危害极大，“其于天下之事也，以己所谓理强断行之，而事情源委隐曲实未能得，是以大道失而行事乖”[③]。大道之失不仅使君子无完行，使天下人尽成欺伪之人，还使人皆以意见为天理，造成以理杀人的惨痛情形。当政者以此治理天下，则忽视了生民隐曲、饥寒愁怨、饮食男女之欲，而祸害斯民。戴震指出：“天下必无舍生养之道而得存者，凡事为皆有于欲，无欲则无为矣；有欲而后有为，有为而归于至当不可易之谓理；无欲无为又焉有理！”[④]

如孟子之辩杨、墨，戴震辩佛、老之乱儒学以维护儒学正统。“苟吾不能知之亦已矣，吾知之而不言，是不忠也，是对古圣人贤人而自负其学，对天下后世之仁人而自远于仁也”[⑤]。知而不言，己之过也。所以戴震不得不作义理学著作，以正人心。因为《孟子》被视为儒家真传且较多地触及哲学问题，戴震在《原善》《绪言》基础上选取《孟子》进行疏证。他打破常规的逐句解释的疏证方式，针对宋明理学家“尽以意见误名之曰理”等诸多重要观点，选取《孟子》及原始儒学中“理”“性”“道”“才”“天道”“诚”“明”“权”“仁义礼智”等十几个核心概念，逐一进行疏证，以期使儒归儒、佛归佛、老归老。“理”是理学的最高范畴，戴震《孟子字义疏证》开篇说理：“理者，察之而几微必区以别之名也，是故谓之分理；在物之质，曰肌理，曰腠理，曰文理；得其分则有条而不紊，谓之条理……《中庸》曰：‘文理密察，足以有别也。’《乐记》曰：‘乐者，通伦理者也。’郑康成注云：‘理，分也。’许叔重《说文

---

① 戴震：《与是仲明论学书》，见张岱年主编：《戴震全书》（第六册），合肥：黄山书社，1995年，第371页。

② 吴通福：《经世、考证与义理——乾嘉新义理学宏观特征的再检讨》，载《求索》2006年第10期。

③ 戴震：《与某书》，见张岱年主编：《戴震全书》（第六册），合肥：黄山书社，1995年，第495页。

④ 戴震：《孟子字义疏证》，见张岱年主编：《戴震全书》（第六册），合肥：黄山书社，1995年，第216页。

⑤ 戴震：《孟子字义疏证序》，见张岱年主编：《戴震全书》（第六册），合肥：黄山书社，1995年，第148页。

解字序》曰：'知分理之可相别异也。'"戴震从字义出发，紧紧抓住"理"字的"区分"之义，然后根据对象的不同，整理出"理"的引申系列——"分理""肌理""腠理""文理""条理""伦理""天理""情理"等，从而用考据的方法证明了"古人所谓理，未有如后儒之所谓理者矣"①。在对"理"义考据的基础上，针对"治经之士，莫能综贯，习所见闻，积非成是"②的问题，如天理何谓、情理关系、心理关系、理欲关系等，戴震逐一提问解答，以求解众人之惑。例如对天理的解释："问：古人之言天理，何谓也？"曰："理也者，情之不爽失也；未有情不得而理得者也。凡有所施于人，反躬而静思之：'人以此施于我，能受之乎？'凡有所责于人，反躬而静思之：'人以此责于我，能尽之乎？'以我絜之人，则理明。天理云者，言乎自然之分理也；自然之分理，以我之情絜人之情，而无不得其平是也。"为何有此解释呢？因为"《乐记》曰：'人生而静，天之性也；感于物而动，性之欲也。物至知知，然后好恶形焉。好恶无节于内，知诱于外，不能反躬，天理灭矣。'灭者，灭没不见也。又曰：'夫物之感人无穷，而人之好恶无节，则是物至而人化物也。人化物也者，灭天理而穷人欲者也；于是有悖逆诈伪之心，有淫佚作乱之事；是故强者胁弱，众者暴寡，知者诈愚，勇者苦怯，疾病不养，老幼孤独不得其所。此大乱之道也。'诚以弱、寡、愚、怯与夫疾病、老幼、孤独，反躬而思其情，人岂异于我！盖方其静也，未感于物，其血气心知，湛然无有失，故曰'天之性'；及其感而动，则欲出于性。一人之欲，天下人之所同欲也，故曰'性之欲'。好恶既形，遂己之好恶，忘人之好恶，往往贼人以逞欲。反躬者，以人之逞其欲，思身受之之情也。情得其平，是为好恶之节，是为依乎天理"③。"天理"不是超越于人的情欲之外而独立存在的事物，它存在于人们的日用常行中。天理就是使天下"情之不爽失""情得其平"。"天理"的基本社会功能就对人的情欲进行疏导和调节，使"欲不流于私"。"天理者，节其欲而不穷人欲也。是故欲不可穷，非不可有；有而节之，使无过情，无不及情"④。天理包含着适当满足人类情欲的一面。戴震又于《答彭进士允初书》中说："欲不

---

① 戴震：《孟子字义疏证》，见张岱年主编：《戴震全书》（第六册），合肥：黄山书社，1995年，第151～152页。

② 戴震：《原善》，见张岱年主编：《戴震全书》（第六册），合肥：黄山书社，1995年，第7页。

③ 戴震：《孟子字义疏证》，见张岱年主编：《戴震全书》（第六册），合肥：黄山书社，1995年，第152～153页。

④ 戴震：《孟子字义疏证》，见张岱年主编：《戴震全书》（第六册），合肥：黄山书社，1995年，第162页。

流于私则仁，不溺而为慝则义，情发而中节则和，如是之谓天理。”①天理不是要灭绝人欲，人欲不可灭。因为“喜怒哀乐之情，声色臭味之欲，是非美恶之知，皆根于性而原于天”②，“耳目百体之欲，求其故，本天道以成性者也”③。

戴震的理、天理与人欲关系之说是在解释儒家经典过程中形成的，是对儒家核心范畴的确解。儒学就其主要内容而言，在于对天道性命的体悟，对仁义礼智的高扬，对人伦日用的关注④。例如《礼记·礼运》云：“饮食男女，人之大欲存焉；死亡贫苦，人之大恶存焉。故欲恶者，心之大端也。”⑤充分肯定了欲恶乃人之自然本性。《尚书·康诰》讲周文王“克明德慎罚，不敢侮鳏寡”⑥，表达了对弱势群体的尊重；《尚书·泰誓》曰：“天视自我民视，天听自我民听。”⑦把人从宗教神话的束缚中解脱出来，确立了民众的主体地位。儒家鼻祖孔子一生致力于删《诗》《书》，定《礼》《乐》，修《春秋》，作《易传》，积极地整理各种历史文献，以期从中发现、总结历史规律。他提出了“己所不欲，勿施于人”，“己欲立而立人，己欲达而达人”⑧的人文关怀思想。孟子将这种人文关怀具体描述为“颁白者不负戴于道路矣。七十者衣帛食肉，黎民不饥不寒”，“内无怨女，外无旷夫”⑨。孟子更将社会历史发展变化的原因归结于人类本身：“桀纣之失天下也，失其民也；失其民者，失其心也。得天下有道：得其民，斯得天下矣；得其民有道：得其心，斯得民矣。得其心有道：所欲，与之聚之，所恶，勿施尔也。”⑩指出了得失天下，在于得失民心。荀子虽然提出了性恶论，有别于孔孟，但其《正名》云：“凡语治而待去欲者，无以道欲，而困于有欲者也。凡语治而待寡欲者，无以节欲，而困于多欲者也……性者，天之就也；情者，性之质也；欲者，情之应也。以欲为可得而求之，情之所必不免也；以为可而道之，知所必出也。故虽为守门，欲不可去，性之具也。”⑪承认欲本于性及其不可

---

① 戴震：《答彭进士允初书》，见张岱年主编：《戴震全书》（第六册），合肥：黄山书社，1995年，第359页。

② 戴震：《绪言》，见张岱年主编：《戴震全书》（第六册），合肥：黄山书社，1995年，第103页。

③ 戴震：《原善》，见张岱年主编：《戴震全书》（第六册），合肥：黄山书社，1995年，第12页。

④ 韩延明：《儒家“仁”、“义”观念与现代生命价值的对话》，载《河南师范大学学报（哲学社会科学版）》，2010年第3期。

⑤ 孔颖达等：《礼记正义》，上海：上海古籍出版社，1990年，第430页。

⑥ 孔颖达：《尚书正义》，上海：上海古籍出版社，1990年，第198页。

⑦ 孔颖达：《尚书正义》，上海：上海古籍出版社，1990年，第152页。

⑧ 何晏等：《论语注疏》，上海：上海古籍出版社，1990年，第105、54页。

⑨ 赵岐等：《孟子注疏》，上海：上海古籍出版社，1990年，第14、37页。

⑩ 赵岐等：《孟子注疏》，上海：上海古籍出版社，1990年，第133页。

⑪ 荀况：《荀子》，上海：上海古籍出版社，1989年，第135～136页。

去。所以戴震提出，理想的社会应该是："圣人治天下，体民之情，遂民之欲，而王道备。"①戴震的哲学思想是与先秦儒家关心民瘼之思想一脉相承的，在述古圣贤之道而已。

三、结语：六经、孔孟是戴震哲学思想的渊源

传统训诂学认为，以戴震为首的乾嘉汉学，是清王朝文化专制的直接结果。在文字狱的恫慑下，文人们承袭了清初学者的治学方法，却丢掉了经世致用的精神，多是不关心当世之务，埋头于古文献里进行文字训诂，名物考证，古籍的校勘、辨伪、辑佚等工作，缺乏思想理论的建树。所以有前辈学者认为，戴震是为了躲避清廷的高压政策，而借着考据的外衣，阐述自己的义理。这种观点是不成立的。首先，戴震对清廷的高压政策没有畏惧心理，他在《原善》中用了大量的篇幅阐述了治国安民的政治主张，要求统治者施仁政、行王道、省刑罚、薄税敛，甚至直接指出国家动乱之根源在于统治者"贪暴以贼其民"，"乱之本鲜不成于上"。这是需要很大的政治勇气的。其次，诚如戴震所言："舍圣人立言之本指，而以己说为圣人所言，是诬圣也；借其语以饰吾之说，以求取信，是欺学者也。"②这种借圣人之言阐述自己观点的诬圣欺学者之事是戴震所不为的。戴震哲学在于揭露宋以来儒者对传统儒学的误读以及他们以一己之意见为古贤圣立言之意的危害，以还传统儒学的本来面目。为揭露宋儒理欲观对传统儒家思想的偏失，戴震在哲学著作中处处将其与"六经、孔孟"作比较，著作中"六经、孔孟无是言""与六经、孔孟近""岂孔子之言乎""而非六经、孔孟也"等评语比比皆是。戴震的考据工作是其求道的基础性工作。戴震尝言："惟空凭胸臆之卒无当于贤人圣人之理义，然后求之古经。求之古经而遗文垂绝，今古悬隔也，然后求之训故。训故明则古经明，古经明则贤人圣人之理义明，而我心之所同然者乃因之而明。贤人圣人之理义非它，存乎典章制度者是也。"③正如钱穆所说："学者于交游诵读间，固可以多方启发，自得深造，不必坚执一二端，以臆定其思想渊源之所自。"④戴震义理之说源于其对先秦典章制度的考据，知其世，论其言，平心体会经文，而后与古圣贤相接以心。其考据对象六经、孔孟乃是戴震哲学思想的渊源，他的哲学思想是对先秦

---

① 戴震：《孟子字义疏证》，见张岱年主编：《戴震全书》(第六册)，合肥：黄山书社，1995年，第161页。

② 戴震：《孟子私淑录》，见张岱年主编：《戴震全书》(第六册)，合肥：黄山书社，1995年，第40页。

③ 戴震：《题惠定宇先生授经图》，见张岱年主编：《戴震全书》(第六册)，合肥：黄山书社，1995年，第505页。

④ 钱穆：《中国近三百年学术史》，北京：商务印书馆，1997年，第393页。

儒家关心民瘼思想的继承，是对宋明理学的继承与纠偏。

受分期说的影响，戴震被人为地划分为早期拥护程朱理学的考据家和晚年批判理学的思想家。钱穆更是将戴震“思想转向”的契机归结为扬州会晤。钱穆指出，戴学“从尊宋述朱起脚”，惠学“自反宋复古而来”，戴震与惠栋会面后，“戴震论学宗旨，其时以后盖始变”。为证明自己的论断，钱穆比较了戴震扬州会晤前后所作的《古经解钩沉序》与《题惠定宇先生授经图》，认为：“其先以康成、程、朱分说，谓于义理、制数互有得失者，今则并归一途，所得尽在汉，所失尽在宋，义理统于故训典制，不啻曰即故训即典制而义理矣。”也就是说，戴震在1757年与惠栋扬州会面之前，认为汉、宋各有得失，而后来受惠栋影响而扬汉抵宋，以至“议论与前举已大异”。“东原论学之尊汉抑宋，则实有闻于苏州惠氏之风而起也”①。

目前，学界对于戴震受惠栋影响的观点持有异议。例如范云飞作《试析钱穆“扬惠抑戴”方法及其解释学的“前见”》，逐条分析了钱穆的论据，指出钱穆为证成其戴震受惠栋影响的结论，采用了删削、拼接史料的移花接木方法。戴震扬州会晤后思想并未发生转变②。吴根友作《再论皖派与吴派的学术关系——以戴震与惠栋为例》，具体比较了戴震扬州会晤前后的学术思想，得出“以戴震为代表的皖派学术并未受到以惠栋为代表的吴派学术的深刻影响”的结论，扬州会晤只是“皖派学术在反对以凿空方式研究经学的学术主张方面找到了自己的同盟军”③；吴根友、孙邦金等的《戴震、乾嘉学术与中国文化》也认为，“戴震基本上是沿着自己的学术方向向前发展并深化的”，“钱穆夸大了惠栋对戴震的学术、思想的影响程度”④。

乾隆二十二年(1757)，戴震于卢见曾署中见到惠栋，第二年惠栋就去世了。在这期间，二人没有任何学术上的交流与互动。直至九年后，戴震见到惠栋的遗像，作《题惠定宇先生授经图》，回忆当年会面场景：惠栋抓着戴震的手，说亡友沈冠云曾跟他说“休宁有戴某者，相与识之也久”。可见当时戴震已声誉鹊起，惠栋对其早有耳闻。戴震《题惠定宇先生授经图》虽然肯定了惠栋高扬汉帜的价值——为义理推求提供了依据，但也曲折地表达了对惠学坚守汉、宋门户之见的不满。戴震的学术思想是一以贯之的。1753年，他于《与是仲明论学书》中已经指明其“由词通道”的学术志向，

---

① 钱穆：《中国近三百年学术史》，北京：商务印书馆，1997年，第353～357页。

② 范云飞：《试析钱穆“扬惠抑戴”方法及其解释学的“前见”》，载《人文论丛》2019年第2辑，武汉：武汉大学出版社，2019年，第279～290页。

③ 吴根友：《再论皖派与吴派的学术关系——以戴震与惠栋为例》，载《中国高校社会科学》2014年第3期。

④ 吴根友、孙邦金等：《戴震、乾嘉学术与中国文化》，福州：福建教育出版社，2015年，第35页。

曰:"经之至者道也,所以明道者其词也,所以成词者字也。由字以通其词,由词以通其道,必有渐。"①戴震以求道为终极旨归,必然不会偏主汉、宋,因为汉学、宋学各有得失。戴震于《与姚孝廉姬传书》中曰:"先儒之学,如汉郑氏、宋程子、张子、朱子,其为书至详博,然犹得失中判。其得者,取义远,资理闳……其失者,即目未睹渊泉所导,手未披枝肄所歧者也。"②汉学主训诂,宋学主义理,然而训诂与义理恒相因,因为"训故明则古经明,古经明则贤人圣人之理义明,而我心之同然者乃因之而明","歧训故、理义二之,是训故非以明理义,而训故胡为"③。在戴震那里,考据是义理的手段,而义理是考据的结论。综上所述,戴震从早期汉宋并重的考据家转向晚年的批判理学的思想家不是受惠栋的影响,戴震早年的考据是其晚年哲学思想的来源。

第三节　从逻辑体系论戴震哲学对朱熹理学的继承与发展

戴震生于朱熹之故乡徽州,自幼受朱学思想熏陶,对朱熹尊崇有加,曰:"经学之难,或一代数人,或数千年一人。若汉之郑康成,宋之子朱子,其学皆殊绝之学,其人皆亘古今不可无一、不能有二之人。"④戴震不仅尊称朱熹为"子",还将朱熹与汉代经学大师郑玄相提并论,认为朱熹为数千年一遇之人。然而,由于戴震晚年的哲学著作,如《与某书》《孟子私淑录》《孟子字义疏证》等对作为意识形态的程朱理学之"存天理、灭人欲"的抨击,梁启超认为戴震哲学"乃与欧洲文艺复兴时代之思潮之本质绝相类"⑤,胡适进一步指出戴震哲学"是宋明理学的根本革命","摧破五六百年推崇的旧说"⑥,钱穆则认为戴震"初志尚在阐宋,尚在述朱",后期"论学之尊汉抑宋,则实有闻于苏州惠氏之风而起也"⑦。学界普遍认为戴震早

① 戴震:《与是仲明论学书》,见张岱年主编:《戴震全书》(第六册),合肥:黄山书社,1995年,第370页。

② 戴震:《与姚孝廉姬传书》,见张岱年主编:《戴震全书》(第六册),合肥:黄山书社,1995年,第372～373页。

③ 戴震:《题惠定宇先生授经图》,见张岱年主编:《戴震全书》(第六册),合肥:黄山书社,1995年,第505页。

④ 漆永祥:《新发现戴震〈江慎修先生七十寿序〉佚文一篇》,载《中国典籍与文化》2005年第1期。

⑤ 梁启超:《清代学术概论》,上海:上海古籍出版社,2005年,第35页。

⑥ 胡适:《戴东原的哲学》,见《胡适学术文集·中国哲学史》(下册),姜义华编,北京:中华书局,1991年,第1039页。

⑦ 钱穆:《中国近三百年学术史》,北京:商务印书馆,1997年,第354～355页。

年是程朱理学的干城，而晚年走向了理学的对立面。也有少数学者对这一观点持反对意见，如戴震同时代的历史学家章学诚就认为东原之学“即出朱学”①，再如现代学者徐道彬通过对戴震评价朱熹的具体材料的考察，认为戴震对朱熹的批评只是学术争鸣，戴震对朱熹的态度始终如一②。

戴震晚年的哲学究竟是对程朱理学的反动，还是对程朱理学的继承与发展？通过对戴震哲学和朱熹理学的比较可以看出，虽然戴震哲学扬弃了朱熹理学形而上的解释路径，但他们有着相似的逻辑体系与终极关怀。戴震继承了朱熹哲学的合理内核，并对程朱理学的一些范畴作了明晰的解析。

一、相似的哲学逻辑体系

朱熹和戴震都认为天是人的根本，是人类的当然准衡，天与人的联系纽带就是性。所以他们循着“人道本于性，而性源于天道”的哲学思路，由自然的本性探讨人的自然本性，进而论证人欲和仁义礼智等道德存在的合理性。

（一）气化流行的天道观

朱熹虽然从本体论高度确定“理”为世界本源，说“理也者，形而上之道也，生物之本也”，“宇宙之间，一理而已”③，“未有天地之先，毕竟也只是理”④，但是朱熹认为构成世界的物质基础仍然是气。他于《答黄道夫》中说：“气也者，形而下之器也，生物之具也。”⑤朱熹在张载的气本论基础上广泛地综合前人的思想，进一步充实“气”的范畴，把“气化论”纳入其哲学体系，指出气是构成世界的物质基础。朱熹指出：“天地之间，一气而已。”⑥“气”在自然界普遍存在，并在宇宙中“运转流通，略无停间”。这种

---

① 章学诚：《朱陆》，见《文史通义》，罗炳良译注，北京：中华书局，2012年，第382页。

② 徐道彬：《论戴震对朱熹始终如一的态度》，载《河南师范大学学报（哲学社会科学版）》2006年第4期。

③ 朱熹：《晦庵先生朱文公文集》，见朱杰人、严佐之、刘永翔主编：《朱子全书》（第23册），上海：上海古籍出版社，合肥：安徽教育出版社，2002年，第2755、3376页。

④ 朱熹：《朱子语类》，见朱杰人、严佐之、刘永翔主编：《朱子全书》（第14册），上海：上海古籍出版社，合肥：安徽教育出版社，2002年，第114页。

⑤ 朱熹：《晦庵先生朱文公文集》，见朱杰人、严佐之、刘永翔主编：《朱子全书》（第23册），上海：上海古籍出版社，合肥：安徽教育出版社，2002年，第2755页。

⑥ 朱熹：《易学启蒙》，见朱杰人、严佐之、刘永翔主编：《朱子全书》（第1册），上海：上海古籍出版社，合肥：安徽教育出版社，2002年，第212页。

充塞天地的“气”，流行不息，在运行流转中“凝结造作”[①]便生出形形色色的万物。具体的生成过程为：“天地只是一气，便自分阴阳。缘有阴阳二气相感，化生万物。”“二气交感，化生万物，万物生生，而变化无穷焉。”[②]阴阳二气便是造化之本。陈来指出：“朱熹的错误不在乎区分形上与形下，而在于他把形上形下割裂开来，认为形上可以先于或独立于形下，这就从区分形上形下这种还比较接近真理的立场多走了一步。”[③]

随着自然科学的发展，以及戴震对天文历算的研究，戴震彻底否认气之外有个形而上的理，主张气实体论。戴震反复强调宇宙之间气化流行，生人生物。“气化流行，生生不息”，“天地间百物生生，无非推本阴阳”。“在气化曰阴阳，曰五行，而阴阳五行之成化也，杂糅万变，是以及其流行，不特品物不同，虽一类之中又复不同。凡分形气于父母，即为分于阴阳五行，人物以类滋生，皆气化之自然”。“凡有生，即不隔于天地之气化，阴阳五行之运而不已，天地之气化也，人物之生生本乎是，由其分而有之不齐，是以成性各殊。”[④]充塞天地之间的气分为阴阳两种，万物都是由阴阳二气交感流行而形成的，又因为得气不齐，便形成了不同的品物。戴震基本上继承了朱熹气化流行的天道观，只是对朱熹的形而上、形而下之分进行了纠正。他指出：“形谓已成形质，形而上犹曰形以前，形而下犹曰形以后。”[⑤]所以“气化之于品物，则形而上下之分也。形乃品物之谓，非气化之谓”[⑥]。气是万物在成形质之前的状态，故称为“形而上”，成形质之后的品物才是形而下，从而否定了朱熹以理为形而上、气为形而下的观点。

朱熹虽然认为宇宙之间一理而已，但他的理并不是脱离客观事物的超时空的绝对精神。他说：“阴阳五行错综不失条绪，便是理。”[⑦]也就是说，“理”即万物运动所必须遵循的规律。这个理是一以贯之的，所以说“理一”。但是要求得此理，离不开具体的事物。“圣人未尝言理一，多只言分

---

① 朱熹：《朱子语类》，见朱杰人、严佐之、刘永翔主编：《朱子全书》（第14册），上海：上海古籍出版社，合肥：安徽教育出版社，2002年，第117、116页。

② 朱熹：《朱子语类》，见朱杰人、严佐之、刘永翔主编：《朱子全书》（第15册），上海：上海古籍出版社，合肥：安徽教育出版社，2002年，第1763页；同书第18册，第3661页。

③ 陈来：《朱子哲学研究》，北京：生活·读书·新知三联书店，2010年，第100页。

④ 戴震：《孟子字义疏证》，见张岱年主编：《戴震全书》（第六册），合肥：黄山书社，1995年，第175、170、179～180、182页。

⑤ 戴震：《绪言》，见张岱年主编：《戴震全书》（第六册），合肥：黄山书社，1995年，第84页。

⑥ 戴震：《孟子字义疏证》，见张岱年主编：《戴震全书》（第六册），合肥：黄山书社，1995年，第176页。

⑦ 朱熹：《朱子语类》，见朱杰人、严佐之、刘永翔主编：《朱子全书》（第14册），上海：上海古籍出版社，合肥：安徽教育出版社，2002年，第116页。

殊。盖能于分殊中事事物物，头头项项，理会得其当然，然后方知理本一贯。不知万殊各有一理，而徒言理一，不知理一在何处。圣人千言万语教人，学者终身从事，只是理会这个。要得事事物物，头头件件，各知其所当然，而得其所当然，只此便是理一矣。"①也就是说，在本体论上只有一个理，而具体到万事万物上，则一事又有一事的规律，这些规律必须就事物本身去探求，不能凭空冥想而得出。"人多把这道理作一个悬空底物。大学不说穷理，只说个格物，便是要人就事物上理会"②。"所谓致知在格物者，言欲致吾之知，在即物而穷其理也"③。虽然朱熹所言之"理"主要指"得于天而具于心"的道德原则，格物致知的目的是穷理，在于明心之大体，但是"朱熹哲学中由于更多地容纳了追求外界知识的内容，造成了格物穷理的具体活动与理学所规定给它的出发点和最终目标之间的某种不一致……而实际上在直接意义上更把格物穷理作为求知的手段"④。

戴震以其鲜明的唯物主义立场批评程朱分理气为二本的唯心论观点，说："六经、孔、孟之书，不闻理气之分，而宋儒创言之，又以道属之理，实失道之名义也。""古人言道，恒该理气；理乃专属不易之则，不该道之实体。而道、理二字对举，或以道属动，理属静，如《大戴礼记》孔子之言曰：'君子动必以道，静必以理'是也。或道主统，理主分；或道该变，理主常。此皆虚以会之于事为，而非言乎实体也。"⑤道指气的运动变化，包含理气；理专指气化运行中遵循的条理。可以看出，戴震虽然否定了朱熹本体论上的理，但对其作为规律的理以及就物求理的观点基本上是赞同的。他说："举凡天地、人物、事为，不闻无可言之理者也，《诗》曰'有物有则'是也。""举凡天地、人物、事为，虚以明夫不易之则曰理。"⑥"是故就事物言，非事物之外别有理义也；有物必有则，以其则正其物，如是而已矣。"⑦这与朱熹求知之格物致知思想相一致。

---

① 朱熹：《朱子语类》，见朱杰人、严佐之、刘永翔主编：《朱子全书》（第15册），上海：上海古籍出版社，合肥：安徽教育出版社，2002年，第975页。

② 朱熹：《朱子语类》，见朱杰人、严佐之、刘永翔主编：《朱子全书》（第14册），上海：上海古籍出版社，合肥：安徽教育出版社，2002年，第469页。

③ 朱熹：《四书章句集注/四书或问》，见朱杰人、严佐之、刘永翔主编：《朱子全书》（第6册），上海：上海古籍出版社，合肥：安徽教育出版社，2002年，第20页。

④ 陈来：《朱子哲学研究》，北京：生活·读书·新知三联书店，2010年，第378页。

⑤ 戴震：《绪言》，见张岱年主编：《戴震全书》（第六册），合肥：黄山书社，1995年，第84、88页。

⑥ 戴震：《绪言》，见张岱年主编：《戴震全书》（第六册），合肥：黄山书社，1995年，第87、89页。

⑦ 戴震：《孟子字义疏证》，见张岱年主编：《戴震全书》（第六册），合肥：黄山书社，1995年，第158页。

(二)本于天道的人性论

人性论就是关于人的本性、本质的学问。程朱理学建立的气化流行的天道观是为其人性论奠基铺垫的。朱熹于《答张钦夫》文中说:"盖天地之间,品物万形,各有所事,惟天确然于上,地隤然于下,一无所为,只以生物为事。"天地之德就是生生。"天人一物,内外一理,流通贯彻,初无间隔。"①天地人伦,一理贯通,人性本于天道。既然天地以生生为德,那么人类秉承了天道生生之德,必然具有仁义礼智之性。"以天道言之为元亨利贞,以四时言之为春夏秋冬,以人道言之为仁义礼智。"②人类社会的最高伦理法则就是仁义礼智。就人类社会而言,"天理只是仁、义、礼、智之总名,仁、义、礼、智便是天理之件数"③。人所具有的仁义礼智之性之德,朱熹称之为"天命之性"。

除天命之性外,人还有与生俱来的物质欲求,所以朱熹又说:"饮食男女,固出于性。"④物质欲求来源于人的生理本能。此性被朱熹称为"气质之性"。朱熹一再重申:"饮食者,天理也。""有个天理,便有个人欲。""天理本多,人欲便也是天理里面做出来。虽是人欲,人欲中自有天理。"⑤朱熹已经充分肯定了人的生理需求存在的合理性,并将它上升至天理高度。同时,朱熹也认识到并非所有的欲求都是符合天理的,其间存在着"当"与"不当"的界限。"人心便是饥而思食、寒而思衣底心。饥而思食后,思量当食与不当食,寒而思衣后,思量当着与不当着,这便是道心。"⑥"不当"的人欲,即对人欲不加克制,任其恶性膨胀,就会丧失道德理性,祸害社会。"小则伤恩害义而不可开,大则灭天乱伦而不可救。"这些不当的欲望,如"或好饮酒,或好货财,或好声色,或好便安,如此之类,皆物欲也"⑦。还有"要求

---

① 朱熹:《晦庵先生朱文公文集》,见朱杰人、严佐之、刘永翔主编:《朱子全书》(第21册),上海:上海古籍出版社,合肥:安徽教育出版社,2002年,第1408、1674页。

② 朱熹:《朱子语类》,见朱杰人、严佐之、刘永翔主编:《朱子全书》(第16册),上海:上海古籍出版社,合肥:安徽教育出版社,2002年,第2264页。

③ 朱熹:《晦庵先生朱文公文集》,见朱杰人、严佐之、刘永翔主编:《朱子全书》(第22册),上海:上海古籍出版社,合肥:安徽教育出版社,2002年,第1838页。

④ 朱熹:《四书章句集注/四书或问》,见朱杰人、严佐之、刘永翔主编:《朱子全书》(第6册),上海:上海古籍出版社,合肥:安徽教育出版社,2002年,第981页。

⑤ 朱熹:《朱子语类》,见朱杰人、严佐之、刘永翔主编:《朱子全书》(第14册),上海:上海古籍出版社,2002年,合肥:安徽教育出版社,第389、388、388页。

⑥ 朱熹:《朱子语类》,见朱杰人、严佐之、刘永翔主编:《朱子全书》(第16册),上海:上海古籍出版社,合肥:安徽教育出版社,2002年,第2672页。

⑦ 朱熹:《晦庵先生朱文公文集》,见朱杰人、严佐之、刘永翔主编:《朱子全书》(第20册),上海:上海古籍出版社,合肥:安徽教育出版社,2002年,第627～628、628页。

美味，人欲也”[1]。这些非基于生存所需的过分欲望，超出了天理范畴，朱熹有时称之为“私欲”或“物欲”。这种执着于一己之利的私欲，会损害别人的正当利益而成为恶。所以朱熹称这种人欲为“心之疾疢”，“循之则其心私而且邪”[2]，他人深受其祸。朱熹以水的壅决来比喻“私欲”的破坏力：“大段不好底欲则灭却天理，如水之壅决，无所不害。”所以朱熹提出“以理制欲”的节欲说，以防范个人欲望的过度膨胀。天理、人欲不容两立。“天理存，则人欲亡；人欲胜，则天理灭。”[3]朱熹希望通过对人欲的超化再造人生。当然，这些语境中的“人欲”都是朱熹所说的超出人类生理需求的“物欲”。也正是因为这个概念的模糊性，朱熹“存天理，灭人欲”的呼声饱受后世诟病。但是朱熹曾说：“孔子所谓‘克己复礼’，《中庸》所谓‘致中和’‘尊德性’‘道问学’，《大学》所谓‘明明德’，《书》曰‘人心惟危，道心惟微，惟精惟一，允执厥中’，圣贤千言万语，只是教人明天理，灭人欲。”[4]从这句话可以看出，朱子“存天理，灭人欲”就是孔子所说的“克己复礼”，《中庸》所谓“致中和”“尊德性”，《大学》所谓“明明德”，《书》所谓“允执厥中”。

朱熹特意说明了“天命之性”和“气质之性”的区分只是立足点不同而已。“论天地之性，则专指理言；论气质之性，则以理与气杂而言之。”其实“天命之性”与“气质之性”浑然一体，不可分离。“气质之性，便只是天地之性。只是这个天地之性却从那里过。”“天命之性，若无气质，却无安顿处。”“如有天命之性，便有气质。若以天命之性为根于心，则气质之性又安顿在何处。”[5]“天命之性”依赖血气而存在；“气质之性”来自“天命之性”。

戴震与朱熹一样循着人道本于性，而性原于天道的思路推演人性，由气化流行的天道观探寻人性问题，得出人性分于天道。“天道，阴阳五行而已矣；人物之性，咸分于道，成其各殊者而已矣。”“性者，分于阴阳五行以为血气、心知，品物，区以别焉，举凡既生以后所有之事，所具之能，所全之德，咸以是为其本，故《易》曰‘成之者性也’。”“血气心知者，分于阴阳五行而成性者也。”性是区别品物的依据，具体而言就是：“在气化曰阴阳，曰五行，而

---

① 朱熹：《朱子语类》，见朱杰人、严佐之、刘永翔主编：《朱子全书》(第 14 册)，上海：上海古籍出版社，合肥：安徽教育出版社，2002 年，第 389 页。

② 朱熹：《晦庵先生朱文公文集》，见朱杰人、严佐之、刘永翔主编：《朱子全书》(第 20 册)，上海：上海古籍出版社，合肥：安徽教育出版社，2002 年，第 639 页。

③ 朱熹：《朱子语类》，见朱杰人、严佐之、刘永翔主编：《朱子全书》(第 14 册)，上海：上海古籍出版社，合肥：安徽教育出版社，2002 年，第 229、388 页。

④ 朱熹：《朱子语类》，见朱杰人、严佐之、刘永翔主编：《朱子全书》(第 14 册)，上海：上海古籍出版社，合肥：安徽教育出版社，2002 年，第 367 页。

⑤ 朱熹：《朱子语类》，见朱杰人、严佐之、刘永翔主编：《朱子全书》(第 14 册)，上海：上海古籍出版社，合肥：安徽教育出版社，2002 年，第 196、197、195、192 页。

阴阳五行之成化也，杂糅万变……分于道者，分于阴阳五行也。一言乎分，则其限之于始，有偏全、厚薄、清浊、昏明之不齐，各随所分而形于一，各成其性也。""人与百物，偏全、厚薄、清浊、昏明限于所分者各殊。"①气化流行、阴阳相感而形成人物。又因为气有"偏全、厚薄、清浊、昏明之不齐"，根据最初所分的不同而形成不同的性。"人之生也，禀天地之气，即并天地之德有之，而其气清明，能通夫天地之德。物之得于天者，亦非专禀气而生，遗天地之德也，然由其气浊，是以锢塞不能开通"②。人得天地清明之气而秉承了天地生生之性。

人一旦形成，便秉承天地之性而有了血气心知。"血气心知，性之实体也。""人之血气心知，原于天地之化者也。有血气，则所资以养其血气者，声、色、臭、味是也。有心知，则知有父子，有昆弟，有夫妇，而不止于一家之亲也。于是又知有君臣，有朋友；五者之伦，相亲相治，则随感而应为喜怒哀乐，合声、色、臭、味之欲，喜、怒、哀、乐之情，而人道备。"③有血气便有了肉体，有了肉体，便有了饮食男女等一切生理需求。"人物受形于天地，故恒与之相通。盈天地之间，有声也，有色也，有臭也，有味也；举声色臭味，则盈天地间者无或遗矣。外内相通，其开窍也，是为耳目鼻口。五行有生克，生则相得，克则相逆，血气之得其养、失其养系焉，资于外足以养其内，此皆阴阳五行之所为，外之盈天地之间，内之备于吾身，外内相得无间而养道备。'民之质矣，日用饮食'，自古及今，以为道之经也。血气各资以养，而开窍于耳目鼻口以通之，既于是通，故各成其能而分职司之。"④人通过耳目鼻口与天地相通，从天地之间汲取营养以滋养血气，具体表现为日用饮食。戴震更好地诠释了生养之道存于欲中的道理。当然，戴震所肯定的人欲也是有节制的，即"欲不可穷，非不可有；有而节之，使无过情，无不及情，可谓之非天理乎"⑤。适当的人欲才符合天理。

人禀天地清明之气而有心知。有心知便秉承了天地生生之德。"自人道溯之天道，自人之德性溯之天德，则气化流行，生生不息，仁也。由其生

---

① 张岱年主编：《戴震全书》(第六册)，合肥：黄山书社，1995年，第180、179、208、179～180、182页。

② 戴震：《绪言》，见张岱年主编：《戴震全书》(第六册)，合肥：黄山书社，1995年，第91页。

③ 戴震：《孟子字义疏证》，见张岱年主编：《戴震全书》(第六册)，合肥：黄山书社，1995年，第175、193页。

④ 戴震：《孟子字义疏证》，见张岱年主编：《戴震全书》(第六册)，合肥：黄山书社，1995年，第158页。

⑤ 戴震：《孟子字义疏证》，见张岱年主编：《戴震全书》(第六册)，合肥：黄山书社，1995年，第162页。

生，有自然之条理，观于条理之秩然有序，可以知礼矣；观于条理之截然不可乱，可以知义矣。在天为气化之生生，在人为其生生之心，是乃仁之为德也；在天为气化推行之条理，在人为其心知之通乎条理而不紊，是乃智之为德也。惟条理，是以生生；条理苟失，则生生之道绝。凡仁义对文及智仁对文，皆兼生生、条理而言之者也。"①"生生者，仁乎！生生而条理者，礼与义乎！何谓礼？条理之秩然有序，其著也；何谓义？条理之截然不可乱，其著也……是故生生者仁，条理者礼，断决者义，藏主者智。""观于生生，可以知仁；观于其条理，可以知礼；失条理而能生生者，未之有也，是故可以知义……若夫条理得于心，其心渊然而条理，是为智"②。戴震认为人类的最高德性就是有助于生生和条理，也就是仁义礼智之德。总而言之，有饮食男女之生理需求，是因为人有血气；有仁义礼智之德，是因为人有心知。当然，戴震并未歧血气、心知而为二："天下惟一本，无所外。有血气，则有心知；有心知，则学以进于神明，一本然也。"③

朱熹和戴震都以为人性本于天道，朱熹以"天命之性"、戴震以"心知"来称谓人具有的仁义礼智之德，朱熹以"气质之性"、戴震以"血气"解释人对饮食男女的需求之性，两者并无本质的差别。朱熹和戴震都坚持了人性本善的观点。朱熹说："以理言之，则仁义礼智之禀，岂物之所得而全哉？此人之性所以无不善，而为万物之灵也。"④"但得气之清明则不蔽固，此理顺发出来。蔽固少者，发出来天理胜；蔽固多者，则私欲胜；便见得本原之性无有不善。"人之所以有不善，是因为气质之性易受污坏。"天地间只是一个道理。性便是理。人之所以有善有不善，只缘气质之禀各有清浊"，"人所禀之气，虽皆是天地之正气，但衮来衮去，便有昏明厚薄之异。盖气是有形之物，才是有形之物，便自有美有恶也。"⑤戴震则指出："人之生也，禀天地之气，即并天地之德有之，而其气清明，能通夫天地之德。"⑥"言才则性见，言性则才见，才于性无所增损故也。人之性善，故才亦美，其往往不美，未有非陷溺其心使然，故曰'非天之降才尔殊'。才可以始美而终于

---

①　戴震：《孟子字义疏证》，见张岱年主编：《戴震全书》（第六册），合肥：黄山书社，1995 年，第 205～206 页。

②　张岱年主编：《戴震全书》（第六册），合肥：黄山书社，1995 年，第 8、9～10 页。

③　戴震：《孟子字义疏证》，见张岱年主编：《戴震全书》（第六册），合肥：黄山书社，1995 年，第 172 页。

④　朱熹：《四书章句集注/四书或问》，见朱杰人、严佐之、刘永翔主编：《朱子全书》（第 6 册），上海：上海古籍出版社，合肥：安徽教育出版社，2002 年，第 396 页。

⑤　朱熹：《朱子语类》，见朱杰人、严佐之、刘永翔主编：《朱子全书》（第 14 册），上海：上海古籍出版社，合肥：安徽教育出版社，2002 年，第 195、196、197 页。

⑥　戴震：《绪言》，见张岱年主编：《戴震全书》（第六册），合肥：黄山书社，1995 年，第 91 页。

不美，由才失其才也，不可谓性始善而终于不善。性以本始言，才以体质言也。体质戕坏，究非体质之罪，又安可咎其本始哉！”“分别性与习，然后有不善，而不可以不善归性。凡得养失养及陷溺梏亡，咸属于习。”①可以看出，两人都认为人性本善是就人性本始而言，后天受到的污坏不属于人性本身，不同的只是朱熹以为学习可以返本，戴震以为学习可以挖掘人“善”的潜能。

二、相似的终极关怀

朱熹理学认为自然界的气化流行，形成了形形色色的人与物。因为人秉承了天地清明之气，而有了天命之性，具有仁义礼智之德。又因为生生之故，而具有饮食男女等生理需求，即气质之性。气质之性容易污坏，当人的欲望超出天理的范畴而成为“人欲”“物欲”时，便祸害别人，甚至天下。最后，朱熹顺理成章地提出“存天理、灭人欲”口号。陈来指出，朱熹的“政治理想是以格君心之非来改善政治和变移风俗”②，希冀唤醒当权者对道德理性的重视，关注民众生存，达到养民富民的终极目的。

朱熹虽一生著述等身，为官近十载，但他始终保持儒者情怀，不仅有丰富的民本思想，而且有丰富的民本实践。在朱熹看来，“天下者，天下之天下，非一人之私有”，“国以民为本，社稷亦为民而立”③。天下并非为君主所私有，朝廷是服务天下百姓的。在君主专制体制下，要做到以民为本，朱熹认为首先必须端正君心。“天下万事有大根本，而每事之中又各有要切处。所谓大根本者，固无出于人主之心术，而所谓要切处者，则必大本既立，然后可推而见也。如论任贤相、杜私门，则立政之要也；择良吏、轻赋役，则养民之要也。公选将帅，不由近习，则治军之要也。乐闻警戒，不喜导谀，则听言用人之要也。推此数端，余皆可见。然未有大本不立而可以与此者，此古之欲平天下者所以汲汲于正心诚意以立其本也。”④君心正，其他事务便应之而正。所以朱熹提倡“存天理、灭人欲”以“格君非”“正君心”。“臣闻人主所以制天下之事者，本乎一心，而心之所主，又有天理、人欲之异。二者一分，而公私邪正之途判矣。盖天理者，此心之本然，循之则其心公而且正；人欲者，此心之疾疢，循之则其心私而且邪……其效至于治

① 张岱年主编：《戴震全书》（第六册），合肥：黄山书社，1995年，第198、185～186页。

② 陈来：《朱子哲学研究》，北京：生活·读书·新知三联书店，2010年，《引言》第1页。

③ 朱熹：《四书章句集注/四书或问》，见朱杰人、严佐之、刘永翔主编：《朱子全书》（第6册），上海：上海古籍出版社，合肥：安徽教育出版社，2002年，第374、447页。

④ 朱熹：《晦庵先生朱文公文集》，见朱杰人、严佐之、刘永翔主编：《朱子全书》（第21册），上海：上海古籍出版社，合肥：安徽教育出版社，2002年，第1112页。

乱安危有大相绝者，而其端特在夫一念之间而已。”[①]循天理则君心正，天下治；循人欲则君心邪，天下乱。所以朱熹劝勉君主每有一念，就要思虑是人欲还是天理。为防止君主独断，朱熹于《经筵留身面陈四事札子》中提出：“君虽以制命为职，然必谋之大臣，参之给舍，使之熟议以求公议之所在，然后扬于王庭，明出命令而公行之。”[②]希望通过“谋之大臣”的制度化以防止君主的私心。

当然朝廷颁布命令，还是需要官员去执行的，所以朱熹说，“斯民之戚休”“系乎守令之贤否”。所以他要求守令要勤于政务。“一日立乎其位，则一日业乎其官。”[③]而不能尸位素餐，荒于政事。“为守令，第一是民事为重。”[④]作为官员首先要把平民的利益放在首位，具有爱民惠民之心。“奉法爱民，不求闻达。”[⑤]“临民以宽。”“平易近民，为政之本。”[⑥]朱熹认为：“天下国家之大务莫大于恤民，而恤民之实在省赋。”[⑦]所以朱熹主张“量入为出，罢去冗费，而悉除无名之赋”，“须一切从民正赋，凡所增名色，一齐除尽，民方始得脱净”。“理财以养民为本。”[⑧]此外还要爱惜民力，“轻赋役，则养民之要也”。朱熹曾向宁宗面奏，要求皇上“首罢修葺东宫之役……而慰斯民饥饿流离之难”[⑨]。要能真正做到惠及细民，当政者必须提高自我道德修养，“治道必本于正心、修身”[⑩]。做到“存天理、灭人欲”，了无私心杂念，做到客观公正。“仕宦只是廉勤自守，进退迟速自有时节，切不可起

---

① 朱熹：《晦庵先生朱文公文集》，见朱杰人、严佐之、刘永翔主编：《朱子全书》（第 20 册），上海：上海古籍出版社，合肥：安徽教育出版社，2002 年，第 639 页。

② 朱熹：《晦庵先生朱文公文集》，见朱杰人、严佐之、刘永翔主编：《朱子全书》（第 20 册），上海：上海古籍出版社，合肥：安徽教育出版社，2002 年，第 680 页。

③ 朱熹：《晦庵先生朱文公文集》，见朱杰人、严佐之、刘永翔主编：《朱子全书》（第 20 册），上海：上海古籍出版社，合肥：安徽教育出版社，2002 年，第 577 页；同书第 21 册，第 1093 页。

④ 朱熹：《朱子语类》，见朱杰人、严佐之、刘永翔主编：《朱子全书》（第 18 册），上海：上海古籍出版社，2002 年，第 3582 页。

⑤ 朱熹：《晦庵先生朱文公文集》，见朱杰人、严佐之、刘永翔主编：《朱子全书》（第 22 册），上海：上海古籍出版社，合肥：安徽教育出版社，2002 年，第 2064 页。

⑥ 朱熹：《朱子语类》，见朱杰人、严佐之、刘永翔主编：《朱子全书》（第 18 册），上海：上海古籍出版社，合肥：安徽教育出版社，2002 年，第 4140 页；同书第 17 册，第 3525 页。

⑦ 朱熹：《晦庵先生朱文公文集》，见朱杰人、严佐之、刘永翔主编：《朱子全书》（第 2 册），上海：上海古籍出版社，合肥：安徽教育出版社，2002 年，第 581 页。

⑧ 朱熹：《朱子语类》，见朱杰人、严佐之、刘永翔主编：《朱子全书》（第 18 册），上海：上海古籍出版社，合肥：安徽教育出版社，2002 年，第 3557、3556 页；同书第 17 册，第 3511 页。

⑨ 朱熹：《晦庵先生朱文公文集》，见朱杰人、严佐之、刘永翔主编：《朱子全书》（第 21 册），上海：上海古籍出版社，合肥：安徽教育出版社，2002 年，第 1112 页；同书第 20 册，第 681～682 页。

⑩ 朱熹：《朱子语类》，见朱杰人、严佐之、刘永翔主编：《朱子全书》（第 17 册），上海：上海古籍出版社，合肥：安徽教育出版社，2002 年，第 3521 页。

妄念也。”[①]“官无大小，凡事只是一个公。若公时，做得来也精采。便若小官，人也望风畏服。若不公，便是宰相，做来做去，也只得个没下梢。”[②]朱熹出任地方官时，身体力行着他的爱民养民之道，“莅职勤敏，纤悉必亲，苟利于民，虽劳无惮”[③]。

朱熹通过他的哲学体系的构建，针对以皇帝为代表的上层统治阶级提出了“存天理、灭人欲”的口号，希望统治者加强内心修养，以此改变当时官场物欲横流、骄奢淫逸的陋习，为百姓争取生存空间。朱熹哲学的总体倾向是“要求人们用道德理性克制压抑个体情欲……揭示出的社会总体利益与个体各种情欲的矛盾，具有普遍意义”[④]。除此以外，他以为：“生民之本，足食为先”[⑤]，“饮食宫室所以养生，祭祀棺椁所以送死，皆民所急而不可无者。今皆有以资之，则人无所恨矣。”[⑥]所以朱熹特别重视农业生产，还直接为发展农业出谋划策。为了使人民饮食宫室、祭祀棺椁皆有所资，朱熹研究出一系列的发展农业生产的措施。他作《劝农文》，要农民及时耕种、施肥和除草；重视兴修水利和保护耕牛，掌握蚕桑之法。他还鼓励垦荒，规定农民所耕之田永为己业，且可免三年租税[⑦]。为了使人民凶年不缺粮少食，得以生养，朱熹设计了“社仓”之救灾方法，凡是要求借贷粮食的农民，政府都要借给，农民出十分之二的利息。不愿借贷的，决不勉强。如遇饥荒，要减轻利息，甚至全免[⑧]。同时鼓励富有之家赈粜，国家给予奖励。这样即使是凶荒之年，也能“使其妇子含哺鼓腹，无复饥冻流移之患”[⑨]。

诚如章太炎所说，戴震理学批判思想源于其对统治者以理责人、不恤民生的失政的不满[⑩]。清朝统治者把理学家为“格君非”“正君心”而提出

① 朱熹：《晦庵先生朱文公文集》，见朱杰人、严佐之、刘永翔主编：《朱子全书》(第 23 册)，上海：上海古籍出版社，合肥：安徽教育出版社，2002 年，第 3118 页。

② 朱熹：《朱子语类》，见朱杰人、严佐之、刘永翔主编：《朱子全书》(第 18 册)，上海：上海古籍出版社，合肥：安徽教育出版社，2002 年，第 3583 页。

③ 黄干：《勉斋集》，上海：上海古籍出版社，1988 年，第 1168～1169 页。

④ 陈来：《朱子哲学研究》，北京：生活・读书・新知三联书店，2010 年，第 16 页。

⑤ 朱熹：《晦庵先生朱文公文集》，见朱杰人、严佐之、刘永翔主编：《朱子全书》(第 25 册)，上海：上海古籍出版社，合肥：安徽教育出版社，2002 年，第 4624 页。

⑥ 朱熹：《四书章句集注/四书或问》，见朱杰人、严佐之、刘永翔主编：《朱子全书》(第 6 册)，上海：上海古籍出版社，合肥：安徽教育出版社，2002 年，第 249 页。

⑦ 方利山：《朱熹与戴震民本思想之异同》，载《合肥学院学报(社会科学版)》2008 年第 4 期。

⑧ 朱熹：《晦庵先生朱文公文集》，见朱杰人、严佐之、刘永翔主编：《朱子全书》(第 24 册)，上海：上海古籍出版社，合肥：安徽教育出版社，2002 年，第 3721 页。

⑨ 张立文：《朱熹评传》，南京：南京大学出版社，1998 年，第 394～402 页。

⑩ 章太炎：《章太炎全集》(第四册)，上海：上海人民出版社，1985 年，第 123 页。

的“存天理、灭人欲”，改造成统治、压榨百姓的工具，建立严格的封建等级制度，上下尊卑之别使得“下之人不能以天下之同情、天下所同欲达之于上；上以理责其下，而在下之罪，人人不胜指数”①。戴震尖锐地指出：“截然分理欲为二，治己以不出于欲为理，治人亦必以不出于欲为理，举凡民之饥寒愁怨、饮食男女、常情隐曲之感，咸视为人欲之甚轻者矣。轻其所轻，乃‘吾重天理也，公义也’，言虽美，而用之治人，则祸其人。”“于是辨乎理欲之分，谓‘不出于理则出于欲，不出于欲则出于理’，虽视人之饥寒号呼，男女哀怨，以至垂死冀生，无非人欲，空指一绝情欲之感者为天理之本然，存之于心。及其应事，幸而偶中，非曲体事情，求如此以安之也；不幸而事情未明，执其意见，方自信天理非人欲，而小之一人受其祸，大之天下国家受其祸。”天理、人欲的对立，使统治者漠视人民的饥寒号呼、男女哀怨，在下者失去了话语权和基本的生存权，“适成忍而残杀之具”②。

戴震由天道推演人性，指出“血气心知，性之实体也”。因为有血气，便有对外物的欲求，产生好恶和怀生畏死之情；因为有心知，便有了思维能力，能够认识事物的法则，明察行为的善恶美丑，进而能处理好人伦日用中的各种关系。“人生而后有欲，有情，有知，三者，血气心知之自然也。”欲是人性的基本内容，是合乎道德规范的。人欲来自天道，是天道中应有之义。从而，戴震哲学更加肯定了欲的道德意义，坚定了他遂情达欲的信仰和政治主张。戴震指出：“故语道于人，人伦日用，咸道之实事。”“治人者”应该“体民之情，遂民之欲”③。他由血气心知的人性论，推导出人类的最高价值就是遂己、遂人之生。生生之德在己为耳目鼻口得以滋养，在人则以情絜情，无过情无不及情。“遂己之欲者，广之能遂人之欲；达己之情者，广之能达人之情。”“以我之情絜人之情，而无不得其平。”在遂己之生的基础上，以自己的生养之道适之于人，使人人得以遂其生，这是与天道生生之德相一致的。戴震以历史为鉴：“尧、舜之忧四海困穷，文王之视民如伤，何一非为民谋其人欲之事！”作为明君典范而备受传颂的尧、舜、文王的所作所为，也无外乎为了满足人民的欲求，从而戴震得出“圣人治天下，体民之情，遂

---

① 戴震：《孟子字义疏证》，见张岱年主编：《戴震全书》（第六册），合肥：黄山书社，1995年，第161页。

② 戴震：《孟子字义疏证》，见张岱年主编：《戴震全书》（第六册），合肥：黄山书社，1995年，第217、211、216页。

③ 戴震：《孟子字义疏证》，见张岱年主编：《戴震全书》（第六册），合肥：黄山书社，1995年，第197、200、161页。

民之欲，而王道备”[①]。只有人们生存要求得到了满足，国家才能长治久安而成就霸业。

不仅君主应以“为民谋其人欲之事”为己任，重视人民的生养之道，作为替君牧民的“大臣”，更应该“体民之情，遂民之欲”。戴震说“天以亿兆之民哀乐安危授之君，君以民之哀乐安危倚任大臣”，大臣就应该为民谋福祉。民之哀乐安危系于大臣的一念之间。“国之本莫重于民，利民病民之本莫重于吏，有一念及其民，则民受一念之福。察吏者，恻隐之实之至于民者也。”[②]戴震对勤于民事的好官大加赞赏，例如他作《四川布政使司布政使李公墓志铭》，称赞李如兰“察民疾苦”“实心为国家，矜恤人民”，并对他杖杀豪右、捕获盗贼的勇气大加褒奖[③]。他提倡统治者应该“省刑罚、薄税敛”，使人人能够“仰足以事父母，俯足以蓄妻子”，“居者有积仓，行者有裹囊”，“内无怨女，外无旷夫”。这种充分满足人们的生存和生理需求的社会，才是理想的社会状态[④]。相反，如果治人者“快己之欲，忘人之欲”，不体恤民情，置民生于不顾，那么“民以益困而国随以亡”。戴震对人民起义予以很大同情，认为动乱是由统治者“贪暴以贼其民所致”，“乱之本，鲜不成于上”[⑤]。

戴震一生仕途不济，始终未曾担任过地方官，践行他的政治理想和抱负，但是他终生治学不怠。他治学始于六书、九数，然后有《训诂篇》《原象篇》《学礼篇》《水地篇》，最后约之以《原善篇》。凡是关系民生之事，他都一一探究原委。例如戴震以圣人之道在六经，精研六经、孔孟，“惧圣人之绪言暗汶于后世”[⑥]而不被统治者借鉴；戴震重视水地研究，因为水不仅是重要的生活必需品，而且是重要的交通载体；他还重视地方志的编撰，但是体制不落俗套，对一切与民生相关者都加以关注，使官事、民事，政之大体、民之利病于是可见；重视机械、器皿的研究，如作《考工记图》，直观显示人伦

① 戴震：《孟子字义疏证》，见张岱年主编：《戴震全书》（第六册），合肥：黄山书社，1995年，第197、152、216、161页。

② 戴震：《送巡抚毕公归西安序》，见张岱年主编：《戴震全书》（第六册），合肥：黄山书社，1995年，第392页。

③ 戴震：《四川布政使司布政使李公墓志铭》，见张岱年主编：《戴震全书》（第六册），合肥：黄山书社，1995年，第430～431页。

④ 戴震：《孟子字义疏证》，见张岱年主编：《戴震全书》（第六册），合肥：黄山书社，1995年，第161页。

⑤ 戴震：《原善》，见张岱年主编：《戴震全书》（第六册），合肥：黄山书社，1995年，第30页。

⑥ 戴震：《与姚孝廉姬传书》，见张岱年主编：《戴震全书》（第六册），合肥：黄山书社，1995年，第372页。

日用之品[①]。例如戴震仿照古制制作的赢旋车和自转车，用于农田灌溉。“今休地西北乡，山河旁岸之田，多用自转车，永无亢旱之患，各地仿其法者甚多”[②]。戴震通过博问古今制度沿革，挖掘六经、孔孟真旨，探寻古今治乱之源，践行着儒者关心民瘼的终极旨归。

朱熹深知官场“上下不法，莫能相正”习气之弊，大声疾呼“存天理、灭人欲”，希望以皇帝为代表的上层统治阶级修身养性，改变穷奢极欲的生活方式，减轻民众的赋税徭役，以抑制官场的物欲横流，给予人民一定的生存空间。然而，因为朱熹“人欲”“物欲”概念的混同，朱熹的“存天理、灭人欲”被后世统治者改造强化，而将天理、人欲绝对对立，使“存天理、灭人欲”成为统治者压迫剥削人们的工具。戴震不满于统治者以天理钳制人民的言论权、漠视人们的生存权而直接代表底层百姓发出了“体民之情，遂民之欲”的呼声，要求统治者关注百姓的饥寒愁怨、饮食男女。正如章太炎所言，朱熹的存理灭欲是“饬身之典”，要求统治者修身养性，杜绝横流的物欲；而戴震言欲不可灭是“逮政之言”，要求统治者关爱民生[③]。朱熹和戴震的终极关怀是一致的，都是爱民养生。

三、结语：戴震哲学是对朱熹理学的继承和发展

戴震对乡贤朱熹尊崇有加，他和朱熹一样，从气化流行的天道观推导人性，即人一方面秉承了天地生生之德，而具有仁义礼智之性；另一方面因为自身的生存需要，而有饮食男女之需。他们具有相似的哲学逻辑体系，只是戴震在继承朱熹哲学合理内核的基础上，对朱熹哲学中“人欲”“理存于欲中”“仁义礼智”等哲学范畴有了更加明确的诠释，使被朱熹首倡的天理掩盖下的人欲更加凸显。他们哲学研究的终极目的是一致的。朱熹的“存天理、灭人欲”与戴震的“体民之情，遂民之欲”有着异曲同工之妙，皆要求统治者爱民养生。因为戴震抨击天理人欲对立之言辞的激烈，从而被认为是对程朱理学的批判，这是对戴震思想的误读。戴震抨击的矛头是作为意识形态的程朱理学，直指当时“诏令谪人不以法律，顾摭取洛、闽儒言以相稽，觇司隐微，罪及燕语”[④]的统治者，这从戴震给段玉裁的信件屡言“今人”可见。戴震曰：“今人无论正邪，尽以意见误名之曰理，而祸斯民，故《疏

---

① 参见拙作《论戴震的治学方法》，载《安徽大学学报(哲学社会科学版)》2007年第4期。

② 戴英：《戴东原先生轶事》，国学导航，http://www.guoxue123.com/biji/qing/0000/010.htm。

③ 章太炎：《释戴》，见张岱年主编：《戴震全书》(第七册)，合肥：黄山书社，1997年，第337页。

④ 章太炎：《释戴》，见张岱年主编：《戴震全书》(第七册)，合肥：黄山书社，1997年，第337页。

证》不得不作。”又曰：“盖昔人斥之为意见，今人以不出于私即谓之理，由是以意见杀人，咸自信为理矣。”①戴震不能明目张胆地批判当世统治者，故通过对改造过的宋明理学的批判达到批判现实的目的。否则戴震就没有“舍圣人立言之本指，而以己说为圣人所言，是诬圣；借其语以饰吾之说，以求取信，是欺学者也。诬圣欺学者，程、朱之贤不为也”②之语。

如前文所述，戴震哲学思想渊源于其早年对六经的考据。在对《诗经》《尚书》等儒学经典的疏证中，戴震常引用朱熹的观点。其于《毛诗补传序》中曰：“先儒为《诗》者，莫明于汉毛、郑，宋子朱子。”③故其《毛诗补传》以《毛传》《郑笺》《集传》为本，共引用朱熹的观点 207 条。戴震于《尚书义考义例》中指出，“宋以来凿空衍说，载之将不胜载，故严加删汰”④，但在严加删汰的情况下，《尚书义考》仍引用朱熹的观点 14 条。出于对乡贤的礼敬，戴震悉心研读朱熹著作，受其影响极深。戴震继承了朱熹从天道推演人性的逻辑体系，以及关心民瘼的终极关怀，甚至其哲学著作《孟子字义疏证》也采用了《朱子语类》的问答方式。所以冯友兰说：“汉学家之义理之学，表面上虽为反道学，而实则系一部分道学之继续发展也。”⑤

当然，随着天文历算等自然科学的发展，以及戴震对自然科学的研究，戴震已建立起唯物主义世界观。他指出“气”为构成世界的物质基础，从而否认了程朱理学“理”的本体论地位。由于戴震与朱熹对“理”的不同理解，戴震哲学与朱熹理学表现出一定的差异。下一节将以对《中庸》的诠释为例，分析二人在本体论、人性论和问学观等方面的差异。

第四节　从对《中庸》的诠释看戴震哲学与朱熹理学的差异

通过比较戴震哲学和朱熹理学可以发现，他们有着相似的哲学逻辑体系和终极关怀，戴震发扬了朱熹哲学中合理的内核，并对程朱理学的一些哲学范畴作了明晰的解析。戴震哲学是对朱熹理学的继承与发展。但是随着自然科学的发展，以及戴震本人在天文历算方面的造诣，戴震已然从

---

① 戴震：《与段茂堂等十一札》，见张岱年主编：《戴震全书》(第六册)，合肥：黄山书社，1995年，第 543、542 页。

② 戴震：《孟子字义疏证》，见张岱年主编：《戴震全书》(第六册)，合肥：黄山书社，1995 年，第 178 页。

③ 戴震：《毛诗补传》，见张岱年主编：《戴震全书》(第一册)，合肥：黄山书社，1994 年，第 125 页。

④ 戴震：《尚书义考》，见张岱年主编：《戴震全书》(第一册)，合肥：黄山书社，1994 年，第 12 页。

⑤ 冯友兰：《中国哲学史》，上海：华东师范大学出版社，2000 年，第 302 页。

朱熹的客观唯心主义转向了客观唯物主义。将戴震与朱熹对同一经典的不同诠释作比较，可以清晰地再现他们思想上的差异性。《中庸补注》是戴震的晚年之作，“其言理皆与《原善》《孟子字义疏证》无纤微不合者”①。将戴震的《中庸补注》与朱熹的《中庸章句》相比较，可以再现他们在诠释方法、本体论、人性论和问学观等方面的异同，从另一个视角展现戴震哲学与朱熹理学的关系。

一、同途：文字训诂＋心证的经典诠释方法

朱熹可谓宋学的集大成者。他主张由“道问学”而至“尊德性”，尝批判汉学、宋学于训诂、义理只取一隅之弊端，曰：“秦汉以来，圣学不传，儒者惟知章句训诂之为事，而不知复求圣人之意，以明夫性命道德之归。至于近世，先知先觉之士始发明之，则学者既有以知夫前日之为陋矣。然或乃徒诵其言以为高，而又初不知深求其意。甚者遂至于脱略章句，陵籍训诂，坐谈空妙，展转相迷，而其为患反有甚于前日之为陋者。”②在朱熹看来，汉学之失在于不能以义理为旨归，而宋学舍训诂而奢谈义理，其患甚于汉学。朱熹认为正确的读书方法应该是：“字求其训，句索其旨，未得乎前，则不敢求其后；未通乎此，则不敢志乎彼。如是循序而渐进焉，则意定理明，而无疏易凌躐之患矣。”③简言之，即训诂是义理的基础，由训诂而渐进于义理，义理乃可明。

受朱熹由“道问学”而至“尊德性”的影响，戴震指出：“舍夫‘道问学’，则恶可命之‘尊德性’乎？”④并进一步申述到：“言者辄曰：有汉儒经学，有宋儒经学，一主于训故，一主于理义。此诚震之大不解也者。夫所谓理义，苟可以舍经而空凭胸臆，将人人凿空得之，奚有于经学之云乎哉？惟空凭胸臆之卒无当于贤人圣人之理义，然后求之古经。求之古经而遗文垂绝，今古悬隔也，然后求之训故。训故明则古经明，古经明则贤人圣人之理义明，而我心之所同然者乃因之而明。”⑤文字意义的厘清、名物典制的考订，

① 段玉裁撰、杨应芹订补：《东原年谱订补》，见张岱年主编：《戴震全书》（第六册），合肥：黄山书社，1995 年，第 704 页。

② 朱熹：《晦庵先生朱文公文集》，见朱杰人、严佐之、刘永翔主编：《朱子全书》（第 24 册），上海：上海古籍出版社，合肥：安徽教育出版社，2002 年，第 3640 页。

③ 朱熹：《晦庵先生朱文公文集》，见朱杰人、严佐之、刘永翔主编：《朱子全书》（第 24 册），上海：上海古籍出版社，合肥：安徽教育出版社，2002 年，第 3583 页。

④ 戴震：《与是仲明论学书》，见张岱年主编：《戴震全书》（第六册），合肥：黄山书社，1995 年，第 372 页。

⑤ 戴震：《题惠定宇先生授经图》，见张岱年主编：《戴震全书》（第六册），合肥：黄山书社，1995 年，第 505 页。

可以更好地展现经典时代的社会状况，从而在一定程度上再现作者的视阈，知人论世，更好地解读经典本义。训诂明则经典本义因之而明。戴震年少时就确定了由词通道之路，曰："经之至者道也，所以明道者其词也，所以成词者字也。由字以通其词，由词以通其道，必有渐。"①不同于乾嘉学者的重考据轻义理，戴震明确指出，训诂只是寻求义理的手段，义理才是训诂的目的。"余于训诂、声韵、天象、地理四者，如肩舆之隶也。余所明道，则乘舆之大人也。"②义理必须建立在可靠的考据基础之上。

尽管朱熹主张以文字训诂为发掘经典文义的手段，但是他也指出，儒学经典包含着古圣贤对自然、生命和社会规律的体认，学者仍需运用心证方法探讨古圣贤立言之旨。朱熹说："大抵圣贤之言多是略发个萌芽，更在后人推究，演而伸，触而长，然亦须得圣贤本意。"③圣贤立言是针对个别事件有感而发，言不能尽意；而且世事变迁，当代的境况已不同于圣贤时代，所以经典诠释还需要诠释者运用心证的方法，根据圣贤本意体悟、领会圣贤立言之旨，抽象出经典的普遍意义。因为"圣贤立言，本自平易"，诠释者能够在闻见之知的基础上，通过格物和践履，"从浅近平易处理会、应用切身处体察，渐次接续"④。当然，经典本文之意是体认圣贤立言之旨的基础。"虚心以求本文之意为先。若不得本文之意，即是任意穿凿。如说会心处之类，正是大病根本。"⑤脱离文本之意的心得便为一己之私见。

戴震认同朱熹的观点，认为儒学经典包含着古圣贤对客观社会"生生而条理"的理解和体认，"圣人先得我心之所同然"⑥，所以经典诠释应不局限于经典文本的解读，还要体悟经典蕴含的普遍意义。戴震在经典诠释中凸显人心的作用，认为人心全天德、制百行。虽然因为气禀的不同，人心有智与不肖的差异，但是通过后天的学习，"我心"能与"圣人之心"以心相遇，了然于圣贤立言之旨。

---

① 戴震：《与是仲明论学书》，见张岱年主编：《戴震全书》（第六册），合肥：黄山书社，1995年，第370页。

② 章学诚：《书朱陆篇后》，见张岱年主编：《戴震全书》（第七册），合肥：黄山书社，1997年，第288页。

③ 朱熹：《朱子语类》，见朱杰人、严佐之、刘永翔主编：《朱子全书》（第16册），上海：上海古籍出版社，合肥：安徽教育出版社，2002年，第2043页。

④ 朱熹：《晦庵先生朱文公文集》，见朱杰人、严佐之、刘永翔主编：《朱子全书》（第21册），上海：上海古籍出版社，合肥：安徽教育出版社，2002年，第1535页；同书第22册，第2069页。

⑤ 朱熹：《晦庵先生朱文公文集》，见朱杰人、严佐之、刘永翔主编：《朱子全书》（第22册），上海：上海古籍出版社，合肥：安徽教育出版社，2002年，第2219页。

⑥ 戴震：《孟子字义疏证》，见张岱年主编：《戴震全书》（第六册），合肥：黄山书社，1995年，第153页。

戴震继承了朱熹实事求是的实学精神，他们走上了相同的经典诠释之路，即在文字训诂的基础上，顺着文本的脉络探讨作者本意，进而运用心证方法，体悟出经典中所载之道，发明经典的微言大义，为现实社会建构一个合理的治理之策。

二、殊归：戴震与朱熹对《中庸》诠释的差异

作为儒家经典之一的《中庸》，被视为“圣学之渊源，入德之大方”①而备受历代学者的关注。朱熹以《中庸》乃“子思忧道学之失传而作”，而自孟子之后，异端之说大乱其真，虽有程子发明大意，惜其书不传，故作《中庸章句》。《中庸章句》在词义训诂的基础上，于《中庸》之旨，条分缕析、脉络贯通。戴震则以六经为道义之宗、神明之府而补注《中庸》。他以汉学去古未遥而言多可信，皆存郑注而补以己见，发明《中庸》大义。尽管戴震继承了朱熹实事求是的治学精神，力求通过对经典文字的训释，尽可能地恢复经典创作时的语境，从而更好地理解经典原意和圣贤立言之旨，但是由于心证方法的运用，他们不可避免地会把个体视域带入诠释之中，从而使经典诠释带上明显的个人偏好和时代意义。

（一）戴震与朱熹在本体论上的差异

朱熹以“理”为世界的本体，说：“理也者，形而上之道也，生物之本也。”②“未有天地之先，毕竟也只是理。有此理，便有此天地；若无此理，便亦无天地。无人无物，都无该载了！有理便有气流行，发育万物。”“有是理便有是气，但理是本。”③朱熹将其理本论思想移植到对《中庸》的诠释之中。《中庸》原为《礼记》的一部分，主要强调用礼来调节人的性情，要求人们在践礼时不偏不倚，恪守中道。人的言行举止都应该达于人情，发而中节。由于《中庸》多言性命，加上受唐代佛教言心性的影响，程颢和程颐以为“《中庸》乃孔门传授心法”④，朱熹更是以“人心惟危，道心惟微”为《中庸》纲领，从本体论高度释读《中庸》。

对于《中庸》第一句“天命之谓性”，朱熹的《中庸章句》直接以“理”解“性”，曰：“命，犹令也。性，即理也。天以阴阳五行化生万物，气以成形，而

---

① 杨时：《龟山集》卷二十五《中庸义序》，清《文渊阁四库全书》本。

② 朱熹：《晦庵先生朱文公文集》，见朱杰人、严佐之、刘永翔主编：《朱子全书》（第 23 册），上海：上海古籍出版社，合肥：安徽教育出版社，2002 年，第 2755 页。

③ 朱熹：《朱子语类》，见朱杰人、严佐之、刘永翔主编：《朱子全书》（第 14 册），上海：上海古籍出版社，合肥：安徽教育出版社，2002 年，第 114 页。

④ 程颢、程颐：《河南程氏外书》，王孝鱼点校：《二程集》（第二册），北京：中华书局，1981 年，第 411 页。

理亦赋焉，犹命令也。于是人物之生，因各得其所赋之理，以为健顺五常之德，所谓性也。”①在朱熹看来，理与气虽浑沦为一体，但不失为二物。气依傍着理而行。当气凝聚造作生人、生物时，理亦在其中。《中庸》所说的“天命之谓性”，就是指作为世界本源的理，随着阴阳五行气化生物而进入万物，万物便具有了各自的性。朱熹以“理”解“性”的主要目的，在于在性与天道之间建立起一种直接联系，从本体论上证实孟子的性善论。“朱熹认为孟子性善论没有阐明性的本体论来源和根据，理论上‘少了上面一截’，因此不能说明人物之性与天地之理的必然联系”②。在朱熹看来，人禀受天地之理而具有天命之性，便禀受了天地之元亨利贞而有仁义礼智之德。天命之性是道德的内在根源。朱熹将人恶的品质归结为气质之性。气质有精美与渣滓之别，渣滓气禀对人的本性造成隔蔽，从而表现出恶的品质。陈来指出：“在朱熹哲学中更多地认为，对于人类而言，气禀之成为恶之根源主要是起于昏浊造成的对本性的隔蔽，从而影响了人的善的本质在某些方面的表现。”③

朱熹在解释“君子之道，费而隐”句时以体、用解释“隐”“费”，曰：“费，用之广也。隐，体之微也……君子之道，近自夫妇居室之间，远而至于圣人天地之所不能尽，其大无外，其小无内，可谓费矣。然其理之所以然，则隐而莫之见也。”④“用”就是化育流行，“体”就是化育流行的原因。朱熹认为道之用近自个人、夫妇，远到天下国家，而道之体则隐微难见。《中庸》引《诗》“鸢飞戾天，鱼跃于渊”，就是在说作为本体的“理”无处不在。“子思引此诗以明化育流行，上下昭著，莫非此理之用，所谓费也。”⑤此理之用上至高天、下至深渊，无所不在。在朱熹看来，道与理属于同一范畴。他于《中庸》“道也者，不可须臾离也”句，曰：“道者，日用事物当行之理，皆性之德而具于心，无物不有，无时不然，所以不可须臾离也。若其可离，则为外物而非道矣。是以君子之心常存敬畏，虽不见闻，亦不敢忽，所以存天理之本然，而不使离于须臾之顷也。”⑥作为万物之一的人在禀天地之气而生时，便带有这作为世界本源的理，理是先天居于人心的，而这居于人心的理容易为人欲所污坏，所以人要“心常存敬畏”。主敬工夫就是为了“存天理之本然”。

---

① 朱熹：《中庸章句》，见《四书章句集注》，北京：中华书局，1983年，第17页。
② 陈来：《朱子哲学研究》，北京：生活·读书·新知三联书店，2010年，第227～229页。
③ 陈来：《朱子哲学研究》，北京：生活·读书·新知三联书店，2010年，第235页。
④ 朱熹：《中庸章句》，见《四书章句集注》，北京：中华书局，1983年，第22页。
⑤ 朱熹：《中庸章句》，见《四书章句集注》，北京：中华书局，1983年，第22～23页。
⑥ 朱熹：《中庸章句》，见《四书章句集注》，北京：中华书局，1983年，第17页。

“戴震一生，曾从事天文、律历、数学、力学、机械、地理、动物、植物、医学等多种自然科学的研究”①。自然科学研究使戴震具有了唯物主义的科学精神。他修正了朱熹的理学思想，认为程朱所谓“得于天而具于心”的理，实质上是援老、庄、释氏“真宰”“真空”之说以入六经、孔、孟。戴震在对程朱先验存在的理作现实还原的同时，唯物地指出构成世界的物质基础是气。气才是生物之本。戴震的气本论思想在《中庸》中多有体现。例如对于《中庸》“天命之谓性”，戴震诠释曰：“生而限于天，是曰天命。凡分形气于父母，即为分于阴阳、五行。人与百物，各以类滋生，皆气化之自然。《大戴礼记》曰：‘分于道谓之命，形于一谓之性。’分于道者，分于阴阳、五行也。性之大别，各以气类，而同类之中，又复不齐，故曰‘天命之谓性’。”②戴震认为万物都是禀阴阳五行之气而生。由于所禀之气的不同，各种物类之间的特性各不相同，而同类之中亦有差异。这就是所谓“天命之谓性”。性之不同源于所秉的气类不同，并非如朱熹所说的“因各得其所赋之理”而有别。

戴震本着客观唯物主义精神指出生物之本为气而非理，并进一步指出“道”就是行人伦日用之事。在诠释“率性之谓道”句时，戴震指出：“有生以后，则有相生养之道，亦如气化之不可已。经传中或言天道，或言人道。天道，气化流行，生生不息是也。人道，以生以养，行之乎君臣、父子、夫妇、昆弟、朋友之交是也。凡人伦日用，无非血气心知之自然，故曰‘率性之谓道’。”③所谓“天道”就是阴阳五行之气流行不已，生生不息；所谓“人道”就是人生而后，为遂其生所行的人伦日用之事。戴震以阴阳五行之气的运行言性、言天道、言人道，反对做神秘的解释。对于“君子之道，造端乎夫妇；及其至也，察乎天地”句，戴震指出：“‘察乎天地’，即所谓‘上下察’。天地间之物，尽若是矣。道者，事物之宜。散观之，莫不有宜也，费也。察而不隐，人自不能窥耳！”④道就是各得其宜，就是万事万物的安排妥当。道是显见的，不必以窥探的方式去体察。戴震引《说文解字》证明“费”就是“散之所广遍”之义。他不同意朱熹以“体”“用”解释“隐”和“费”，曰：“君子之道，虽若深隐难窥，实不过事物之咸得其宜，则不可徒谓其隐，乃费而隐也。后儒以隐为道之体，是别有所指以为道，非圣贤之所谓道也。道即人伦日用，以及飞、潜、动、植，盈天地之间无或违其性，皆是也。故下推言所谓费，

① 周兆茂：《戴震哲学新探》，合肥：安徽人民出版社，1997年，第111～112页。
② 戴震：《中庸补注》，见张岱年主编：《戴震全书》（第二册），合肥：黄山书社，1994年，第51页。
③ 戴震：《中庸补注》，见张岱年主编：《戴震全书》（第二册），合肥：黄山书社，1994年，第51页。
④ 戴震：《中庸补注》，见张岱年主编：《戴震全书》（第二册），合肥：黄山书社，1994年，第60页。

而不及隐，文理甚明。”道看起来隐，实际上是虽隐实费。万物顺其性而为，各得其宜就是道。而人道就是遂人之生的人伦日用。戴震认为，《中庸》引《诗》“鸢飞戾天，鱼跃于渊”只是说明气化生物，各具本性，而不是指道深隐难窥。“语大，至于莫知纪极；语小，至于纤细难剖，皆有所宜之道，其费如是。引诗之辞，偶涉飞潜、上下，以见物性之自然，上下著明，故曰‘言其上下察也’。然则不以为深隐难窥可也。”道不是空无的原则，而是实体实事。戴震认为，后儒以为道深隐难窥，这已脱离了人伦日用，违背了《中庸》本意，是“杂乎释老之言以说此”①。

（二）戴震与朱熹在人性论上的差异

朱熹认为，虽然孟子将先秦人性论思想发展为系统理论，但是孟子的人性论没能阐明人性论的本体论来源。他曰：“孟子不曾推原原头，不曾说上面一截，只是说‘成之者性’也。”②朱熹继承了二程“性即理也”、张载“天地之性与气质之性”的人性论思想，认为理为世界的本源，理以分殊的形式进入万事万物，从而人具有了纯粹中正的天地之性，气是形成人的物质基础，由于气之清浊厚薄的不同，表现出具有差异的气质之性。“论天地之性，则专指理言；论气质之性，则以理与气杂而言之。”③所以朱熹在解释《中庸》“喜怒哀乐之未发，谓之中；发而皆中节，谓之和”时说：“中也者，天下之大本也；和也者，天下之达道也……喜、怒、哀、乐，情也。其未发，则性也，无所偏倚，故谓之中。发皆中节，情之正也，无所乖戾，故谓之和。大本者，天命之性，天下之理皆由此出，道之体也。达道者，循性之谓，天下古今之所共由，道之用也。”④朱熹以为“性即理”，喜怒哀乐之未发就是指天命之性，就是道体之理，道体之理无所偏私，故称为“中”；情之所发则为气质之性，气质之性合乎节度，故称为“和”。朱熹以天命之性与气质之性解释喜怒哀乐之未发与已发，体现了他的二元人性论思想。

朱熹认为，心是神明之舍，为一身的主宰。心能够知觉，统领性情。心觉于义理的就是道心，觉于口目耳鼻之欲的就是人心。所以朱熹于《中庸章句序》中曰：“心之虚灵知觉，一而已矣，而以为有人心、道心之异者，则以其或生于形气之私，或原于性命之正，而所以为知觉者不同，是以或危殆而

---

① 戴震：《中庸补注》，见张岱年主编：《戴震全书》（第二册），合肥：黄山书社，1994年，第58～59页。

② 朱熹：《朱子语类》，见朱杰人、严佐之、刘永翔主编：《朱子全书》（第14册），上海：上海古籍出版社，合肥：安徽教育出版社，2002年，第199页。

③ 朱熹：《朱子语类》，见朱杰人、严佐之、刘永翔主编：《朱子全书》（第14册），上海：上海古籍出版社，合肥：安徽教育出版社，2002年，第196页。

④ 朱熹：《中庸章句》，见《四书章句集注》，北京：中华书局，1983年，第18页。

不安，或微妙而难见耳。然人莫不有是形，故虽上智不能无人心，亦莫不有是性，故虽下愚不能无道心。二者杂于方寸之间，而不知所以治之，则危者愈危，微者愈微，而天理之公卒无以胜夫人欲之私矣。精则察夫二者之间而不杂也，一则守其本心之正而不离也。从事于斯，无少间断，必使道心常为一身之主，而人心每听命焉，则危者安、微者著，而动静云为自无过不及之差矣。”[①]天地之性与气质之性夹杂于方寸之间，表现为道心和人心之别。人修养的目的就是保持道心而消灭人心的私欲。朱熹认为《中庸》就是教人存天理、灭人欲。朱熹以德性为天理，于《中庸》“尊德性”言：“德性者，吾所受于天之正理。”[②]为保障天理不被污坏，就要灭绝人欲。所以朱熹于《中庸》“君子慎其独”句曰：“独者，人所不知而己所独知之地也。言幽暗之中，细微之事，迹虽未形而几则已动，人虽不知而己独知之，则是天下之事无有著见明显而过于此者。是以君子既常戒惧，而于此尤加谨焉，所以遏人欲于将萌，而不使其滋长于隐微之中，以至离道之远也。”[③]君子常戒惧的目的就是遏制人欲于萌芽之中。又于《中庸》“中庸不可能也”句曰：“若中庸……非义精仁熟，而无一毫人欲之私者，不能及也……此则所谓中庸之不可能者，非有以自胜其人欲之私，不能择而守也。”[④]认为只有灭却人欲方能达到中庸的境界。

戴震坚持气本论思想，认为气化流行，生人生物。人分于阴阳五行之气而有血气心知。血气心知就是人性的实体。具体而言，血气指人的感觉器官，心知指人的思维能力。本着科学的精神，戴震将血气心知等自然属性上升到人性本质的高度，认为“人之为人，舍气禀气质，将以何者谓之人哉”[⑤]。人是实体的存在，人外无性。所以于《中庸》“喜怒哀乐之未发，谓之中；发而皆中节，谓之和”句，戴震反对朱熹用“体”“用”解释“中”“和”，认为“中”“和”是“动静具得之美名”，已发、未发只是静与动的差异。“其未发也，虽赤子之心无知，亦即可以言中。论喜怒哀乐，不惟未发以前无所容心，即发而中节，亦无所容心也。论中和之实，则合天下事无不从中出，无不以和为至，故曰‘大本’‘达道’”。在戴震看来，静而未发就是中，动而中节、不偏不倚就是和。“中”是指情感、行为未发生之前的本初状态，并非如朱熹所说的人先天具有的天命之性。“凡位其所者，中也；凡遂其生者，和

① 朱熹：《中庸章句》，见《四书章句集注》，北京：中华书局，1983年，第14页。

② 朱熹：《中庸章句》，见《四书章句集注》，北京：中华书局，1983年，第35页。

③ 朱熹：《中庸章句》，见《四书章句集注》，北京：中华书局，1983年，第18页。

④ 朱熹：《中庸章句》，见《四书章句集注》，北京：中华书局，1983年，第21页。

⑤ 戴震：《孟子字义疏证》，见张岱年主编：《戴震全书》（第六册），合肥：黄山书社，1995年，第190页。

也。天地位，天地之中也；万物育，天地之和也。中和而至于与天地合其德，故曰‘天地位焉’，见中之如是也；‘万物育焉’，见和之如是也。‘天地位焉’，该凡位其所者言也；‘万物育焉’，该凡遂其生者言也。”①“中”是就万物的原始状态而言，指万物各得其所；“和”是就行为发生后所处的“中节”状态而言，指万物各遂其生。

戴震以欲、情、知为血气心知的具体内容。因为生生之需，人有声色嗅味之欲；因为与人事的接触，产生喜怒哀乐之情。情、欲是人生而有之的自然属性，理应得到尊重。戴震认为朱熹“存理灭欲”思想是受佛老思想的影响。佛教认为人由灵魂和肉体组成，前者是纯洁不朽的，后者是人之罪恶的渊源，因而主张克服肉体的贪念而恢复灵魂的纯洁。戴震改变了宋明儒者尊崇道德理性而贬低情感欲望的伦理学传统，重视人之生生和情感欲望的满足，所以戴震于《中庸补注》中反复强调遂人之生的人伦日用就是人道。例如他于《中庸》“万物育焉”指出：“凡遂其生者，人事于是乎尽也，道也。”②又于“道之不行也”指出：“道不出人伦日用之常。”③戴震认为“中庸”就是“人伦日用之常，由之而协于中”④；达道就是“天下之事，尽于以生以养。而随其所居之位，为君、为臣、为父、为子，为昆弟、夫妇、朋友，概举其事，皆行之不可废者”⑤；所说的仁、义、礼之德，也就是“人于人，情相同，恩相洽，故曰‘仁者人也’。事得其宜，则无失，故曰‘义者宜也’。礼，则各止其分位是也”⑥。仁、义、礼之德并非如宋儒所说的旷世义举，只是通人情、得其宜、安其分而已。

在戴震看来，天下之人，无论尊卑贵贱都具有相同的情感，情是天下之人通感之具。对于《中庸》“君子以人治人，改而止”，朱熹诠释为：“若以人治人，则所以为人之道，各在当人之身，初无彼此之别。故君子之治人也，即以其人之道，还治其人之身。其人能改，即止不治。”⑦也就是说，君子在明白做人道理之后，用做人的道理来治理他人，他人能改变就停止。而戴震认为“君子治人之道，非自我立之法，不过以心之所同然者喻之。彼之心

---

① 戴震：《中庸补注》，见张岱年主编：《戴震全书》（第二册），合肥：黄山书社，1994年，第53页。

② 戴震：《中庸补注》，见张岱年主编：《戴震全书》（第二册），合肥：黄山书社，1994年，第53页。

③ 戴震：《中庸补注》，见张岱年主编：《戴震全书》（第二册），合肥：黄山书社，1994年，第55页。

④ 戴震：《中庸补注》，见张岱年主编：《戴震全书》（第二册），合肥：黄山书社，1994年，第56页。

⑤ 戴震：《中庸补注》，见张岱年主编：《戴震全书》（第二册），合肥：黄山书社，1994年，第70页。

⑥ 戴震：《中庸补注》，见张岱年主编：《戴震全书》（第二册），合肥：黄山书社，1994年，第69～70页。

⑦ 朱熹：《中庸章句》，见《四书章句集注》，北京：中华书局，1983年，第23页。

以为宜然，未有不自改者，斯可以止矣”[①]。君子治人，不应该是自己立一个标准、一个规范，然后强加于人；而是用一个众人都认可的道理，也就是发乎自然的常情，使人心悦诚服地改正自己的过失。在戴震看来，作为规范的礼，就是圣人先得人心之同然者，然后确定下来的。礼就是宜，就是合乎时宜，无过无不及。戴震又于“君子之道四：所求乎子以事父，未能也……君子胡不慥慥尔”句下指出：“人之常情，于人易于求尽，以此反诸身，则尽道矣。凡所当尽者，行之诚不易，亦可知勿责于人矣。自古施于人而不顾其难受，责于人而己概未能，天下国家之所以亡也。”[②]戴震在坚持自然人性论的基础上，强调在人之共情的基础上治理他人。他承继了孔孟“己所不欲，勿施于人”的精神，并进一步将絜矩之道上升到治国之道的高度，认为能否贯彻絜矩之道关乎国家的存亡。对于戴震的血气心知人性论，萧萐父等认为：“戴震是以自然人性论为武器来批判程朱理学（笔者注：作为意识形态的程朱理学）的禁欲主义……他从唯物主义宇宙观合乎逻辑地推导出自然人性论，由此导致对宗法专制主义的所谓‘天理’的根本否定。”[③]

（三）戴震与朱熹在问学观上的差异

朱熹认为人得气禀之全而有仁义礼智之德。但是由于所禀之气有清浊、偏正、厚薄之分，人的气质之性有善、恶、贤、不肖之别。即使是愚、不肖之人，只要用心修养，便可以改变气质之性，化恶为善、化愚为智。所以朱熹于《中庸》“修道之谓教”句曰：“性道虽同，而气禀或异，故不能无过不及之差，圣人因人物之所当行者而品节之，以为法于天下，则谓之教，若礼、乐、刑、政之属是也。盖人之所以为人，道之所以为道，圣人之所以为教，原其所自，无一不本于天而备于我。学者知之，则其于学知所用力而自不能已矣。”[④]圣人得天理之全，完整地保留了天地之性，制定为法度，规范众人的行为。学者知道这些道理，所以致力于学而不能已。学习的方法就是格物致知。“所谓致知在格物者，言欲致吾之知，在即物而穷其理也。盖人心之灵莫不有知，而天下之物莫不有理，惟于理有未穷，故其知有不尽也。是以《大学》始教，必使学者即凡天下之物，莫不因其已知之理而益穷之，以求至乎其极。至于用力之久，而一旦豁然贯通焉，则众物之表里精粗无不到，

---

① 戴震：《中庸补注》，见张岱年主编：《戴震全书》（第二册），合肥：黄山书社，1994年，第60～61页。

② 戴震：《中庸补注》，见张岱年主编：《戴震全书》（第二册），合肥：黄山书社，1994年，第61页。

③ 萧萐父、许苏民：《明清启蒙学术流变》，沈阳：辽宁教育出版社，1995年，第698页。

④ 朱熹：《中庸章句》，见《四书章句集注》，北京：中华书局，1983年，第17页。

而吾心之全体大用无不明矣。此谓物格，此谓知之至也。”①天下之物上至无极太极，下至一草一木皆各有其理，一物不格则缺一物之理，“须着逐一件与他理会过”②。所以朱熹于“故君子尊德性而道问学”句指出：“尊德性，所以存心而极乎道体之大也。道问学，所以致知而尽乎道体之细也。二者修德凝道之大端也。不以一毫私意自蔽，不以一毫私欲自累，涵泳乎其所已知。敦笃乎其所已能，此皆存心之属也。析理则不使有毫厘之差，处事则不使有过不及之谬，理义则日知其所未知，节文则日谨其所未谨，此皆致知之属也。”③即事析理之格物之功日久，具于心的众理便豁然贯通。此即为致知，即为问学。

戴震认为事物之理必须就事物本身而推求。“所谓则者，匪自我为之，求诸其物而已矣”。“事物之理，必就事物剖析至微而后理得”④。“理”就是人的心知通过区分、观察等活动，从事物中抽取出的具有普遍性的规律。胡适指出：“戴氏这样说理，最可以代表那个时代的科学精神。”⑤只有通过这种“因物求则”的实证方法所求得之理才具有普遍性和客观性。“天地、人物、事为，不闻无可言之理者也……夫天地之大，人物之蕃，事为之委曲条分，苟得其理矣，如直者之中悬，平者之中水，圆者之中规，方者之中矩，然后推诸天下万世而准”⑥。但是人的心知并不是现实地完备具足的，心知有明暗之别。戴震以火光照物为喻，曰：“凡血气之属，皆有精爽。其心之精爽，巨细不同，如火光之照物，光小者，其照也近，所照者不谬也，所不照斯疑谬承之，不谬之谓得理；其光大者，其照也远，得理多而失理少。且不特远近也，光之及又有明暗，故于物有察有不察；察者尽其实，不察斯疑谬承之，疑谬之谓失理。失理者，限于质之昧，所谓愚也。”⑦人的先天认知能力只是一种潜能，必须经过后天的学习，才能不断发展和完善。知之失为蔽。解蔽的方法只有一条，即“解蔽莫如学”。“惟学可以增益其不足而

① 朱熹：《大学章句》，见《四书章句集注》，北京：中华书局，1983年，第6～7页。

② 朱熹：《朱子语类》，见朱杰人、严佐之、刘永翔主编：《朱子全书》（第14册），上海：上海古籍出版社，合肥：安徽教育出版社，2002年，第477页。

③ 朱熹：《中庸章句》，见《四书章句集注》，北京：中华书局，1983年，第35～36页。

④ 戴震：《绪言》《孟子字义疏证》，见张岱年主编：《戴震全书》（第六册），合肥：黄山书社，1995年，第89、212页。

⑤ 胡适：《戴东原的哲学》，见《胡适学术文集·中国哲学史》（下册），姜义华编，北京：中华书局，1991年，第1029页。

⑥ 戴震：《孟子字义疏证》，见张岱年主编：《戴震全书》（第六册），合肥：黄山书社，1995年，第164页。

⑦ 戴震：《孟子字义疏证》，见张岱年主编：《戴震全书》（第六册），合肥：黄山书社，1995年，第156页。

进于智，益之不已，至乎其极，如日月有明，容光必照，则圣人矣”①。所以戴震于《中庸》“修道之谓教”句认为，“修”就是“察其得失而使一于善，非于道之外别为法制也，故曰‘修道之谓教’。篇内又以修身、修道连言。身之实事是为道，道不可不修，明矣”。道就是身之实体实事，修道就是考察实体实事之实，掌握事物之理而使事物至于完善。人的心知由于气禀的不同而有明暗之别。暗者如果不能问学，“任其惑暗，不求行之无愆”，就会“失之不及，而道不行、不明也”；而智者“自负其不惑，以为行之不谬”则会“失之过，而道不行、不明也”②。由此可见学习对于修道的重要性。戴震认为《中庸》“修身以道，修道以仁”是“求准之仁义礼无失，以大共之理言也。是为随事审处之权衡。能权之使轻重不爽，则知也”③，也是在强调随事审处、得事物之宜的重要性。

戴震注重后天的学习，认为修道之功应该从最平实、最质朴的日常生活着手。戴震将《中庸》“喜怒哀乐之未发，谓之中……致中和，天地位焉，万物育焉”视为“道问学”之路，认为真正的实践功夫，必须从“道问学”处着手。德行的提升必须依靠不断的问学求知，通过后天的学习，不断地扩充、丰富自己的知识，才能“至聪明圣知达天德”。这个过程就像人从食物中不断地吸取营养而成长壮大一样。因此，戴震认为“道问学”就是“尊德性”“致中和”的方法，所以他说：“致中和者，其功非于发与未发也；由问学以扩其心知，至聪明圣知达天德，乃为致之所极。”④以往学者在诠释“致中和”时，多着重解释“中和”之义，也就是多从“喜怒哀乐之已发未发”的角度来诠释“中”和“和”，对于“致中和”之“致”，并没有过多的关注。但戴震却将诠释的重心转移到“致”上，将“致”释为“达到”“推致”，主要强调如何推致“中和”的状态。因此，“致中和”的方法在于通过“问学”而扩充其心知，使心知清明，能够体察人伦日用之道，进而达到德行的极致，即“聪明圣知达天德”的境界。“致中和”的途径就是问学。

三、结语：戴震哲学与朱熹理学的本质差异在于“理”

戴震继承了朱熹实事求是的实学精神和经典诠释方法，即在文字训诂

---

① 戴震：《原善》《孟子字义疏证》，见张岱年主编：《戴震全书》（第六册），合肥：黄山书社，1995年，第23、156页。

② 戴震：《中庸补注》，见张岱年主编：《戴震全书》（第二册），合肥：黄山书社，1994年，第51、55页。

③ 戴震：《中庸补注》，见张岱年主编：《戴震全书》（第二册），合肥：黄山书社，1994年，第70～71页。

④ 戴震：《中庸补注》，见张岱年主编：《戴震全书》（第二册），合肥：黄山书社，1994年，第53～54页。

的基础上，探讨文本字义，进而运用心证方法，体悟出经典中所载之道，发明经典的微言大义。但是由于心证方法的运用，朱熹与戴震对《中庸》的诠释表现出较大的差异。朱熹继承并发展了二程“性即理也”的思想，建立起以“理”为核心的客观唯心主义哲学体系。在朱熹看来，儒学经典无处不是理之流行。他说：“若看得道理透，方见得每日所看经书，无一句一字、一点一画不是此理之流行。”[①]所以朱熹《中庸章句》中体现的理本论思想、存理灭欲的人性论以及反其初的问学观无不打上了理学的烙印。受自然科学研究的影响，戴震创立了气本论唯物主义思想体系。戴震《中庸补注》中体现出的气本论思想、血气心知的人性论思想以及学以扩其心知的问学观无不反映了戴震唯物主义哲学观点。

戴震晚年在其经典诠释的基础上撰成哲学专著《孟子字义疏证》等。戴震对朱熹理学的批评受到其同时代的其他大家如朱筠、纪昀和姚鼐等的反对和攻击。朱筠认为“程、朱大贤，立身制行卓绝，其所立说，不得复有异同”[②]；纪昀对《孟子字义疏证》的态度更是“攘臂而扔之”[③]；曾欲拜戴震为师的姚鼐甚至谩骂戴震“意乃欲与程、朱争名……身灭嗣绝，此殆未可以为偶然也”[④]。然而仔细比较朱熹和戴震思想的差异，我们可以发现，戴震受到朱熹理学的影响，并发展了朱熹理学的合理内核。

尽管朱熹以理为生物之本，但是他同时指出构成世界的物质基础是气。“气也者，形而下之器也，生物之具也”[⑤]。所以他在释“天命之谓性”时指出“天以阴阳五行化生万物”，这与戴震所言的“人与百物各以类滋生，皆气化之自然”并无二致。戴震继承了朱熹气化流行的天道观，并修正了朱熹形而上、形而下的概念，以成形质之前的“气化”为形而上，以成形质之后的“品物”为形而下，舍弃了朱熹气化之外的形而上的“理”，最终形成了气本论的本体论思想。

朱熹人性论本于其本体论思想。对应于生物之本的“理”，人具有了仁义礼智之德，即所谓“天命之性”；对应于生物之具的“气”，人具有了饮食男女之欲，即所谓“气质之性”。气质之性易受后天的污坏，所以朱熹在释读

① 朱熹：《朱子语类》，见朱杰人、严佐之、刘永翔主编：《朱子全书》（第 18 册），上海：上海古籍出版社，合肥：安徽教育出版社，2002 年，第 3836～3837 页。

② 江藩：《国朝汉学师承记》，北京：中华书局，1983 年，第 98 页。

③ 章太炎：《释戴》，见张岱年主编：《戴震全书》（第七册），合肥：黄山书社，1997 年，第 337 页。

④ 姚鼐：《再复简斋书》，见张岱年主编：《戴震全书》（第七册），合肥：黄山书社，1997 年，第 157 页。

⑤ 朱熹：《晦庵先生朱文公文集》，见朱杰人、严佐之、刘永翔主编：《朱子全书》（第 23 册），上海：上海古籍出版社，合肥：安徽教育出版社，2002 年，第 2755 页。

"尊德性""慎独""中和"等时强调存天理、灭人欲。当然这里的人欲是指超出合理范围的欲望。戴震继承了朱熹由天道推演人性的理路，认为人分于阴阳五行之气而有血气心知，血气心知就是人性的实体。因为有血气，人便有饮食男女之欲，有心知便有仁义礼智之德。戴震也强调节制人欲，使无过情、无不及情。其实，戴震与朱熹关于人性论的区别主要在于戴震否认了人的仁义礼智之德来源于形而上的"理"。

朱熹主张由"道问学"而至"尊德性"，所以强调问学的重要性。他于"修道之谓教"句指出，学者"于学知所用力而自不能已"。他学习的方法就是格物致知。"一物不格则缺一物之理"。虽然朱熹以"理"为世界的本源，但他也指出理以分殊的形式进入万物，一物便有一物之理。这一物之理，也就是戴震所说的"举凡天地、人物、事为，虚以明夫不易之则"，"理者，察之而几微必区以别之名也"①。戴震发展了朱熹"理"的合理内核，唯物地指出理就是各个具体事物中表现出来的自然分理、条理。学习的方法是"因物求则"。戴震的"因物求则"继承了朱熹的格物致知思想，但是由于戴震与朱熹对本体论和人性论的不同预设，两者在问学观上也表现出了较大的差异。例如朱熹《中庸章句》以"尊德性"为"所以存心而极乎道体之大者"，以"道问学"为"所以致知而尽乎道体之细也"，这就将"尊德性"视为本，而将"道问学"视为末。而戴震则认为德性资于问学，不断地学习积累可以增长人的智识，智识的增长是个由无到有的过程，而不是复其初。"德性，譬则身之血气也；问学，譬则饮食也。不保护而自耗败，其血气与费饮食之养无以增长吾之血气，其为二事甚明"②。余英时很理解和赞同戴震的问学观，他说："从中国学术思想史的全程来观察，清代的儒学可以说比以往任何时候一个阶段都更能正视知识的问题……戴东原则更为彻底，断然提出'德性资于学问'的命题。依照这种说法，则'德性之知'已无独立性可言，而不过是'闻见之知'的最后结果而已。"③戴震修正了朱熹以"尊德性"为本、"道问学"为末的思想。

通过对戴震与朱熹《中庸》诠释差异的比较，我们可以看出，朱熹理学因为形而上、形而下的区分，形成了生物之本的理与生物之具的气的对立。这一对立映射到人性论上便是天命之性与气质之性的对立。因为天命之

---

① 戴震：《绪言》《孟子字义疏证》，见张岱年主编：《戴震全书》（第六册），合肥：黄山书社，1995年，第89、151页。

② 戴震：《中庸补注》，见张岱年主编：《戴震全书》（第二册），合肥：黄山书社，1994年，第53页。

③ 余英时：《论戴震与章学诚：清代中期学术思想史研究》，北京：生活·读书·新知三联书店，2005年，《自序》第5页。

性的存在，朱熹认为人们问学的目的就是复其初。戴震舍弃了朱熹形而上的理，以形而下的气为生物之本，从而认为人类只有气质之性，人们问学的目的在于扩充心智。戴震所说的反理学也正如皮锡瑞所言："虽与朱子说经抵牾，亦只是争一理字。"①戴震哲学是对朱熹理学的继承与发展。

戴震对朱熹理学的发展既是其个人思想的表现，也是时代发展在他思想中的反映。受西方科学思想与科学知识的影响，明末清初涌现了一批启蒙学者，如李时珍、徐光启、宋应星、方以智等。他们放眼世界，吸纳新知识、新方法，崇尚真科学。李时珍的《本草纲目》提出"医者贵在格物"，宋应星的《天工开物》提出"穷究试验"，方以智的《物理小识》提出"物有其故，实考究之……是曰质测"，这些实学思想和研究方法使自然科学摆脱了封建道统思想束缚，发展为多门独立学科，促进了科学精神在我国的传播②。戴震深受他们的影响，他对"理"的重新诠释以及其"因物求则"思想与明末清初启蒙学者的实学精神一脉相承。此外，乾嘉时代盛行的考据之风实质上是经学家在经学研究领域对当时盛行的科学精神的回应。他们详考名物典制，实现了从注重道德诠释向崇尚知识探求的转变，道问学也由尊德性的附庸而变为纯粹的求知方法。作为乾嘉考据学派代表人物的戴震，尽管尊崇乡贤朱熹，但是受长期的自然科学研究和实学思想的影响，戴震具有了唯物主义的科学精神，所以他能舍弃朱熹理学形而上的解释路径，继承并发扬了理学的合理内核。这是学术本身和时代发展的必然结果。

第五节 戴震哲学对乾嘉新义理学的引领

学界普遍认为除戴震独树一帜以外，乾嘉汉学家为考据而考据，缺乏思想建树，"乾嘉汉学无义理"。直到 20 世纪 70 年代，余英时首先主张从思想史的内在发展理路研究清代学术思想的转变，指出乾嘉汉学的考证也并非完全不表现任何思想性，尽管他们自觉地排斥宋明理学，但是他们在经典考证中不知不觉地受到儒学内部一种新的义理要求的支配③。其后，王茂等在《清代哲学》中指出乾嘉汉学有哲学，它以实证主义哲学取代了抽象思辨的哲学④。随着研究的深入，乾嘉新义理学以其鲜明的方法论特点

① 皮锡瑞：《经学历史》，北京：中华书局，1989 年，第 228 页。

② 朱松美：《儒家"道问学"精神的延续——兼论戴震对朱熹"格物致知"思想的继承超越》，载《理论学刊》2006 年第 6 期。

③ 余英时指出："清儒所向往的境界可以说是寓思于学，要以博实的经典考证来阐释原始儒家义理的确切涵义。"余英时：《论戴震与章学诚：清代中期学术思想史研究》，北京：生活·读书·新知三联书店，2005 年，《自序》第 3 页。

④ 王茂等：《清代哲学》，合肥：安徽人民出版社，1992 年，第 5 页。

和崭新的价值取向得到学界的认可。周积明将“乾嘉新义理学”定义为：“‘乾嘉新义理学’指乾嘉时期的主流社会文化思潮。其主要内容包括力主达情遂欲，反对存理灭欲；力主理气合一，反对理在气先；注重实证试验、实测以及行为效应和社会功用，摒弃‘言心言气言理’的形上性理之学。由于如上范畴皆与宋明‘义理学’对立，故称‘新义理学’。”①无论是达情遂欲的新义理观的提出，还是注重运用实证方法研究哲学，完全可以说乾嘉新义理学导源于戴震。戴震改变了汉学“重考据、轻义理”的研究学风，其由实而虚的研究理路以及达情遂欲、面向社会现实的哲学思想引领着乾嘉新义理学的形成与发展方向。

一、由训诂通义理的哲学研究理路对乾嘉新义理学的引领

不同于宋明理学的空谈心性，戴震于《与是仲明论学书》中提出了由词通道之路。然而“由词通道”不是戴震的发明。受顾炎武实学思想的影响，惠栋早就提出：“经之义存乎训，识字审音，乃知其义。”②重视文字训诂是乾嘉汉学家的共识，戴震的“由词通道”是对乾嘉汉学治学路径的精确总结。戴震的贡献不止于此。戴震对乾嘉汉学的贡献主要在于其以义理追求为考据的最终目的，即通过对经典字词的训诂、名物典制的考证，探寻古圣贤立言之义于千载之后，最后归纳总结，体悟出一整套哲学理论。戴震这种“始乎离词，中乎辨言，终乎闻道”③的研究理路引领乾嘉汉学向义理的方向发展。

汉学家希冀通过对文字、音韵、训诂、名物典制的研究，发掘出潜藏在文字背后的圣贤微义。他们以务实精神研究经典，力求言必有据，颇具近代理性主义精神，所以能取得辉煌成就。但是，正如黄爱平所言，“这一治学宗旨本身，也有其与生俱来的局限性……其努力能够在一定程度上‘复活先秦之哲学’，发明圣人之道的某些精言要义，但涉及哲理探索，特别是理论创新方面，就不免显得捉襟见肘，力不从心”④。黄爱平的评价是客观的。以汉学的发起人惠栋为例，他极力推崇汉代经师的传注，致力于儒学经典的注释和考证，作有《易汉学》《周易述》《九经古义》诸著作，从而在清中叶明确打出汉学的旗帜。但是他终因缺乏创造力而没有形成一个清晰

① 周积明：《〈四库全书总目〉与“乾嘉新义理学”》，载《中国史研究》2002年第1期。

② 惠栋：《松崖文钞》，上海：上海古籍出版社，2001年，第269页。

③ 戴震：《沈学子文集序》，见张岱年主编：《戴震全书》（第六册），合肥：黄山书社，1995年，第393页。

④ 黄爱平：《戴震的学术主张与学术实践》，载《南通师范学院学报（哲学社会科学版）》2002年第3期。

的义理体系。章学诚也曾指出汉学家局限于文字考释的弊端，曰："夫道备于六经，义蕴之匿于前者，章句训诂足以发明之。事变之出于后者，六经不能言，固贵约六经之旨，而随时撰述以究大道也。"①乾嘉汉学的价值取向决定了其难以建立系统的理论体系，更不用说解决现实的社会问题了。

作为乾嘉学派并峙的高峰，惠栋和戴震的治学特色常被拿来比较。例如洪榜于《戴先生行状》中指出："惠君之治经求其古，戴君求其是。"②章太炎于《清儒》中曰："吴始惠栋，其学好博而尊闻；皖南始江永、戴震，综形名，任裁断。"③通过考察惠栋和戴震有关《尚书》研究的成果可以看出，他们主张识字审音、以小学为本；都崇尚汉代古注、做到言必有据。但是由于各自的师承、地域、时代的不同，惠栋、戴震治经又表现出一定的差异，主要是惠栋重汉而戴震汉、宋兼采，惠栋主考据而戴震兼义理④。惠栋和戴震最大的区别在于对义理的追求。正如胡适所言，戴震在清儒中最特异的地方，就在于他不仅是个考据家还是个哲学家。戴震克服了汉学重视考据、轻视义理归纳的缺陷，指出考据只是义理追求的手段，考据的目的是明道，他说："余于训诂、声韵、天象、地理四者，如肩舆之隶也。余所明道，则乘舆之大人也。"⑤考据是工具性的。通过对典籍中词语的训诂、名物典制的考证，真正读懂古圣贤之言，了解古圣贤之心，从而把握天地之心。"训故明则古经明，古经明则贤人圣人之理义明，而我心之所同然者乃因之而明"⑥。戴震超出了乾嘉汉学的治学范围，经过由实向虚的理性思辨，构建出一整套理论体系。他晚年写成的《绪言》《孟子私淑录》《原善》和《孟子字义疏证》等义理学专著，建立了由天道推演人性、由人性推演人道的哲学体系。戴震将哲学的关注点回归到了人伦庶物之上，开始面向社会现实。

戴震先考据后义理的哲学研究理路，虽未能为同时代的考据大家所理解和认同，例如朱筠坚守"经生贵有家法，汉学自汉，宋学自宋，今既详度数，精训故，乃不可复涉及性命之旨"的理念，认为戴震义理之学"可不必载，性与天道不可得闻，何图更于程、朱之外复有论说乎，戴氏所可传者不

---

① 章学诚：《原道下》，见《文史通义》，罗炳良译注，北京：中华书局，2012 年，第 191 页。

② 洪榜：《戴先生行状》，见张岱年主编：《戴震全书》(第七册)，合肥：黄山书社，1997 年，第 8 页。

③ 章太炎：《清儒》，见傅杰编校：《章太炎学术史论集》，北京：中国社会科学出版社，1997 年，第 327 页。

④ 徐玲英、梁妍：《再论惠栋、戴震的学术关系及治学异同》，载《学术交流》2024 年第 6 期。

⑤ 章学诚：《书朱陆篇后》，见张岱年主编：《戴震全书》(第七册)，合肥：黄山书社，1995 年，第 288 页。

⑥ 戴震：《题惠定宇先生授经图》，见张岱年主编：《戴震全书》(第六册)，合肥：黄山书社，1995 年，第 505 页。

在此"[①]。但是戴震由考据而义理的研究理路得到史学家章学诚的认可，他说："近日言学问者，戴东原氏实为之最。以其实有见于古人大体，非徒矜考订而求博雅也。"[②]在其好友、弟子以及私淑弟子如程瑶田、洪榜、凌廷堪、焦循、阮元等的发扬光大之下，形成了特色鲜明的乾嘉新义理学。

程瑶田与戴震同问学于江永，与戴震交好。他自称与东原垂交三十年，"知东原最深"[③]，最心服戴震义理之作。受戴震求真务实精神的影响，程瑶田认为"训故明乃能识义、文、周、孔之义理"[④]，而详考文字、音韵、训诂、名物、典制、水地等，由博而约，作《解字小记》《声律小记》《考工创物小记》《禹贡三江考》《水地小记》等考据学著作。同时，受戴震由考据而义理的治学思路的影响，程瑶田认为不原于道德仁义之意的考据就是舍本逐末，曰："今世读书，其上者涉猎经史，讲六书，方考核，尚矣！然不原于道德仁义之意，而力去其求利达之心，则敦末捐本，欲其文章上追乎古之作者，盖亦难已。"[⑤]程瑶田追随戴震的脚步，作有义理学专著《论文小记》《论文外篇》，并置于自编《通艺录》卷首，以明其为学不止于考证名物。

洪榜"生平学问之道服膺戴氏，戴氏所作《孟子字义疏证》，当时读者不能通其义，惟榜以为功不在禹下"[⑥]。戴震去世后，洪榜为其作行状，直录戴震批判禁欲的《答彭进士允初书》，宣扬戴震的情欲哲学思想。洪榜这一做法受到朱筠的批评。朱筠认为，性与天道不可得闻，何况还要在程朱之外另立新说，戴震"所可传者不在此"。洪榜作《上笥河朱先生书》进行反驳。他认为，戴震《与彭进士书》非难程朱，乃辟后学，实为老释而阳为儒书，乱周、孔之真，而皆附于程朱之学。戴震哲学著作《孟子字义疏证》非言性命之旨，乃训诂、度数而已。"戴氏之学，其有功于六经、孔、孟之言甚大，使后之学者无驰心于高妙、而明察于人伦庶物之间，必自戴氏始也。"[⑦]洪榜深得戴震哲学的精髓，但因英年早逝，没有留下义理学著作。

凌廷堪"1783年到北京，得读《戴氏遗书》，后来又从戴震的学友程瑶田处得知戴震治学始末，从此，他便成为戴震的信徒"[⑧]。凌廷堪为戴震作

---

① 江藩：《国朝汉学师承记》，北京：中华书局，1983年，第98页。

② 章学诚：《又与正甫论文》，见仓修良编注：《文史通义新编新注》，北京：商务印书馆，2017年，第807页。

③ 程瑶田：《程瑶田全集》(三)，陈冠明等点校，合肥：黄山书社，2008年，第315页。

④ 焦循：《寄朱休承学士书》，见《雕菰集》，上海：上海古籍出版社，2010年，第142页。

⑤ 程瑶田：《党梦篇》，见《程瑶田全集》(一)，陈冠明等点校，合肥：黄山书社，2008年，第99页。

⑥ 江藩：《国朝汉学师承记》，北京：中华书局，1983年，第98页。

⑦ 洪榜：《上笥河朱先生书》，见张岱年主编：《戴震全书》(第七册)，合肥：黄山书社，1997年，第140～141页。

⑧ 萧萐父、许苏民：《明清启蒙学术流变》，沈阳：辽宁教育出版社，1995年，第716页。

《戴东原先生事略状》，称“深惜与先生并世，而不获接先生之席”，“聊自附于私淑之末”。《戴东原先生事略状》高度称赞戴震义理之学，称其为“晚年极精之诣”，为“孟、荀以还所未有”，“非造其境者，亦无由知其是非也”，并明确指出，戴震的《原善》三卷、《孟子字义疏证》三卷，为“先生至道之书也”。戴震义理之学的功绩就在于使“古圣贤之心不为异学曲说所汩乱”。凌廷堪十分赞赏戴震“理义非他，存乎典章制度也”之说，认为“理义不存乎典章制度，势必流入于异学曲说而不自知”①。既然理义出自典章制度，那么研究集典章制度于一体的《三礼》就显得至关重要，所以凌廷堪治经尤好《三礼》。他认为民彝物则都固定在礼仪之中，如果不循礼而为，“但以心与理衡量之，则贤智或过乎中，愚不肖或不及乎中，而道终于不明不行矣”②。凌廷堪的《礼经释例》是其礼学研究力作，他的义理学著作《复礼论》《好恶说》《慎独格物说》等对人性和社会道德问题作出了新的思考。

凌廷堪稍后的焦循，他治学承皖派学风，最推崇戴震，认为戴震“《孟子字义疏证》三卷、《原善》三卷最为精善”③，自称最心服其《孟子字义疏证》，曰：“循读东原戴氏之书，最心服其《孟子字义疏证》。说者分别汉学、宋学，以义理归之宋，宋之义理诚详于汉，然训故明乃能识义文周孔之义理。”④他认为“《孟子字义》一书，所以发明理、道、情、性之训，分析圣贤老、释之界，至精极妙”⑤。焦循所作《孟子正义》大量引用戴震《孟子字义疏证》内容，或作为注释，或作为推论的基础。焦循紧步戴震先考据后义理之武，指出经学研究应该“以经文为主，以百家子史、天文术算、阴阳五行、六书七音等为之辅，汇而通之，析而辨之，求其训故，核其制度，明其道义，得圣贤立言之指，以正立身经世之法”⑥。也就是说，经学研究应该始于训诂考据，终于义理总结，服务现实社会。焦循继承了戴震由实而虚的研究理路。此外，焦循指出圣人之道不是固定不变的，“圣人之道，日新而不已”，后人应“各竭其聪明才智以造于微”，从而提出了“以述为作”的主张。当然述的条件是述人“必先究悉乎万物之性，通乎天下之志，一事一物，其条理缕析分

---

① 凌廷堪：《戴东原先生事略状》，见张岱年主编：《戴震全书》（第七册），合肥：黄山书社，1997 年，第 18～23 页。

② 凌廷堪：《复钱晓征先生书》，见《校礼堂文集》，北京：中华书局，1998 年，第 221 页。

③ 焦循：《申戴》，见《雕菰集》，上海：上海古籍出版社，2010 年，第 70 页。

④ 焦循：《寄朱休承学士书》，见《雕菰集》，上海：上海古籍出版社，2010 年，第 141～142 页。

⑤ 焦循：《国史儒林文苑传记》，见《雕菰集》，上海：上海古籍出版社，2010 年，第 129 页。

⑥ 焦循：《与孙渊如观察论考据著作书》，见《雕菰集》，上海：上海古籍出版社，2010 年，第 148 页。

别，不窒不泥”[①]，否则便会以一己之见为圣贤之义。焦循此论述亦与戴震“求十分之见”相类。焦循更于《与刘端临教谕书》中总结出“证之以实，而运之于虚”[②]的治经之道。“证之以实”即用实证材料考证训诂名物、典章制度等，也就是戴震所说的先通乎其词；“运之于虚”即以性灵体会经文细微，作哲学思考，也就是戴震所说的求圣贤立言之旨，建立哲学体系。焦循在考据的基础上作有《性善解》《格物解》《说理》等义理学著作。

阮元是乾嘉学派的殿军，他二十多岁时公车抵京，先后拜谒王念孙、任大椿等学者。刘师培曰：“仪征阮氏，友于王氏、任氏，复从凌氏廷堪、程氏瑶田问故，得其师说。”[③]王念孙、任大椿、凌廷堪皆戴震弟子或私淑弟子，所以阮元亦可谓戴震的再传弟子，在考据学、哲学等方面都受到戴震的影响。阮元认为“圣贤之道存于经，经非诂不明”[④]，所以他不再如钱大昕等人那样区分汉学、宋学，而是主张折中汉宋。折中的方法就是以汉儒经义充实宋儒之性道。阮元曰：“圣人之道，譬若宫墙，文字训诂，其门径也。门径苟误，跬步皆歧，安能升堂入室乎。学人求道太高，卑视章句，譬犹天际之翔，出于丰屋之上，高则高矣，户奥之间未实窥也。或者但求名物，不论圣道，又若终年寝馈于门庑之间，无复知有堂室矣。”[⑤]钱穆指出，阮元此论完全是“戴学面目”[⑥]。李帆对乾嘉学者研究颇深，他指出：“阮元此时强调以训诂求义理，无非是要恢复戴震等人治汉学的本意——以求道为最终目标，而非钻进考据的丛林后迷失方向，再也钻不出来。”[⑦]阮元不仅如此主张，而且身体力行，其义理学著作如《论语论仁论》《性命古训》《大学格物说》《论语一贯说》《孟子论仁论》等，都建立在对古代经籍常见字词和古人最常称说的概念的考证、阐释之上，是其以训诂求义理的典范。

王昶曾曰：“东原之学……名物象数，靡不穷源知变，而归于理道，本朝之治经者众矣，要其先之以古训，折之以群言，究极乎天地人之故，端以东

---

① 焦循：《述难》，见《雕菰集》，上海：上海古籍出版社，2010年，第76、78页。

② 焦循：《与刘端临教谕书》，见《雕菰集》，上海：上海古籍出版社，2010年，第149页。

③ 刘师培：《刘申叔遗书》，南京：江苏古籍出版社，1997年，第556页。

④ 阮元：《西湖诂经精舍记》，见《揅经室集》（上），邓经元点校，北京：中华书局，1993年，第547页。

⑤ 阮元：《拟国史儒林传序》，见《揅经室集》（上），邓经元点校，北京：中华书局，1993年，第37～38页。

⑥ 钱穆：《中国近三百年学术史》，北京：商务印书馆，1997年，第530页。

⑦ 李帆：《从“仁”和“性命”之解说看阮元的理学思想》，载《北京师范大学学报（社会科学版）》2007年第3期。

原为首。"①戴震考据的目的是究极乎天地人之故,亦即义理。在戴震的引领下,被汉学家轻视的义理学思想再度受到重视,宋明理学中一些关于人性、情欲以及道德的问题被重新论证。大量的义理学专著的出现,显示了清儒建立新义理学的努力。

二、哲学观点对乾嘉新义理学的影响

周积明指出:"力主达情遂欲,反对存理灭欲,不仅戴震是这一观念的鼓吹者,其他乾嘉学者,如纪晓岚、焦循、凌廷堪、阮元、孙星衍等也都认同这一'新情理观'。"②戴震循着"人道本于性,而性源于天道"的哲学思路,由天道探讨人性,建立了一整套不同于作为意识形态的宋明理学的情理哲学体系。其哲学观点对乾嘉学者产生了重要的影响,引领着一个新的义理学派的形成。

(一)戴震对程朱"理"的检讨及其对乾嘉新义理学的影响

戴震指出,程朱理学"所谓理,别为凑泊附着之一物,尤老、庄、释氏所谓'真宰''真空'之凑泊附着于形体也"③。他们只是以"理"易老、庄、释氏的"真宰""真空"之说。所谓"得于天而具于心"的理,其实就是个人意见。以此理治人,人必深受其祸。与程朱理学超越现象界建立形上本体的做法不同,戴震注意现象界的实体实事,所以他认为"道"就是"气化流行,生生不息",而"理"就是气化流行、生生不息所呈现的条理,不存在一个作为世界本原的形而上的理。"天地、人物、事为,不闻无可言之理者也"。具体而言,戴震的理包括两个方面,一个是事物的规律,即"有物有则"的"则"。"《诗》曰'有物有则'是也","物者,指其实体实事之名;则者,称其纯粹中正之名"。事理必须就事物本身来考察推求。"事物之理,必就事物剖析至微而后理得"④。另一个是社会的情理。即戴震所说的"心之所同然也"。"心之所同然始谓之理,谓之义;则未至于同然,存乎其人之意见,非理也,非义也。凡一人以为然,天下万世皆曰'是不可易也',此之谓同然"。情理的推求方法就是以情絜情。"凡有所施于人,反躬而静思之:'人以此施于

---

① 王昶:《戴东原先生墓志铭》,见张岱年主编:《戴震全书》(第七册),合肥:黄山书社,1997年,第32~33页。

② 周积明:《关于乾嘉"新义理学"的通信——兼评张寿安研究员"乾嘉学术"的系列研究》,载《学术月刊》2001年第4期。

③ 戴震:《孟子字义疏证》,见张岱年主编:《戴震全书》(第六册),合肥:黄山书社,1995年,第168页。

④ 戴震:《孟子字义疏证》,见张岱年主编:《戴震全书》(第六册),合肥:黄山书社,1995年,第164、212页。

我，能受之乎？’凡有所责于人，反躬而静思之：‘人以此责于我，能尽之乎？’以我絜之人，则理明”[①]。戴震认为圣人先得人心之所同然者，制定为礼制，使人之情无过、无不及，所以理存在于礼仪制度之中。“礼者，天地之条理也”，“礼之设所以治天下之情，或裁其过，或勉其不及，俾知天地之中而已矣”[②]，“条理之秩然，礼至著也”，“礼得，则亲疏上下之分尽”[③]。所以戴震认为：“为学须先读《礼》，读《礼》要知得圣人礼意。”[④]戴震一生重视礼学研究，他计划完成的《七经小记》中就有《学礼篇》，其考据学著作如《明堂考》《乐器考》《考工记》《记深衣》《记冕服》《记玄端》等皆是对名物典制、礼乐制度的考证。戴震着眼于现实世界，通过考礼、践礼构建理想社会的努力已经显现。

戴震“最得力的学友”[⑤]程瑶田进一步揭示儒学与老、庄、释氏的区别，曰：“吾学之道在有，释氏之道在无……凡吾学之所有者，释氏固未尝无也，而其道则在于‘无’，故道其所道，其于道，所以背而驰也。然而吾学之有，实有也，其尽伦尽职者，实有之也。”[⑥]他力斥宋儒的“理”，曰：“人之言曰：‘天下止有一理。’余以为此亦一是非，彼亦一是非，乌在其为一理也……今人之各执一是非也……各是其是，是人各有其理也，安见人之理必是，而我之理必非也？而于是乎必争。”[⑦]各是其是、各非其非的“理”仅仅是个人意见，不能作为天下的公理。受戴震务实精神的影响，程瑶田也认为“理”就是“物则”。他强调人们的一切社会行为都应该遵守社会之规则，不能违背社会规则行事。所以程瑶田认为，齐家、治国、平天下首先在于格物致知。他释格物致知为：“格者，举其物而欲贯通乎其理，致知者能贯通乎物之理矣。”只有格物致知之后，“而于是诚意，使吾造意之时不违乎物之理；而因之正心，使吾心常宅乎物之理；而因之修身，使万物皆备之身，始终无愧怍乎其物；而驯致乎家之齐，国之治，天下之平，亦惟不外乎顺物之情，尽物之性，使天下无一物不得其所”。程瑶田也以“礼”为圣人缘人情而制定的社

---

① 戴震：《孟子字义疏证》，见张岱年主编：《戴震全书》（第六册），合肥：黄山书社，1995 年，第 152、153 页。

② 戴震：《孟子字义疏证》，见张岱年主编：《戴震全书》（第六册），合肥：黄山书社，1995 年，第 206 页。

③ 戴震：《原善》，见张岱年主编：《戴震全书》（第六册），合肥：黄山书社，1995 年，第 9、8 页。

④ 段玉裁撰、杨应芹订补：《东原年谱订补》，见张岱年主编：《戴震全书》（第六册），合肥：黄山书社，1995 年，第 714 页。

⑤ 梁启超：《戴东原的哲学》，见《饮冰室合集・文集》（五），北京：中华书局，1989 年，第 53 页。

⑥ 程瑶田：《述诚二》，见《程瑶田全集》（一），陈冠明等点校，合肥：黄山书社，2008 年，第 46 页。

⑦ 程瑶田：《让室卮言》，见《程瑶田全集》（一），陈冠明等点校，合肥：黄山书社，2008 年，第 97 页。

会之规则。“圣人本诸人之四德之性，缘于人情而制以与人遵守者”①。“依乎礼而无悖乎其伦”，便会“修身顺命，夭寿不贰”②。戴震、程瑶田对礼的强调直接启迪着凌廷堪“以礼代理”思想的提出。

凌廷堪服膺戴震，认同戴震对宋儒“理”的批判，并声援道：“考《论语》及《大学》皆未尝有‘理’字，徒因释氏以理事为法界，遂援之而成此新义。是以宋儒论学，往往理事并称……无端于经文所未有者，尽援释氏以立帜。其他如性即理也，天即理也，尤指不胜屈。故鄙儒遂误以理学为圣学也。”③凌廷堪进一步指出宋儒理事并称，源于释氏宗旨；体用并举，出于达摩心宗。“‘理事’‘体用’本非圣人之言也”。“说圣人之遗书，必欲舍其所恒言之礼，而事事附会于其所未言之理，是果圣人之意邪？后儒之学本出于释氏，故谓其言之弥近理而大乱真。不知圣学礼也，不云理也，其道正相反，何近而乱真之有哉！”④受戴震礼学思想的影响，凌廷堪认为圣人之道，一礼而已，曰：“圣人之道，至平且易也。《论语》记孔子之言备矣，但恒言礼，未尝一言及理也……其所以节心者，礼焉尔，不远寻夫天地之先也；其所以节性者，亦礼焉尔，不侈谈夫理气之辨也。”⑤圣人循人情人性而制定的礼，就是人们日用事为应该遵守的规则。礼在满足人的情欲的同时，调节人之情欲，圣人之道不必远求于天地之先的所谓“理”。“夫人有性必有情，有情必有欲，故曰‘饮食男女，人之大欲存焉’。圣人知其然也，制礼以节之……夫舍礼而言道，则空无所附；舍礼而复性，则茫无所从。盖礼者，身心之矩则，即性道之所寄焉矣”⑥。凌廷堪正式提出“以礼代理”的思想，主张用具体而翔实的“礼”来替代宋儒主观的“理”。

焦循否认宋明理学从本体论上言理，曰“理则非真宰真空”⑦。他认为理用于辨是非，法家便出于理官，“惟先王恐刑罚之不中，务于罪辟之中求其轻重，析及豪芒，无有差谬，故谓之理”。焦循支持凌廷堪以礼代理思想，曰：“故先王立政之要，因人情以制礼，故曰：‘能以礼让为国乎何有？’天下知有礼而耻于无礼，故射有礼，军有礼，讼狱有礼，所以消人心之忿，而化万

---

① 程瑶田：《诚意义述》，见《程瑶田全集》(一)，陈冠明等点校，合肥：黄山书社，2008 年，第 30、36 页。

② 程瑶田：《述心》，见《程瑶田全集》(一)，陈冠明等点校，合肥：黄山书社，2008 年，第 77 页。

③ 凌廷堪：《好恶说下》，见《校礼堂文集》，北京：中华书局，1998 年，第 142 页。

④ 凌廷堪：《复礼下》，见《校礼堂文集》，北京：中华书局，1998 年，第 32 页。

⑤ 凌廷堪：《复礼下》，见《校礼堂文集》，北京：中华书局，1998 年，第 31 页。

⑥ 凌廷堪：《荀卿颂》，见《校礼堂文集》，北京：中华书局，1998 年，第 76 页。

⑦ 焦循：《孟子正义》(下)，北京：中华书局，1987 年，第 752 页。

物之戾。”[1]在焦循看来治理天下之具是礼而不是理也。

阮元继承乾嘉学者就具体的人事言理的精神，于《大学格物说》中指责朱熹《大学集注》脱离实践言理，曰：“‘格’亦训‘至’，‘物’亦训‘事’，惟云‘穷至事物之理’，‘至’外增‘穷’字，‘事’外增‘理’字，加一转折，变为‘穷理’二字，遂与实践迥异。”[2]阮元本着务实的精神，反对空言“天理”，曰：“圣人之道，未有不于行事见而但于言语见者也。”[3]“故理必附乎礼以行，空言理，则可彼可此之邪说起矣。”[4]他认同凌廷堪“以礼代理”思想，认为“理”体现在有翔实内容的“礼”上，体现在人们的人伦日用之中。

自戴震唯物地用“条理”释“理”之后，“理”便走向了客观性与具体性。戴震“礼者，天地之条理也”的思想更是直接启迪凌廷堪、焦循“以礼代理”思想的提出。“以礼代理”思想体现了乾嘉新义理学通过考礼、践礼从而摆脱宋明理学，走向社会现实、重整社会秩序的努力。钱穆在其《中国近三百年学术史》中指出：“东原之深斥宋儒以言理者，次仲乃易之以言礼。同时学者里堂、芸台以下，皆承其说，一若以理、礼之别，为汉、宋之鸿沟焉。”[5]

（二）戴震人性一元论对乾嘉新义理学的影响

为了寻求人性善恶的本体论根源，程朱理学将善还原为理，将恶还原为气，形成了天地之性与气质之性相区别的人性二元论。“论天地之性，则专指理言；论气质之性，则以理与气杂而言之。”[6]程朱认为天地之性以理一分殊的形式进入万事万物，表现为纯粹中正；而气质之性则往往受气之遮蔽而丧失天理，故而主张存天理、灭人欲。戴震否认本体论“理”的存在，认为：“人之为人，舍气禀气质，将以何者谓之人哉？”[7]人不存在一个天地之性。戴震以实体存在的“血气心知”言性，曰：“性者，血气心知本乎阴阳五行，人物莫不区以别焉是也。”“血气心知，性之实体也。”[8]因为有血气，人性中有饮食男女之欲；因为有心知，人性能辨别是非而抵于无失。

---

① 焦循：《理说》，见《雕菰集》，上海：上海古籍出版社，2010 年，第 107 页。

② 阮元：《大学格物说》，见《揅经室集》（上），邓经元点校，北京：中华书局，1993 年，第 56 页。

③ 阮元：《论语解》，见《揅经室集》（上），邓经元点校，北京：中华书局，1993 年，第 49 页。

④ 阮元：《书东莞陈氏学部通辨后》，见《揅经室集》（下），邓经元点校，北京：中华书局，1993 年，第 1062 页。

⑤ 钱穆：《中国近三百年学术史》，北京：商务印书馆，1997 年，第 547 页。

⑥ 朱熹：《朱子语类》，见朱杰人、严佐之、刘永翔主编：《朱子全书》（第 14 册），上海：上海古籍出版社，合肥：安徽教育出版社，2010 年，第 196 页。

⑦ 戴震：《孟子字义疏证》，见张岱年主编：《戴震全书》（第六册），合肥：黄山书社，1995 年，第 190 页。

⑧ 戴震：《孟子字义疏证》，见张岱年主编：《戴震全书》（第六册），合肥：黄山书社，1995 年，第 183、175 页。

戴震人性一元论得到程瑶田等的支持。程瑶田一再强调“性安得有二哉”，曰：“性一而已，有善而矣。如必分而言之，谓具于质、形、气者，为有善有恶之性，超乎质、形、气者，为至善之性。夫人之生也，乌得有二性哉！”①“性也而安得有二哉！安得谓气质中有一性，气质外复有一性哉！”程瑶田认为宋明理学区分气质之性与义理之性的原因为无解于人性的善恶。曰：“气质之性，古未有是名。必区以别之曰：‘此气质之性也。’盖无解于气质之有善恶，恐其有累于性善之旨，因别之曰有气质之性，有理义之性也。”②程瑶田以质、形、气言性，曰：“有质、有形、有气，斯有其性，是性从其质、其形、其气而有者也。”③超乎质、形、气言性，就是未有天地之先便有是性，是性生天地，天地又具此性以生人、生物，那么人与物都应该是性善的。“且无气质则无人，无人则无心；性具于心，无心，安得有性之善？故溯人性于未生之前，此天地之性，乃天道也。”④人性只能就人的气质而言，没有气质，就没有人。后世超乎质、形、气以言性是因为惑于释氏之说⑤。焦循认为戴震“疏性道天命之名，如昏得朗”⑥。他进一步声援了戴震、程瑶田舍气质无以言性的观点，于《孟子正义》曰：“安得谓气质中有一性，气质外复有一性哉？且无气质则无人，无人则无心；性具于心，无心安得有性之善？”⑦

戴震既然以血气心知言性，也就肯定了性善论。因为“人之心知，有思辄通，能不惑乎所行也”。能不惑于所行这就是性善。“所谓人无有不善，即能知其所限而不逾之为善，即血气心知能底于无失之为善”⑧。戴震继承并改造了孟子的善性论，认为性善即人能知其限而不逾之谓。焦循、阮元也本于血气心知言性善。焦循认为“人知饮食男女，圣人教之，则知有耕凿之宜，嫁娶之宜，此人之性所以无不善也”⑨。人之性善主要在于人之性可引，可引固善。他进一步将人性之可引与动物之不可引相比较，显示人性之善，曰：“有圣人出，示之以嫁娶之礼，而民知有人伦矣，示之以耕耨之法，而民知自食其力矣。以此示禽兽，禽兽不知也，禽兽不知，则禽兽之性

① 程瑶田：《述性一》，见《程瑶田全集》(一)，陈冠明等点校，合肥：黄山书社，2008年，第39页。

② 程瑶田：《述性二》，见《程瑶田全集》(一)，陈冠明等点校，合肥：黄山书社，2008年，第40页。

③ 程瑶田：《述性一》，见《程瑶田全集》(一)，陈冠明等点校，合肥：黄山书社，2008年，第38页。

④ 程瑶田：《述性二》，见《程瑶田全集》(一)，陈冠明等点校，合肥：黄山书社，2008年，第40页。

⑤ 程瑶田：《述性一》，见《程瑶田全集》(一)，陈冠明等点校，合肥：黄山书社，2008年，第39页。

⑥ 钱基博整理：《复堂师友手札菁华》，北京：人民文学出版社，2015年，第114页。

⑦ 焦循：《孟子正义》(下)，北京：中华书局，1987年，第742页。

⑧ 戴震：《孟子字义疏证》，见张岱年主编：《戴震全书》(第六册)，合肥：黄山书社，1995年，第183、194页。

⑨ 焦循：《孟子正义》(下)，北京：中华书局，1987年，第743页。

不能善；人知之，则人之性善矣……惟其可引，故性善也。”①阮元则曰：“‘性’字从心，即血气心知也……血气心知皆天所命，人所受也。人既有血气心知之性，即有九德、五典、五礼、七情、十义。”②

戴震将人性与道德区别开来，认为人性是道德的基础。人性之中本有的恻隐、羞恶、辞让、是非之心，通过学习可以发展为仁义礼智之德。“人之心知，于人伦日用，随在而知恻隐，知羞恶，知恭敬辞让，知是非，端绪可举，此之谓性善”。人之善端扩而充之，就能达到仁义礼智之德。“于其知恻隐，则扩而充之，仁无不尽；于其知羞恶，则扩而充之，义无不尽；于其知恭敬辞让，则扩而充之，礼无不尽；于其知是非，则扩而充之，智无不尽。仁义礼智，懿德之目也”③。仁义礼智之德是性善的至高标准。焦循于《孟子正义》中进一步总结人性与至善的关系，曰：“《孟子》道性善，谓人之性皆善，禽兽之性则不善也。禽兽之性不善，故无此四者……若为人之心，无论贤愚，则皆有之矣……恻隐为仁之端，仁义礼智，四端一贯，故单举恻隐，而羞恶、辞让、是非即具矣。”④焦循理解并继承了戴震关于人性、性善之间为自然与必然关系的观点。其《孟子正义》全引戴震《孟子字义疏证》原文，认为仁义礼智之德，皆为遂人之生。仁就是生生之德，一人遂其生，推而广之，与天下之人共遂其生就是仁；观其生生之条理之秩然有序为礼；观其生生之条理之截然不可乱为义。阮元则在对人性与物的比较中阐释了性善之端可见于恻隐、羞恶、辞让、是非之心，曰：“仁之端，于乍见孺子将入井时觇之，皆有怵惕恻隐之心，尽人所同而物所无也。”⑤并指出人性与道德的区别，申明戴震的观点：“一介之士，仁具于心，然具心者，仁之端也。必扩而充之，著于行事，始可称仁。孟子虽以恻隐为仁，然所谓恻隐之心，乃仁之端，非谓仁之实事也。”⑥

在人性一元论的前提下，戴震认为人之所以有不善之举，是因为后天缺乏学习而失养的结果。他说：“分别性与习，然后有不善，而不可以不善归性。凡得养失养及陷溺梏亡，咸属于习。”⑦人秉天地清明之气而性本

① 焦循：《性善解》，见《雕菰集》，上海：上海古籍出版社，2010年，第92页。

② 阮元：《性命古训》，见《揅经室集》（上），邓经元点校，北京：中华书局，1993年，第217页。

③ 戴震：《孟子字义疏证》，见张岱年主编：《戴震全书》（第六册），合肥：黄山书社，1995年，第183～184页。

④ 焦循：《孟子正义》，北京：中华书局，1987年，第234～235页。

⑤ 阮元：《孟子论仁论》，见《揅经室集》（上），邓经元点校，北京：中华书局，1993年，第201～202页。

⑥ 阮元：《孟子论仁论》，见《揅经室集》（上），邓经元点校，北京：中华书局，1993年，第195～196页。

⑦ 戴震：《孟子字义疏证》，见张岱年主编：《戴震全书》（第六册），合肥：黄山书社，1995年，第185～186页。

善,但是后天的失养使人丧失本性而为恶。程瑶田则以善恶互变说明恶不可归之于性,曰:“好恶者,情也……有好善恶恶之情,即有为善拒恶之意,是意乃依乎本然之情而顺乎其所致之知者也。无何,为善者变而为恶,拒恶者变而拒善,是反其初意矣。”“‘若夫为不善’,乃其后之变态,非其情动之初、本然之才便如此也。”程瑶田以水、镜为喻说明人性之善,曰水清是其性,而人挠之,泥沙淆之,水浊也;镜能鉴人是其性也,而尘埃掩之,不能鉴也。由善变为不善是后天“习”的结果①。此与戴震的观点基本一致。

(三)戴震的情欲观对乾嘉新义理学的影响

宋明儒学明辨理欲之分,谓“不出于理则出于欲,不出于欲则出于理”,尊崇“得于天而具于心”②的理,而把人类与生俱来的情感欲望当成与天理不共戴天的人欲,主张“存天理、灭人欲”。戴震认为“存理灭欲”的结果就是“治己以不出于欲为理,治人亦必以不出于欲为理,举凡民之饥寒愁怨、饮食男女、常情隐曲之感,咸视为人欲之甚轻者矣”③,从而漠视百姓的基本生活需求和情感欲望。针对宋明理学“存理灭欲”的主张,戴震指出情欲是人性的自然表现,不可以灭。人之情欲皆是人性的自然表现。“人生而后有欲有情有知,三者,血气心知之自然也。给于欲者,声色臭味也,而因有爱畏;发乎情者,喜怒哀乐也,而因有惨舒;辨于知者,美丑是非也,而因有好恶。声色臭味之欲,资以养其生;喜怒哀乐之情,感而接于物;美丑是非之知,极而通于天地鬼神。”④戴震以血气心知言性。人有血气,就必然与天地相通,人资之以养。“外内相通,其开窍也,是为耳目鼻口”⑤。人之欲望如口之于味、目之于色、耳之于声、鼻之于臭、四肢之于安佚,皆是人性的自然表现,是人之所以成为自然人的必要条件。因声色臭味之欲便又产生了喜怒哀乐之情。戴震以情欲言理,曰:“理也者,情之不爽失也。”情之不爽失就是天理。所谓“情之不爽失”就是指一个人在满足一己之欲时不影响他人欲望的满足,具体的节制方法就是以情絜情。“遂己之好恶,忘人

---

① 程瑶田:《诚意义述》,见《程瑶田全集》(一),陈冠明等点校,合肥:黄山书社,2008年,第34、36页。

② 戴震:《孟子字义疏证》,见张岱年主编:《戴震全书》(第六册),合肥:黄山书社,1995年,第159、163页。

③ 戴震:《孟子字义疏证》,见张岱年主编:《戴震全书》(第六册),合肥:黄山书社,1995年,第217页。

④ 戴震:《孟子字义疏证》,见张岱年主编:《戴震全书》(第六册),合肥:黄山书社,1995年,第197页。

⑤ 戴震:《孟子字义疏证》,见张岱年主编:《戴震全书》(第六册),合肥:黄山书社,1995年,第158页。

之好恶，往往贼人以逞欲。反躬者，以人之逞其欲，思身受之之情也。情得其平，是为好恶之节，是为依乎天理。”[①]天下人所同欲就是人性之欲，就是符合天理。天理、人欲并不是对立关系。戴震进一步指出，贤圣如尧、舜、文王者无不为百姓谋人欲之事：“夫尧、舜之忧四海困穷，文王之视民如伤，何一非为民谋其人欲之事！”[②]程瑶田也充分肯定情欲的重要性，认为齐家、治国、平天下“惟不外乎顺物之情，尽物之性，使天下无一物不得其所”[③]。

唐君毅说：“戴东原、焦循之哲学，以情欲之不偏不私，即天理，皆较不重论天道之本源，而重社会民生。”[④]焦循很好地继承了戴震从人性的角度肯定人之情欲的思想，曰：“饮食男女，人之大欲存焉。欲在是，性即在是。”[⑤]“性无他，食色而已。”[⑥]“性之欲，其自然之符也。”[⑦]以情欲为人性的自然表现。他还认为情欲是人与人之间的感通之具，曰：“人欲即人情，与世相通，全是此情。‘己所不欲，勿施于人’‘己欲立而立人，己欲达而达人’，正以所欲所不欲为仁恕之本。”[⑧]“感于物而动，性之欲也。故格物不外乎欲。己与人同此性，即同此欲，舍欲则不可以感通乎人。惟本乎欲，以为感通之具，而欲乃可窒。人有玉而吾爱之，欲也。若推夫人之爱玉，亦如己之爱玉，则攘夺之心息矣。能推则欲由欲寡，不能推斯欲由欲多。”[⑨]正因为有欲，所以在遂己之欲时亦能遂人之欲。先圣治理天下皆以人之情欲为本。“先王之制法因民之所好而为之”，“易道但教人旁通彼此相与以情。己所不欲则勿施于人，己欲立达则立人达人……孔子谓之仁谓之恕，《大学》以为絜矩。此实伏羲以来圣圣相传之大经大法”[⑩]。焦循认为伏羲、神农、黄帝、尧、舜等皆于己有夫妇，因而知人亦欲有夫妇；于己之有饮食，因而知人亦欲有饮食。以我之所欲所恶推之于人，然后使天下有积仓而无怨旷。“若必屏妃妾，减服食，而于百姓之饥寒仳离，漠不关心”，则虽然是苦

---

① 戴震：《孟子字义疏证》，见张岱年主编：《戴震全书》（第六册），合肥：黄山书社，1995年，第152页。

② 戴震：《孟子字义疏证》，见张岱年主编：《戴震全书》（第六册），合肥：黄山书社，1995年，第216页。

③ 程瑶田：《诚意义述》，见《程瑶田全集》（一），陈冠明等点校，合肥：黄山书社，2008年，第30页。

④ 唐君毅：《唐君毅集》，北京：群言出版社，1993年，第388页。

⑤ 焦循：《孟子正义》（下），北京：中华书局，1987年，第743页。

⑥ 焦循：《性善解一》，见《雕菰集》，上海：上海古籍出版社，2010年，第92页。

⑦ 焦循：《孟子正义》（下），北京：中华书局，1987年，第877页。

⑧ 焦循：《孟子正义》（下），北京：中华书局，1987年，第738～739页。

⑨ 焦循：《格物解三》，见《雕菰集》，上海：上海古籍出版社，2010年，第95页。

⑩ 焦循：《性善解五》，见《雕菰集》，上海：上海古籍出版社，2010年，第93、141页。

心洁身之士，但不是孔子所说的仁者①。

阮元也认为情括于性之中，故引《说文》“性，人之阳气性善者也。情，人之阴气有欲者也”。他指出：“许氏之说，古训也。味色声臭，喜怒哀乐，皆本于性，发于情者也。情括于性，非别有一事与性相分而为对。”②在阮元看来，人欲生于情，情发于性。针对宋明理学存理灭欲的观点，阮元指出欲不可穷。“欲生于情，在性之内，不能言性内无欲。欲不是善恶之恶。天既生人以血气心知，则不能无欲，惟佛教始言绝欲。若天下人皆如佛绝欲，则举世无生人，禽兽繁矣……欲在有节，不可纵，不可穷。若惟以静明属之于性，必使说性中本无欲而后快……欲固不能离性而自成为欲也”③。穷人欲会导致“举世无生人”的后果。和戴震一样，阮元也主张节欲，曰：“惟其味、色、声、臭、安佚为性，所以性必须节，不节则性中之情欲纵矣。”阮元反对李翱将“性”与“情”对立的复性之说，曰：“古人但言节性，不言复性也。”并认为李翱“复性之说，杂于二氏”④。阮元对李翱复性之说的驳斥，实际上也是对宋明理学“天命之性”与“气质之性”的否定。所以李帆指出，阮元对“性”的解析，对“情欲”的肯定，以及提倡“节欲”反对“绝欲”等等，都有戴震的影子，内在理路上全然承袭了戴震⑤。

戴震从自然人的角度，指出人之情欲是人性的自然表现。本着对生命的尊重，戴震提出重视人之情欲的观点。在戴震的影响下，肯定人的情欲并主张达情遂欲成为乾嘉新义理学与宋明理学在思想上的主要分水岭。

三、结语：戴震哲学引领出乾嘉新义理学

不同于宋明理学超越现象界谈论本体上的“理”，戴震本于实事求是的考据精神研究哲学，注重现象界的实体实事，认为“理”就是事物的条理、规则。通过对宋明理学天命之性的否定，戴震以血气心知言性，主张人性一元论，认为人的情欲是人性的具体体现，人人情能达、欲能遂的社会才是理想的社会。戴震哲学改变了“乾嘉汉学无义理”的现状，引领着乾嘉新义理学的发展方向。刘师培总结戴震哲学的影响时指出，戴震之后“理堂芸台撷其菁英，焦理堂作《论语通释》《格物说》《性善说》，攻乎异端，解以申戴氏

---

① 焦循：《格物解二》，见《雕菰集》，上海：上海古籍出版社，2010年，第95页。

② 阮元：《性命古训》，见《揅经室集》(上)，邓经元点校，北京：中华书局，1993年，第220～221页。

③ 阮元：《性命古训》，见《揅经室集》(上)，邓经元点校，北京：中华书局，1993年，第228页。

④ 阮元：《性命古训》，见《揅经室集》(上)，邓经元点校，北京：中华书局，1993年，第212、211、212页。

⑤ 李帆：《从“仁”和“性命”之解说看阮元的理学思想》，载《北京师范大学学报(社会科学版)》2007年第3期。

仁恕之说。阮芸台作《论语论仁》《孟子论仁论性命》《古训一贯解》，亦多本戴氏之说。次仲、伯初率循途辙，凌次仲作《复礼说》三篇，谓礼与理同，洪伯初有《上朱学士书》，极论戴氏言义理有功于世道。学术所及，风靡东南。若钱竹汀、孙渊如、孔巽轩、王德甫，其解释性理咸本于戴氏之说”①。乾嘉新义理学倚重考据，探究古人典制，追寻古人立言之意。他们很少言“理”言“气”，主张“以礼代理”，实现从思想到实践的转化，关注社会秩序的重构。尽管戴震的哲学思想并未得到完全继承，例如焦循认为“礼论辞让，理辨是非……可知理足以启争，而礼足以止争也”②，主张循礼求道，用礼来调节社会，丢掉了戴震不分尊卑贵贱、强调众生情感平等的精神，但是乾嘉新义理学总体而言形成了淡化“自由心证”的主观语境，突出学术和实证的意义；力主达情遂欲，反对存理灭欲；从“义理学”走向“社会的相关之理的创出”的鲜明的学派特色③。许苏民指出，戴震、焦循等“把以出世的态度研究学问与以入世的态度关爱人间有机结合起来，把朴学研究的科学精神与悲悯恻怛之仁的人文关怀有机结合起来，从而为中国社会从传统走向现代的思想启蒙做出了重大的贡献”④。

---

① 刘师培：《东原学案序》，见张岱年主编：《戴震全书》(第七册)，合肥：黄山书社，1997年，第257页。

② 焦循：《理说》，见《雕菰集》，上海：上海古籍出版社，2010年，第107～108页。

③ 周积明：《关于乾嘉“新义理学”的通信——兼评张寿安研究员“乾嘉学术”的系列研究》，载《学术月刊》2001年第4期。

④ 许苏民：《朴学与长江文化》，武汉：湖北教育出版社，2004年，第15页。

第二章　戴震训诂学成就及其对皖派朴学的影响

第一节 戴震训诂学理论体系的构建

训诂学理论体系的形成时间一直存在争议，大致有四种观点：第一，建立于先秦。如洪城说："第一部词典《尔雅》产生的时代，就是训诂学产生的时代。"①第二，建立于汉代郑玄。如唐文说："训诂实践，并不源于郑玄，而作为系统的训诂学，至郑玄而大备。反过来说，郑玄注群经，实为训诂学的起源。"②第三，建立于清儒戴震。胡朴安说："凡称为学，必有学术上之方法。训诂之方法，至清朝汉学家，始能有条理有统系之发见，戴氏震开其始。"③周祖谟说："（戴震）建立了许多推考字义的理论和方法，把零散的知识贯串起来，使训诂学在中国语言学科中成为有系统、有理论、有严谨方法的一门学问。"④陆宗发《现代训诂学探讨》以戴震为求义之训诂理论体系的建立者⑤。第四，建立于黄侃。赵振铎说："黄侃提出的框架（《训诂学讲词》）虽然还比较粗略，但是他提出这一整套看法，是训诂学彻底摆脱经学附庸地位而独立的标志。"⑥白兆麟也说："黄侃于二十年代初即开设'训诂学'课程，其教学大纲即《训诂学讲词》。黄侃弟子潘重规在当时《制言》杂志第七期上刊布了他记录的《训诂述略》，大致表达了黄侃所设计的训诂学体系的框架。在今日看来，这个框架未免粗略，但毕竟是训诂学真正确立的标志。"⑦

诚如黄侃所说："夫所谓学者，有系统条理，而可以因简驭繁之法也。明其理而得其法，虽字不能遍识，义不能遍晓，亦得谓之学。不得其理与

---

① 洪诚：《训诂学》，见《洪诚文集》，南京：江苏古籍出版社，2000 年，第 9 页。

② 唐文：《郑注群经体例发微——兼谈训诂学的起源》，载《吉林大学社会科学学报》1991 年第 1 期。

③ 胡朴安：《中国训诂学史叙》，见《中国训诂学史》，北京：北京市中国书店，1983 年，第 3 页。

④ 周祖谟：《周祖谟语言学论文集》，北京：商务印书馆，2001 年，第 498 页。

⑤ 陆宗发：《现代训诂学探讨》，杭州：浙江大学出版社，2008 年，第 173 页。

⑥ 赵振铎：《训诂学史略》，郑州：中州古籍出版社，1988 年，第 309 页。

⑦ 白兆麟：《新著训诂学引论》，上海：上海辞书出版社，2005 年，第 27 页。

法，虽字书罗胸，亦不得名学。”[①]也就是说，如果训诂要成为一门学科，首先必须有较系统的理论主张，以指导训诂实践活动；然后有较系统的方法去解决训诂实践中的问题。可见，训诂学理论体系形成于先秦儒生和汉代郑玄的观点不能成立。因为他们虽然有训诂实践，但没有明确的理论主张，尚未形成一门学科。训诂学理论体系建立于黄侃的观点也不准确，因为早在黄侃之前，戴震已从训诂的功用、训诂的前提、训诂对象、从事训诂的基本功、训诂方法等方面阐述了训诂学思想，可以说他已对训诂学理论体系作了初步构建。

一、训诂功能：探寻古道

在戴震看来，“圣人之道在六经也”[②]，六经是记载尧、舜等先王的遗典、陈迹的文献。他们仰观天时、俯察地表，承天地生生之德。至周衰和列国时期，官府典籍浸久而亡，孔子信而好古，删《诗》《书》、定《礼》《乐》、修《春秋》、序《易传》，将尧、舜等先哲古训古道记载于六经之中。“六经者，道义之宗而神明之府也”[③]。为了寻求沉淀在六经中的古圣贤之道，必须确切地了解经典文意。但是，时间的悬隔如同地域的差异，后人难以理解古人的语言，而要探寻六经中的古道，就要以训诂为译导，使得古今通达。“今古悬隔，时之相去殆无异地之相远，仅仅赖夫经师故训乃通，无异译言以为之传导也者”[④]。用当时通俗的语言解释记载着尧、舜等先王遗典、陈迹的文献就是训诂。不同于孔子的祖述古道，两汉儒者开始注疏解释六经，这些材料都是训诂学研究的对象。例如戴震以《诗经》“三百篇皆忠臣、孝子、贤妇、良友之言也，而又有立言最难、用心独苦者，则大忠而托之诡言逊辞，亦圣人之所取也”[⑤]，作《毛诗补传》《杲溪诗经补注》，备引前人训诂成果，折中诸家，时出按语，以明取舍。“论其世，知其人”，以推测作诗之意。除六经训诂专著外，戴震又以屈原赋为经之亚而作《屈原赋注》，《初序》谓：“余读屈子书，慕其为人，私以谓其心至纯，其学至纯，其言亦至纯。

---

① 黄侃述、黄焯编：《文字声韵训诂笔记》，上海：上海古籍出版社，1983年，第2页。

② 戴震：《沈学子文集序》，见张岱年主编：《戴震全书》（第六册），合肥：黄山书社，1995年，第393页。

③ 戴震：《古经解钩沉序》，见张岱年主编：《戴震全书》（第六册），合肥：黄山书社，1995年，第377页。

④ 戴震：《古经解钩沉序》，见张岱年主编：《戴震全书》（第六册），合肥：黄山书社，1995年，第377页。

⑤ 戴震：《毛诗补传序》，见张岱年主编：《戴震全书》（第一册），合肥：黄山书社，1994年，第126页。

二十五篇之书，盖经之亚……说《楚辞》者，于名物字义，未能考识精核，又不得其所以著书之指。今特取屈子书注之。”①

戴震已经明确，除了随文注释经典的训诂外，还包括通释语义的专书。两汉儒者从经典文献中提炼字义，编撰训诂专著，帮助理解经典。经典文献是专书的基础，而专书足以辅翼经典。两者相辅相成、密不可分。汉代离古未远，所述多有师承，汉儒字书《尔雅》《说文》《方言》《释名》都应予以重视。戴震已经把训诂专书与经传古注结合起来研究。在字书中，戴震最重视《尔雅》，因为《尔雅》是最早的训诂之书，六艺赖是以明②。又因为《说文》是第一部运用六书理论分析字形的字书，戴震自少年时就精心研究，“三年尽得其节目。又取《尔雅》《方言》及汉儒传、注、笺之存于今者，参伍考究”③。为了实现字书互证，戴震将“所常记故习之俗”（《方言》卷一“大也”条）的《方言》分写于李焘《许氏说文五音韵谱》之上，“字与训两写，详略互见”④。戴震认为，《尔雅》《方言》《释名》之外，“犹阙一卷书，创为是篇，用补其阙，俾疑于义者以声求之，疑于声者以义正之”⑤，而作《转语二十章》，为因声求义提供语音学理论根据。

简言之，戴震以为，训诂的功能就是利用经传古注和训诂专书，沟通古今语言，冲破时地的阻隔，探求存在于六经中的微言大义。“惟空凭胸臆之卒无当于贤人圣人之理义，然后求之古经。求之古经而遗文垂绝，今古悬隔也，然后求之训故。训故明则古经明，古经明则贤人圣人之理义明，而我心之所同然者乃因之而明。”戴震鄙视那些分训诂义理为二的人，认为：“歧训故、理义二之，是训故非以明理义，而训故胡为？”⑥随文训释的著作和通释语义的专书皆是探求六经微言大义的工具。

二、训诂前提：校勘文字

训诂的产生可以使后人穿透时间隔膜，与古人沟通，了然于古贤圣的

① 戴震：《屈原赋注初稿自序》，见张岱年主编：《戴震全书》（第三册），合肥：黄山书社，1994年，第533页。

② 戴震：《尔雅文字考序》，见张岱年主编：《戴震全书》（第六册），合肥：黄山书社，1995年，第275页。

③ 段玉裁撰、杨应芹订补：《东原年谱订补》，见张岱年主编：《戴震全书》（第六册），合肥：黄山书社，1995年，第651页。

④ 段玉裁撰、杨应芹订补：《东原年谱订补》，见张岱年主编：《戴震全书》（第六册），合肥：黄山书社，1995年，第666页。

⑤ 戴震：《转语二十章序》，见张岱年主编：《戴震全书》（第六册），合肥：黄山书社，1995年，第305页。

⑥ 戴震：《题惠定宇先生授经图》，见张岱年主编：《戴震全书》（第六册），合肥：黄山书社，1995年，第505页。

心志。然而“自有书契以来，科斗而篆籀，篆籀而徒隶，字画俯仰，浸失本真”①，字体的屡次变化，传抄的颠倒讹脱，使得精准的训诂也难求原文本意。戴震曾与弟子段玉裁说：“《水经注》‘水流松果之山’，钟伯敬本‘山’讹作‘上’，遂连圈之，以为妙景，其可笑如此。‘松果之山’，见《山海经》。”②“水流松果之上”，意境虽美，但已偏离《水经注》原意。文献传抄翻刻中鱼鲁之讹，比比皆是，戴震对此表现出忧虑之情，曰：“以今之去古圣哲既远，治经之士，莫能综贯，习所见闻，积非成是，余言恐未足以振兹坠绪也。”③“生千百余年后，欲稽古毕得，用订史籍讹文，诚匪易易。”④诚如戴震所言，“守讹传谬者，所据之经，并非其本经”⑤。所以戴震强调训诂的前提是校正文字。

在长期的校勘过程中，戴震善于总结规律，启迪后学。例如他校勘《水经注》，首先归纳出《水经》和注文遣词造句的规律，然后依据规律将经文与注文分开。于《论韵书中字义答秦尚书》中，戴震从书面材料发生讹误的角度归纳出五种讹误原因：其一，讹舛相承；其二，传写致误；其三，诗韵下用字或异；其四，本无其字，因讹而为字；其五，字虽不误，本无其音，讹而成音⑥。戴震校勘《方言》时也随文总结误例八种：其一，形近而讹；其二，后人妄删；其三，因俗体而讹；其四，因注文而讹；其五，声相近而讹；其六，一字分为两字；其七，因上条而讹；其八，阅书者所记。戴震对致误原因的总结，为从事训诂者提供了发现讹误、订讹补缺的思路。

戴震一生校勘典籍近二十种，主要有《水经注》《方言》《仪礼》《大戴礼记》《石经补字正非》《算书十种》等。戴震的《石经补字正非》系统地校勘了唐开成石经，包括《易》《诗》《书》《三礼》《春秋三传》《孝经》《论语》《尔雅》，还校勘了不在唐开成石经之列的《孟子》。《方言》为重要的小学之书，戴震有感于“宋、元以来，六书故训不讲，故鲜能知其精核。加以讹舛相承，几不可通”，“从《永乐大典》内得善本，因广搜群籍之引用《方言》及注者，交互参

---

① 戴震：《与王内翰凤喈书》，见张岱年主编：《戴震全书》(第六册)，合肥：黄山书社，1995年，第278页。

② 段玉裁撰、杨应芹订补：《东原年谱订补》，见张岱年主编：《戴震全书》(第六册)，合肥：黄山书社，1995年，第716页。

③ 戴震：《原善》，见张岱年主编：《戴震全书》(第六册)，合肥：黄山书社，1995年，第7页。

④ 戴震：《寿阳县志序》，见张岱年主编：《戴震全书》(第六册)，合肥：黄山书社，1995年，第511页。

⑤ 戴震：《古经解钩沉序》，见张岱年主编：《戴震全书》(第六册)，合肥：黄山书社，1995年，第378页。

⑥ 戴震：《论韵书中字义答秦尚书》，见张岱年主编：《戴震全书》(第三册)，合肥：黄山书社，1994年，第335～336页。

订，改正讹字二百八十一，补脱字二十七，删衍字十七"①。戴震校勘旁征博引，利用不同版本和引文材料，广泛搜集异文，然后运用文字、音韵及相关历史知识，多方求证，明辩异文正误。为了不让后者滋惑，戴震明确主张改正翻刻传抄错误。戴震曾与卢文弨同校《大戴礼记》，两次致书卢氏，表明校改原则，即"字形转写之谬"，则"径行改易"，"苟害六书之义，虽汉人亦在所当改，何况魏、晋、六朝"②，"宋本不皆善，有由宋本而误者"③。又于《论韵书中字义答秦尚书》重申"显然讹谬者，宜从订正"④。正如戴震所说，汉人、宋本多为不谬，但亦有讹误者，校书只是欲定其是，明圣贤义理于天下，汉人、宋版书也不过是校书的一个材料，是则取之，不是则弃之，何必株守。戴震对那些迷信汉、宋的人表现出强烈不满，说："今之博雅文章善考核者，皆未志乎闻道，徒株守先儒而信之笃，如南北朝人所讥，'宁言周、孔误，莫道郑、服非'，亦未志乎闻道者也。"⑤段玉裁明白其师首重校勘、必求其实的苦心，说："故校经之法，必以贾还贾，以孔还孔，以陆还陆，以杜还杜，以郑还郑，各得其底本，而后判其义理之是非，而后经之底本可定，而后经之义理可以徐定。不先正注、疏、释文之底本，则多诬古人。"⑥

三、训诂对象：字义、制度、名物

戴震指出："古人语言文字多失传，以今人所知字义读古人书，往往扞格。"⑦又说："贤人圣人之理义非它，存乎典章制度者是也。"⑧所以戴震给段玉裁写信说："仆自十七岁时，有志闻道，谓非求之六经、孔、孟不得，非从事于字义、制度、名物，无由以通其语言。"⑨字义明方知此字是何语，制度、

---

① 戴震：《方言疏证》，见张岱年主编：《戴震全书》(第三册)，合肥：黄山书社，1994年，第6页。

② 戴震：《与卢侍讲召弓书》，见张岱年主编：《戴震全书》(第六册)，合肥：黄山书社，1995年，第283页。

③ 段玉裁撰、杨应芹订补：《东原年谱订补》，见张岱年主编：《戴震全书》(第六册)，合肥：黄山书社，1995年，第717页。

④ 戴震：《论韵书中字义答秦尚书》，见张岱年主编：《戴震全书》(第三册)，合肥：黄山书社，1995年，第336页。

⑤ 戴震：《答郑丈用牧书》，见张岱年主编：《戴震全书》(第六册)，合肥：黄山书社，1995年，第374页。

⑥ 段玉裁：《经韵楼集》，上海：上海古籍出版社，2008年，第336页。

⑦ 戴震：《尚书义考义例》，见张岱年主编：《戴震全书》(第一册)，合肥：黄山书社，1994年，第12页。

⑧ 戴震：《题惠定宇先生授经图》，见张岱年主编：《戴震全书》(第六册)，合肥：黄山书社，1994年，第505页。

⑨ 段玉裁撰、杨应芹订补：《东原年谱订补》，见张岱年主编：《戴震全书》(第六册)，合肥：黄山书社，1994年，第652页。

名物明方知此物为何物，此人为何人，此事为何事，然后知圣贤此言为何意。字义、制度、名物皆是训释对象。因为"不见圣人之心者，不得天地之心；不求诸前古贤圣之言与事，则无从探其心于千载下。是故由六书、九数、制度、名物，能通乎其词，然后以心相遇。"①只有"论其世，知其人"，才能推测古贤圣作文之意。戴震最强调对经典字义的把握，因为"经之至者道也，所以明道者其词也，所以成词者字也。由字以通其词，由词以通其道，必有渐"②。"我辈读书，原非与后儒竞立说，宜平心体会经文。有一字非其的解，则于所言之意必差，而道从此失。"③为求经文每字"的"解，他广泛搜揽遗存的汉儒笺注，以理断定。例如《尚书》"让于德弗嗣"之"弗嗣"，孔传释为"不能嗣成帝位"，《史记》作"不怿"，林之奇释作"弗肯陟帝位以嗣尧也"。戴震指出，"嗣"当释"怡"，"嗣""怡"声同且有通用之例。"'不怡'也者，惕然内变，精诚外著也。"若释"不嗣帝位"，一则不符合史实，二则圣人以天下为己任、不以自己为至德的美德皆不可见。最后戴震总结道："一字之误，关于至道者非浅小也。"④

政治成败与各项制度得当与否有着密切的关系，戴震在一定程度上认识到政治与制度建设的相互制约关系，他详考先秦典制，寻求"富国安民之术"，为施政提供有益的借鉴。例如戴震详考春秋时期改元即位制度，最后指出："春秋始于隐，其事之值于变者三焉：诸侯无再娶之文，惠公失礼再娶，于是桓为太子，然又非隐所得而追议于先君也。上卿为摄主，礼也。居上卿之位，摄行君之政，生不称公，死不称薨。隐嗣爵改元，非摄主比也。继世之君，尽臣诸父兄弟，隐既立，而犹奉桓为太子，异于君臣之体者也。鲁之祸，惠公启之也。明乎嗣立即位之义，君臣、父子、夫妇、昆弟之间，其尽矣乎。"⑤又如《匠人沟洫之法考》详考井田沟洫之法，最后得出："农政水利之大，皆君任之，非责之民。及其失也，竭民之力，毕以供上。于是洫浍不治，井田所由废也。中原膏土，雨为沮洳，水无所泄，阳为枯尘，水无所留，地不生毛，赋减民穷，上下交病矣。"⑥在戴震看来，先秦制度是圣人法

---

① 戴震：《郑学斋记》，见张岱年主编：《戴震全书》（第六册），合肥：黄山书社，1995年，第407页。

② 戴震：《与是仲明论学书》，见张岱年主编：《戴震全书》（第六册），合肥：黄山书社，1995年，第370页。

③ 戴震：《与某书》，见张岱年主编：《戴震全书》（第六册），合肥：黄山书社，1995年，第495页。

④ 戴震：《尚书义考》，见张岱年主编：《戴震全书》（第一册），合肥：黄山书社，1994年，第73页。

⑤ 戴震：《春秋改元即位考下》，见张岱年主编：《戴震全书》（第六册），合肥：黄山书社，1995年，第246～247页。

⑥ 戴震：《匠人沟洫之法考》，见张岱年主编：《戴震全书》（第六册），合肥：黄山书社，1995年，第254～255页。

天则地、秉承天地生生之德的具体表现，统治者应当借鉴。

“名物”一词，最早见于《周礼》等书，是指上古时代某些特定事类品物的名称。这些名称记录了当时人们对特定事类品物从颜色、性状、形制、等差、功能、质料等特征加以辨别的认知。它体现了先民对现实世界的感知以及对事类品物的类别属性的把握，包括禽兽、物产、祭器、祭牲、冕服、几席、玉器、卜蓍、车辇、旗物、兵器、甸邑、食物、庙宇、官爵、乐舞、贡赋、妇功等①。孔子要求弟子“多识于鸟兽草木之名”（《论语・阳货》）。戴震作《经雅》一部，专门辨释兽、畜、鸟、虫、鱼、草、木。又作有《考工记图》考释名物典制。他于《考工记图序》中说：“立度辨方之文，图与传注相表里者也。自小学道湮，好古者靡所依据。凡六经中制度、礼仪，核之传注，既多违误，而为图者，又往往自成诘诎，异其本经，古制所以日就荒谬不闻也……同学治古文辞，有苦《考工记》难读者，余语以诸工之事，非精究少广旁要，固不能推其制以尽文之奥曲。”②戴震在考证实物器用的同时，注重从中抽绎出圣贤经义，如《考工记图》卷上“所以持衡者谓之”，戴震云：“大车鬲以驾牛，小车衡以驾马。辕端持鬲，其关键名輗；辀端持衡，其关键名軏。辀辕所以引车，必施輗軏然后行。信之在人，亦交接相持之关键，故以輗軏喻信。”③钱穆说：“然其（戴震）精神所注，卒均不脱于其所谓圣人之遗经，而惟日孳孳于故训与典章制度之间。”④此为得实之言。

四、训诂条件：知识广博

如上文所述，要寻求古道，就必须知其世、论其文，然后与古贤圣心息相通。由于时间的悬隔、语义的变迁、名物的变换、典章制度的变革，加之训诂之法亡，考释词义、名物、典制皆非易事。所以从事训诂的前提是具有广博的知识。

戴震终生汲汲于训诂，对训诂之难深有体会。他于《与是仲明论学书》中指出，不知恒星七政所以运行，则不能理解《尚书》历法；不懂古音，则不能解释《诗经》的押韵；不知古者宫室、衣服之制，则不能辨别其制作与功用；不知古今地名沿革，则《禹贡》职方失其处所；不知鸟兽、虫鱼、草木之状类名号，则不能理解《诗经》比兴。戴震认为“字学、故训、音声未始相离，声

---

① 刘兴均：《“名物”的定义与名物词的确定》，载《西南师范大学学报（哲学社会科学版）》1998 年第 5 期。

② 戴震：《考工记图序》，见张岱年主编：《戴震全书》（第五册），合肥：黄山书社，1995 年，第 313 页。

③ 戴震：《考工记图》，见张岱年主编：《戴震全书》（第五册），合肥：黄山书社，1997 年，第 349 页。

④ 钱穆：《国学概论》，北京：商务印书馆，1997 年，第 286 页。

与音又经纬衡纵宜辨”。此外，“汉末孙叔然创立反语，厥后考经论韵悉用之。释氏之徒，从而习其法，因窃为已有，谓来自西域，儒者数典不能记忆也。中土测天用句股，今西人易名三角、八线，其三角即句股，八线即缀术。然而三角之法穷，必以句股御之，用知句股者，法之尽备，名之至当也。管、吕言五声十二律，宫位乎中，黄钟之宫四寸五分，为起律之本。学者蔽于钟律失传之后，不追溯未失传之先，宜乎说之多凿也。凡经之难明右若干事，儒者不宜忽置不讲”[①]。真正的训诂于古代的历法、语音的变迁、体制的变革、地理的沿革、兴象的关联都应该推求，必须具备相关的知识。

章学诚曾惊骇于戴震“今之学者，毋论学问文章，先坐不曾识字”之语，就而问之。戴震说：“予弗能究先天后天，《河》《洛》精蕴，即不敢读‘元亨利贞’；弗能知星躔岁差，天象地表，即不敢读‘钦若敬授’；弗能辨声音律吕，古今韵法，即不敢读‘关关雎鸠’；弗能考《三统》正朔，《周官》典礼，即不敢读‘春王正月’。”[②]听得此言，章学诚意识到自己的年少气锐、驰骛空虚，为己尚不足以从事训诂而惭愧、寒心。为探明六经之道，戴震有个整体规划，即作《七经小记》，始于六书、九数，作《诂训篇》以诠释六经字义；作《原象篇》以探求天文历法；作《学礼篇》以追述《三礼》典制；作《水地篇》以明晓古今地理沿革。最后归结到六经义理的总结《原善篇》。虽然天不假以时日，戴震未能完成他宏伟的创作计划，但是从戴震的研究理路可以看出，真正的训诂遍及当时的各门学科。

五、训诂方法：因物求则

戴震《古经解钩沉序》曰：“故训之法亡，流而为凿空。数百年以降，说经之弊，善凿空而已矣。”[③]所以戴震特别注意训诂方法的总结。他已清楚地认识到“载籍极博，统之不外文字，文字虽广，统之不越六书”[④]。六书是文字的纲领，纲举则目张。所以戴震首先重新解释了歧义的六书理论，认为造字之始，宇宙间只有事与形两大类，指其事之实而造的字为指事字，象其形之大体为象形字。文字既立，则声寄于字，意寄于字，“因而博衍之，取乎声谐，曰‘谐声’，声不谐，而会合其意曰‘会意’”。因为字与形的关系，指

① 戴震：《与是仲明论学书》，见张岱年主编：《戴震全书》（第六册），合肥：黄山书社，1995年，第371页。

② 段玉裁撰、杨应芹订补：《东原年谱订补》，见张岱年主编：《戴震全书》（第六册），合肥：黄山书社，1995年，第679页。

③ 戴震：《古经解钩沉序》，见张岱年主编：《戴震全书》（第六册），合肥：黄山书社，1995年，第377页。

④ 戴震：《六书论序》，见张岱年主编：《戴震全书》（第六册），合肥：黄山书社，1995年，第295页。

事、象形、形声、会意字可以因形求义。至于文字的运用，有数字一用者，如初、哉、首、基之皆为始，他们相互为注，叫作“转注”。有一字数用者，或由本义引申，或依于声而旁寄，叫作“假借”①。转注字之义可以依据古注相互发明。例如《尚书・尧典》“光被四表”中的“光”字，王鸣盛依据《尔雅》训“光”为“充”，使学者疑惑，而蔡沈《书集传》解为“显”，似乎更为通顺。戴震指出：《尔雅》“桄，颎，充也”，《说文》：“桄，充也。”陆德明《经典释文》：“桄，孙作光，古黄反。”孙愐《唐韵》说：“桄，古旷反。”《礼记・乐记》：“横以立武。”郑玄注：“横，充也。谓气作充满也。”《经典释文》：“横，古旷反。”《大戴礼记・孔子闲居》：“以横于天下。”郑玄注：“横，充也。”戴震由此判断“桄”“横”数字一义，都为“充满”。“横四表、格上下对举……‘横’转写为桄，脱误为光，追原古初，当读‘古旷反’，庶合充霩广远之义。”②其后，洪榜为戴震检得一例证，《淮南子・原道训》有“横四维而含阴阳”，高诱注：“横，读桄车之桄。”是汉人横、桄通用的明证。所以戴震深有感触地指出：必须于古训遍观尽识，才能得到确解。假借在文献中广泛存在，“六书依声托事，假借相禅，其用至博，操之至约也”③。这是符合造字的经济原则的。“夫六经字多假借，音声失而假借之意何以得？故训音声相为表里”④。许威汉指出：“戴震提到‘训诂声音相为表里’，表明了语言与意义的关系，即现代说的声音是语言的物质外壳。这就纠正了一千七百年来文字直接表示概念的错觉，成为清代训诂学的精论。”⑤为寻求假借的法则，戴震作《转语二十章》以发明古音通转的规律。为便于学者推求假借字义，戴震从发音部位上探讨古音声纽系统，推求出语词通转规律：“凡同位则同声，同声则可以通乎其义。位同则声变而同，声变而同则其义亦可以比之而通。”创立了完整的阴、阳、入相配系统。音转规律的发现，为按照本字无法读通的文字寻得了通过声音寻求字义的途径，“疑于义者以声求之，疑于声者以义正

---

① 戴震：《答江慎修先生论小学书》，见张岱年主编：《戴震全书》（第三册），合肥：黄山书社，1994 年，第 333～334 页。

② 戴震：《与王内翰凤喈书》，见张岱年主编：《戴震全书》（第六册），合肥：黄山书社，1995 年，第 277～278 页。

③ 戴震：《转语二十章序》，见张岱年主编：《戴震全书》（第六册），合肥：黄山书社，1995 年，第 304 页。

④ 戴震：《六书音均表序》，见张岱年主编：《戴震全书》（第六册），合肥：黄山书社，1995 年，第 384 页。

⑤ 许威汉：《戴震全书序二》，见张岱年主编：《戴震全书》（第一册），合肥：黄山书社，1994 年，序第 6 页。

之”[①]。马裕藻指出“(戴震)在古音学上有这样大的成绩,所以对于六书训诂,特见甚多”[②]。戴震继承前人的研究成果,系统地提出了“因声求义”的训诂方法,使其系统化、理论化,成为清代训诂学的一大钤键。

名物、典制都是特定时代的产物,对六经典制的训诂必须挖掘时代含义,还原当时的时代背景。然而典籍亡佚,汉儒训诂便弥足可贵。所以戴震说:“汉儒训诂各有师承,又去古未远,使其说皆存,用备参稽,犹不足以尽通于古,况散逸既多,则见者可忽视之乎?”[③]当古籍说法不一之时,则要“广揽汉儒笺注之存者,以为综考故训之助”[④]。例如毛、郑皆以《诗经·摽有梅》为“及时当嫁之义”,戴震据《诗经》《礼记》考证男子二十而冠,女子十五而笄,盖冠而后有室,笄而后可以嫁。《大戴礼记》云,男十六“然后情通,然后其施行”,女十四“然后其化成”。此举其端言之也。《周礼·地官》:“媒氏掌万民之判,凡男女自成名以上,皆书年月日,名焉。令男三十而娶,女二十而嫁……若无故而不用令者,罚之。”此举其终值大限言之。《国语》:“勾践欲报吴,誓其民曰女子十七不嫁,其父母有罪,丈夫二十不娶,其父母有罪。此志在繁育人民,故限之使速昏……不计少长以为之期,则过其盛壮之年,而失人伦之正。”[⑤]戴震博洽旁通,以理推断男女当嫁时限。又如戴震研究《考工记》,根据典籍记载,综合条贯,然后根据描述为器皿绘制图形,使“古人制作,昭然可见”。不少出土文物已证实戴震所绘图形。例如戴震说的“当兔在舆下正中”,已为1980年出土的秦制大型彩绘铜车马所证实,可见戴震对名物、典制考订之精确。戴震考证追求“征之古训,协于时中,充然明诸心而后得所止”[⑥],所以纪昀说:“戴君深明古人小学,故其考证制度字义,为汉已降儒者所不能及。以是求之圣人遗经,发明独多。”[⑦]

---

① 戴震:《转语二十章序》,见张岱年主编:《戴震全书》(第六册),合肥:黄山书社,1995年,第305页。

② 马裕藻:《戴东原对于古音学的贡献》,见张岱年主编:《戴震全书》(第七册),合肥:黄山书社,1997年,第576页。

③ 戴震:《尚书义考·义例》,见张岱年主编:《戴震全书》(第一册),合肥:黄山书社,1994年,第12页。

④ 戴震:《古经解钩沉序》,见张岱年主编:《戴震全书》(第六册),合肥:黄山书社,1995年,第377页。

⑤ 戴震:《诗摽有梅解》,见张岱年主编:《戴震全书》(第六册),合肥:黄山书社,1995年,第232～233页。

⑥ 戴震:《原善》,见张岱年主编:《戴震全书》(第六册),合肥:黄山书社,1995年,第24页。

⑦ 纪昀:《考工记图序》,见张岱年主编:《戴震全书》(第七册),合肥:黄山书社,1997年,第177页。

六、结语：戴震已对训诂学理论体系作了初步构建

戴震从对经文传注和训诂专书的研究中归纳出训诂法则和条例，提炼出训诂理论和方法，对后世训诂学的发展产生了重要影响。黄侃《训诂学讲词》首次系统地勾勒了训诂学理论体系，论述了训诂之意义、训诂之方式、本有之训诂与后起之训诂、独立之训诂与隶属之训诂、义训与声训、说文之训诂与解文之训诂的不同，以及《说文》之训诂必与形相贴切、以声韵求训诂之根源、求训诂之次序、声训、声训分类等。但是可以看出，黄侃受戴震启发颇多。例如黄侃指出训诂产生的原因和功用时说："至时有古今，而音有转变；犹地有南北，而转多岐异。地远须经翻译；时远须有训诂，此训诂之所由生也。"①"有翻译则能使别国如乡邻，有训诂则能使古今如旦暮，所谓通之也。"②这与戴震所言如出一辙。又如，戴震指出训诂学对象包括随文注释的训诂和通释语义的专书。黄侃则进一步区分了"说字之训诂与解文之训诂""经学训诂与小学训诂"，并指出两者的区别："小学之训诂贵圆，经学之训诂贵专。盖一则可因文义之联缀而曲畅旁通；一则宜依文立义而法有专守故尔。"③戴震沟通了语言与文字的关系，首倡"因声求义"之法，黄侃则曰："故凡以声音相训者，为真正之训诂。"④戴震以古注"去古未遥，咸资证实"，黄侃则立"诠释旧文不能离已有之训诂而臆造新解"之条目⑤。戴震认为训诂条件是具备广博知识，黄侃则曰："惟声音、文字讲求纤悉，然后训诂之道得其会归……一学之立，必待与之相关诸学尽有纪纲。"⑥诸如此类，不胜枚举。可见，黄侃《训诂学讲词》所列训诂学基本理论，戴震已有思量和表述。当然，黄侃扩大了训诂学研究范围，使训诂学摆脱了经学附庸地位，训诂理论也更加系统化，呈现出后出转精之势，但戴震筚路蓝缕之功实不可没。

第二节　戴震因声求义之文字训诂方法

戴震于《古训》中云："士生三古后，时之相去千百年之久，视夫地之相隔千百里之远无以异，昔之妇孺闻而辄晓者，更经学大师转相讲授，而仍留

---

① 黄侃述、黄焯编：《文字声韵训诂笔记》，上海：上海古籍出版社，1983年，第180页。
② 黄侃述、黄焯编：《文字声韵训诂笔记》，上海：上海古籍出版社，1983年，第216页。
③ 黄侃述、黄焯编：《文字声韵训诂笔记》，上海：上海古籍出版社，1983年，第219页。
④ 黄侃述、黄焯编：《文字声韵训诂笔记》，上海：上海古籍出版社，1983年，第200页。
⑤ 黄侃述、黄焯编：《文字声韵训诂笔记》，上海：上海古籍出版社，1983年，第222页。
⑥ 黄侃述、黄焯编：《文字声韵训诂笔记》，上海：上海古籍出版社，1983年，第231页。

疑义,则时为之也。”[①]时间的流逝如同空间的离隔,文字、语音、词义都会发生很大变化,加之文字上古今字、假借字的运用,使得往昔妇孺皆知之事,今人难以明了。为消除时空的隔膜,训诂应运而生。戴震远承两汉古文经学的治学方法,近接清初实学之风,致力于朴学,提出了因声求义、形义互求,以及文献互证之训诂方法。他尝云:“夫援《尔雅》以释《诗》、《书》,据《诗》、《书》以证《尔雅》,由是旁及先秦以上,凡古籍之存者综核条贯,而又本之六书音、声,确然于故训之原,庶几可与于是学。”[②]又曰:“字学、故训、音声未始相离,声与音又经纬衡纵宜辨。”[③]为求一字之“的”解,不仅要利用前人训诂成果,汇综群籍,择善而从,还要本之六书,分析形体,发掘文字形体所寓之义,同时还要了解古音,由古音以通古义,实行音义互求。于文字训诂中,戴震最大的贡献在于“因声求义”法之提出。在文字的形、音、义关系中,音实为枢纽。黄侃于《声韵略说》中说:“三者之中,又以声为最先,义次之,形为最后。”[④]又于《文字声韵训诂笔记》中进一步说:“凡以声音相训者,为真正之训诂。反是,即非真正之训诂。”[⑤]戴震凭借其精湛的音韵学知识,系统地提出了“因声求义”之训诂方法,使其系统化、理论化,成为清代训诂学一大钤键。

一、戴震因声求义理论的提出

因声求义,即通过对汉字声音线索的分析来探求和诠释词义。因声求义法的运用,可上溯到先秦,如《周易·说卦》之“干,健也”;《论语·颜渊》之“政者,正也”;《孟子·滕文公上》之“校者,教也”即是其例。汉代因声求义之法已经广泛运用,《尔雅》《方言》《说文》《释名》等训诂专书以及六艺群书的注解都有大量的声训。但是当时的因声求义之法是建立在对声音与意义关系的模糊认识之上。至宋元之际的戴侗,对声义关系理论才有了较为明确而系统的认识。他于《六书故·六书通释》中说:“夫文,生于声音也。有声而后形之以文,义与声俱立,非生于文也。”“夫文字之用,莫博于谐声,莫变于假借,因文以求义而不知因声以求义,吾未见其能尽文字之情

---

① 戴震:《古训》,见张岱年主编:《戴震全书》(第六册),合肥:黄山书社,1995年,第503页。

② 戴震:《尔雅文字考序》,见张岱年主编:《戴震全书》(第六册),合肥:黄山书社,1995年,第275页。

③ 戴震:《与是仲明论学书》,见张岱年主编:《戴震全书》(第六册),合肥:黄山书社,1995年,第371页。

④ 黄侃:《黄侃论学杂著》,北京:中华书局,1964年,第93页。

⑤ 黄侃述、黄焯编:《文字声韵训诂笔记》,上海:上海古籍出版社,1983年,第200页。

也。”[①]戴侗明确提出因声以求义之主张。之后，清初的黄生等，都在因声求义的运用上有所发挥，并提出“以古音通古义之原”的主张，使这一方法趋于成熟。然而由于古音缺乏研究，因此在理论和方法上一直没有明确而系统的阐述。直到清代，因声求义作为训诂的重要方法才臻于系统化、理论化。“戴震首先提出了训诂的原理和方法”[②]。他于《六书音均表序》中明确指出：“夫六经字多假借，音声失而假借之意何以得？故训音声相为表里。”[③]又于《论韵书中字义答秦尚书》说：

> 字书主于训诂，韵书主于音声，然二者恒相因。音声有不随诂训变者，则一音或数义；音声有随诂训而变者，则一字或数音。大致一字既定其本义，则外此音义引伸，咸六书之假借。其例或义由声出，如“胡”字，惟《诗》“狼跋其胡”，与《考工记》“戈胡”“戟胡”用本义。至于“永受胡福”，义同“降尔遐福”，则因“胡”“遐”一声之转，而“胡”亦从“遐”为远。“胡不万年”“遐不眉寿”又因“胡”“遐”“何”一声之转，而“胡”“遐”皆从“何”。又如《诗》中曰“宁莫之知”，曰“胡宁忍予”，曰“宁莫我听”，曰“宁丁我躬”，曰“宁俾我遁”，曰“胡宁瘨我以旱”，“宁”字之义，传《诗》者失之。以转语之法类推，“宁”之言“乃”也。凡训诂之失传者，于此亦可因声而知义矣。[④]

戴震在前人研究的基础上不仅系统地提出了“义由声出”“一声之转”的训诂原则，发掘出书面文字形体掩盖下的音义关系；而且为寻求音义通转的法则，特意作《转语二十章》以发明“六书依声托事，假借相禅，其用至博，操之至约也。学士茫然，莫究‘所以’。今别为二十章，各从乎声，以原其义”，使学者“疑于义者以声求之，疑于声者以义正之”[⑤]。

陆宗达、王宁在《训诂方法论》一书中对戴震首提的“训诂音声相为表里”“因声而知义”理论做了十分精辟的阐述：“这就是说，义与音分别是语言的内容与形式，它们在社会约定俗成的基础上结合起来后，便要产生共

---

① 戴侗：《六书故》，西蜀李鼎元刊本，1784年。

② 洪诚：《训诂学》，见《洪诚文集》，南京：江苏古籍出版社，2000年，第17页。

③ 戴震：《六书音均表序》，见张岱年主编：《戴震全书》（第六册），合肥：黄山书社，1995年，第384页。

④ 戴震：《论韵书中字义答秦尚书》，见张岱年主编：《戴震全书》（第三册），合肥：黄山书社，1994年，第334～335页。

⑤ 戴震：《转语二十章序》，见张岱年主编：《戴震全书》（第六册），合肥：黄山书社，1995年，第304、305页。

同的或相应的运动，这就是‘相为表里’。而字形仅仅是记录这个音义结合体的符号。对语言来说，字形是外在的东西，它只是书写符号的形式而不是语言本身的形式。而且它又是语言产生和发展到一定阶段才产生的。所以，语义的发展变化从本质上是依托于声音而不依托于字形的。文字与语言既然有着既统一又矛盾的关系，那么，形与音、义也必然存在着统一和矛盾这两个方面。因此，离开了声音这个因素，是不可能通过形、音、义的统一来正确解释古代语言的。”①他们充分肯定了戴震因声求义的科学性。

二、因声求义训诂方法的表述形式

正确使用术语体现了研究的严密性。戴震训诂学著作运用了一套表达音义关系的术语。归纳起来主要有：（一）“通”类；（二）“转语”类；（三）“同”类；（四）“作”类；（五）“声训”类；（六）“双声叠韵”类。

（一）“通”类

“通”的具体表述形式有：某某通、某某古通用、某某声义通、某亦通用某、某某古亦通、某某本亦通、某某假借通用、古字某通用某等。尽管表述形式不一，但基本含义一致，都要从语音和语义两方面指明词与词的关系。例如《尚书义考》：“佚，代厥民析，鸟兽孳尾。”戴震按曰：“孳尾，《史记》作‘字微’。‘孳、字’‘尾、微’，声义通，言字养其生之微者。《说文》云‘字，乳也’。《诗》‘琐兮尾兮’，尾亦微也。”②孳，《说文》：“孳，汲汲生也。”《广韵》子之切，上古音精母之部。字，《说文》：“字，乳也。”《广韵》疾置切，上古音精母之部。孳、字声义相同。尾，《说文》：“尾，微也。”《广韵》无匪切，上古明音母微部。微，《说文》：“微，隐行也。”《广韵》无非切，上古音明母微部。尾、微声义相同。又如《方言》：“覆结谓之帻巾，或谓之承露。”戴震疏证曰：“《后汉书·光武帝纪》‘皆冠帻’，《注》云：‘《汉官仪》曰：“帻者，古之卑贱不冠者之所服也。”《方言》曰：“覆髻谓之帻，或谓之承露。”’……‘结’‘髻’古通用。”③《说文》：“结，缔也。”《释名·释姿容》：“结，束也。”《广韵》古屑切，上古音见母质部。《说文新附》：“髻，緫发也。”《字汇·纟部》：“緫，俗总字。”《说文·纟部》：“总，聚束也。”“髻”，《广韵》古诣切，上古音见母质部。“结”“髻”见母双声，质部叠韵，又语义上都有聚束之义，“结”“髻”二字同源、相通用。

---

① 陆宗达、王宁：《训诂方法论》，北京：中国社会科学出版社，1983年，第79页。

② 戴震：《尚书义考》，见张岱年主编：《戴震全书》（第一册），合肥：黄山书社，1994年，第43页。

③ 戴震：《方言疏证》，见张岱年主编：《戴震全书》（第三册），合肥：黄山书社，1994年，第76页。

（二）“转语”类

转语是指随着时间和地点的变化而音稍有变化的一组词，也指这种音转字异的语言现象。最初指出这种语转现象的是汉代扬雄。《方言》里明确指出语转的地方有6处。不少未注明语转的一组方言词也有语音上的联系。晋人郭璞有15次用到转语。戴震更是普遍运用转语理论，因声推义。具体术语有：语之转、一声之转、语转、声之转、一声轻重。例如《毛诗补传》：“未见君子，惄如调饥。”戴震按曰：“惄，心虚无所凭也。调、朝语之转。”①《说文》：“调，和也。”《广韵》从聊切，上古音定幽部。《说文》：“朝，旦也。”《广韵》陟遥切，上古音端母幽部。调、朝音近，声转而假借。又如《方言》：“烈、枿，余也。陈、郑之间曰枿，晋、卫之间曰烈，秦、晋之间曰肄，或曰烈。”戴震疏证曰：“《诗·周南》‘伐其条肄’，《毛传》：‘肄，余也。斩而复生曰肄。’‘肄’‘余’语之转。”②《襄二十九年左氏传》“夏肄是屏”，杜注：“肄，余也。”“肄”，《广韵》羊至切，上古音余母脂部。余，《广韵》以诸切，上古音余母鱼部。二字余母双声，韵部发生转化。

（三）“同”类

“同”主要用来沟通两个或两个以上音义相同或音近义同的词。主要表述形式有：某某同、某某音义同、某某同音、某某同用。例如《毛郑诗考正》：“嶞山乔岳，允犹翕河。”戴震按曰：“《尔雅》：‘峦，山嶞。’‘嶞’与‘椭’声义通。圆长曰椭。凡山之形不正圆，故有嶞之名，谓山之圆而长者。‘乔’与‘峤’同。《尔雅》：‘锐而高，峤。’是也。”③《说文》：“乔，高而曲也。”《广韵》巨娇切，上古音群母宵部。《说文新附》：“峤，山锐而高也。从山乔声，古通用作乔。”《广韵》渠庙切，上古音群母宵部。乔、峤音同通用。又如《方言》：“潣沭、佂伀，遑遽也。江、湘之间凡窘猝怖遽谓之潣沭，或谓之佂伀。”戴震疏证曰：“王褒《四子讲德论》‘百姓佂伀，无所措其手足’，李善《注》引《方言》：‘佂伀，惶遽也。’《广雅》：‘潣沭，怖遽也。佂伀，惧也。屏营，佂伀也。’‘遑’‘惶’同，‘遽’‘懅’同。”④《玉篇》：“遑，暇也。”《广韵》胡光切，上古音匣母阳部。《说文》：“惶，恐也。”《广雅》：“惶，惧也。”《广韵》胡光切，上古音匣母阳部。《说文》：“遽，传也。一曰窘也。”《广雅》：“遽，惧也。”《广韵》其据切，上古音群母鱼部。《玉篇》：“懅，心急也。”《集韵》：“懅，惧也。”《广

---

① 戴震：《毛诗补传》，见张岱年主编：《戴震全书》（第一册），合肥：黄山书社，1994年，第160页。

② 戴震：《方言疏证》，见张岱年主编：《戴震全书》（第三册），合肥：黄山书社，1994年，第11页。

③ 戴震：《毛郑诗考正》，见张岱年主编：《戴震全书》（第一册），合肥：黄山书社，1994年，第666页。

④ 戴震：《方言疏证》，见张岱年主编：《戴震全书》（第三册），合肥：黄山书社，1994年，第160页。

韵》强鱼切，上古音群母鱼部。遑与惶、遽与懅音同义通。

（四）"作"类

此类一般表述为：某亦作某，当系联两个以上词时表述为：某亦作某，又作某；某亦作某，或作某。例如《方言》："燕、齐之间，养马者谓之娠，官婢女厮谓之振。"戴震疏证曰："'娠'亦作'侲'。《后汉书·文苑列传》'虏僌侲'，《注》引《方言》：'侲，养马人也。'《玉篇》引《方言》：'燕、齐之间谓养马者曰侲。'《说文》云：'官婢女隶谓之娠。'徐坚《初学记》引《方言》：'燕、齐之间，养马者及奴婢女厮皆谓之娠。'"[①]《说文·女部》："娠，女妊身动也。从女，辰声。《春秋传》曰：'后缗方娠。'一曰：'宫俾女吏谓之娠。'"《说文新附》："侲，童子也。从人，辰声。""娠"，《广韵》失人切，上古音书母文部。"侲"，《广韵》章刃切，上古音禅母文部。声纽书禅旁纽，韵部相同。又如《毛郑诗考正》："《传》：'山有草木曰屺。'"戴震按曰："'屺'亦作'峐'。《尔雅·释山》曰：'无草木，峐。'刘熙《释名》云：'屺，圮也，无所出生也。'"[②]《说文》："屺，山无草木也。"《广韵》墟里切，上古音溪母之部。《尔雅》："无草木峐。"《广韵》古哀切，上古音见母之部。屺、峐声纽见溪同类正转而通，屺为山无草木也。

（五）"声训"类

此类形式有：某读为某、某即某、某犹某也。例如：《毛郑诗考正》："《传》：'掘阅，容阅也。'《笺》云：'掘阅，掘地解阅，谓其始生时也。以解阅喻君臣朝夕变易衣服也。'"戴震按曰："'掘'，《说文》引此作'堀'，云'突也'。突者，堀起之意，即《笺》所谓'掘地'也。《荀子》言：'良贾不为折阅不市。'折，损也；阅，卖也。盖'阅'与'脱'通……'堀''掘'通用，'阅'读为'脱'。"[③]《说文》："阅，具数于门中也。"《广韵》弋雪切，上古音以母月部。《广雅》："脱，离也。"《广韵》他括切，上古音透母月部。阅与脱韵部相同，声纽变转而义相通。又如《方言》："盬，且也。"戴震疏证曰："盬读为姑息之姑。《广雅》：'嫴，且也。'皆古字假借通用。《礼记·内则篇》：'姑与之，而姑使之。'郑《注》云：'姑犹且也。'"[④]《说文》："盬，河东盐池。"《小尔雅·广

---

① 戴震：《方言疏证》，见张岱年主编：《戴震全书》（第三册），合肥：黄山书社，1994 年，第 45～46 页。

② 戴震：《毛郑诗考正》，见张岱年主编：《戴震全书》（第一册），合肥：黄山书社，1994 年，第 605 页。

③ 戴震：《毛郑诗考正》，见张岱年主编：《戴震全书》（第一册），合肥：黄山书社，1994 年，第 610 页。

④ 戴震：《方言疏证》，见张岱年主编：《戴震全书》（第三册），合肥：黄山书社，1994 年，第 228 页。

言》："姑，且也。"《诗·周南·卷耳》："我姑酌彼金罍。""盬"，《广韵》公户切，上古音见母鱼部。"姑"，《广韵》古胡切，上古音见母鱼部。二字音同假借，从而盬具有"且"义。

（六）"双声叠韵"类

以双声叠韵来求义，就是说两字有双声、叠韵的关系，因音近而义通。此类术语主要用来说明联绵词。如《方言》："党、晓、哲，知也。楚谓之党。注：党，朗也，解寤貌。"戴震疏证曰："注内'党朗'，叠韵字也。《广韵》作'爣朗'，云'火光宽明'。"[①]"党"，《广韵》多朗切。上古音端母阳部。"朗"，《广韵》庐档切。上古音来母部阳部。"党""朗"韵部相同，为叠韵联绵词。又如《方言》："钞、嫽，好也。"戴震疏证曰："'钞'亦作'俏'，《广韵》云：'俏醋，好貌。''俏醋'，双声形容之词，亦方俗语也。"[②]"俏"，《广韵》七肖切。上古音清母宵部。"醋"，《广韵》仓故切。上古音清母铎部。"俏""醋"清母双声。

三、因声求义训诂方法的功用

段玉裁于《广雅疏证序》中说："圣人之制字，有义而后有音，有音而后有形。学者之考字，因形以得其音，因音以得其义。治经莫重于得义，得义莫切于得音。"字音为字形与字义的枢纽。具体而言，戴震的因声求义训诂方法主要运用在假借字、同源字、联绵词和方言词的释义方面。

（一）揭示假借本字

假借指在行文中借用一个音同或音近字的现象。音同或音近字的临时替代有悖于汉字形义的约定俗成性，造成了文字形义分离的矛盾。因此，若拘于字形强为之解，必致望文生义、穿凿附会，而即形索音，执音破形，方可怡然理顺、得古义之真谛。"诂训之指，存乎声音。字之声同声近者，经传往往假借，学者以声求义，破其假借之字而读以本字，则涣然冰释；如其假借之字而强为之解，则诘籟为病矣"[③]。对此，戴震有清醒的认识。他于《六书音均表序》中明确指出："夫六经字多假借，音声失而假借之意何以得？故训音声相为表里。"[④]戴震紧扣借字与本字音同（音近）的语音标准来发明假借，并旁搜曲证、多方确考，力求有理有据，语无虚发。如《尚书

---

① 戴震：《方言疏证》，见张岱年主编：《戴震全书》（第三册），合肥：黄山书社，1994年，第9页。

② 戴震：《方言疏证》，见张岱年主编：《戴震全书》（第三册），合肥：黄山书社，1994年，第29页。

③ 王引之：《经义述闻序》，南京：江苏古籍出版社，2000年，第2页。

④ 戴震：《六书音均表序》，见张岱年主编：《戴震全书》（第六册），合肥：黄山书社，1995年，第384页。

义考》:“曰若稽古。”戴震按曰:“发端之辞,或言‘于’,或言‘爰’,或言‘粤’,声义相近。《说文》:‘粤,于也。审慎之辞。《周书》“粤三日丁亥”。’据《说文》,‘粤’为本字,其作‘越’,或作‘曰’,并六书之假借。《尔雅·释诂》:‘粤、于、爰,曰也。爰、粤,于也。’‘粤’与‘曰’重出,于六书为疏。《尔雅·释言》:‘若、惠,顺也。’‘若’与‘如’一声之转,‘惠’与‘顺’一声之转。《说文》:‘如,从随也。’从随之义,引而伸之为顺、为同。篇内‘若’字多矣,皆相因无异解,不得合‘曰若’二字为发语辞。”[①]《说文》:“曰,词也。”“曰”,《广韵》王伐切,上古音匣母月部。《说文》:“粤,亏也。审慎之辞。”“粤”,《广韵》王伐切,上古音匣母月部。“曰”与“粤”音同而假借,为发语之辞。“若”,《广韵》而灼切,上古音日母铎部。“如”,《广韵》人诸切,上古音日母鱼部。“若”与“如”声同韵转,假借为如,义为顺从。又如《尚书义考》:“咨十有二牧,曰:‘食哉,惟时柔远能迩。’”戴震按曰:“《诗·大雅》‘柔远能迩’,郑《笺》云:‘能,犹伽也。安远方之国,顺伽其近者。’《释文》云:‘能,徐云:毛如字,郑奴代反。伽,检字书未见所出,《广雅》云:“如,若也,均也。”义音相似,而字则异。旧音如庶反,义亡难见。’《疏》云:‘谓顺适其意也。能迩,谓惠中国。柔远,即绥四方也。’今以声义考之,能、而、如、若,一声之转。后汉《督邮斑碑》‘柔远而迩’,《易》‘利建侯而不宁’,《释文》云:‘郑读而曰能。’能,犹安也。”[②]《说文》:“能,熊属,足似鹿。”《广韵》奴登切,上古音泥母蒸部。《说文》:“而,颊毛也,象毛之形。”《广韵》如之切,上古音日母之部。能、而、如、若四字音近而转,为安顺之义。

戴震对六书之假借深有探究,其于《经考附录》中明述假借形成之由,以及假借之类型,曰:“六书之假借,《说文序》云‘本无其字,依声托事’是也。凡六书之字,古人谓之名,名者,声之为也。既以声名之,从而为之字。假借者,本无其字,而假他字以寄是名者也。或两名声同,则为同声之假借;或两名声微异,则为转声之假借。上古但有语言,未有文字,语言每多于文字,亦先于文字。”文字是记录语言的,而语言多于文字,故而借字记录,所以古文多假借。根据借字与语言的关系,假借分为同声假借和声转假借。戴震进一步以“变易”之“易”与“蜥易”之“易”为例,说明文字之假借:“事物之变换迁移谓之易,此一名也;蜥易之为物,以双声名之,此又一名也。未立蜥易字之前,不可谓无变易之语。专就蜥易傅会变易之义,可

---

① 戴震:《尚书义考》,见张岱年主编:《戴震全书》(第一册),合肥:黄山书社,1994年,第15、16页。

② 戴震:《尚书义考》,见张岱年主编:《戴震全书》(第一册),合肥:黄山书社,1994年,第101、102页。

乎？《易》之为变易，《象》之为像，无涉于虫兽。说者支离穿凿，由六书不明，不知假借之说耳！”①“变易”之“易”与“蜥易”之“易”仅为假借，凡以“蜥易”傅会“变易”之义，皆因不明六书之假借。“凡六书之假借”，仅仅是“依声托事也”②。所以戴震训诂多用因声求义之法揭示假借本字。

(二)系联同源词

王力指出：“凡音义皆近，音近义同，或音同义近的字，叫做同源字。这些字都有同一来源。或者是同时产生的，如‘背’和‘负’；或者是先后产生的，如‘氂’(牦牛)和‘旄’(用牦牛尾装饰的旗子)。同源字，常常是以某一概念为中心，而以语音的细微差别(或同音)，表示相近或相关的几个概念。”③因为古汉语以字为单位，故同源字就是同源词。同源词具有源流相因，或同出一源的语族关系，它们所指内容含有某一共同的意义成分，因此可以依据某一词语的声音系联出该词的同源词，追述出词根意义。

戴震不仅继承了前人以一个汉字声符为纲系联语源的方法，还能突破文字形体的拘囿，以声系联、引申触类，发现词汇系统内部语词间的共源关系，探索语词发展、词义演变的内在规律，求得词根义。如《毛郑诗考正》：“不戢不难，受福不那。”戴震按曰：“古字‘丕’通作‘不’，大也。那，如‘有那其居’之‘那’，安也。言大自敛而不敢肆，大知难而不敢慢，则宜受福大安也。凡《诗》中‘不显’‘不承’‘不时’‘不宁’‘不康’，皆当读为‘丕’。《诗》之‘不显不承’，即《书》之‘丕显’、‘丕承’也。《书·立政》篇‘丕丕基’，汉《石经》作‘不不其’。”④《说文》：“不，鸟飞上翔不下来也。从一，一犹天。”故有大之义。“不”后借用为否定副词，日久而为借意所专。《说文》：“丕，大也。从一，不声。”不、丕音同，由“不”孳乳出“丕”。《汉语大字典》：“不，孳乳为丕。”不、丕为同源词，义皆为“大”。又如《毛郑诗考正》：“‘东有甫草’，《传》：‘甫，大也。’《笺》云：‘甫草者，甫田之草也。郑有圃田。’”戴震注曰：“古字‘甫’‘圃’通，义皆为大。《国语》曰‘薮有圃草，囿有林池’，韦《注》云：‘圃，大也。必有茂大之草以财用之也。’《诗》之‘甫草’，即《国语》‘圃草’耳，不必如《笺》说。又李善注《文选》引《韩诗》‘东有圃草’，薛君《章句》云：‘圃，博也。有博大茂草也。’”⑤《说文》：“甫，男子美称也。”甫有美好之义，

---

① 戴震：《经考附录》，见张岱年主编：《戴震全书》(第二册)，合肥：黄山书社，1994年，第371页。

② 戴震：《尚书义考》，见张岱年主编：《戴震全书》(第一册)，合肥：黄山书社，1994年，第49页。

③ 王力：《同源字典》，北京：商务印书馆，1982年，第3页。

④ 戴震：《毛郑诗考正》，见张岱年主编：《戴震全书》(第一册)，合肥：黄山书社，1994年，第628页。

⑤ 戴震：《毛郑诗考正》，见张岱年主编：《戴震全书》(第一册)，合肥：黄山书社，1994年，第619～620页。

引申为大。《尔雅·释诂上》:“甫,大也。”圃,《说文》:“种菜曰圃,从□甫声。”引申为草木繁茂、盛大。圃,从甫得声,二字同源,义皆为大。

(三)系联联绵词的异体形式

在古代汉语中,字与词基本上是一致的,但有时也会产生分歧,用两个或两个以上的字形(音节)来记录一个完整的词,即今天所称的“联绵词”。它们不仅联合两个音节来表达一个意义,不能拆开分析,而且两个音节之间多存在双声或叠韵的关系。同时,它们不拘形体,一个词甚至有多种音同或音近的书写变体,这些变体只不过是用不同的词形表示相同的音节,或表示某一联绵词在其发展过程中略有变化的声音而已。有鉴于此,解读联绵词务必要摆脱文字视觉形象的束缚,“就古音以求古义”,而不能从字形上凿求。

戴震于《方言疏证》中常用双声叠韵关系来系联不同形体的联绵词。如《方言》:“侗、胴(挺挏),状也。”戴震疏证曰:“《注》内‘挺挏’当作‘音挺挏之挏’。《汉书·百官公卿表》‘更名家马为挏马’,《注》:‘晋灼曰:“挏音挺挏之挏。”师古曰:“晋音是也。挏音徒孔反。”’前卷六内有‘侹侗’,卷十内又有‘恫娗’,三处音同而字异,且有先后之别。凡双声多取音,不取字。”①“挏”,《广韵》徒揔切,上古音定母东部;“侗”,《广韵》他红切,上古音定母东部;“恫”,《广韵》他红切,上古音定母东部。“挺”,《广韵》徒鼎切,上古音定母耕部;“侹”,《广韵》他鼎切,上古音透母耕部;“娗”,《广韵》他鼎切,上古音定母耕部。“挏”“侗”“侗”音同,“挺”与“娗”音同,与“侹”定透旁纽,耕部叠韵。“挺挏”“侹侗”“恫娗”为联绵词的不同书写形式。又如《方言》:“褛裂、须捷、挟斯,败也。南楚凡人贫衣被丑敝谓之须捷,或谓之褛裂,或谓之褴褛。”戴震疏证曰:“‘褴褛’,今《左传》作‘蓝缕’。服虔《注》云:‘言其缕破蓝蓝然。’《疏》引《方言》:“楚谓凡人贫衣破丑敝为蓝缕。”②“挟”,《广韵》胡颊切,上古音匣母叶部。“侠”,《广韵》胡颊切,上古音匣母叶部。二字音同。故“挟斯”亦作“侠斯”。“蓝”,《广韵》鲁甘切,上古音来母淡部。“褴”,《广韵》鲁甘切,上古音来母淡部。“蓝”“褴”双声叠韵。“缕”,《广韵》力主切,上古音来母侯部。“褛”,《广韵》徒协切,上古音来母侵部。“缕”“褛”来母双声,韵部侵侯无涉,为音近字。故“褴褛”亦作“蓝缕”。

(四)用语转明方言的音转字异

扬雄于《答刘歆书》中说:“故天下上计孝廉及内郡卫卒会者,雄常把三

---

① 戴震:《方言疏证》,见张岱年主编:《戴震全书》(第三册),合肥:黄山书社,1994年,第191页。
② 戴震:《方言疏证》,见张岱年主编:《戴震全书》(第三册),合肥:黄山书社,1994年,第60页。

寸弱翰，赍油素四尺。问其异语，归即以铅摘次之于椠，二十七岁于今也。”可见《方言》是以汉代活的语言为记录对象的。“正因为这样，所以《方言》里所用的文字有好些只有标音的作用：有时沿用古人已造的字，例如，‘儇，慧也’，《说文》‘慧，儇也’，《荀子·非相篇》‘乡曲之儇子’；有时迁就音近假借的字，例如，‘党，知也’，‘党’就是现在的‘懂’字；又‘寇、剑、弩，大也’，这三个字都没有‘大’的意思；另外还有扬雄自己造的字，例如‘俺’训爱，‘㥶’训哀，‘㛪’训好之类。这三类中，除了第一类还跟意义有关系外，实际上都是标音符号。”[①]所以突破形体束缚，运用因声求义，是疏证《方言》最切实有效的方法。程瑶田于《果蠃转语记跋》中甚至认为：“绝代异语，别国方言，无非一声之转。”

戴震《方言疏证》大量运用因声求义之训诂方法，说明方俗音变，指出这些因音转而字异的语言现象，有利于以雅言通方俗语，以及方言之间的互求。例如《方言》：“佥，宋、魏之间谓之欂殳，或谓之度。”戴震疏证曰：“‘度’‘打’一声之转。”[②]“度”，上古音定母铎部。“打”，上古音端母耕部。定端旁纽，铎耕旁对转。佥就是打谷的连枷，宋、魏之间称为“打”，是以其功能而得名，又因方言音转而记为“度”。又如《方言》：“蝇，东齐谓之羊。陈、楚之间谓之蝇。自关而西，秦、晋之间谓之羊。”戴震疏证曰：“‘蝇’‘羊’一声之转。羊可呼蝇，蝇亦可呼为羊，方音既异，遂成两名。”[③]“蝇”，上古音喻母蒸部“羊”，上古音喻母阳部。喻母双声，蒸阳旁转。一物两名是由韵部音转而造成的。

四、提出因声求义训诂方法的价值

陆宗达、王宁指出：“义与音分别是语言的内容与形式，它们在社会约定俗成的基础上结合起来后，便要产生共同的或相应的运动，这就是‘相为表里’……所以，语义的发展变化从本质上是依托于声音而不依托于字形的。”[④]因声求义是科学的训诂方法。戴震将其古音学成就运用于文字训诂，通过“语转”“同”“通”等术语，以声音为纽带，突破汉字形体外壳，系联出大量的假借字、同源词、异体联绵词，将看似无关的字书、韵书的训释及古书的注解串联起来，达到疏证词义的目的。

---

① 罗常培：《方言校笺序》，周祖谟：《方言校笺》，北京：中华书局，1993 年，第 2 页。

② 戴震：《方言疏证》，见张岱年主编：《戴震全书》（第三册），合肥：黄山书社，1994 年，第 90、91 页。

③ 戴震：《方言疏证》，见张岱年主编：《戴震全书》（第三册），合肥：黄山书社，1994 年，第 179 页。

④ 陆宗达、王宁：《训诂方法论》，北京：中国社会科学出版社，1983 年，第 79 页。

戴震因声求义之思想对当时训诂学研究具有革命性的影响,起着导夫先路的作用。其弟子王念孙、段玉裁将之进一步发展,使其日臻系统化、理论化。王念孙为吏部尚书王安国之子。王安国于乾隆二十一年(1756)延请戴震馆于家,令王念孙从其学。王念孙深得因声求义之思想,他于《广雅疏证序》中说:"窃以诂训之旨,本于声音,故有声同字异、声近义同。虽或类聚群分,实亦同条共贯,譬如振裘必提其领,举网必挈其纲,故曰本立而道生,知天下之至赜不可乱也。此之不悟,则有字别为音、音别为义。或望文虚造而违古义,或墨守成训而鲜会通。易简之理既失,而大道多歧矣。今则就古音以求古义,引伸触类,不限形体。"段玉裁于乾隆二十八年(1763)在京师聆听戴震讲学,便视戴震为师,自称弟子。尽管戴震数辞拜师之请,但是段玉裁意志坚定。乾隆二十八年,戴震许以"师弟"称段玉裁。自此,段玉裁常伴戴震左右,誊抄戴震著作,以信件往来商讨音韵学,深得戴震思想的影响。至于因声求义思想,段玉裁也说:"小学有形、有音、有义,三者互相求,举一可得其二。有古形,有今形,有古音,有今音,有古义,有今义。六者互相求,举一可得其五。古今者,不定之名也。三代为古,则汉为今,汉魏晋为古,则唐宋以下为今。圣人之制字,有义而后有音,有音而后有形,学者之考字,因形以得其音,因音以得其义。治经莫重于得义,得义莫切于得音。"①王念孙的《广雅疏证》、段玉裁的《说文解字注》都彻底冲破文字形体束缚,广泛地系联音同、音近的语词来互参互证,使此二书成为小学研究之典范。沈晋华在论述戴震对语言学的贡献时曾引用黄季刚先生的话说:"自戴氏树立楷模,其弟子段玉裁、王念孙钟美前修。段氏以声音施于文字,而后知假借、引申与本字之界限;王氏由声韵贯穿训诂,而后知声音训诂浑为一物。"②戴震发起之功不可磨灭。

白玉微瑕,戴震在使用"通""同""语转"等多个术语来系联假借字、同源词、联绵词的异体形式时,这些术语在功能上分工不清,存在交叉现象。以"通"为例,它不仅使用于假借字之间,还用于同源字、异体字之间,是一个多功能的模糊术语。其后,王念孙的《广雅疏证》、段玉裁的《说文解字注》、郝懿行的《尔雅义疏》等也都具有这个缺陷。这种现象主要是由于古代典籍用字具有较大的随意性,音同音近字可借用,古今字、异体字之间也可换用,这在客观上造成训诂学家模糊使用术语来沟通词与词之间的关系。再加上当时系统的训诂学理论尚未成熟,训诂术语尚未统一,戴震术

---

① 段玉裁:《广雅疏证序》,见王念孙:《广雅疏证》,南京:江苏古籍出版社,2000年,第2页。

② 沈晋华:《章太炎〈成均图〉对戴震〈转语〉的继承和发展》,载《苏州教育学院学报》2002年第4期。

语使用之缺点当然在所难免。不过，戴震在理论和实践上的建树是不可低估的，他开启了有清一代训诂学鼎盛的序幕。

第三节　从《方言疏证》看戴震的词书训诂特色

诚如戴震所说，“时之相去”犹如“地之相隔”，往昔妇孺皆知之字义，今人却难以明了。要理解古人语言，就要运用一定的训诂手段来消除文字障碍，使得古今通达。作为清代考据学派的代表人物，戴震反复强调训诂的重要性，批判宋、明以来空谈义理、轻视训诂之弊。他于《与是仲明论学书》中曰：“经之至者道也，所以明道者其词也，所以成词者字也。由字以通其词，由词以通其道，必有渐。”①又与段玉裁书曰：“宋儒讥训诂之学，轻语言文字，是欲渡江河而弃舟楫，欲登高而无阶梯也。”②要真正把握存在于经典之中的大道，就必须弄懂文本，确切地了解经典字词之义，由词以通其道。所以戴震重视字书、词书研究，以《方言》为《尔雅》《说文》之外最切于治经者，又有感于“宋、元以来，六书故训不讲，故鲜能知其精核”，开始研究《方言》，以期“俾治经、读史、博涉古文词者，得以考焉”③。戴震的《方言疏证》体现了其词书训诂特色。

一、本之六书，因声求义

戴震利用哲学思辨中“本体”与“器用”的关系，对传统的六书说加以改造，提出了著名的“四体二用”说。他认为“大致造字之始，无所凭依，宇宙间事与形两大端而已”。指其事之实曰“指事”，象其形之大体曰“象形”。“文字既立，则声寄于字，而字有可调之声；意寄于字，而字有可通之意”。取乎声谐曰“谐声”，声不谐而会合其意曰“会意”。指事、象形、谐声、会意为造字之初的造字方法。至于字之用，数字共一用者，其义转相为注曰“转注”；一字具数用者，依于义以引申，依于声而旁寄，假此以施于彼曰“假借”④。也就是说，转注、假借是之后的文字运用。因为“六书也者，文字之纲领，而治经之津涉也。载籍极博，统之不外文字，文字虽广，统之不越六

---

① 戴震：《与是仲明论学书》，见张岱年主编：《戴震全书》（第六册），合肥：黄山书社，1995年，第370页。

② 戴震：《与段茂堂等十一札》，见张岱年主编：《戴震全书》（第六册），合肥：黄山书社，1995年，第541页。

③ 戴震：《方言疏证》，见张岱年主编：《戴震全书》（第三册），合肥：黄山书社，1994年，第6、7页。

④ 戴震：《答江慎修先生论小学书》，见张岱年主编：《戴震全书》（第三册），合肥：黄山书社，1994年，第333～334页。戴震的“四体二用”说详见本书第四章。

书”，所以理解古籍必须本之六书，否则就会“纲领既违，讹谬日滋”①。

文字创作之初的指事字、象形字、会意字和形声字，“其形体和意义有着密切的关系，因而汉字构形的基本意义往往可以从字形的考察与分析中显示出来”②。因此，以形求义是常用的传统训诂手段。然而，以形求义只能探寻本意，至于引申义、假借义则无能为力。在文字的形、音、义关系中，音义关系更为密切。凡有声语言自出现之日起就是音义的结合体，此后出现的文字不过是记录这个结合体的符号。正如黄侃所言，“三者（形、音、义）之中，又以声为最先，义次之，形为最后”③。因此通过对汉字声音线索的分析来探求和诠释词义的训诂方法，即因声求义之法才是真正的训诂方法。戴震深谙此理，他于《六书音均表序》中说：“夫六经字多假借，音声失而假借之意何以得？故训音声相为表里。”④于六书中，因为有假借之存在，所以训诂还必须通晓声韵，“本之音声”。章太炎说：“对转之理，戴氏发明之，孔氏完成之。前之顾氏，后之段氏，皆长于韵学，短于音理。江氏颇知音理，戴氏最深。孔氏继之。”⑤由于戴震精通音理，故其能在前人研究的基础上系统地提出“义由声出”“一声之转”的训诂原理，“首先提出了训诂的原理和方法”⑥。

戴震不仅系统地提出了“义由声出”“一声之转”的训诂原理，发掘出书面文字形体掩盖下的字、音、义关系，而且为寻求音义通转的法则，特意作《转语二十章》以发明“六书依声托事，假借相禅，其用至博，操之至约也。学士茫然，莫究‘所以’。今别为二十章，各从乎声，以原其义”，使学者“疑于义者以声求之，疑于声者以义正之”⑦。

《方言疏证》可以说是戴震运用因声求义理论的成果。戴震紧扣借字与本字音同（音近）的语音标准来发明假借，并旁搜曲证、多方考证，力求有理有据，语无虚发。如《方言》卷十二：“菲、怒，怅也。”《疏证》云：“‘菲’亦作‘悲’，《广雅》：‘悲、怒，怅也。’义本此。曹宪音释：‘悲，音翡，又芳尾反。’应即‘不悱不发’之‘悱’。”⑧《尔雅》释“菲”为“意菜”。“菲”，《广韵》芳尾切，

① 戴震：《六书论序》，见张岱年主编：《戴震全书》（第六册），合肥：黄山书社，1995年，第295页。

② 白兆麟：《新著训诂学引论》，上海：上海辞书出版社，2005年，第200页。

③ 黄侃：《声韵略说》，见《黄侃论学杂著》，北京：中华书局，1964年，第93页。

④ 戴震：《六书音均表序》，见张岱年主编：《戴震全书》（第六册），合肥：黄山书社，1995年，第384页。

⑤ 章太炎：《国学略说》，上海：上海文艺出版社，2001年，第26页。

⑥ 洪诚：《训诂学》，南京：江苏古籍出版社，1984年，第18页。

⑦ 戴震：《转语二十章序》，见张岱年主编：《戴震全书》（第六册），合肥：黄山书社，1995年，第304、305页。

⑧ 戴震：《方言疏证》，见张岱年主编：《戴震全书》（第三册），合肥：黄山书社，1994年，第186页。

上古音微韵滂纽。《论语·述而》:"不忿不启,不悱不发。"朱熹注:"悱者,口欲言而未能之貌。""菲"以"非"为声符,与"悱"字音同,因假借而具有怅义。

同时,戴震还运用"一声之转"等术语,说明语言的空间音变,并指出这种音转字异的语言现象,有利于以雅言通方语,以及方言之间的互求。例如《方言》卷十一:"蝇,东齐谓之羊。陈、楚之间谓之蝇。自关而西,秦、晋之间谓之羊。"《疏证》云:"'蝇''羊'一声之转,羊可呼蝇,蝇亦可呼为羊,方音既异,遂成两名。书中皆此类,《注》以为不宜别立名,非也。"①"蝇",《广韵》余陵切,上古属蒸韵定纽。"羊",《广韵》与章切,上古属阳韵定纽。蝇、羊同纽双声,蒸阳韵部旁转。"羊"字仅仅是因地域音变而另用的新字,它们所表达的概念是相同的。再如《方言》卷五:"佥,宋、魏之间谓之欇殳,或谓之度。"《疏证》:"'度''打'一声之转。"②"度",上古音铎韵定纽。"打",上古音耕韵端纽。定端旁纽,铎耕旁对转。佥为打谷的连枷,宋、魏之间称佥为"打",是以其功能而得名,又因方言音转而记为"度"。

戴震精通音理,审音与考古并重,创立了完整的阴、阳、入相配系统,正式提出声、韵正转、变转之法。戴震的古音理论受到王国维的高度评价,他以为戴震等人的古音成就是"前无古人,后无来者","(戴震)在古音学上有这样大的成绩,所以对于六书训诂,特见甚多"③。戴震将其古音学知识和音转理论运用于《方言》的训诂,利用音同音近关系,或突破文字形体,以破假借;或用音转以明方言音变,沟通方言词。因声求义之训诂方法是戴震训诂的精髓。黄侃说:"以义训者,苟取以相明,惟声训乃真正之训诂。"④"因声求义"为传统训诂学提供了一种较为科学的研究方法。周祖谟盛赞戴震因声求义之法,曰:"清代学者在训诂学方面最大的贡献是沟通语言与文字的关系,提出研究文字和字义必须理解声音,不理解声音就无以解决从文字形体上所不能解决的问题,甚至有时会陷于迷惘而不知所措。因为语言是用声音来表达意义的,文字只是记录语音的符号,所以必须了解文字的声音,从声音去探求意义。戴震说:'训诂音声相为表里。'这是很重要的见解……成为清代学者研究训诂的准绳,从而建立了许多推考字义的理论和方法,把零散的知识贯串起来,使训诂学在中国语言学科中成为有系

---

① 戴震:《方言疏证》,见张岱年主编:《戴震全书》(第三册),合肥:黄山书社,1994年,第179页。

② 戴震:《方言疏证》,见张岱年主编:《戴震全书》(第三册),合肥:黄山书社,1994年,第90、91页。

③ 马裕藻:《戴东原对于古音学的贡献》,见张岱年主编:《戴震全书》(第七册),合肥:黄山书社,1997年,第576页。

④ 黄侃述、黄焯编:《文字声韵训诂笔记》,上海:上海古籍出版社,1983年,第190页。

统、有理论、有严谨方法的一门学问。”①

二、利用异文,推本求源

作为文字学术语,异文是与正字相对而言的,是假借字、异体字、古今字等的统称。把握汉字系统,分析汉字的通用、假借、古今变化以明词义,这显然是在利用汉语的字与词之间的天然联系为词语解释寻求切实途径。利用异文相互比较是印证释义正确性的有效方法。戴震重视异文现象,他尝语程瑶田曰:“《尔雅》《说文》二书,宝书也。其异义处,则互有得失。”②并自称“欲搜考异文,以为订经之助”③。戴震于《方言疏证》中沟通古今,辨明本假,明析流变,探究词源,无处不渗透着他对文字学知识的归纳总结。他利用异文作了大量的训诂、考证工作。据初步整理,《方言疏证》中戴震共系联异文 330 组(引文不在研究之列)。

异文的根本特点是差异性,而具有差异性的双方又有一定的联系,这是异文双方的对立统一。由于产生异文的具体原因不同,互异双方的内在联系亦不同。通过对戴震《方言疏证》中所系联的异文的形音义关系和具体形成原因的考察,我们将其归纳为四种基本类型,即异体字、假借字、同源词和古今字。所谓“异体字”,就是彼此音义相同而外形不同的字,除了形体上的不同,其在音义和用法等方面都是相同的。中国幅员辽阔,不同地方的人根据不同的理由创造文字,一旦得到社会承认,便产生了异体字,异体字是较为普遍的现象,尤其在记录方音的《方言》中。正如王宁所说:“在利用字形探求词义的时候,多一个形体,便可以多一个考音考义的资料,使词义推求更为准确。”“归纳记录同词的异字,以便由多方面探求形义统一,是训诂学的一项必要的工作。”④《方言疏证》系联的 330 组异文中,有 109 组为异体字。

假借关系型异文一方为本字,一方为本字的假借字。两个字在意义上没有关联,仅读音相同或相近。假借是古人的一种用字习惯,指在行文中不用本字(或无本字)而临时借用一个音同或音近的字。音同或音近字的临时替代有悖于汉字形义的约定俗成,造成了文字的形义分离。因此,若拘于字形强为之解,必致望文生义、穿凿附会,而即形索音、执音破形,则可

---

① 周士琦编:《周祖谟语言文字论集》,北京:人民教育出版社,2000 年,第 240 页。

② 程瑶田:《说文引经异同序》,见张岱年主编:《戴震全书》(第七册),合肥:黄山书社,1997 年,第 276 页。

③ 戴震:《古经解钩沉序》,见张岱年主编:《戴震全书》(第六册),合肥:黄山书社,1995 年,第 377 页。

④ 王宁:《训诂学原理》,北京:中国国际广播出版社,1996 年,第 45 页。

以怡然理顺、得古人用字之真谛。对此，戴震有异常清醒的认识。他于《六书音均表序》中明确指出，“夫六经字多假借，音声失而假借之意何以得？故训音声相为表里”①。在《方言疏证》中，戴震处处联系声音，发明假借。如《方言》卷三：“差、间、知，愈也。南楚病愈者谓之差，或谓之间，或谓之知。知，通语也。”《疏证》云：“孔安国注《论语》‘少间’云：‘少差曰间。’《广雅》：‘知、瘥、蠲、除、慧、间、瘳，愈也。’义本此。‘差’‘瘥’古通用。”②《说文》：“差，二也。差，不相值也。”“差”为“愈”者，因“差”“瘥”二字音同通用。

同源词出自同一语源，“在同一词族中，派生词的音和义是从其语根的早已经约定俗成而结合在一起的音和义发展而来的，因此带有了历史的可以追索的必然性”③。戴震利用同源词意义的可追溯性，探求词源义，疏证词条。例如《方言》卷二“俺偯、浑、膞、膿、僁、泡，盛也。偯，自关而西，秦、晋之间语也。陈、宋之间曰僁，江、淮之间曰泡，秦、晋或曰膿。梁、益之间，凡人言盛及其所爱，伟其肥晠谓之膿。”《疏证》云：“《汉书·贾邹枚路传》‘壤子王梁、代，益以淮阳’，晋灼曰：‘扬雄《方言》：梁、益之间，所爱讳其肥盛曰壤。’……《说文》：‘益州鄙言人盛，讳其肥谓之膿。’《玉篇》引《方言》：‘膿，肥也。’……‘膿’‘壤’，古通用。”④《说文》：“壤，柔土也。”《释名》：“壤，膿也，肥濡意也。”《玉篇》：“地之缓肥曰壤。”可见“壤”指土地肥盛，“膿”指人肥盛，二字皆以“襄”为声符，上古音为阳韵日纽，“膿”与“壤”为一组同源词，从而具有“盛”义。

古今字是一个词在不同时期的不同书写形式。戴震具有时间观念，常利用今字疏通古字，系联出一部分古今字。文字的古体字和后起字在笔画形体上不同，戴震说其古今变化而明其字义。例如《方言》卷十三：“涅，休也。”《疏证》：“《广雅》：‘溺、涅，没也。’‘休’即古‘溺’字。曹宪音释：‘涅，乃结反。’”⑤“休”字罕见，戴震指出“休”为“溺”之古字，其释为“没”便顺理成章。《说文》：“休，没也。从水从人。奴历切。”段玉裁《说文解字注》于“溺”下云：“今人用为休没字，溺行而休废矣。”⑥

---

① 戴震：《六书音均表序》，见张岱年主编：《戴震全书》（第六册），合肥：黄山书社，1994年，第384页。

② 戴震：《方言疏证》，见张岱年主编：《戴震全书》（第三册），合肥：黄山书社，1994年，第61、62页。

③ 陆宗达、王宁：《训诂方法论》北京：中国社会科学出版社，1983年，第80页。

④ 戴震：《方言疏证》，见张岱年主编：《戴震全书》（第三册），合肥：黄山书社，1994年，第32页。

⑤ 戴震：《方言疏证》，见张岱年主编：《戴震全书》（第三册），合肥：黄山书社，1994年，第218～219页。

⑥ 段玉裁：《说文解字注》，南京：凤凰出版社，2015年，第910页。

张相在《诗词曲语辞汇释·叙言》中说:“有以同义异文印证者。类似之文句,甲文某字作某,乙文作某,比照之而其义可见。”①赵克勤也说:“古人在引用前人著作时常常有同义词替换的情况,这就构成了大量异文……根据这一情况,我们可以通过对比不同版本或不同书籍的异文来研究某些词的词义。”②戴震通过系联异文,揭示异文之间的同源、假借以及古今关系,从而达到由深至浅疏证《方言》词条的目的。

三、参之群籍,综核条贯

梁启超于《清代学术概论》中把盛清学者之学风概括为十大特点,前五点为:“一、凡立一义,必凭证据;无证据而以臆度者,在所必摈。二、选择证据,以古为尚。以汉唐证据难宋明,不以宋明证据难汉唐;据汉魏可以难唐,据汉可以难魏晋,据先秦西汉可以难东汉。以经证经,可以难一切传记。三、孤证不为定说。其无反证者姑存之,得有续证则渐信之,遇有力之反证则弃之。四、隐匿证据或曲解证据,皆认为不德。五、最喜罗列事项之同类者,为比较的研究,而求得其公则。”③说的正是乾嘉学派实事求是、言必有据的学风。作为乾嘉学派的代表人物,戴震凭借深厚的小学和文献功底,自觉地把语言文字和文献资料贯通起来,“以字考经,以经考字”。其于《尔雅注疏笺补序》中云:“《尔雅》,六经之通释也。援《尔雅》附经而经明,证《尔雅》以经而《尔雅》明……为之旁摭百氏,下及汉代,凡载籍去古未遥者,咸资证实,亦势所必至。”④又曰:“广揽汉儒笺注之存者,以为综考故训之助。”⑤“一字之义,当贯群经、本六书,然后为定。”⑥

戴震《方言》研究便采用了这种字书、经传互证之法。研究之初,他把《方言》抄录在李焘《许氏说文五音韵谱》上,以便于《方言》与《说文》的互证。此外,戴震《方言疏证序》指出:“许慎《说文解字》、张揖《广雅》多本《方言》,而自成著作,不加所引用书名……盖是书汉末晋初乃盛行,故应劭举以为言,而杜预以释经,江琼世传其学,以至于式。他如吴薛综述《二京

① 张相:《诗词曲语辞汇释·叙言》,北京:中华书局,1953年,第7页。

② 赵克勤:《古代汉语词汇学》,北京:商务印书馆,1994年,第135页。

③ 梁启超:《清代学术概论》,上海:上海古籍出版社,2005年,第40页。

④ 戴震:《尔雅注疏笺补序》,见张岱年主编:《戴震全书》(第六册),合肥:黄山书社,1995年,第276页。

⑤ 戴震:《古经解钩沉序》,见张岱年主编:《戴震全书》(第六册),合肥:黄山书社,1995年,第377页。

⑥ 戴震:《与是仲明论学书》,见张岱年主编:《戴震全书》(第六册),合肥:黄山书社,1995年,第371页。

解》，晋张载、刘逵注《三都赋》，晋灼注《汉书》，张湛注《列子》，宋裴松之注《三国志》，其子骃注《史记》，及隋曹宪、唐陆德明、孔颖达、长孙纳言、李善、徐坚、杨倞之伦，《方言》及《注》，几备见援摭。”[①]戴震言下之意，凡晚成于《方言》的《说文》《广雅》等字书，以及其他援引《方言》或郭注之书，它们广采《方言》成说，皆足以为考订《方言》之资。

此外，成书时间早于《方言》的字书《尔雅》和先秦文献，它们同为古代的客观事物，而客观情况多同少异，故戴震也引这些书以参照比较。这些同类之书、“备见援摭”的材料皆是疏证《方言》的有力佐证。例如《方言》卷十二“鞅、侼，怼也”条，为疏证“鞅”义，戴震援引同时代和稍后文献《史记》《汉书》，曰：“《史记·伍子胥列传》：‘常鞅鞅怨望。’《淮阴侯列传》：‘由此日怨望，居常鞅鞅，羞与绛、灌等列。’又《高祖本纪》：‘此常怏怏，今乃事少主。’《绛侯世家》：‘此怏怏者，非少主臣也。’《汉书》皆作‘鞅鞅’，颜师古《注》云：‘鞅鞅，不满足也。’”[②]据史料和古人训诂可知，此所引数人皆有不满情绪，正可帮助理解“鞅，怼也”之义。

戴震《方言疏证》一书引用书目达 101 种，共采书证 3268 条。所引书目涉及经史子集各部。经部主要有：《周易》，晋王弼注，唐孔颖达疏；《诗经》，汉毛亨传，郑玄笺，唐孔颖达疏；《古文尚书》，汉孔安国传，晋王肃注，唐孔颖达疏；《尚书大传》，汉伏胜撰；《周礼》，汉郑玄注；《礼记》，汉郑玄注，唐孔颖达疏；《仪礼》，郑玄注；《大戴礼记》，汉戴德撰；《春秋左氏传》，东汉服虔注，晋杜预注，唐孔颖达疏。其中，小学类主要有：《尔雅》，汉舍人注，汉魏间孙炎注，晋郭璞注，宋邢昺疏；《说文解字》，东汉许慎撰，徐铉校定；《广雅》，魏张揖撰；《经典释文》，唐陆德明撰；《毛诗草木虫鱼疏》，晋陆机撰；《玉篇》，晋顾野王撰；《广韵》，宋陈彭年撰；《类篇》，宋司马光撰；《说文解字系传》，南唐徐锴撰。正史类主要有：《史记》，汉司马迁撰，宋裴骃《集解》，唐司马贞《索隐》；《汉书》，汉班固撰，唐颜师古注；《后汉书》，宋范晔撰；《三国志》，晋陈寿撰，宋裴松之注。子类主要有：《荀子》，战国荀况撰，唐杨倞注；《老子》，春秋老聃撰；《列子》，列御寇撰，晋张湛注；《庄子》，战国庄周撰；《淮南鸿烈》，汉刘安撰，高诱注。集类主要有：《楚辞》，汉王逸注，宋洪兴祖补注；《文选》，梁萧统编，唐李善注；《乐府诗集》，宋郭茂倩辑；《艺文类聚》，唐欧阳询等撰；《初学记》，唐徐坚撰；《太平御览》，宋李昉等撰。

其中，《尔雅》和《说文》征引较多。《说文》出现 393 次，《尔雅》162 次。频

---

① 戴震：《方言疏证》，见张岱年主编：《戴震全书》（第三册），合肥：黄山书社，1994 年，第 5～6 页。

② 戴震：《方言疏证》，见张岱年主编：《戴震全书》（第三册），合肥：黄山书社，1994 年，第 192 页。

繁的征引，源于它们与《方言》的密切关系。不仅戴震说“许慎《说文解字》、张揖《广雅》多本《方言》”，何九盈于《中国古代语言学史》中也分析了《尔雅》《说文》与《方言》的关系：“许慎不仅引用经典证词义，还引用了四十多种方言为证。《说文》出现的方言地区有古国名，如秦、晋、韩、宋、赵、齐、吴、楚等，州郡名有梁、益、青、徐、汝南、陈留、河内、陇西等，所证词义有170多条。这些方言资料，有的取材于扬雄的《方言》，有的是他所熟悉的家乡话，有的也可能是‘博问’而来。”“‘正名命物’是《尔雅》的第一个目的……正名的另一内容就是释方语，以雅言为标准，比较各地有关的方言词汇。”①《尔雅》《说文》与《方言》有相同的研究对象，可相互发明之处自然较多。

余嘉锡于《古书通例绪论》中说：“治学所以必读古书者，为其阅时既久，亡佚日多，其卓然不可磨灭者，必其精神足以自传，譬之簸出糠粃，独存精粹也。”②戴震推崇古书传注，以为舍古而无以求是，故其遍览群籍，博观约取，疏证《方言》时，征引古书传注，得心应手，左右逢源。

传统的以形索义、音义互求的训诂方法都有一定的局限性，如果没有文献资料的佐证，则有望文生义、滥施声训，或者孤证不立、言而无据之嫌。陆宗达说：“探求字义不能只凭字形附会，必须核证文献语言，做扎扎实实的调查研究工作，才能使形义的统一关系反映无误。”“运用‘因声求义’的训诂方法，必须核证于文献语言，也就是必须从实际语言材料中找出‘信而有征’的佐证，以避免主观臆测，妄作推断。”③所以戴震训诂本着“征之古训，协于时中，充然明诸心而后得所止”④的原则，广征博引，上至先秦诸子，下达时哲通人。余廷灿称其是“有一字不准六书，一字解不通贯群经，即无稽者不信，不信者必反复参证而后即安”⑤。戴震对考据的要求是准确无误，这样就保证了他的结论往往是不容置疑的。

戴震远承东汉古文经学的治学方法，近接清初实学之风，致力于朴学，提出了因声求义、形义互求以及文献互证之训诂方法⑥。他尝云：“字学、故训、音声未始相离，声与音又经纬衡纵宜辨。”⑦为求一字之“的”解，戴震

---

① 何九盈：《中国古代语言学史》，广州：广东教育出版社，2005年，第65、28页。

② 余嘉锡：《古书通例·绪论》，上海：上海古籍出版社，1985年，第2页。

③ 陆宗达、王宁：《训诂方法论》，北京：中国社会科学出版社，1983年，第72、123页。

④ 戴震：《原善》，见张岱年主编：《戴震全书》（第六册），合肥：黄山书社，1995年，第24页。

⑤ 余廷灿：《戴东原先生事略》，见张岱年主编：《戴震全书》（第七册），合肥：黄山书社，1997年，第23页。

⑥ 徐道彬：《徽州朴学成因的地域性解读——以戴震为中心的考察》，载《安徽大学学报（哲学社会科学版）》2008年第3期。

⑦ 戴震：《与是仲明论学书》，见张岱年主编：《戴震全书》（第六册），合肥：黄山书社，1995年，第371页。

不仅本之六书，分析形体，发掘文字形体所寓之义，同时还了解古音，由音索义，实行音义互求。他还利用前人的训诂成果，汇综群籍，择善而从，形成了鲜明的训诂特色。戴震以《方言疏证》的实践向世人昭示其字书研究之科学方法，并深刻地影响了段玉裁、王念孙等一代弟子。他们继承并发扬了戴震的训诂方法，引而申之，补所未备，所著《说文解字注》和《广雅疏证》成为小学研究的巅峰之作①。胡朴安说："二百年来确有治学之方法，立有清一代考据学之基础，衣被学者至今日犹享受之而未尽，则休宁戴东原先生其人也。"②

第四节　从《诗经》研究看戴震的经学训诂特色

戴震于《与姚孝廉姬传书》中说："凡仆所以寻求于遗经，惧圣人之绪言暗汶于后世也。然寻求而获，有十分之见，有未至十分之见。所谓十分之见，必征之古而靡不条贯，合诸道而不留余议，巨细必究，本末兼察。若夫依于传闻以拟其是，择于众说以裁其优，出于空言以定其论，据于孤证以信其通，虽溯流可以知源，不目睹渊泉所导，循根可以达杪，不手披枝肄所歧，皆未至十分之见也。"③戴震所谓"寻求而获，有十分之见，有未至十分之见"，是符合人的认知规律的。无论是对于人类社会还是个人而言，人的认知都是一个渐进的过程。对于遗经的研究只有达到"征之古而靡不条贯，合诸道而不留余议"，才能叫作"十分之见"。"十分之见"的获得必须本末兼察、空所依傍、言而有据、多闻阙疑。梁启超高度评价戴震提出的十分之见，认为是科学的研究方法。他说："其所谓十分之见与未至十分之见者，即科学家定理与假说之分也。科学之目的，在求定理，然定理必经过假设之阶级而后成。初得一义，未敢信为真也，其真之程度，或仅一二分而已，然姑假定以为近真焉，而凭借之以为研究之点，几经试验之结果，寖假而真之程度增至五六分，七八分，卒达于十分，于是认为定理而主张之。其不能至十分者，或仍存为假说以俟后人，或遂自废弃之也。凡科学家之态度，固当如是也。震之此论，实从甘苦阅历得来。所谓昔以为直而今见其曲，昔以为平而今见其坳，实科学研究法一定之历程，而其毅然割舍，'传信不传

---

① 徐道彬：《论戴震〈方言疏证〉的学术价值和地位》，载《中国典籍与文化》2009年第4期。

② 胡朴安：《戴东原先生全集序》，见张岱年主编：《戴震全书》（第七册），合肥：黄山书社，1997年，第171页。

③ 戴震：《与姚孝廉姬传书》，见张岱年主编：《戴震全书》（第六册），合肥：黄山书社，1995年，第372页。

疑’，又学者社会最主要之道德矣。”①戴震的《诗经》研究是其寻求“十分之见”的最好诠释，反映了戴震“实事求是以明道”的经学训诂特色。

一、三易其稿，不以己自蔽

戴震以《诗经》“《三百篇》皆忠臣、孝子、贤妇、良友之言也”②而精心研究《诗经》。他最早的《诗经》研究著作是《毛诗补传》。据段玉裁所撰《戴东原先生年谱》记载，是书完成于乾隆十八年(1753)，戴震时值三十一岁③。戴震于《毛诗补传》序言中交代了该书治《诗》的原则，即“今就全诗考其名物字义于各章之下，不以作诗之意衍其说”④。于《诗经》传注中，戴震最为推崇《毛诗故训传》《毛诗郑笺传》和朱熹《诗集传》，故《毛诗补传》于每章之下，首列以上三书释义精准者，至于未释语词，戴震则为之作释，以“震按”标识，附于其后。例如：于《鄘风·君子偕老》“蒙彼绉絺，是绁袢也”章，戴震按曰：“绁袢，袢延，盖古有是语，今并未闻。绉絺精而细靡，当暑用为服。疑诗意言其无流汗沾濡之苦，服之在体，热气散解，袢延而宽也。绁之言洩，袢之言泮。延，宽舒也。”⑤于《卫风·芄兰》“虽则佩觿，能不我知”章，戴震按曰：“《方言》‘知，愈也’。病愈亦谓之知。史传有‘几日知’之语。盖古语之别，而今人失其解矣。”⑥如戴震所言，时之相隔千百年，犹如地之相隔千百里，不借助于训诂便难以通古人之语言。然而亦有虽有训诂而读者仍不能理解者，戴震便为之沟通训词与被训词的关系。例如《周南·汝坟》“惄如调饥”之“调”，《毛传》释曰：“调，朝也。”如此训释，让人不能知其所以然，故戴震以按语解释道：“调、朝语之转。”⑦又如《召南·鹊巢》“百辆御之”之“御”，《郑笺》释曰：“御，迎也。”戴震按曰：“御、迎语之转。”⑧除训释实词外，戴震还注意虚词的注释。例如《周南·葛覃》“言告师氏，言告言归”章，戴震按曰：“卬、吾、言、我，一声之转，或五方异语有之。《诗》中但为辞助。《易》‘说言乎兑’‘成言乎艮’，‘言’亦辞助也。”又如《周南·螽斯》

---

① 梁启超：《清代学术概论》，上海：上海古籍出版社，2005年，第31页。

② 戴震：《毛诗补传》，见张岱年主编：《戴震全书》(第一册)，合肥：黄山书社，1994年，第126页。

③ 段玉裁撰、杨应芹订补：《东原年谱订补》，见张岱年主编：《戴震全书》(第六册)，合肥：黄山书社，1995年，第663页。

④ 戴震：《毛诗补传·序》，见张岱年主编：《戴震全书》(第一册)，合肥：黄山书社，1994年，第125页。

⑤ 戴震：《毛诗补传》，见张岱年主编：《戴震全书》(第一册)，合肥：黄山书社，1994年，第208页。

⑥ 戴震：《毛诗补传》，见张岱年主编：《戴震全书》(第一册)，合肥：黄山书社，1994年，第225～226页。

⑦ 戴震：《毛诗补传》，见张岱年主编：《戴震全书》(第一册)，合肥：黄山书社，1994年，第160页。

⑧ 戴震：《毛诗补传》，见张岱年主编：《戴震全书》(第一册)，合肥：黄山书社，1994年，第165页。

“螽斯羽，诜诜兮”章，戴震按曰：“斯，辞也。或曰螽斯，或曰斯螽，便文协句尔。”①

戴震曾云，经之难明，尚有若干事需推求，所以他释读《诗经》，除词义训诂外，他还广泛考证名物、典制等知识，希冀通过对名物典制的考证，一步步接近《诗经》时代，以古人的眼光观照《诗经》。例如《周南·葛覃》“黄鸟于飞，集于灌木”章，戴震按曰：“黄鸟，经或谓之苍庚，《夏小正传》谓之商庚，亦谓之长股。《尔雅》谓之黧黄，亦谓之楚雀。”②又如《卫风·硕人》“葭菼揭揭”章，戴震按曰：“萑未秀为菼，《尔雅》亦谓之骓，骓其色也。萑之小者谓之蒹，《尔雅》谓之薕，今人通谓之荻。凡曰葭菼、曰蒹葭、曰萑苇、曰芦荻，皆二物并举。葭、芦、苇一物也。菼、薍、蒹、薕、萑、荻，一物也，说者多混。”③由于方言的存在，一物多名现象较为普遍。戴震罗列名物的异名，达到由已知知未知的目的。此外，戴震还详考古代典制。例如戴震于《鄘风·君子偕老》考证了王后礼服之制，曰：“《周礼》：‘内司服掌王后之六服：袆衣、褕翟、阙翟、鞠衣、展衣、褖衣。’郑《注》：‘王后之服，刻缯为之形而采画之，缀于衣。袆衣，画翚者。褕翟，画鹞者。阙翟，刻而不画。从王祭先王，则服袆衣。祭先公，则服褕翟。祭群小祀，则服阙翟。鞠衣，黄，桑服也。展衣，以礼见王及宾客之服。褖衣，御于王之服，亦以燕居。’”于《大雅·绵》，戴震考证了门的建制，曰：“天子五门：皋、库、雉、应、路。诸侯三门：库、雉、路。皋、郭语之转。郭门，外门也。诸侯之外门谓之库门。中门谓之雉门，亦谓之阙门，有两阙，《周礼》所谓‘象魏’，《春秋》所谓‘两观’是也。路寝之门谓之路门，亦谓之虎门，亦谓之毕门。”④

正如戴震所言，“盖名物字义，前人或失之者，可以详核而知。古籍俱在，有明证也。作诗之意，前人或失之者，非论其世、知其人，固难以臆见定也”⑤。这是一种求真务实的治学态度，梁启超盛赞该治《诗》原则“洵治诗

---

① 戴震：《毛诗补传》，见张岱年主编：《戴震全书》(第一册)，合肥：黄山书社，1994年，第153、156页。

② 戴震：《毛诗补传》，见张岱年主编：《戴震全书》(第一册)，合肥：黄山书社，1994年，第152～153页。

③ 戴震：《毛诗补传》，见张岱年主编：《戴震全书》(第一册)，合肥：黄山书社，1994年，第221～222页。

④ 戴震：《毛诗补传》，见张岱年主编：《戴震全书》(第一册)，合肥：黄山书社，1994年，第207、451页。

⑤ 戴震：《毛诗补传序》，见张岱年主编：《戴震全书》(第一册)，合肥：黄山书社，1994年，第125～126页。

良法”①。通过对名物、字义的推求，为走进《诗经》时代创造可能；而以夫子“思无邪”拟定篇旨，则还原了《诗经》的礼乐教化功能。

寻求而获，有十分之见，有未至十分之见。《毛诗补传》虽是戴震治《诗》的唯一完成之书，但是戴震认为此书为识见未定之作，尚需修正，“别录书内辨证成一帙”②。所谓“辨证一帙”就是指《毛郑诗考正》。在《毛诗补传》的基础上，戴震专摘《毛传》《郑笺》或经文中有异议之处，详加考证，所依材料大都本之古训古义，言而有据。例如《邶风·匏有苦叶》“深则厉，浅则揭”，《毛传》释“厉”为“以衣涉水为厉”③。戴震于《毛诗补传》中已意识到《毛传》训释之讹，指出：“厉，不成梁之名。”④在其后的研究中，戴震发现释“厉”为“不成梁之名”仍未至十分之见。他于《毛郑诗考正》中修正了自己的观点，认为“厉”由“履石渡水”而引申出桥梁之义，并广征博引，使释义确凿可信。戴震首先指出《毛传》训释之非，“既已以衣涉水矣，则何不可涉乎？似与诗人托言‘不度深浅，将至于溺不可救’之义未协”。然后戴震依据《说文解字》“砅，履石渡水也”，并引《诗》“深则砅”，指出“濿”本字为“砅”，省而为“厉”。“厉”的本意为“履石渡水”，引申而有桥梁之义。郦道元《水经注·河水》篇云：“段国《沙州记》：吐谷浑于河上作桥谓之河厉。”这是桥有“厉”之名之明证。戴震又根据《卫风·有狐》“淇梁”“淇厉”并称，推定“‘厉’固‘梁’之属”。释“厉”为桥梁，则诗句“深则厉，浅则揭”的意思是“水深则必依桥梁乃可过”，“浅水可褰衣而过”。这便与诗人“不度浅深，将至于溺不可救”之义相协了⑤。

戴震一字之训，做到了本之六书，贯通群经，而又实行本经前后互证，所以终成定论。又如《邶风·静女》“静女其姝，俟我于城隅”，《毛传》曰：“城隅，以言高而不可逾。”《郑笺》曰：“自防如城隅。”⑥戴震不同意《传》《笺》之解说，于《毛诗补传》中指出：“言城隅，以表至城下将入门之所也。”⑦但《毛诗补传》对于为何言“城隅以表至城下将入门之所”解说不详。戴震则于《毛郑诗考正》中依据古代婚礼指出：“诸侯娶一国，二国往媵之，

① 梁启超：《戴东原著述纂校书目考》，见《饮冰室合集》（第五册），北京：中华书局，1989年，第87页。

② 段玉裁撰、杨应芹订补：《东原年谱订补》，见张岱年主编：《戴震全书》（第六册），合肥：黄山书社，1995年，第664页。

③ 孔颖达等：《毛诗正义》，上海：上海古籍出版社，1990年，第86页。

④ 戴震：《毛诗补传》，见张岱年主编：《戴震全书》（第一册），合肥：黄山书社，1994年，第190页。

⑤ 戴震：《毛郑诗考正》，见张岱年主编：《戴震全书》（第一册），合肥：黄山书社，1994年，第598～599页。

⑥ 孔颖达等：《毛诗正义》，上海：上海古籍出版社，1990年，第103页。

⑦ 戴震：《毛诗补传》，见张岱年主编：《戴震全书》（第一册），合肥：黄山书社，1994年，第199页。

以侄娣从。冕而亲迎，惟嫡夫人耳。媵则至乎城下以俟迎者，然后入。”“静女其姝，俟我于城隅”指的就是“媵俟迎之礼”①。

此外，对于《毛诗补传》中对《毛传》《郑笺》解说语焉不详之处，《毛郑诗考正》也摘出补充说明。例如《邶风·新台》“籧篨不殄”，《毛传》曰：“籧篨，不能俯者。”《郑笺》曰：“籧篨口柔，常观人颜色而为之辞，故不能俯者也。”于《毛郑诗考正》中，戴震通过对“籧篨”的词义引申系列的梳理，进一步解释《毛传》《郑笺》以籧篨指口柔的原因。他首先据《方言》“簟或谓之籧苗，其粗者谓之籧篨”，指出籧篨是竹子编的粗席之名，不能卷折。后来引申为病名，《晋语》曰：“籧篨不可使俯。”以此疾似籧篨，不能俯仰。后又引申为口柔，因为“柔者，媚也，以言媚人者，常仰观颜色，病若籧篨之不能俯，故又为口柔之名。”②通过对“籧篨”词义引申系列的呈现，使人知其然而且知其所以然。

于《毛郑诗考正》中，戴震考据务求言而有据。相较于《毛诗补传》，戴震作《毛郑诗考正》时视域更加开阔，引用书目不再局限于《尔雅》《说文》《周礼》《经典释文》等几本字书、训诂专著，而是扩大至经史子集。具体而言，《毛郑诗考正》中所引书目包括：《仪礼》《礼记》《春秋传》《离骚》《汉书》《韩诗外传》《五经异议》《晋语》《方言》《史记》《论语》《释名》《国语》《杂问志》《文选》《魏都赋》《思玄赋》《縠梁春秋》《曲礼》《孟子》《淮南鸿烈》《后汉书》《考工记》《尚书古文疏证》等。

可以看出，经过多年的考证积累，戴震对《诗经》已经有了全面认识。时隔13年，戴震在《毛诗补传》的基础上，融入了《毛郑诗考正》内容，作《杲溪诗经补注》，希冀为后世《诗经》研读提供一个定本。戴震仍于每章之下首列《毛传》《郑笺》和朱熹《诗集传》，有资参证的材料则用小字注于相关条目之下；然后以按语形式阐说己见。“《补注》以《补传》为基础，在文字考订、典制辨证、语词释义、篇旨探索，乃至行文修辞等方面都有不同程度的删补加工，其质量无疑高出《补传》”③。以《关雎》首章为例，戴震于《毛诗补传》中只是引用《毛传》释义，而于《杲溪诗经补注》中，戴震辨析了《郑笺》“挚之言至也，谓王雎之鸟雌雄情义至然而有别”之非。戴震以《夏小正》“鹰始挚”、《曲礼》“前有挚兽”为依据，指出“挚”为“鸷”的假借字，义为猛。

---

① 戴震：《毛郑诗考正》，见张岱年主编：《戴震全书》（第一册），合肥：黄山书社，1994年，第600页。

② 戴震：《毛郑诗考正》，见张岱年主编：《戴震全书》（第一册），合肥：黄山书社，1994年，第601页。

③ 蒋立甫：《杲溪诗经补注说明》，见张岱年主编：《戴震全书》（第二册），合肥：黄山书社，1994年，第3页。

又《春秋传》杜预注曰："鸷而有别，故为司马，主法制。"这表明杜预注本引《毛诗》而取猛鸷之义。《诗经》以猛鸷之鸟兴淑女，戴震认为是"雎鸠之有别，本于其性成，是以诗寄意焉。凡诗辞于物，但取一端，不必泥其类"①。此外，《补注》还对《毛传》"窈窕，幽闲也"作了补充说明。戴震指出："窈窕，谓容也，其容幽闲、窈窕然。《礼》四教：妇德、妇言、妇容、妇功。容者，德之表。"②将"窈窕"解释为四教之妇容，指女子出入端庄持礼，这便恢复了《诗经》的教化功能。

《杲溪诗经补注》虽然仅完成《周南》《召南》二卷，但它是戴震识见稍定之作。段玉裁于《戴东原先生年谱》中说："今《二南》著录，而《诗补传》已成者不著录。先生所谓'每憾昔人成书太早，多未定之说'者，于此可见。"③作为完书的《毛诗补传》一直没有刊行，而只刊行了《二南》，这正是戴震传信不传疑精神的体现。戴震研究《诗经》历时十几年，三易其稿，力求做到不以己自蔽。戴震对十分之见的苦苦追求，于此可见一斑。

二、空所依傍，不以人蔽己

对于《诗经》学史上的争议问题，戴震都有自己独立的思考，不盲从，不偏信，唯求其是；对于证据不足者，则多闻阙疑、兼收并蓄。

自卫宏《毛诗序》发明诗旨，说明作诗之意，至汉唐学者皆深信不疑。然而自唐成伯玙始疑诗序，郑樵则斥序皆是村野妄人所作，朱熹作《诗集传》直接废序不用，而自拟诗旨。不同于清代学者"主汉者必攻宋，主宋者必攻汉"④，戴震认为"汉儒训诂有师承，亦有时傅会；晋人傅会凿空益多；宋人则恃胸臆为断，故其袭取者多谬，而不谬者在其所弃……宋以来，儒者以己之见硬坐为古贤圣立言之意，而语言文字实未之知"⑤，所以戴震治《诗》跳出汉宋门户之争，志存闻道，空所依傍，做到不以人蔽己。戴震认为知人论世是推演作诗之意的前提，然而由于关于作诗之人的文献阙如，后人无法确定作诗之意，即使明了《诗经》如汉之毛亨、郑玄，宋之朱熹，也仍会一诗或以为是君臣朋友之辞，或以为是夫妇男女之辞；或以为是刺讥之

---

① 戴震：《杲溪诗经补注》，见张岱年主编：《戴震全书》（第二册），合肥：黄山书社，1994年，第5页。

② 戴震：《杲溪诗经补注》，见张岱年主编：《戴震全书》（第二册），合肥：黄山书社，1994年，第5～6页。

③ 段玉裁撰、杨应芹订补：《东原年谱订补》，见张岱年主编：《戴震全书》（第六册），合肥：黄山书社，1995年，第678页。

④ 戴震：《毛诗补传》，见张岱年主编：《戴震全书》（第一册），合肥：黄山书社，1994年，第125页。

⑤ 戴震：《与某书》，见张岱年主编：《戴震全书》（第六册），合肥：黄山书社，1995年，第495页。

辞，或以为是称美之辞；或以为是自己所为辞，或以为是他人代为辞。戴震冷静地对待诗序，加以自己独立的判断，唯是而从。例如他认为“《南》《豳》《雅》《颂》，固有专为乐章，非咏时事者”，“《关雎》之言夫妇，《鹿鸣》之言君臣，歌之房中，歌之燕飨，俾闻其乐章，知君臣、夫妇之正焉。礼乐之教远矣，非指一人一事为之者也”①。戴震一改说诗附会历史的做法，淡化史实，作泛泛而论，并不具体傅会到文王、后妃或夫人身上。更何况诗篇不一定为特定目的而作。“《南》《豳》《雅》《颂》，或特作诗以为乐章，或采所有之诗定为乐章……《仪礼》合乐，《周南》：《关雎》《葛覃》《卷耳》；《召南》：《鹊巢》《采蘩》《采蘋》。又射节用《驺虞》《狸首》《采蘋》《采蘩》。其《采蘋》则本为女子教成之祭而作。古人乐章，一诗而数用有如此”②。戴震主张，对于诗旨的不同阐释，在言之成理而又文献阙如的情况下，不妨兼收并蓄。例如《陈风·衡门》，《毛序》曰：“诱僖公也。愿而无立志。故作是诗以诱掖其君也。”③《诗集传》则以为：“此隐居自乐而无求者之词。”④戴震则曰：“是诗也，以一国言之，国虽小可以兴治，不必待大国然后可为。义如是也。以一人言之，虽穷饿可以乐道，而不必求奉身之厚以自快。义又如是也。《三百篇》失其传矣，苟无害乎义，不失乎辞，可以之此，可以之彼者，则未知其孰是也。兼收而并存之可也。”⑤

戴震虽然主张兼收并蓄，但是他仍不赞同朱熹等将一些诗篇定为淫诗。他相信无论正诗变诗，《三百篇》皆“思无邪”。戴震说：“《风》虽有贞淫，诗所以美贞而刺淫，则上之教化有时浸微，而作诗者犹欲挽救于万一，故《诗》足贵也，《三百》皆无邪思也。”⑥他认为，之所以一部分变诗被定性为淫诗，一是因为对孔子“郑声淫”的误读，二是因为说诗者比拟《春秋》书乱臣贼子之法，认为《诗经》存淫诗以识其国乱无政，使后人知有所惩，所以将“本非男女之诗，而说者亦以淫奔之情类之，于是目其诗则为亵狎戏谑之秽言”。一方面，戴震指出，“郑卫之音，非《郑诗》《卫诗》，桑间濮上之音，非《桑中》一诗”，并在详细阐释了音、乐和诗的区别的基础上总结道：“是知夫

---

① 戴震：《杲溪诗经补注》，见张岱年主编：《戴震全书》（第二册），合肥：黄山书社，1994年，第7页。

② 戴震：《毛诗补传》，见张岱年主编：《戴震全书》（第一册），合肥：黄山书社，1994年，第131页。

③ 孔颖达等：《毛诗正义》，上海：上海古籍出版社，1990年，第250页。

④ 朱熹集注：《诗集传》，上海：上海古籍出版社，1980年，第82页。

⑤ 戴震：《毛诗补传》，见张岱年主编：《戴震全书》（第一册），合肥：黄山书社，1994年，第307～308页。

⑥ 戴震：《毛诗补传》，见张岱年主编：《戴震全书》（第一册），合肥：黄山书社，1994年，第125页。

子之言'郑声淫',《乐记》之言'桑间濮上之音',不可据以论《诗》辞也。"①另一方面,戴震以春秋诸国燕享所赋之诗,多为后人所谓"淫诗"为例,驳斥存淫诗以识其国乱无政之观点,说:"郑六卿践宣子于郊,赋其本国之淫诗,岂亦播其国乱无政乎?"戴震认为:"五伦之理本自相通,或朋友、兄弟、夫妇之诗用之于君臣,或男女之诗用之于好贤。然不可以小人之言加之君子,鄙亵之事诵之朝廷、接之宾客。"②戴震以孔子"思无邪"为指导思想,认为即使是变风也当止乎礼义。例如《邶风·静女》,朱熹定性为"此淫奔期会之诗也"③。戴震认为此为"思贤媵"。戴震说:"《静女》之诗,所谓贤贤易色矣。卫人拟其君之宫中无是女以备嫔媵及女史之法废也。故其诗非荡佚之言也,所以讥荡佚者之言也。荡佚者,无贞静之操。曰静女,明不淫也。荡佚者,无取乎彤管。女史曰彤管,主乎宫中之宜有法度也。《春秋传》曰'《静女》之三章,取彤管焉'是也。归荑,亦以为洁白之喻。若荡佚者,曷取是?其辞微,其志壮,其称物也可以训,其思美也,不动于淫。使徒以色而已矣,岂足美哉!"④戴震所释诗旨与《毛诗序》"刺时也卫君无道,夫人无德"相为表里。

《郑氏诗谱》为三百篇拟定世次,戴震作《毛郑诗考正》录为卷首,以存梗概。但是戴震并不盲从郑玄的谱系,认为不可以今之诗篇次第定作诗世次。例如他于《小雅·鹿鸣之什》曰:"《采薇》《出车》《杕杜》汉世有谓为懿王时诗者,据诗中曰'天子'、曰'王命',毛郑解为'殷王',徒泥正《雅》作于周初尔。苟其诗得乎义之正而为治世之正事,何必非正《雅》邪?文王未尝自称王,成、康已后昭、穆、共、懿、孝、夷、厉、宣八王,而宣王吉甫北征,曰'猃狁孔炽'。则前此二百余年间,固亦有猃狁崛强之事矣。宣王之臣皇父谓南仲于太祖,岂必远求南仲于文王时乎?文王之臣,亦未闻有南仲者矣。《南陔》已后,则又周初雅乐,未可以今之诗篇次第定作诗世次也。"戴震又于《节南山之什》再次强调曰:"《节南山》以下,旧说以为幽王时诗。朱子尝疑《楚茨》至《车辖》十篇为正《雅》,错脱在此,《鱼藻》《采菽》《黍苗》《隰桑》《瓠叶》同。《黍苗》言召伯营谢,与《大雅·崧高》皆宣王封申伯事。然则诗

① 戴震:《毛诗补传·毛诗目录》,见张岱年主编:《戴震全书》(第一册),合肥:黄山书社,1995年,第136~137页。

② 戴震:《经考附录》,见张岱年主编:《戴震全书》(第二册),合肥:黄山书社,1994年,第488~489页。

③ 朱熹集注:《诗集传》,上海:上海古籍出版社,1980年,第26页。

④ 戴震:《毛诗补传》,见张岱年主编:《戴震全书》(第一册),合肥:黄山书社,1994年,第200页。

篇次第，不可以定作诗之世次，明矣。”[①]戴震的“未可以今之诗篇次第定作诗世次”的观点得到后人证实。例如魏源作《诗古微》，利用《尚书大传》《汉书》《风俗通义》《潜夫论》《盐铁论》等典籍关于《出车》与《常武》之南仲的记载，实行典籍互证，详细辩证《采薇》《出车》《杕杜》三诗非文王时之诗，“皆宣王诗也”[②]。

《周礼·大师》曰：“教六诗，曰风、曰赋、曰比、曰兴、曰雅、曰颂。”[③]程子言：“《诗》有六体，须篇篇求之，或有兼备者，或有偏得一二者。”[④]之后，朱熹作《诗集传》便于每篇之下标注赋、比、兴。戴震对朱熹此种做法提出异议。他于《经考》中指出，风、雅、颂是三种诗体，赋、比、兴是三种诗义。“然则赋也、比也、兴也，特作诗者之立言置辞，不出此三者；若强析之，反自乱其例。盖情动于中而形于言，何尝以例拘？既有言矣，就其言观之，非指明敷陈，则托事比拟，非托事比拟，则假物引端。引端之辞，亦可寄意比拟。比拟之辞，亦可因以引端。敷陈之辞，又有虚实、浅深、反侧、彼此之不同，而似于比拟、引端，往往有之。”接着戴震以《樛木》为例，该诗先儒以为兴，以葛藟兴福履。但是此诗为“后妃待下，众妾称愿之”。诗中无从知其为众妾所作，只是因为樛木下垂，葛藟上蔓，比喻后妃待下，众妾上附，可见又是比也。又如《下泉》“洌彼下泉，浸彼苞稂”，先儒以为比王室陵夷，小国困弊。但是该句又兴忾然念周京。所以戴震说：“此三者（赋、比、兴），在经中不解自明；解之，反滞于一偏矣。”[⑤]

对《诗经》文字的训释，戴震也不盲从一家之言，而是本之六书、征之群经，综合条贯、以理论定。例如《关雎》“左右芼之”之“芼”，《毛传》曰“择也”，《尔雅》曰“搴也”，《郭注》曰“拔取菜”[⑥]，朱熹曰“熟而荐之”[⑦]。戴震指出“说经者，就经傅合而不可通于字；说字者，就字傅合而不可通于经”，都在缘辞生训，而不明于字的偏旁[⑧]。戴震考证曰：“考之《礼》，羹、芼、菹、醢，凡四物。肉谓之羹，菜谓之芼，肉谓之醢，菜谓之菹。菹、醢生为之，是

---

① 戴震：《毛诗补传》，见张岱年主编：《戴震全书》（第一册），合肥：黄山书社，1994 年，第 143、144 页。

② 魏源：《魏源全集》（第一册），长沙：岳麓书社，2004 年，第 254～259 页。

③ 郑玄等：《周礼注疏》，上海：上海古籍出版社，1990 年，第 355 页。

④ 程颢、程颐：《二程遗书》，上海：上海古籍出版社，2000 年，第 90～91 页。

⑤ 戴震：《经考·六诗》，见张岱年主编：《戴震全书》（第二册），合肥：黄山书社，1994 年，第 243 页。

⑥ 阮元：《十三经注疏》，北京：中华书局，2009 年，第 572 页。

⑦ 朱熹集注：《诗集传》，上海：上海古籍出版社，1980 年，第 2 页。

⑧ 戴震：《杲溪诗经补注》，见张岱年主编：《戴震全书》（第二册），合肥：黄山书社，1994 年，第 7 页。

为豆实，芼则湆烹之，芼之言用为铏芼。"[①]择于众说以裁其优不是求十分之见的做法，所以戴震另辟蹊径，从文字形体分析出发，证之以相近时代的典籍，论证了"芼"乃菜之烹于肉湆者。又如《文王》"有周不显，帝命不时"，《毛传》曰"不显，显也……不时，时也"，以"不"为发声词，《郑笺》曰："周之德不光明乎？"增加"乎"字以为反言。戴震指出"《传》《笺》各缘词生训，失其本始"。比之古人金石铭刻，"'丕显'多作'不显'，二字通用甚明"，"不显"当为"丕显"。《诗经·桑扈》中"不戢""不难""不那"，《生民》中"不宁""不康"，《清庙》中"不显不承"，"不"字皆为"丕"[②]。后来，马瑞辰作《毛诗传笺通释》便继承了戴震的观点，以为"不、丕古通用"，"不显犹丕显也"[③]。戴震词义考释的方法得到他人赞同。余廷灿谓其"有一字不准六书，一字解不通贯群经，即无稽者不信，不信者必反复参证而后即安。以故胸中所得，皆破出传注重围"[④]。

戴震早年就志存闻道，并选择了由词通道之路，所以他刻苦研读《说文解字》《尔雅》及《方言》等字书，并由此广及汉儒传注，"由是尽通前人所合集《十三经注疏》，能全举其辞"。戴震也自称："余于疏不能尽记，经、注则无不能倍诵也。"[⑤]正如戴震所言："学可以增益其不足而进于智"[⑥]，"一事豁然，使无余蕴，更一事而亦如是，久之，心知之明，进于圣智，虽未学之事，岂足以穷其智哉！"[⑦]正是凭借深厚的学术根底，戴震对于《诗经》中有争议的问题，皆能空所依傍，提出独到的见解。

三、是正文字，还原经典原貌

典籍传抄翻刻，鱼鲁虚虎之讹在所难免。校订典籍文字，是正确释读文本的前提条件。戴震曾以《水经注》"水流松果之山"为例说明校正文字的重要性，说："《水经注》'水流松果之山'，钟伯敬本'山'讹作'上'，遂连圈

---

① 戴震：《毛郑诗考正》，见张岱年主编：《戴震全书》（第一册），合肥：黄山书社，1994年，第596页。

② 戴震：《毛郑诗考正》，见张岱年主编：《戴震全书》（第一册），合肥：黄山书社，1994年，第633页。

③ 马瑞辰：《毛诗传笺通释》，北京：中华书局，1989年，第262页。

④ 余廷灿：《戴东原先生事略》，见张岱年主编：《戴震全书》（第七册），合肥：黄山书社，1997年，第23页。

⑤ 段玉裁撰、杨应芹订补：《东原年谱订补》，见张岱年主编：《戴震全书》（第六册），合肥：黄山书社，1995年，第651页。

⑥ 戴震：《孟子字义疏证》，见张岱年主编：《戴震全书》（第六册），合肥：黄山书社，1995年，第156页。

⑦ 戴震：《孟子字义疏证》，见张岱年主编：《戴震全书》（第六册），合肥：黄山书社，1995年，第213页。

之，以为妙景，其可笑如此。‘松果之山’见《山海经》。”[①]并指出：“守讹传谬者，所据之经，并非其本经。”[②]文字讹误则所释之义已非经之本义了。

为还原《诗经》的本来面目，求真务实，戴震在训诂的同时不费校勘。例如《陈风・墓门》“歌以讯之，讯予不顾”，戴震指出“讯”乃“谇”字转写之讹。所列理由如下：第一，《毛诗》曰“告也”，《韩诗》曰“谏也”，于义皆为“谇”；第二，“讯”音“信”与韵不协，“谇”音“碎”，与“谇”上句“有鸮萃止”之“萃”韵协；第三，王逸注《离骚》引《诗》作“谇予不顾”，是东汉时字仍不误；第四，《尔雅》：“谇，告也。”《释文》云“沈音粹，郭音碎”，是郭本“谇”不作“讯”，且张衡《思玄赋》注引《尔雅》仍作“谇”[③]。戴震著述，孤证不为立说，言必有据。为证明“讯”乃“谇”字之讹，戴震以字书、韵书参伍考证，并征之汉唐典籍，言必有信。段玉裁作《说文解字注》时便继承了戴震的观点，指出：“今《国语》《毛诗》《尔雅》及他书谇皆讹‘讯’，皆由转写形近而误。”[④]戴震的论断还得到出土文献的验证。藏于西汉初年第二代汝阴侯夏侯灶夫妻合葬墓中的阜阳汉简，便有《诗经》残卷。《陈风・墓门》正作“歌以谇之”[⑤]。又如《周南・卷耳》“云何吁矣”，戴震指出“吁”为“盱”字转写之讹。他首先用本校法实现前后互证，《何人斯》“云何其盱”、《都人士》“云何盱矣”皆为不得见而远望之意，字皆作“盱”；然后他引用《说文》“盱，张目也”，《尔雅》“盱，忧也”；最后用《毛诗》为生字释义的体例，说明此处不释义是蒙《卷耳》篇而省略[⑥]。戴震还利用《诗经》用韵规律，订正经文讹误。例如他于《毛郑诗考正・汉广》中总结道：“凡诗中用韵之句，韵下有一字或二字为辞助者，必连用之，数句并同，不得有异。”据此，戴震指出《诗经・汉广》“不可休息”之“息”为“思”字之讹；《陈风・墓门》“歌以谇之”之“之”为“止”字之讹[⑦]。

正如戴南海所说：“戴震、段玉裁、王氏父子、俞樾等人都具有深厚的文

---

① 段玉裁撰、杨应芹订补：《东原年谱订补》，见张岱年主编：《戴震全书》（第六册），合肥：黄山书社，1995年，第716页。

② 戴震：《古经解钩沉序》，见张岱年主编：《戴震全书》（第六册），合肥：黄山书社，1995年，第378页。

③ 戴震：《毛郑诗考正》，见张岱年主编：《戴震全书》（第一册），合肥：黄山书社，1994年，第609页。

④ 段玉裁：《说文解字注》，南京：凤凰出版社，2015年，第180页。

⑤ 李晓春：《阜阳汉简，国之瑰宝》，见《文史知识》2000年第6期。

⑥ 戴震：《杲溪诗经补注》，见张岱年主编：《戴震全书》（第二册），合肥：黄山书社，1994年，第12页。

⑦ 戴震：《毛郑诗考正》，见张岱年主编：《戴震全书》（第一册），合肥：黄山书社，1994年，第596页。

字、音韵、训诂之学的根基和丰富的古代历史文化知识，善于发现古书文字上致误的原因，据理加以改正。同时他们不仅博览群书，而且读得精通。他们以理校为主，又善于从本书和他书取得证据校正文字，且把严密的考证用于校勘，因此时出奇迹，多有创获。”[①]戴震利用音韵校勘之例，如：他据“軓”字不与“牡”字押韵，知《匏有苦叶》中“軓”为“轨”字之讹；据“疷”字不与“尘”字押韵，知《无将大车》中“疷”为“痻”字之讹[②]。戴震据群籍传注校勘之例，如：他据《夏小正传》，知《木瓜》中“芦”为“蘿”字之讹；据《尔雅》释义，知《陟岵》中“岵”与“屺”字释义互讹；据《释文》知《小戎》中“靳”为“靷”字之讹，《节南山》中“方有谷”衍“有”字[③]。戴震以理校订之例，如：他据音义考证，指出《女曰鸡鸣》中“赠”为“贻”字之讹，《月出》中“惨”为“懆”字之讹，《六月》中“急”为“戒”字之讹，《雨无正》中“讯”为“谇”字之讹，《小旻》中“膴”为“腜”字之讹[④]。另外，戴震还依据语法考证，指出“惨”字不可用为叠字形容之辞，知《北山》中“惨”为“懆”字之讹[⑤]。各种校勘方法的综合运用，戴震往往能于不经意处发现讹误，并以理校订，从而尽可能地还原《诗经》原貌。

四、结语：求真务实的经学训诂特色

戴震坚信人虽愚必明。他由天道推演人性，认为人禀天地清明之气而具有血气心知，“血气心知，性之实体也”[⑥]。人具有了血气心知，便有了自具之能：“口能辨味，耳能辨声，目能辨色，心能辨夫理义”[⑦]。心知之能通乎理义，就如同口、耳、目分别能辨味道、声音和颜色。然而由于人所禀之气的清浊不同，人心之精爽也有等差之别，不可能世人皆为尧舜。但是“理

---

① 戴南海：《校勘学概论》，西安：陕西人民出版社，1986年，第110页。

② 戴震：《毛郑诗考正》，见张岱年主编：《戴震全书》（第一册），合肥：黄山书社，1994年，第599、626页。

③ 戴震：《毛郑诗考正》，见张岱年主编：《戴震全书》（第一册），合肥：黄山书社，1994年，第603、605、607、621页。

④ 戴震：《毛郑诗考正》，见张岱年主编：《戴震全书》（第一册），合肥：黄山书社，1994年，第604、609、618、623、624页。

⑤ 戴震：《毛郑诗考正》，见张岱年主编：《戴震全书》（第一册），合肥：黄山书社，1994年，第626页。

⑥ 戴震：《孟子字义疏证》，见张岱年主编：《戴震全书》（第六册），合肥：黄山书社，1995年，第175页。

⑦ 戴震：《孟子字义疏证》，见张岱年主编：《戴震全书》（第六册），合肥：黄山书社，1995年，第156页。

义者，人之心知，有思辄通”①，只要通过学习就能进于神明。圣人得天下之理义，以六经垂教天下，常人学然后便能明乎礼义。

戴震以《诗经》乃“三百篇皆忠臣、孝子、贤妇、良友之言”，而精心研究《诗经》。不同于宋儒的以意逆志，戴震通过对字义、名物典制的考证，试图还原《诗经》时代的语境，揭示出蕴含于其中的微言大义，为世人提供一个好的读本。戴震研究《诗经》三易其稿，力求不以己自蔽；对于《诗经》学史上的争议内容，戴震空所依傍，力求不以人蔽己。梁启超指出，戴震“一生最得力处”在于“不以人蔽己，不以己自蔽”，他的学术追求是“志存闻道，必空所依傍”和“寻求十分之见”，“最能传写其思想解放之精神”②。戴震的《诗经》研究体现了他求真务实的经学训诂特色。诚如王昶所言，“本朝之治经者众矣，要其先之以古训，折之以群言，究极乎天地人之故，端以东原为首”③。

第五节　戴震的训诂思想对皖派朴学的影响

戴震谓“理义不可舍经而空凭胸臆，必求之于古经。求之古经而遗文垂绝，今古悬隔，然后求之故训。故训明则古经明，古经明则贤人圣人之理义明，而我心之所同然者，乃因之而明”④。为求一字之“的”解，戴震不仅本之六书，分析形体，发掘文字形体所寓之义，同时还运用古音知识，因声求义，实行音义互求；并且利用前人训诂成果，汇综群籍，择善而从，形成了鲜明的训诂思想和特色。戴震的训诂学思想对皖派朴学产生了深远的影响。梁启超尝曰：“戴门后学，名家甚众，而最能光大其业者，莫如金坛段玉裁，高邮王念孙及念孙子引之，故世称戴、段、二王焉。”⑤特别是在弟子段玉裁、王念孙的标杆性专著分别如《说文解字注》《广雅疏证》等的影响下，以校勘为训诂前提、因声以求义以及贯通群籍、择善而从等训诂思想成为皖派朴学的最大特色。

---

① 戴震：《孟子字义疏证》，见张岱年主编：《戴震全书》(第六册)，合肥：黄山书社，1995 年，第 183 页。

② 梁启超：《清代学术概论》，上海：上海古籍出版社，2005 年，第 29～31 页。

③ 王昶：《戴东原先生墓志铭》，见张岱年主编：《戴震全书》(第七册)，合肥：黄山书社，1997 年，第 33 页。

④ 凌廷堪：《戴东原先生事略状》，见张岱年主编：《戴震全书》(第七册)，合肥：黄山书社，1997 年，第 18 页。

⑤ 梁启超：《清代学术概论》，上海：上海古籍出版社，2005 年，第 36 页。

一、以校勘为训诂前提的思想对皖派朴学的影响

戴震明确表示训诂当以校勘为前提，因为“自有书契以来，科斗而篆籀，篆籀而徒隶，字画俯仰，浸失本真”①。字体的屡次变化、传抄的颠倒讹脱，使得精准的训诂也难求经典原义。加上小学费失，即使如《说文》《尔雅》这样的字书、韵书亦不足为据。所以戴震指出，训诂之始应校订讹谬。由于戴震少年时期就精研《说文解字》，又取《尔雅》及汉儒传、注、笺之存者，参伍考究，打下了坚实的小学功底，加之戴震精通古音，故其能将文字、音韵知识运用于古籍校勘，发现典籍讹误。例如《诗经·维天之命》：“假以溢我。”《传》曰：“溢，慎。”《笺》云：“溢，盈溢之言也。以嘉美之道饶衍与我。”戴震于《毛郑诗考正》中指出，《春秋传》引《诗》作“何以恤我”，转写讹失耳。《毛诗》本《尔雅》以“慎”释“溢”，但《尔雅》本误。“《说文》：‘谧，无声也。’《史记》‘惟刑之静哉’，徐广曰：‘今文云“惟刑之谧哉”。’”“谧”有静义。“‘谧’之为‘溢’为‘恤’，亦声音字形转写讹失”。最后，戴震总结道：“《书》之‘谧刑’谓慎刑，伏生《今文尚书》足据。此诗承上‘文王之德之纯’而言。嘉以慎我，我其取之，思取法文王嘉美之纯德，以敬慎也。”至此，戴震不禁感慨“古经难治，类若是矣”②。又如《诗经·汉广》“南有乔木，不可休息”，戴震指出：“《经》文‘思’或作‘息’者，转写之讹。《尔雅》：‘休，荫也。’‘休’‘求’‘泳’‘方’各为韵，‘思’皆句末辞助。《韩诗外传》引此作‘不可休思’。凡诗中用韵之句，韵下有一字或二字为辞助者，必连用之，数句并同，不得有异。惟‘不可休思’‘思’讹作‘息’，及‘歌以谇止’‘止’讹作‘之’，遂乱其例。”③戴震利用《诗经》用韵的辞例，得出“息”为“思”字之讹、“之”为“止”字之讹。

段玉裁二十九岁便师从戴震，深得戴震训诂必先是正文字的思想，尝云：“东原师云：凿空之弊有二。其一，缘辞生训也。其一，守讹传谬也。缘辞生训者，所释之义非其本义；守讹传谬者，所据之经并非其本经。如孔氏‘虞痒在国西郊’，所谓所据之经非其本经也，而缘之立说，则所释之义非其本义矣。经文之不误者，尚惧缘辞生训，所释非其本义，况守讹传谬之经

① 戴震：《与王内翰凤嗜书》，见张岱年主编：《戴震全书》（第六册），合肥：黄山书社，1995年，第278页。

② 戴震：《毛郑诗考正》，见张岱年主编：《戴震全书》（第一册），合肥：黄山书社，1994年，第655～656页。

③ 戴震：《毛郑诗考正》，见张岱年主编：《戴震全书》（第一册），合肥：黄山书社，1994年，第596页。

耶?”①所释之经有误，释者守讹传谬，自然谬以千里，所以训诂的前提是校勘文本。段玉裁进一步将其师的校勘实践理论化，将校勘分为订底本之是非和订立说之是非，云：

> 校书之难，非照本改字不讹不漏之难也，定其是非之难。是非有二：曰底本之是非，曰立说之是非。必先定其底本之是非，而后可断其立说之是非。二者不分，轇轕如丝而棼，如算之淆其法实而瞀乱乃至不可理。何谓底本？著书者之稿本是也。何谓立说？著书者所言之义理是也……故校经之法，必以贾还贾，以孔还孔，以陆还陆，以杜还杜，以郑还郑，各得其底本，而后判其义理之是非，而后经之底本可定，而后经之义理可以徐定。不先正注、疏、释文之底本，则多诬古人；不断其立说之是非，则多误今人。②

《说文解字注》是段玉裁的代表作。王念孙于书序中誉其为“盖千七百年来无此作矣”。段玉裁于许氏之书，“删繁就简，正其讹字，通其义例，搜转注假借之微言，备故训之大义”③，首先校订《说文》讹误，作《汲古阁说文订》。他于《序》中云：“今合始‘一’终‘亥’四宋本，及宋刊、明刊两《五音韵谱》，及《集韵》《类篇》称引铉本者，以校毛氏节次剜改之铉本，详记其驳异之处，所以存铉本之真面目，使学者家有真铉本而已矣。”④明末汲古阁本历经五次剜改，《说文》已大失原貌。为还许慎、徐铉《说文》原貌，扫除覆盖于《说文》上的历史尘埃，段玉裁利用形义互求、综贯群书和因声求义等方法，校订《说文》讹误。例如《说文解字》：“读，籀书也。”段注曰：“籀，各本作‘诵’，此浅人改也，今正。竹部曰：‘籀，读书也。’读与籀叠韵而互训。《庸风》传曰：‘读，抽也。’《方言》曰：‘抽，读也。’盖籀、抽古通用。《史记》：‘紬史记石室金匮之书’，字亦作紬。抽绎其义蕴，至于无穷，是之谓读。故卜筮之辞曰籀，谓抽绎《易》义而为之也。”⑤后人看来“读”和“籀”二者并非叠韵，所以浅识之人改“籀”为“诵”。段玉裁考证古音，指出“读”和“籀”二者叠韵而互训。他再从字义角度指出，“读”有抽绎意蕴，梳理意义以至无穷的意思。“籀”为卜筮之辞，作用就是理卜筮现象之端绪，由卜筮现象演绎

---

① 段玉裁：《与诸同志书论校书之难》，见《经韵楼集》，上海：上海古籍出版社，2008年，第337页。

② 段玉裁：《与诸同志书论校书之难》，见《经韵楼集》，上海：上海古籍出版社，2008年，第332～336页。

③ 段玉裁：《与邵二云书二》，见《经韵楼集》，上海：上海古籍出版社，2008年，第389页。

④ 段玉裁：《汲古阁说文订序》，见《经韵楼集》，上海：上海古籍出版社，2008年，第373页。

⑤ 段玉裁：《说文解字注》，南京：凤凰出版社，2015年，第162页。“庸风”，原文如此。

出结论。段玉裁从字音、字义两个角度考证了“籀各本作诵”之误。又如《说文解字》:“愚，戆也，从心禺。禺，母猴属。”段注:“母字旧夺，今补。许书夒下、为下、玃下皆曰‘母猴’，即沐猴、弥猴一语之转，而由部禺下曰‘母猴属’，此即用彼语，浅人删‘母’，非也。”①此为校对脱文之例。此外，段玉裁还校订许慎立说之误，例如:“参，商星也。”段注曰:“商，当作‘晋’，许氏记忆之误也。《左传》:‘子产曰:后帝迁阏伯于商丘，主辰，商人是因，故辰为商星。迁实沈于大夏，主参，唐人是因，以服事夏商。及成王灭唐，而封叔虞，故参为晋星。’依此则商当为晋明矣。”②段氏以《左传》的记载订正许慎立说之非。又如:“侃，刚直也……《论语》曰:‘子路侃侃如也。’”段注曰:“见《先进篇》。今作:‘子路行行如也，冉有、子贡侃侃如也。’盖许氏笔误。”③校订《说文》传抄、妄改之误，还许慎、徐铉《说文》原貌，就是不诬古人;校订《说文》立说之误，就是不误今人。

《说文解字注》博引群籍，与《说文》相印证。凡所引典籍有误者，段玉裁亦予以校订。其校订的古籍如《毛诗》《国语》《庄子》《楚辞》《史记》等近30种，每种有100余条。例如《说文》:“琁，璿或从旋省。”段注曰:“各本侧琼、璚、瓗三字之下，解云:‘琼或从旋省。’考《文选·陶征士诔》‘璿玉致美’，李善注曰:‘《山海经》云:“升山，黄酸之水出焉，其中多琁玉。”《说文》云:琁亦璿字。’李氏以琁注璿，引《说文》为证，然则李所据《说文》不同今本。今据以订正。杨倞注《孙卿》，引《说文》‘琁，赤玉。音琼’，则同今本矣。《中山经》《海内西经》言琁者，皆美玉也。郭云:‘琁，石次玉者也。’又云:‘琁，玉类。’又云:‘璿瑰，亦玉名。’是未知璿、琁同字矣。”④又如“昱，日明”，段注曰:“‘日明’各本作‘明日’，今依《众经音义》及《玉篇》订。《大玄》曰:‘日以昱乎昼，月以昱乎夜。’注云:‘昱，明也。’日无日不明，故自今日言下一日谓之明日，亦谓之昱日。昱之字，古多叚借翌字为之。《释言》曰:‘翌，明也。’是也。凡经传子史翌日字皆昱日之叚借。翌与昱同立声，故相叚借。本皆在缉韵，音转又皆入屋韵。刘昌宗读《周礼》‘翌日乙丑’音育是也。俗人以翌与翼形相似，谓翌即翼，同入职韵，唐卫包改《尚书》六‘翌’皆为‘翼’，而昱日之义废矣。”⑤段玉裁指出，凡经传子史“翌日”字皆“昱日”之假借，改读职韵或改为“翼”字皆非。

① 段玉裁:《说文解字注》，南京:凤凰出版社，2015年，第889页。
② 段玉裁:《说文解字注》，南京:凤凰出版社，2015年，第548页。
③ 段玉裁:《说文解字注》，南京:凤凰出版社，2015年，第989页。
④ 段玉裁:《说文解字注》，南京:凤凰出版社，2015年，第18页。
⑤ 段玉裁:《说文解字注》，南京:凤凰出版社，2015年，第538页。

除段玉裁以外，王念孙亦承戴震过庭之训。阮元记曰："戴东原先生当代硕儒也，文肃延为公师……初从东原戴氏受声音、文字、训诂，遂通《尔雅》《说文》，皆有撰述矣。继而余姚邵学士晋涵为《尔雅疏》，金坛段进士玉裁为《说文注》，先生遂不再为之，综其经学，纳入《广雅》，撰《广雅疏证》二十三卷。"①王念孙《广雅疏证》在训诂学上的成就无与伦比，梁启超赞其曰："《广雅》原书虽尚佳，还不算第一流作品；自《疏证》出，张稚让倒可以附王石臞的骥尾而不朽了。"②

王念孙疏证《广雅》，首先校订张揖和先儒失误，于《广雅疏证序》中称："其或张君误采，博考以证其失；先儒误说，参酌而悟其非……盖是书之讹脱久矣，今据耳目所及，旁考诸书，以校此本。凡字之讹者五百八十，脱者四百九十，衍者三十九，先后错乱者百二十三，正文误入音内者十九，音内字误入正文者五十七，辄复随条补正，详举所由。"例如《广雅》"谲惋，美也"，王念孙指出："惋，与诡通。各本皆作'谲惋，美也。'案谲惋二字，诸书无训为美者。此因惋下脱去'也'字，而下文'傀美'也，又脱去'傀'字，遂误合为一条，今订正。"③此为订脱文之讹。

王念孙遵循其师戴震"训诂的前提为校勘文字"的治学之道，重视典籍的文字校勘。他所作的《读书杂志》，郭沫若誉之为："清代考证学中之白眉。博洽精审，至今尚无人能出其右者。"④全书共校订了"史部如《逸周书》《战国策》《史记》《汉书》《后汉书》，子部如《管子》《晏子春秋》《墨子》《荀子》《淮南子》《老子》《庄子》《吕氏春秋》《韩非子》《法言》，集部如《楚辞》《文选》和部分汉碑"等重要典籍，"校正各书传写讹误、衍夺、倒文计二千数百条，并于《淮南子杂志》后总结古书讹误之例六十二条，足为校勘古书之范式"⑤。例如《读书杂志·逸周书》："不明开塞禁舍者，其如天下何。"王念孙指出："'不明'上有'明开塞禁舍者，其取天下如化'十二字，而今本脱之。其注文有'变化之顷谓其疾'七字，而今本亦脱之。'明开塞禁舍者'二句正对下'不明'者而言，今脱此二句，则语意不完矣。下文'其如天下何'本作'其失天下如化'，只因上文及注皆已脱去，后人遂不解'如化'二字之意，而

① 阮元：《王石臞先生墓志铭》，见《揅经室续集》卷二之下卷，台北：台湾商务印书馆，1965年，第472页。

② 梁启超：《清代学者整理旧学之总成绩》，北京：商务印书馆，1999年，第38页。

③ 王念孙：《广雅疏证》，南京：江苏古籍出版社，2000年，第150页。

④ 郭沫若：《〈管子集校〉引用校释书目提要》，见《郭沫若全集》(第五卷)，北京：人民出版社，1984年，第26页。

⑤ 虞万里：《高邮王氏著作集出版说明》，见王念孙：《读书杂志》，上海：上海古籍出版社，2014年，第5～6页。

以意改之曰‘其如天下何’，不知‘如化’者，言其速也。明于开塞禁舍，则其取天下必速，故曰‘取天下如化’。不明于开塞禁舍，则其失天下亦速，故曰‘失天下如化’。两‘如化’上下相应，今改为‘其如天下何’，则失其旨矣。”①文字讹脱，语义不完，达不到教化的目的。王念孙根据两“如化”上下相应、相对而言的句式，认为脱落“明开塞禁舍者，其取天下如化”十二字，并据文献《小称篇》《小明武篇》《吕氏春秋·怀宠篇》论证“如化”皆言其速，最后根据《群书治要》引文，补足脱文。王念孙以音考字、音义互求，而又经史互证，故多发明，故陈奂曰：“高邮王石臞先生渊源同出乎戴，故论学若合符节。”②

王引之为王念孙之子，可谓戴震再传弟子。王引之幼承家学，小学根底坚实。他尝云：“夫三代之语言，与今之语言，如燕、越之相语也；吾治小学，吾为之舌人焉。其大归曰：用小学说经，用小学校经而已矣。”③王引之继承了戴震由字通词、由词通道之训诂学思想，“以小学说经，以小学校经”，并形成一定的校改原则，即写官误、椠工误、妄改者，则为之改正。至于异体字、假借字，则不改动。其所作《经义述闻》《经传释词》为训诂、校勘学名作。例如《经义述闻》“威侮五行”条，王引之指出：“某氏传曰‘威虐侮慢五行’，正义曰‘无所畏忌，作威虐而侮慢之，故曰‘威虐侮慢’。引之谨案：‘威侮’二字，义不相属，威为暴虐，侮为轻慢，不得合言虐慢也。且人于天地之五行，何暴虐之有乎？威疑当作烕，烕者，蔑之假借也。”并进一步证明烕、蔑音近假借，曰：“《小雅·正月》篇释文引《字林》‘烕，武劣反’，正与蔑音相近故借烕为蔑，烕之为蔑，犹灭之为蔑也。《易》‘剥初六，蔑贞凶’，《释文》曰：‘蔑，荀作灭。’《逸周书》之侮灭，即侮蔑也。”蔑为轻蔑之义。“蔑侮五行，言轻慢五行也。《逸周书·克殷》篇‘侮灭神祇不祀’，《史记·周本纪》‘灭’作‘蔑’，倒言之则曰‘蔑侮’。《说苑·指武》篇‘崇侯虎蔑侮父兄，不敬长老’是也。烕与威形极相似，世人多见威，少见烕，故烕字讹而为威矣。《墨子·明鬼》篇引此作‘威侮五行’亦‘灭侮’之误。”④王引之结合文意，指出“威”“侮”二字义不相属，与宾语“五行”更不相配，从而断定此处有文字讹误——“威”疑为“烕”。然后根据烕、蔑音近假借，《逸周书》《史记》《说苑》有“蔑侮(侮灭)”词例，断定“烕”字形近而讹为“威”。王引之不仅

---

① 王念孙：《读书杂志》，上海：上海古籍出版社，2014年，第19页。

② 陈奂：《王石臞先生遗文序》，见王念孙、王引之：《高邮王氏遗书》，南京：江苏古籍出版社，2000年，第116页。

③ 龚自珍：《工部尚书高邮王文简公墓表铭》，见《龚自珍全集》，上海：上海人民出版社，1975年，第147～148页。

④ 王引之：《经义述闻》，南京：江苏古籍出版社，2000年，第79～80页。

"以小学说经，以小学校经"，还于《经义述闻·通说下》分析、总结古籍用字行文规律、训诂原则以及致误原因，以指导后学。其总结的致误原因有"衍文""形讹""上下相因而误"和"后人改注疏释文"等。例如"后人改注疏释文"例，王引之指出："经典讹误之文，有注疏释文已误者，亦有注疏释文未误而后人据已误之正文改之者。学者但见已改之本，以为注疏释文所据之经已与今本同，而不知其未尝同也。如《易系辞》传'莫善乎蓍龟'，唐石经'善'误为'大'而诸本因之，后人又改正义之善为大矣。《小雅·十月之交》篇'山冢卒崩'，唐石经误依《释文》卒作崒，而诸本因之，后人又改笺及正义之卒为崒矣……凡此者，皆改不误之注疏释文以从已误之经文，其原本几不可复识矣，然参差不齐之迹，终不可泯。善学者循其文义，证以他书，则可知经文虽误，而注疏释文尚不误，且据注疏释文之不误以正经文之误，可也。"[①]王引之总结的条例已具有高度的理论性，所以方东树认为："近人说经，无过高邮王氏《经义述闻》，实足令郑、朱俯首，自汉唐以来，未有其比也。"[②]

二、"因声求义"之训诂方法对皖派朴学的影响

戴震已清楚地认识到"载籍极博，统之不外文字，文字虽广，统之不越六书"[③]。六书是文字的纲领，纲举则目张。戴震创造性地提出"四体二用"说，认为指事、象形、形声、会意为字之体，转注、假借为字之用。由于假借字在文献中广泛存在，"六书依声托事，假借相禅，其用至博，操之至约也"[④]。假借字字义需要因声求义。"夫六经字多假借，音声失而假借之意何以得？故训音声相为表里"[⑤]。为寻求假借的法则，戴震作《转语二十章》以发明古音通转的规律，方便学者推求假借字之义。

戴震深谙文字与语言的关系，他在传统训诂方法的基础上，系统地提出了"因声求义"的训诂方法，使其系统化、理论化，成为清代训诂学一大钤键。例如《召南·鹊巢》"维鸠方之"。《传》："方，有也。"戴震注曰："诗中'方''房'通用。《小雅》'既方既皂'，《大雅》'实方实苞'，《笺》云：'方，房也。谓孚甲始生而未合时也。'是'方'有'房'义。《汉书·地理志》山阳郡

① 王引之：《经义述闻》，南京：江苏古籍出版社，2000年，第787～789页。

② 方东树：《汉学商兑》卷中之下，清道光十一年(1831)刻本，第117页。

③ 戴震：《六书论序》，见张岱年主编：《戴震全书》(第六册)，合肥：黄山书社，1995年，第295页。

④ 戴震：《转语二十章序》，见张岱年主编：《戴震全书》(第六册)，合肥：黄山书社，1995年，第304页。

⑤ 戴震：《六书音均表序》，见张岱年主编：《戴震全书》(第六册)，合肥：黄山书社，1995年，第384页。

方与，晋灼云：'音房豫。'是'方'有'房'音，'方之'犹'居之'也。"①《传》训"方"为"有"很是突兀，戴震因声求义，指出"方""房"音同假借，义为居有，并佐以郑笺、晋灼注，从而使人知其所以然。戴震还运用因声求义法训诂联绵词。联绵词的最大特点是由两个音节连缀成义而不能分割，且形体不固定，意义寄托于声。例如《方言》"佚婸，淫也"，戴震指出："'佚婸'二字乃双声，即泆荡也。又'跌踼'《广雅》云：'行失正。'踼音宕。'唐'与'荡'、'宕'虽有平上去之异，本属一声轻重……皆淫逸之义。"②佚婸为联绵词，义寄于音，与"泆荡""跌踼"义同，皆为淫逸之义。戴震利用文字声音揭示假借字的本字，系联同源词、联绵词的异体形式，并用语转表明方言的音变字异，使文字训诂走上科学的轨道。

段玉裁传承其师戴震的思想，摆脱传统训诂受文字形体限制的窠臼，以声音为纽带，贯通汉字形、声、义三者之间的关系。他于《广雅疏证序》中曰："小学有形、有音、有义。三者互相求，举一可得其二。有古形，有今形；有古音，有今音；有古义，有今义。六者互相求，举一可得其五……圣人之制字，有义而后有音，有音而后有形。学者之考字，因形以得其音，因音以得其义。治经莫重于得义，得义莫切于得音。"《说文解字注》中形音义互求的例子不胜枚举，例如：《说文解字》："朕，我也。阙。"段注："朕在舟部，其解当曰'舟缝也。从舟，灷声'。何以知为舟缝也？《考工记·函人》曰：'视其朕，欲其直也。'戴先生曰：'舟之缝理曰朕，故札续之缝，亦谓之朕。'所以补许书之佚文也。本训舟缝，引伸为凡缝之称……《释诂》曰：'朕，我也。'此如卬、吾、台、余之为我，皆取其音不取其义。赵高之于二世，乃曰：'天子所以贵者，但以闻声，群臣莫得见其面，故号曰朕。'比傅朕字本义而言之，遂以亡国。凡说文字不得其理者，害必及于天下，赵高、王安石是也……凡'胜''腾''滕''縢''縢'，皆以朕为声，则朕古音当在六部矣。今音直禁切，六部与七部合韵取近也。"③《说文》中"舟部"的朕字与该部其他字都以"舟"为偏旁不同，许慎因不明"朕"的字形和表达"第一人称"的字义之间的关系，于是留阙。段玉裁指出，"朕"用作第一人称的"我"，为取其音不取义，乃文字之假借，这样就解决了此处的疑惑。段玉裁进一步指出，形、音、义三者，"圣人之造字，有义以有音，有音以有形，学者之识字，必审形以知

① 戴震：《毛郑诗考正》，见张岱年主编：《戴震全书》（第一册），合肥：黄山书社，1994年，第597页。

② 戴震：《方言疏证》，见张岱年主编：《戴震全书》（第三册），合肥：黄山书社，1994年，第114页。

③ 段玉裁：《说文解字注》，南京：凤凰出版社，2015年，第707页。

音，审音以知义”[①]，所以因音求义更具有理据。

王念孙、王引之父子是因声求义方法的集大成者。王念孙于《广雅疏证序》中曰：“窃以诂训之旨，本于声音，故有声同字异、声近义同。虽或类聚群分，实亦同条共贯，譬如振裘必提其领，举网必挈其纲，故曰本立而道生，知天下之至赜而不可乱也。此之不悟，则有字别为音、音别为义。或望文虚造而违古义，或墨守成训而鲜会通。易简之理既失，而大道多歧矣。今则就古音以求古义，引伸触类，不限形体。苟可以发明前训，斯凌杂之讥，亦所不辞。”王念孙指出，声音之于训诂，就如领之在裘、纲之在网，抓住声音这一纲领，便可以至赜而不乱。王引之于《经义述闻》中多处阐释其父思想，曰：“夫诂训之要在声音不在文字。声之相同相近者，义每不甚相远。”“夫古字通用，存乎声音。今之学者，不求诸声而但求诸形，固宜其说之多谬也。”“故凡字之相通，皆由于声之相近。不求诸声而求诸字，则窒矣。”[②]“因声求义，不限形体”的理论贯穿于王氏父子《广雅疏证》《读书杂志》《经义述闻》《经传释词》四部著作之中。例如：《广雅》“昌，始也”，王念孙指出：“‘昌’，读为‘倡和’之‘倡’。王逸注《九章》云：‘倡，始也。’《周官》：‘乐师，教恺歌，遂倡之。’郑注云：‘故书“倡”为“昌”，是“昌”与“倡”通。’”[③]徐复指出，《广雅疏证》中某与某通，皆为声音相关的假借字。书中推阐“声近义同”“声转义近”，皆其精义之所在[④]。周祖谟亦盛赞《广雅疏证》，曰：“最大的特点也就在于不泥于前人旧注，旁征博考，参互比证，即音以求字，因文以考义，所以解说精当，往往出人意表。”[⑤]

王氏父子也用因声求义法探求联绵词之义。王念孙于《广雅疏证》“饕餮，贪也”条曰：“饕餮一声之转。不得分贪财为饕、贪食为餮也。”[⑥]由此指出联绵词是由两个音节连缀成义而不能分割的特点。他又于《读书杂志·汉书第十六》“连语”条指出：“凡连语之字，皆上下同义，不可分训。说者望文生义，往往穿凿，而失其本指。如训‘流貤’则曰‘无有差次，不得流行’……”[⑦]连语即为联绵词。王念孙反复强调，训释联绵词只能“因声求义”，不能望文生训。例如他于“踌躇，犹豫也”条指出：“此双声之相近者也。踌犹躇豫为叠韵，踌躇犹豫为双声……夫双声之字，本因声以见义，不求诸声

---

① 段玉裁：《说文解字注》，南京：凤凰出版社，2015 年，第 1321 页。

② 王引之：《经义述闻》，南京：江苏古籍出版社，2000 年，第 571、68、71 页。

③ 王念孙：《广雅疏证》，南京：江苏古籍出版社，2000 年，第 2～3 页。

④ 徐复：《弁言》，见王念孙：《广雅疏证》，南京：江苏古籍出版社，2000 年，第 4 页。

⑤ 周祖谟：《读王念孙〈广雅疏证〉简论》，载《兰州大学学报(哲学社会科学版)》1979 年第 1 期。

⑥ 王念孙：《广雅疏证》，南京：江苏古籍出版社，2000 年，第 43 页。

⑦ 王念孙：《读书杂志》，上海：上海古籍出版社，2014 年，第 1026 页。

而求诸字，固宜其说之多凿也。”[①]又于“扬榷，都凡也”指出：“大氐双声叠韵之字，其义即存乎声，求诸其声则得，求诸其文则惑矣。”[②]所以段玉裁于《广雅疏证序》中称王念孙“尤能以古音得经义，盖天下一人而已矣”。王力也认为：“王念孙提出了‘就古音以求古义，引申触类，不限形体’的合理主张。这样就不再为字形所束缚，实际上是纠正了文字直接表示概念的错误观点。这是清代训诂学的精华所在，对后代产生很大的影响。”[③]

王念孙父子“就古音以求古义”是对戴震提出的因声求义法的继承与发展。正如许威汉所言：“戴震提到‘训诂声音，相为表里’，表明了语言与意义的关系，即现代说的声音是语言的物质外壳。这就纠正了一千七百年来文字直接表示概念的错觉，成为清代训诂学的精论。”[④]马裕藻在研究了戴震转语理论后以为，戴震“在古音学上有这样大的成绩，所以对于六书训诂，特见甚多……段氏之《说文解字注》，王氏之《广雅疏证》，殆无不受其沾溉”[⑤]。戴震的因声求义之法影响了当时的整个学术界，起着导夫先路的作用。

除段玉裁、王氏父子外，戴震再传弟子阮元亦以声音为训诂之本。阮元初入京师，从王念孙问学，得其声音、文字、训诂学之精髓。他尝言：“古人字从音出，喉舌之间，音之所通者简；天下之大，言之所异者繁。”故其以为注《尔雅》非深通乎声音文字者不能为之。阮元赞同学生郝懿行《尔雅》研究“以声音为主而通训诂”，认为其“得其简矣”[⑥]。郝懿行深刻领会其师之义，《尔雅义疏》强调“声通义近”“因声求义”。其他如程瑶田的《果蠃转语记》、朱骏声的《说文通训定声》、钱绎的《方言笺疏》、邵晋涵的《尔雅正义》等，都是对因声求义训诂法的实践运用，他们“就古音以求古义”，超越形体，揭示假借本字、系联大批同源词，训诂之学至乾嘉而臻于鼎盛。戴震对于清代训诂学的发展功不可没。

---

① 王念孙：《广雅疏证》，南京：江苏古籍出版社，2000年，第191页。

② 王念孙：《广雅疏证》，南京：江苏古籍出版社，2000年，第198页。

③ 王力：《略论清儒的语言研究》，见《龙虫并雕斋文集》(第3册)，北京：中华书局，1982年，第356～357页。

④ 许威汉：《戴震全书序二》，见张岱年主编：《戴震全书》(第一册)，合肥：黄山书社，1994年，第6页。

⑤ 马裕藻：《戴东原对于古音学的贡献》，见张岱年主编：《戴震全书》(第七册)，合肥：黄山书社，1997年，第576页。

⑥ 阮元：《与郝兰皋户部论尔雅书》，见《揅经室集》(上)，邓经元点校，北京：中华书局，1993年，第124～125页。

三、参验群籍之训诂方法对皖派朴学的影响

梁启超于《清代学术概论》中将盛清学风概括为："凡立一义，必凭证据；无证据而以臆度者，在所必摈"；"孤证不为定说。其无反证者姑存之，得有续证则渐信之，遇有力之反证则弃之"[①]。梁启超指的正是乾嘉学派实事求是、言必有据的学风。作为乾嘉学派的代表人物，戴震凭借深厚的文字、音韵和文献功底，自觉地把小学和经、史、集贯通起来，"以字考经，以经考字"。其于《尔雅注疏笺补序》中指出，《尔雅》为六经之通释也。援《尔雅》解经而经明，用经证《尔雅》而《尔雅》明。此外，还旁摭百氏，下及汉代，凡去古未遥的典籍都可相互证实；又于《古经解钩沉序》中曰："广揽汉儒笺注之存者，以为综考故训之助"[②]。总之，"一字之义，当贯群经、本六书，然后为定"[③]。

戴震训诂著作便采用了这种字书、经传群籍互证之法。例如他疏证《方言》，便把《方言》抄录在李焘《许氏说文五音韵谱》上，以便于《方言》与《说文》的互证，然后广泛参验群籍，引用书目多达101种，共采书证3268条。所引书目在前文已详列，此处不赘述。

正如孙钦善所言："只有通贯群书才能穷尽一个字的所有用法和意义……这就是通过对实际语言文字材料的分析归纳以探求、确定字义的科学方法。"[④]戴震已经在自觉使用这一方法，做到释义言而有据、孤证不立。例如《方言》："捋、攓、摭、挻，取也。南楚曰攓，陈、宋之间曰摭，卫、鲁、扬、徐、荆、衡之郊曰捋。自关而西，秦、晋之间，凡取物而逆谓之篡，楚部或谓之挻。"戴震按曰："《玉篇》：'捋，取也。'《列子·天瑞篇》：'攓蓬而指'，张湛《注》云：'攓，拔也。'《说文》作'摶'，云：'拔取也。南楚语。'又作'搴'，《楚词》'朝搴阰之木兰兮'，王逸《注》：'搴，取也。'《史记·叔孙通列传》'故先言斩将搴旗之士'，《索隐》引《方言》云：'南方取物为搴。'《礼记·礼器篇》'有顺而摭也'，《疏》云：'摭，犹拾取也。'张衡《思玄赋》'摭若华而踌躇'，李善《注》引《方言》：'摭，取也。''摭'亦作'拓'，《说文》云：'拓，拾也。陈、宋语。'《老子》'挻埴以为器'，《释文》引《方言》：'挻，取也。''篡'各本讹作'篹'，盖因《注》内'馔'字而误，今订正。《后汉书·逸民传》'扬雄曰鸿飞冥

---

① 梁启超：《清代学术概论》，上海：上海古籍出版社，2005年，第40页。

② 戴震：《古经解钩沉序》，见张岱年主编：《戴震全书》（第六册），合肥：黄山书社，1995年，第377页。

③ 戴震：《与是仲明论学书》，见张岱年主编：《戴震全书》（第六册），合肥：黄山书社，1995年，第371页。

④ 孙钦善：《清代考据学》，北京：中华书局，2018年，第158页。

冥，弋者何篡焉’，宋衷曰：‘篡，取也。今人谓以计数取物为篡。’《尔雅·释诂》：‘探、篡、俘，取也。’《说文》：‘逆而夺取曰篡。’《广雅》：‘搴、摭、挺、捋，取也。’义本此。”①为疏证捋、攓、摭、挺为“取”意，戴震引用《说文》《玉篇》《尔雅》《广雅》等小学释义互证，同时广引《列子》《楚词》《后汉书》等文献传注予以证明，同时搜罗文献中引用《方言》者，如《史记索隐》《老子释文》《思玄赋注》等，做到综合条贯、言必有信。

段玉裁继承其师“以字考经，以经考字”的训诂思想，用于注《说文》。其尝云：“余之治《说文》也，以字考经，以经考字，大指本徽郡戴氏。”②其《说文解字注》亦广征博引，遍及经史子集，计50余种。小学类主要有：《方言》，西汉扬雄撰；《广雅》，曹魏张揖撰；《释名》，东汉刘熙撰；《玉篇》，南朝梁顾野王撰；《急就篇》，西汉史游撰；《三苍解诂》，晋郭璞撰；《埤雅》，宋陆佃撰；《匡谬正俗》，唐颜师古撰；《通俗文》，东汉服虔撰；《字林》，晋吕忱撰；《五经文字》，唐张参撰；《汗简》，宋郭忠恕撰；《九经字样》，唐唐玄度撰；《类篇》，宋司马光等撰；《佩觿》，宋郭忠恕撰；《说文解字篆韵谱》，南唐徐锴撰；《说文解字五音韵谱》，宋李焘撰；《六书故》，宋戴侗撰；《龙龛手鉴》，辽释行均撰；《声类》，曹魏李登撰；《唐韵》，唐孙愐撰；《经典释文》，唐陆德明撰；《一切经音义》，唐释玄应撰；《广韵》，宋陈彭年等撰；《集韵》，宋丁度等撰；《增修互注礼部韵略》，宋毛晃增补；《古今韵会举要》，元黄公绍、熊忠撰。经类中其他的主要有：《十三经注疏》，清阮元等校刻；《尚书大传》，西汉伏胜撰。史类主要有：《史记》，西汉司马迁撰；《汉书》，东汉班固等撰；《后汉书》，刘宋范晔撰；《国语补音》，宋宋庠撰；《汉制考》，宋王应麟撰；《水经注》，北魏郦道元撰。子类主要有：《吕氏春秋》，秦吕不韦等撰；《风俗通义》，东汉应劭撰；《淮南子注》，东汉高诱撰；《颜氏家训》，南北朝颜之推撰；《齐民要术》，北魏贾思勰撰；《开元占经》，唐瞿昙悉达撰；《列子释文》，唐殷敬顺撰；《北堂书钞》，唐虞世南辑录；《初学记》，唐徐坚等辑录；《艺文类聚》，唐欧阳询等辑录；《太平御览》，唐李昉等辑录；《事类赋》，宋吴淑撰；《小学绀珠》，宋王应麟撰。集部主要有：《文选注》，唐李善撰③。《太平御览》等大型类书辑录了大量散佚的资料，“古籍散亡，十不存一，遗文旧事，往往托以得存，《艺文类聚》《初学记》《太平御览》诸编，残玑断璧，至捃拾不

① 戴震：《方言疏证》，见张岱年主编《戴震全书》(第三册)，合肥：黄山书社，1994年，第23～24页。

② 王念孙、王引之：《高邮王氏遗书》，南京：江苏古籍出版社，2000年，第116页。

③ 李晓明：《〈说文解字注〉与段玉裁之校勘学》，内蒙古师范大学硕士学位论文，2012年，第38～41页。

穷”①。《太平御览》《艺文类聚》等类书的运用为《说文》的注解和校勘提供了证据。

戴震作《方言疏证》前，将扬雄《方言》的字与训分别抄录在李焘《许氏说文五音韵谱》上，“字与训两写，详略互见”②。王念孙模仿戴氏这一体例作《雅诂表》，“取《尔雅》《方言》《广雅》《小尔雅》四书诂训，以建首字为经，而以古韵二十一部分列所释之字以纬之……《尔雅》以黑字，《方言》以朱字，《广雅》以绿字，然全书亦不尽用此例”③，实现训诂的互证。他的《读书杂志》引用书目有80多种。经部主要有：《周易》；《尚书》，唐陆德明释文；《诗经》，汉毛亨传，汉郑玄笺，唐孔颖达正义，唐陆德明释文；《韩诗外传》；《诗考》；《周礼》，汉郑玄注，唐贾公彦疏；《礼记》，汉郑玄注；《仪礼》，汉郑玄注；《大戴礼记》；《春秋左氏传》，晋杜预注，唐陆德明释文；《春秋公羊传》，汉何休注；《春秋穀梁传》；《春秋繁露》；《春秋考异邮》；《论语》；《孟子》，汉赵岐注。其中，小学类：《说文解字》；《尔雅》，晋郭璞注，李巡注，宋邢昺疏，唐陆德明释文；《尔雅翼》；《广雅》；《释名》；《方言》；《广韵》；《玉篇》；《集韵》；《班马字类》。史部主要有《汉书》，唐颜师古注，汉服虔、晋灼、应劭、孟康、苏林、孔文祥注；《后汉书》；《魏书》；《晋书》；《隋书》；《唐书》；《史论》；《逸周书》；《通志》；《国语》，汉贾逵注，三国吴韦昭注；《战国策》，汉高诱注，宋鲍彪注，宋姚宏校，元吴师道校注；《晏子春秋》；《列女传》；《越绝书》；《吴越春秋》；《汉纪》；《资治通鉴》；《水经注》；《通典》。子部主要有：《荀子》，唐杨倞注；《说苑》；《新序》；《盐铁论》；《潜夫论》；《孔子家语》；《孙子兵法》；《管子》，唐尹知章注；《商子》；《韩非子》；《黄帝内经》；《周髀算经》；《开元占经》；《太元》，晋范望注；《墨子》；《吕氏春秋》，汉高诱注；《淮南子》；《论衡》；《白虎通义》；《风俗通义》；《群书治要》；《艺文类聚》；《北堂书钞》；《初学记》；《白孔六帖》；《太平御览》；《山海经》，晋郭璞注；《世说新语》；《穆天子传》，晋郭璞注；《博物志》；《老子》；《庄子》，唐陆德明释文；《文子》；《列子》。集部主要有：《楚辞》，汉王逸注，宋洪兴祖补注；《文选》，唐李善注；《文选补遗》。此外还引用了金石类资料，如泰山都尉孔宙碑、太尉刘宽碑阴、宋仓颉碑阴、郃阳令曹全碑阴、秦之罘刻石、秦会稽刻石文④。材料的广泛占有，为王念孙的训诂或校勘提供了大量的文献佐证。例如为证明《史记》

---

① 永瑢等：《四库全书总目》，北京：中华书局，1965年，第1141页。

② 段玉裁撰、杨应芹订补：《东原年谱订补》，见张岱年主编：《戴震全书》（第六册），合肥：黄山书社，1995年，第666页。

③ 王国维：《高邮王怀祖先生训诂音韵书稿叙录》，载《观堂集林》，北京：中华书局，1959年，第395～397页。

④ 程艳梅：《〈读书杂志〉专题研究》，南京师范大学博士学位论文，2007年，第28～30页。

“鹿台之财”为“散鹿台之钱”，王念孙罗列了十条文献证据，第一：“晚出《尚书·武成篇》‘散鹿台之财’，正义引《周本纪》曰：‘命南宫括散鹿台之钱。’又曰：‘言鹿台之财，则非一物也。《史记》作“钱”，后世追论，以钱为主耳。’是《史记》本作‘钱’，不作‘财’。”第二：“《群书治要》引《史记》亦作‘散鹿台之钱’，是唐初人所见本皆作‘钱’。”第三：“《齐世家》曰：‘散鹿台之钱，发巨桥之粟。’”第四：“《留侯世家》曰：‘发巨桥之粟，散鹿台之钱。’”第五：“《逸周书·克殷篇》曰：‘乃命南宫忽振鹿台之钱，散巨桥之粟。’《周本纪》即本于此。”第六：“《管子·版法解篇》曰：‘决巨桥之粟，散鹿台之钱。’”第七：“《淮南·主术篇》《道应篇》并曰：‘发巨桥之粟，散鹿台之钱。’”第八：“《殷本纪》曰：‘帝纣厚赋税以实鹿台之钱。’是纣作鹿台本以聚钱，故《周本纪》言‘散鹿台之钱’。”第九：“《吕氏春秋·慎大篇》曰：‘发巨桥之粟，赋鹿台之钱。以示民无私。出拘救罪，分财弃责，以振穷困。’是分财不专在鹿台，而赋钱则专在鹿台，故曰‘赋鹿台之钱’。”第十：“《说苑·指武篇》曰：武王上堂见玉曰：‘谁之玉也？’曰：‘诸侯之玉也。’即取而归之于诸侯。天下闻之曰：‘武王廉于财矣。’入室见女曰：‘谁之女也？’曰：‘诸侯之女也。’即取而归之于诸侯。天下闻之曰：‘武王廉于色矣。’于是发巨桥之粟，散鹿台之金钱，以与士民。’是玉与女皆在宫中，而金钱则在鹿台，故曰‘散鹿台之金钱’。”①可谓证据确凿。王念孙的《广雅疏证》亦被徐复认为“考证翔实，包罗万有，殚精极虑，成此绝业，求之当时，实罕伦比。”②

王引之称其父“校订之精，引证之切，触类引申之广，实上追两汉诸儒。诂训略其形迹，而取其精华，贯穿该洽，左右逢源”③。受其家风熏陶，王引之为学也旁征博引，毛、郑、贾、孔等传注皆为所用，甚至援引师友观点予以证明。他于《经传释词序》中云：“自《九经》《三传》、秦汉之书，凡语助之文遍为搜讨，分字编次，以为《经传释词》十卷，凡百六十字。”例如“谓”字条，王引之指出：“家大人曰‘谓’犹‘为’也。”为论证“谓”犹“为”，王引之引用了《周易》《诗经》《左传》《史记》《战国策》《国语》《大戴礼记》《晏子春秋》《淮南子》《汉书》《吕氏春秋》《盐铁论》等古籍辞例，特别是《左传·庄公二十二年》“是谓观国之光”，《史记·陈杞世家》中“谓”作“为”；《说苑·君道篇》“则何为不具官乎”，《晏子春秋·问篇》中“为”作“谓”；《吕氏春秋·精谕篇》“胡为不可”，《淮南·道应篇》中“为”作“谓”……这些别本异文最能说

---

① 王念孙：《读书杂志》，上海：上海古籍出版社，2014年，第184～185页。

② 徐复：《弁言》，王念孙：《广雅疏证》，南京：江苏古籍出版社，2000年，第1页。

③ 王引之：《光禄公寿辰征文启事》，见《高邮王氏遗书》，南京：江苏古籍出版社，2000年，第23页。

明“谓”“为”意同①。《经传释词》常引的典籍主要还有:《尚书》《礼记》《仪礼》《中庸》《春秋》《后汉书》《竹书纪年》《公羊传》《穀梁传》《考工记》《论语》《孟子》《老子》《荀子》《庄子》《墨子》《管子》《列子》《韩非子》《淮南子》《晏子春秋》《春秋繁露》《山海经》《说苑》《新序》《楚辞》《文选》《论衡》,以及贾谊、司马相如、扬雄等人的著作②。

王念孙总结一生治学经验曰:“经之有说,触类旁通。不通全书,不能说一句;不通诸经,亦不能说一经。”③王氏父子紧步其师戴震之武,训诂一字必本六书,贯群经而后为定。所以薛正兴说王念孙的《广雅疏证》《读书杂志》和王引之的《经义述闻》《经传释词》“可以说完全是戴氏训诂学原则和方法的精密运用的成果”④。也正因为贯通群籍方法的运用,王氏父子取得了卓越成就,皮锡瑞称:“经学训诂以高邮王氏念孙、引之父子为最精。”⑤

戴震在四库馆时就有志编撰一部汇综群书传注的训诂学专著以示学者,但终究未能成编,其再传弟子阮元完成了戴震的遗愿。他利用浙江藏书丰富的优势,“遴拔经生若干人,分籍纂训,依韵归字,授之凡例,示以指南”⑥,编成《经籍籑诂》106 卷,凡唐以前之正文训诂、经文训诂和传注训诂,皆搜罗殆尽,成为“经典之统宗,训诂之渊薮”。

四、结语:引领训诂学走向辉煌

不同于吴派朴学以古为尚,皖派朴学唯求其是。戴震认为,六经乃道义之府,为了探寻六经中的微言大义,必须走“由字通词、由词通道”之路;反之,“轻语言文字,是欲渡江河而弃舟楫,欲登高而无阶梯也”⑦。为了探究六经中的道义,戴震重视文字训诂,然而文字训诂必以是正文字为前提。为求一字之“的”解,戴震本之六书,实行音义互求;并且汇综群籍、择善而从,形成了鲜明的训诂学思想和特色。在戴震训诂学思想的指引下,段玉裁和王氏父子取得了前无古人的训诂学成就,皖派朴学也因之臻于鼎盛,戴震的筚路蓝缕之功不可抹杀。

---

① 王引之:《经传释词》,南京:江苏古籍出版社,2000 年,第 27 页。

② 袁海林:《王引之〈经传释词〉的引据》,载《语文研究》1998 年第 4 期。

③ 王念孙、王引之:《高邮王氏遗书》,南京:江苏古籍出版社,2000 年,第 203 页。

④ 薛正兴:《王念孙 王引之评传》,南京:南京大学出版社,2008 年,第 193 页。

⑤ 皮锡瑞:《经学历史》,北京:中华书局,2004 年,第 242 页。

⑥ 臧庸:《经籍籑诂后序》,见《拜经堂文集》,上海:上海古籍出版社,1987 年,第 578 页。

⑦ 戴震:《与段茂堂等十一札》,见张岱年主编:《戴震全书》(第六册),合肥:黄山书社,1995 年,第 541 页。

第三章 戴震校勘思想及其对皖派朴学的影响

第一节 戴震的校勘特色

古籍因传抄的增删讹误或版刻的剜改缺失，必然会产生鱼鲁虚虎之讹。纠正古代典籍错误，对典籍进行校勘是正确理解典籍的前提条件。“清儒之有功于史学者，更一端焉，则校勘也。古书传习愈希者，其传钞踵刻，讹谬愈甚，驯至不可读，而其书以废。清儒则博征善本以校雠之，校勘遂成一专门学……诸所校者，或遵善本，或据他书所征引，或以本文上下互证，或是正其文字，或厘定其句读，或疏证其义训，往往有前此不可索解之语句，一旦昭若发蒙。”[①]作为清代考据学派的代表人物，戴震以校勘为训诂之前提而尤重校勘。戴震对文献讹误表现出忧郁沉思之情，曰：“以今之去古圣哲既远，治经之士，莫能综贯，习所见闻，积非成是，余言恐未足以振兹坠绪也。”“生千百余年后，欲稽古毕得，用订史籍讹文，诚非易易。”[②]段玉裁记录其师所论校勘之事曰：“《水经注》‘水流松果之山’，钟伯敬本‘山’讹作‘上’，遂连圈之，以为妙景，其可笑如此。‘松果之山’见《山海经》。”[③]“水流松果之上”，意境虽美，但已非《水经注》原意。正如戴震所说，“守讹传谬者，所据之经，并非其本经”[④]。戴震一生校书众多，他不仅搜集异本，比其文字而择其优，还把考据的方法用于校勘，在案语中详加考证，使其校改信而有征；同时又灌入创新精神，大胆改字、总结误例，表现出鲜明的校勘特色。

---

① 梁启超：《清代学术概论》，北京：东方出版社，2012年，第52页。

② 戴震：《原善》《寿阳县志序》，见张岱年主编：《戴震全书》（第六册），合肥：黄山书社，1997年，第7、511页。

③ 段玉裁撰、杨应芹订补：《东原年谱订补》，见张岱年主编：《戴震全书》（第六册），合肥：黄山书社，1997年，第716页。

④ 戴震：《古经解钩沉序》，见张岱年主编：《戴震全书》（第六册），合肥：黄山书社，1997年，第378页。

一、参验群籍，以理论定

有感于《方言》"宋、元以来，六书故训不讲，故鲜能知其精核。加以讹舛相承，几不可通"，戴震"从《永乐大典》内得善本，因广搜群籍之引用《方言》及注者，交互参订，改正讹字二百八十一，补脱字二十七，删衍字十七"①。为校勘《方言》，戴震引经据典，旁征博引，将其"一字之义，必本六书、贯群经以为定诂"②的考据方法运用于校勘，实现了辞书、古注的参伍考究；而又本之六书、音声，周查得失，以理论定。例如《方言》卷十二"倦，倦也"条，戴震为证明"倦"为"倦"字之讹，多方求索，他首先以古注《史记集解》《史记索隐》《汉书注》和字书《说文》《说文系传》等相关训诂证明"谻"有"倦"义。戴震疏证曰："'倦'各本讹作'倦'，《史记·司马相如列传》'徼谻受屈'，裴骃《集解》云：'谻，音剧。骃按：倦，郭璞曰："谻、疲，极也。"言兽有倦游者，则徼而取之。'《索隐》：'司马彪云："谻，倦也。"谓遮其倦者。《说文》云："谻，劳也。"燕人谓劳为谻。'《汉书注》：'苏林曰：谻，音倦谻之谻。'又'与其穷极倦谻'，《汉书注》引郭璞云：'穷极倦谻，疲惫也。'《说文·丮部》：'谻，相踦谻也。'徐锴《系传》云：'《上林赋》："徼谻受屈"，谓以力相踦角，徼要极而受屈也。'"戴震继而以文字规律性变化，如"《方言》因'谻'加'人'旁作'倦'，犹'券'加'人'旁作'倦'耳"，推理得出，"倦"为"谻"的异体字，"倦"为"倦"字之讹③。又如《方言》卷十二"儒输，愚也"条，戴震疏证曰："《荀子·修身篇》'劳苦之事则偷儒转脱'，杨倞《注》云：'或曰：偷当为输。扬子《方言》云："儒输，愚。"郭《注》："谓儒撰也。"'此所引并《方言》正文亦作儒，非也。陆德明《经典释文》于《春秋僖公二年左传》'懦而不能强谏'，列乃乱、乃货二反。又引《字林》：'愞，音乃乱反。偄，音让犬反。'是合懦与愞、偄为一。《广雅》：'儒，愚也。'儒即儒之讹。《释文》于《易·需卦》云：'从"雨"，重"而"者非。'可证'需'转写讹作'需'。以双声叠韵考之，儒、输叠韵也，不当作'懦'。注内儒、撰亦叠韵也。儒，让犬反，撰，士免反。各本'儒'讹作'儒'。"④"儒"与"懦"形似易讹。戴震从汉魏古注所引之文加以订正，又以方言异语之音声考其叠韵。儒，日纽侯韵，输，审纽侯韵；懦，

① 戴震：《方言疏证序》，见张岱年主编《戴震全书》(第三册)，合肥：黄山书社，1994年，第6～7页。

② 段玉裁撰、杨应芹订补：《东原年谱订补》，见张岱年主编：《戴震全书》(第六册)，合肥：黄山书社，1995年，第651页。

③ 戴震：《方言疏证》，见张岱年主编：《戴震全书》(第三册)，合肥：黄山书社，1994年，第199～200页。

④ 戴震：《方言疏证》，见张岱年主编：《戴震全书》(第三册)，合肥：黄山书社，1994年，第185页。

泥纽侯韵，撰，床纽元韵。儒、输声近韵同，懦、撰声近韵通转，“儒输”不得为“懦输”，“懦撰”不得为“儒撰”。王先谦《荀子集解》于“劳苦之事，则偷输转脱”下，引杨倞注云：“或曰偷当为输，扬子《方言》云：‘儒输，愚也。’郭璞注：‘谓懦撰也。’”可见后人所引版本文字亦与戴震考证相同。

参验群籍、以理校定是戴震最大的校勘特色。段玉裁《戴东原先生年谱》记载，戴震十六岁之前就精研《说文解字》，“三年尽得其节目，又取《尔雅》、《方言》及汉儒传、注、笺之存于今者，参伍考究”①。由于他精研《尔雅》《说文》和《十三经注疏》，经传注疏之文、许郑贾马之学，已烂熟于胸，故其征引古书，左右逢源，所定论断，多不可易。

如前文所说，“古书通常都有一定体例，因此我们可以根据书的体例来从事校勘”②。戴震善于总结古书体例，以理校勘。例如他校勘《方言》便采用了根据体例校勘的方法。例如：《卷一》“硕、沈、巨……于，通词也”条，戴震疏证曰：“通语讹作通词，今订正。”扬雄称没有地域差异的西汉普通话为通语，如《卷一》“怜，通语也”，《卷二》“好，凡通语也”。戴震据此体例改通词为通语，甚确。梁启超于《清代学者整理旧学之总成绩》中论理校说：“无他书可供比勘，专从本书各篇所用的语法字法注意，或细观一段中前后文义，以意逆志，发现出今文本讹误之点。这种工作，非眼光极锐敏、心思极缜密而品格极方严的人不能做。清儒中最初提倡者为戴东原，而应用得纯熟矜慎卓著成绩者为高邮王氏父子。”③

古籍流传愈久，善本愈难得。要还原古籍本来面貌，理校最为有效。参验汉魏古注、唐宋类书，本之六书、音声，搜求本书义例，是校勘古籍行之有效的方法。戴南海说：“清代戴震、段玉裁、王氏父子、俞樾等人都具有深厚的文字、音韵、训诂之学的根基和丰富的古代历史文化知识，善于发现古书文字上致误的原因，据理加以改正。同时，他们不仅博览群书，而且读得精通。他们以理校为主，又善于从本书和他书取得证据校正文字，且把严密的考证用于校勘，因此时出奇迹，多有创获，形成清代校勘学中的一个流派。”④

戴震同时代校勘大家卢文弨“因以考戴氏之书（戴震的《方言疏证》），觉其当增正者尚有”⑤而作《重校方言》。据《重校方言》卷首所列《〈方言〉

① 段玉裁撰、杨应芹订补：《东原年谱订补》，见张岱年主编：《戴震全书》（第六册），合肥：黄山书社，1995 年，第 651 页。

② 程千帆、徐有富：《校雠广义》，济南：齐鲁书社，1998 年，第 423 页。

③ 梁启超：《清代学者整理旧学之总成绩》，北京：商务印书馆，1999 年，第 61 页。

④ 戴南海：《校勘学概论》，西安：陕西人民出版社，1986 年，第 110 页。

⑤ 卢文弨：《重校方言》，乾隆四十九年（1784）刻本。

雠校所据新旧本并校人》可知，卢氏先后参照别本22个。由此可见，卢氏更强调版本依据。他在给丁杰的一封信中说："故校正群籍，自当先从本书相传旧本为定。况未有雕板以前，一书而所传各异者，殆不可遍举。今或单据注书家所引之文，便以为是，疑未可也。"①所以倪其心称："从校勘学的发展看，清代出现了两个主要的流派：一派是以卢文弨、顾广圻为代表，注重版本依据，异文比较，强调保持原貌，主张说明异文正误而不作更改。这派基本上继承岳珂《沿革例》和彭叔夏《辨证》的校勘传统；另一派以戴震、段玉裁、王念孙、王引之及俞樾为代表，要求广泛搜集包括版本以外的各种异文材料，根据本书的义理，运用文字、音韵、训诂、版本和有关历史知识，分析考证异文和正误，明确主张订正刊误，敢于改正误字。这派基本上继承郑玄、陆德明的传统而有所发展。以卢、顾为代表的一派为继承宋学，或称之为对校学派；以戴、段、王为代表的一派为继承汉学，或称之为理校学派。"②戴震和卢文弨分别为两大校勘学派的代表人物，各自表现出鲜明的校勘特色。

二、大胆改字，以为定本

戴震崇尚古本，以为："汉儒训诂各有师承，又去古未远，使其说皆存，用备参稽，犹不足以尽通于古，况散佚既多，则见者可忽视之乎？"③"去古未遥者，咸资证实。"④但他并不迷信古本，而以求是为根本原则。他尝云："汉人之书，就一书中，有师承可据者，亦有失传傅会者。在好学之士，善辨别其间而已。"⑤"汉儒故训有师承，亦有时傅会；晋人傅会凿空益多；宋人则恃胸臆以为断，故其袭取者多谬，而不谬者在其所弃。"⑥"凡宗仰昔贤，用寄爱慕，虽指不知谁氏之垄，而闻名起敬可也，援以证实，用资考核，必有

① 卢文弨：《与丁小雅杰进士论校正方言书》，见《抱经堂文集》，北京：中华书局，2015年，第284页。

② 倪其心：《校勘学大纲》，北京：北京大学出版社，1987年，第49页。

③ 戴震：《尚书义考义例》，见张岱年主编：《戴震全书》(第一册)，合肥：黄山书社，1994年，第12页。

④ 戴震：《尔雅注疏笺补序》，见张岱年主编：《戴震全书》(第六册)，合肥：黄山书社，1995年，第276页。

⑤ 戴震：《经考·尔雅》，见张岱年主编：《戴震全书》(第二册)，合肥：黄山书社，1994年，第359页。

⑥ 戴震：《与某书》，见张岱年主编：《戴震全书》(第六册)，合肥：黄山书社，1995年，第495页。

起而辩之者。”[①]“宋本不皆善，有由宋本而误者。”[②]对汉本和宋本皆采取公允的态度，既不佞汉亦不佞宋。对待汉、宋人失传傅会之处，主张径行改易。戴震说：“苟害六书之义，虽汉人亦在所当改，何况魏、晋、六朝？”[③]“显然讹缪者，宜从订正。”[④]洪榜《戴先生行状》称：“嘉定光禄王君鸣盛尝言曰‘方今学者，断推两先生，惠君之治经求其古，戴君求其是，究之，舍古亦无以为是。’王君博雅君子，故言云然。其言先生之学，期于求是，亦不易之论。”[⑤]戴震以求是为旨归，对当时考据风气中日益暴露的泥古佞汉、保守的倾向十分不满，尖锐地指出：“今之博雅文章善考核者，皆未志乎闻道，徒株守先儒而信之笃，如南北朝人所讥，‘宁言周、孔误，莫道郑、服非’，亦未志乎闻道者也。”[⑥]

本着“字形转写之谬”，则“径行改易”的原则，戴震校勘《方言》共正讹字 281 个，补脱字 27 个，删衍字 17 个，有心为《方言》提供一个较好的底本。段玉裁耳濡目染、深明师意，他于《答顾千里书》中叙述道：“凡校书者，欲定其一是……故有所谓宋版书者，亦不过校书之一助，是则取之，不是则却之。宋版岂必是耶？故刊古书者，其学识无憾，则折衷为定本，以行于世，如东原师之《大戴礼》《水经注》是也。”又说：“夫校经者，将以求其是也。审知经字有讹则改之……东原师常搜考异文，以为订经之助，令其族子时甫及仆从事于此，而稿未就。”[⑦]学识无憾者，戴震当之，故其能折衷是非以为定本。段氏所谓“校书者，欲定其一是”“折衷为定本，以行于世”“当改则改”“搜考异文以为订经之助”，皆是对戴震校勘实践的准确概括。

虽然戴震的校勘学理论尚未建立，但其校勘实践已充分表明其校勘思想。其弟子段玉裁继承并发展了他的校勘思想，于《与诸同志书论校书之难》中指出，校勘包括校订底本之是非和立说之是非。“必先定其底本之是非，而后可断其立说之是非”。底本指著书者之稿本，立说指著书者所言之

---

① 戴震：《答曹给事书》，见张岱年主编：《戴震全书》(第六册)，合肥：黄山书社，1995年，第 331 页。

② 戴震：《言谈辑要》，见张岱年主编：《戴震全书》(第六册)，合肥：黄山书社，1995 年，第 717 页。

③ 戴震：《与卢侍讲召弓书》，见张岱年主编：《戴震全书》(第六册)，合肥：黄山书社，1995年，第 283 页。

④ 戴震：《论韵书中字义答秦尚书》，见张岱年主编：《戴震全书》(第三册)，合肥：黄山书社，1994 年，第 336 页。

⑤ 洪榜：《戴先生行状》，见张岱年主编：《戴震全书》(第七册)，合肥：黄山书社，1997 年，第 8 页。

⑥ 戴震：《答郑丈用牧书》，见张岱年主编：《戴震全书》(第六册)，合肥：黄山书社，1995 年，第 374 页。

⑦ 段玉裁：《答顾千里书》，见《经韵楼集》，上海：上海古籍出版社，2008 年，第 300、298 页。

义理。“不先正注疏释文之底本，则多诬古人；不断其立说之是非，则多误今人。”[①]段玉裁继承师志，旗帜鲜明地主张校勘首要之务在于“定其是非”，否则会诬古人、误今人。“定其底本之是非”，即戴震所强调的“据其本经”，不能“守讹传谬”。如《方言》：“嫢、笙、揫、掺，细也。自关而西，秦、晋之间，凡细而有容谓之魏，或曰徥。”戴震疏证曰：“‘嫢’各本讹作‘魏’，今订正。《说文》：‘嫢，媞也。读若癸，秦、晋谓细腰为嫢。’《广雅》：‘嫢、笙、揫、掺、细，小也。’义本此。曹宪于‘嫢’下列‘其癸’、‘渠惟’二反。”[②]戴震据《说文》《广雅》的训诂和曹宪的注音改正文“魏”为“嫢”。戴震所改是也。周祖谟《方言校笺》曰：“《说文》：‘嫢，媞也，秦晋谓细腰为嫢。’《广雅·释诂二》：‘嫢、笙、揪、掺，小也。’与本书相合。又《庄子·庚桑》：‘若规规然若丧父母。’《释文》云：‘规规，细小貌。’规与嫢义同。”至于“断其立说之是非”，戴震也不曾忽视。如《方言》卷八：“鸠，自关而东，周、郑之郊，韩、魏之都谓之鴡鷎……其大者谓之鳻鸠，其小者谓之䳕鸠，或谓之鷄鸠，或谓之䲹鸠，或谓之鹘鸠。梁宋之间谓之鷦。”戴震《疏证》云：“《诗·卫风》‘于嗟鸠兮，无食桑葚。’毛《传》：‘鸠，鹘鸠也。’《尔雅》：‘鶌鸠，鹘鵃。’郭璞《注》云：‘似山鹊而小，短尾，青黑色，多声。今江东亦呼为鹘鵃。’旧说及《广雅》皆云班鸠，非也。《左传》：‘鹘鸠氏，司事也。’杜预《注》云：‘鹘鸠，鹘雕也。春来冬去，故为司事。’‘雕’即‘鵃’讹。据经传所言者证之，此条之鴡鷎、鳻鸠、䲹鸠、鷦皆祝鸠也，不与鹘鸠同。‘或谓之鹘鸠’一句杂入不伦。”[③]此条正为订扬雄立说之非。殷孟伦说“读书不废勘校，所以贵求其是而已。戴东原尝云凿空之弊有二：其一，缘词生训；其一，守讹传谬。段玉裁本其师说，《与诸同志论校书之难》以为非照字不讹不漏之难，定其是非则难，是非又有底本立说之不同。底本者，著书者之稿本；立说者，著书者之义理是也。因立五事论之，要其终必以各得其底本，而后判其义理之是非。不先正其底本，则多诬古人；不断其立说之是非，则多误今人。卓哉二君之议，此其规为，所以高世绝俗也。蹈虚之与摭实，其相去远矣。”[④]

戴震每改一字，必信而有征。他尝云：“失不知为不知之义，而徒增一

---

① 段玉裁：《与诸同志书论校书之难》，见《经韵楼集》，上海：上海古籍出版社，2008年，第332～336页。

② 戴震：《方言疏证》，见张岱年主编：《戴震全书》（第三册），合肥：黄山书社，1994年，第32页。

③ 戴震：《方言疏证》，见张岱年主编：《戴震全书》（第三册），合肥：黄山书社，1994年，第130～131页。

④ 殷孟伦：《国学大师论国学》，上海：东方出版中心，1998年，第259页。

惑，以滋识者之辨之也。”①“传其信，不传其疑，疑则阙，庶几治经不害。”②对没有确证之处他并不强为之说，而是采取阙疑的态度。如卷十三：“无升谓之刁斗。”戴震疏证曰：“‘无升’二字应有讹舛。刁本作刀。《史记·李将军列传》‘不击刁斗以自卫’，《集解》：‘孟康曰：以铜作鐎器，受一斗。昼炊饭食，夜击持行，名曰刁斗。’《索隐》：‘刁，音貂。案荀悦云：“刁斗，小铃。如宫中传夜铃。”苏林曰：“形如鋗，以铜作之，无缘，受一斗。故云刁斗。鐎即铃也。”《埤苍》云：“鐎，温器，有柄斗，似铫，无缘。”’《说文》：‘钱，铫也。铫，温器也。’《广韵》：‘鐎，刁斗也。温器，三足而有柄。’据此数说，无升或无缘之讹。”③戴震疑“无升”为“无缘”之讹。由于证据不足，戴震不改原文。今以文献考之，“无升”当为“焦斗”之讹。《急救篇·卷二》“锻铸铅锡……伪谓鐎斗，温器也。似铫而无缘。”《御定骈字类编》“龙首”注曰：“博古图汉龙首鐎斗，高七寸八分，深二寸三分。口径四寸三分，容一升。”《集韵》：“焦，温器。《说文》：‘鐎斗也。通作焦。’”《经典释文·五经总义类》“爨人焦斗”，注：“本又作鐎，音同。”是“鐎斗”字或作“焦斗”，与“无升”形近而讹。校勘之事，非一人之力所能完成，采取阙疑的态度是科学的。

梁启超对以戴震为首的改字派有客观的评价，他说：“彼等不惟于旧注旧疏之舛误丝毫不假借而已，而且敢于改经文。此与宋明儒者之好改古书，迹相类而实大殊。彼纯凭主观的臆断，而此则出于客观的钩稽参验也。”④梁氏此为得实之言。

三、借字从本，俗字从正

戴震强调用字的规范，他于《重刊五经文字九经字样序》中云：“方汉熹平初，议郎蔡邕以经籍去圣久远，文字多谬，奏请于朝。得诏正定六经文字，立石太学门外……唐制，则国子监置书学博士，立《说文》《石经》《字林》之学。而张参为司业，病夫人苟趋便，五经正文，荡而无守，故其作书推本《说文》，助以《汉石经》，虽未尽协六书，要主于远绝俗谬也。”⑤又于《与卢侍讲召弓书》中曰：“此书中仍有未尽俗谬者，準、准，杀、煞，陈、阵，参差互

---

① 段玉裁：《答顾千里书》，见《经韵楼集》，上海：上海古籍出版社，2008年，第300页。

② 戴震：《与姚孝廉姬传书》，见张岱年主编：《戴震全书》（第六册），合肥：黄山书社，1995年，第373页。

③ 戴震：《方言疏证》，见张岱年主编：《戴震全书》（第三册），合肥：黄山书社，1994年，第235页。

④ 梁启超：《清代学术概论》，上海：上海古籍出版社，2005年，第37页。

⑤ 戴震：《重刊五经文字九经字样序》，见张岱年主编：《戴震全书》（第六册），合肥：黄山书社，1995年，第386页。

见，宜使之画一，以免学者滋惑。震愚昧，径行改易。”[①]戴震在自己的著作中使用本字和正字，反对使用俗体、讹体。例如他校订《方言》便是如此。

扬雄《方言》是当时活语言的记录。由于同一事物在不同的地区具有不同的称名，同一词在不同的方言区域有不同的读音，要在书面上表现不同的称名、不同的读音，扬雄偶尔用同音字，或俗体字，或自造新字。戴震校订《方言》时一一改之，做到借字从本，俗字从正。如《方言》：“东齐之间，婿谓之倩。”戴震疏证：“‘壻’各本讹作‘聟’，今订正。《史记·仓公列传》‘黄氏诸倩’，《集解》云：‘徐广曰：“倩者女壻也。”骃案：《方言》曰：“东齐之间，壻谓之倩。”郭璞曰：“言可假倩也。”’《说文》云：‘东齐壻谓之倩。’《广雅》：‘壻谓之倩。’皆本此。”[②]戴震径改“聟”字为“壻”。卢文弨《重校方言》字作“聓”，并云：“聓，《说文》作壻，此正字也。然汉晋以来即有用聟、聓等俗字者。此聓字旧本相沿，不便遽易。”钱绎《方言笺疏》作“聟”并案：“聟，旧本皆讹作聟。注及下并同，不成字……盖聟本作聟，乃俗壻字，遂误而为聟。”三人用字各异。《御定佩文韵府》“卒便”下引《方言注》曰：“俗呼女聓谓卒便。”《礼记·昏义》：“壻执雁入。”陆德明《释文》云：“壻，字又作聟，女之夫也。依字从土从胥，俗从知下作耳。”《六艺之一录》：“聓，与壻同。”《别雅》：“《干禄字书》云：‘聟、聓、壻，上俗中通下正。’”是“聓”“聟”为“壻”之俗体。戴震用正体“壻”字。又如《方言》：“自关而西，秦、晋之间，凡取物而逆谓之篡（音馔）。”戴震疏证：“‘篡’各本讹作‘篹’，盖因注内馔字而误，今订正。《后汉书·逸民传》：‘扬雄曰鸿飞冥冥，弋者何篡焉。’宋衷曰：‘篡，取也。今人谓以计数取物为篡。’《尔雅·释诂》：‘探、篡、俘，取也。’《说文》：‘屰而夻取曰篡。’”[③]戴改正文“篹”为“篡”字。周祖谟《方言校笺》不改字，并案曰：“《说文》：‘篹，具食也，字或作馔。’原本《玉篇·食部》字作篹，注云：‘《方言》自关以西，秦、晋之间，凡取物而逆谓之篹。’又故宫博物馆旧藏《刊谬补缺切韵》篹音知恋反，云：‘《方言》音馔。’是篡字作篹，其来以久。”“篡”字，《尔雅》曰：“取也。”《说文》：“屰而夺取曰篡。”《汉书·卫青传》：“公孙敖与壮士往篡之。”颜师古注云：“逆取为篡。”“篹”字，《说文》曰：“具食也，字或作馔。”《汉书·杜邺传》：“陈平供壹饭之篹而将相加欢。”颜师古注：“陈平用陆贾说，以五百金为绛侯具食是也。”“篹”无取义，《方言》

---

① 戴震：《与卢侍讲召弓书》，见张岱年主编：《戴震全书》（第六册），合肥：黄山书社，1995年，第283页。为便于论述，引文中保留部分繁体字、异体字，后同。

② 戴震：《方言疏证》，见张岱年主编：《戴震全书》（第三册），合肥：黄山书社，1994年，第45页。

③ 戴震：《方言疏证》，见张岱年主编：《戴震全书》（第三册），合肥：黄山书社，1994年，第23、24页。

作“籑”者，当为“篹”之假借。戴震重视文字规范，故改为本字。

扬雄《方言》是一部语言学著作，是当时活语言的记录。由于同一事物在不同方言区有不同名称，而同一词在不同方言区域有不同读音，要在书面上表现这些不同的名称、不同的读音，扬雄偶尔用同音字代替，或自造新字在所难免。戴震改讹字为本字和正字，虽未必尽合扬雄原书，但也不失为戴震校勘的一大特色。其实，戴震对古人字无定体的现象有清醒的认识，他于《尚书义考》中说：“汉时相传之本亦自不一。”然而为了不使学者滋惑，“宜使之画一”，让涉足古文辞者有资于此，便于后学。

四、分析归纳，总结误例

张舜徽先生曾说：“校勘学家对学术界的贡献，本不限于校订文字的正误，而在能通过长期校书工作掌握古人用字属辞的一般规律，从中找出公例和通则，写成专著，使学者们得到理解古书、疏释旧义的一把钥匙。”[①]清代学者在这方面做得很好，他们大多继承古文献学史的优良传统，在对古书的整理研究上注重探讨古书的体例。戴震在校勘群书时，也注意推求古书义例、文例和总结古书致误的规律，高屋建瓴，通彻精辟，成一家之言。他的《论韵书中字义答秦尚书》从书面材料发生讹、脱、衍、倒等错误类型的角度，归纳出五种讹误原因：一为“讹舛相承”，如《诗经》“山有蓲”之“蓲”讹为“枢”；二为“异字异音，绝不相通，而传写致误，淆混莫辨”，如《诗经》“劳心慅兮”之“慅”讹为“惨”；三为“凡古人之诗，韵在句中者，韵下用字，不得或异”，如《诗经》“不可休思”之“思”讹为“息”；四为“本无其字，因讹而为字”，如《方言》“鍊”讹为“鍊”；五为“字虽不误，本无其音，讹而成音”，如《诗经》“有鷕雉鸣”之“鷕”音“以水反”，“水”讹为“小”而有“以小反”之音[②]。

戴震《方言疏证》更是结合校勘实际总结误例的典范。如《卷五》“飤马橐，自关而西谓之裺囊，或谓之裺篼”条，戴震云：“‘飤’即古饲字，各本讹作‘饮’，字形相近而讹。”[③]于此，戴震揭示了“字形相近而讹”之误例。《方言》中因形近而讹之例比比皆是，如“莽”讹为“芥”，“摸”讹为“模”，“衿”讹为“衿”，等等。再如《卷一》：“敦、丰、庬（鸥鷉）、般（般桓），大也。”戴震云：“注内鸥鷉、般桓当作音鸥鷉之鷉，音般桓之般，观卷十一注内‘蠀音痈瘫之

① 张舜徽：《清代扬州学记》，上海：上海人民出版社，1962年，第201页。

② 戴震：《论韵书中字义答秦尚书》，见张岱年主编：《戴震全书》（第三册），合肥：黄山书社，1994年，第335～336页。

③ 戴震：《方言疏证》，见张岱年主编：《戴震全书》（第三册），合肥：黄山书社，1994年，第89页。

瀻’可见。后人多妄删原文,遂不成语。”①于此,戴震揭示了“后人多妄删”之误例。《方言》:“虔、儇,慧也……自关而东,赵、魏之间谓之黠,或谓之鬼。(言鬼眎也。)”戴震云:“‘鬼眎’各本讹作‘鬼眎’。‘眎’俗作‘脉’,因讹而为‘眎’。”②于此,戴震指出“因俗体而讹”之误例。再如《方言》:“抵(触牴)、秘,会也。”戴震云:“注内‘触牴’当作‘音触牴之牴’,各本讹作‘触抵也’,遂并正文改为‘抵’。”③于此,戴震指出“因注而讹”之误例。又如《方言》:“耸、將,誉也。”戴震云:“耸、奖皆为中心不欲,而由旁人之劝语,则‘欲’字应属讹舛,或‘誉’‘欲’声相近而讹,注作‘皆强誉也’,义尤明。”④于此,戴震指出“声相近而讹”之误例。《方言》:“臧、甬(音勇)、侮、获,奴婢贱称也。”戴震云:“《司马相如列传》‘与保庸杂作’,《集解》引《方言》:‘保庸调之南方,奴婢贱称也。’……‘甬’作‘勇’,遂离而为‘南方’。”⑤于此,戴震指出“上下结构之字易讹为两字”之误例。《方言》:“褕谓之袖。(襦襟有袖者。)”戴震云:“‘襟’字亦舛误,‘襟’不得言‘袖’,当是因上条而讹。”⑥于此,戴震指出“因上条而讹”之误例。《方言》:“怠、陁(音虫豸,未晓),坏也。”戴震云:“‘未晓’二字盖阅是书者所记,以虫豸不可晓耳。”⑦于此,戴震指出“阅书者所记”之误例。以上八种皆为古文献讹误的基本类型,所以梁启超说戴震“最喜罗列事项之同类者,为比较的研究,而求得其公则”⑧。

戴震总结误例,发疑正误,启示后学在校勘古书时重视通例归纳。王念孙《读书杂志·淮南内篇》后列有误例 62 种,俞樾《古书疑义举例》在王氏基础上又增加了 20 多种,无不取法于戴震。今之学者在前人基础上更有新获,后出转精,亦由戴震启示良多。梁启超所说:“凡启蒙时代之大学者,其造诣不必极精深,但常规定研究之范围,创革研究之方法,而以新锐之精神贯注之。”⑨此实为中肯之言。

戴震生于西学东渐之时,其治学运用了科学方法,贯注了求是精神,因

---

① 戴震:《方言疏证》,见张岱年主编:《戴震全书》(第三册),合肥:黄山书社,1994 年,第 15 页。
② 戴震:《方言疏证》,见张岱年主编:《戴震全书》(第三册),合肥:黄山书社,1994 年,第 9～10 页。
③ 戴震:《方言疏证》,见张岱年主编:《戴震全书》(第三册),合肥:黄山书社,1994 年,第 21 页。
④ 戴震:《方言疏证》,见张岱年主编:《戴震全书》(第三册),合肥:黄山书社,1994 年,第 99 页。
⑤ 戴震:《方言疏证》,见张岱年主编:《戴震全书》(第三册),合肥:黄山书社,1994 年,第 46～47 页。
⑥ 戴震:《方言疏证》,见张岱年主编:《戴震全书》(第三册),合肥:黄山书社,1994 年,第 69 页。
⑦ 戴震:《方言疏证》,见张岱年主编:《戴震全书》(第三册),合肥:黄山书社,1994 年,第 102～103 页。
⑧ 梁启超:《清代学术概论》,上海:上海古籍出版社,2005 年,第 40 页。
⑨ 梁启超:《清代学术概论》,上海:上海古籍出版社,2005 年,第 9 页。

而他的校勘能博综通贯，以求其是，总结误例，起例发凡，做到既不诬古人，也不欺来者。

第二节 戴震运用的校勘方法

自清代学者章学诚提出“校雠之法不可不立”①始，学者开始注意总结校勘方法。叶德辉提出了“死校”和“活校”之法，曰：“书不校勘，不如不读……今试言其法，曰死校，曰活校。死校者，据此本以校彼本，一行几字，钩乙如其书；一点一画，照录而不改；虽有误字，必存原本。顾千里广圻、黄尧圃丕烈所刻之书是也。活校者，以群书所引，改其误字，补其阙文；又或错举他刻，择善而从，别为丛书，板归一式。卢抱经文弨、孙渊如星衍所刻之书是也。”②从叶德辉的表述可以看出，“死校”和“活校”法不是严格意义上的校勘方法，而是校勘结果处理方法。其后，梁启超于《中国近三百年学术史》中总结了四种校勘方法：“第一种校勘法，是拿两本对照，或根据前人所征引，记其异同，择善而从……第二种校勘法，是根据本书或他书的旁证反证校正文句之原始的讹误……这种办法又有两条路可走，第一条路是本书文句和他书互见的……他书的同文，便是本书绝好的校勘资料……第二条路是：并无他书可供比勘，专从本书各篇所用的语法字法注意，或细观一段中前后文义，以意逆志，发见出今本讹误之点……第三种校勘法是，发见出著书人的原定体例，根据他来刊正全部通有的讹误……第四种校勘法，是根据别的资料，校正原著之错误或遗漏……换言之，不是和抄书匠刻书匠算账，乃是和著作者算账。”③梁启超虽然总结了四种校勘方法，但并没有给校勘方法确定一个明确的名称，且校勘方法之间交叉较多。直至陈垣在总结历代校勘家校勘经验，并结合自己校勘《元典章》的经验基础上，作《校勘学释例》，归纳了四种校勘方法，即对校法、本校法、他校法和理校法。学界对陈垣四校法历来评价甚高。张舜徽说：“陈氏所举四例，实为校订一切书籍的基本方法，并且是比较接近于科学的方法，足供我们参考和采用。”④戴南海认为陈垣四校法“已被公认为校勘的正规方法，其体系之完整可以说是前无古人，后无来者。校勘学确实是到了他手里，才‘走上科学

---

① 章学诚：《校雠通义》，北京：北京古籍出版社，1956 年，第 12 页。

② 杨守敬：《藏书绝句 流通古书约 古观社约 藏书十约》，上海：古典文学出版社，1957 年，第 50 页。

③ 梁启超：《中国近三百年学术史》，天津：天津古籍出版社，2003 年，第 254～256 页。

④ 张舜徽：《中国古代史籍校读法》，上海：上海古籍出版社，1962 年，第 182 页。

的轨道'的"[①]。白兆麟认为:"陈氏'四校法',为建立校勘方法的科学体系奠定了坚实的基础,在校勘学史上是一个卓越的贡献。"[②]戴震校勘成就的取得,与其对各种科学的校勘方法的运用密不可分。现据陈氏四校法对戴震的校勘方法进行具体分析。

一、他校法:文献互证

他校法就是用他书校本书。陈垣在谈到他校法时说:"他校法者,以他书校本书,凡其书有采自前人者,可以前人之书校之,有为后人所引用者,可以后人之书校之,其史料有为同时之书所并载者,可以同时之书校之,此等校法,范围较广,用力较劳,而有时非此不能证明其讹误。"[③]他校法是戴震校勘的主要方法。例如《尚书》"光被四表",戴震指出:"'光',当从古本作'横',《尔雅》《说文》并作'桄'。"为做到言而有据,戴震广征他书,如《汉书》《后汉书》《说文解字》《乐记》等,曰"《汉书·王莽传》'昔唐尧横被四表',《后汉书·冯异传》'横被四表,昭假上下',又班固《西都赋》'横被六合',王子渊《圣主得贤臣颂》'化溢四表,横被无穷'。《尔雅·释言》曰:'桄、颎,充也。'《释文》:'桄,孙作光,古黄反。'许氏《说文解字》'桄'字下云'充也',盖古字'桄'与'横'通用,遂讹而为'光'。《乐记》:'……号以立横,横以立武。'郑康成《注》云:'横,充也。谓气作充满也。'……'横四表''格上下'对举,充盛所及曰横,贯通所至曰格。四表有人民,故言'被'。"[④]戴震首先根据他书辞例,确定"光被四表"为"横被四表",然后征引字书传注指出"桄"与"横"皆训为"充",可通用,"桄"遂讹脱偏旁而为"光"。

戴震校勘《方言》广征经典、旁征博引。他于《序》中说:"许慎《说文解字》、张揖《广雅》多本《方言》,而自成著作,不加所引用书名……盖是书汉末晋初乃盛行,故应劭举以为言,而杜预以释经,江琼世传其学,以至于式。他如吴薛综述《二京解》,晋张载、刘逵注《三都赋》,晋灼注《汉书》,张湛注《列子》,宋裴松之注《三国志》,其子骃注《史记》,及隋曹宪、唐陆德明、孔颖达、长孙纳言、李善、徐坚、杨倞之伦,《方言》及注,几备见援摭。""广搜群籍之引用《方言》及注者,交互参订。"[⑤]戴震言下之意,凡成书晚于《方言》的

---

① 戴南海:《校勘学概论》,西安:陕西人民出版社,1986年,第119页。

② 白兆麟.《校勘训诂论丛》,合肥:安徽大学出版社,2001年,第19～20页。

③ 陈垣:《校勘学释例》,上海:上海书店出版社,1997年,第120页。

④ 戴震:《尚书义考》,见张岱年主编:《戴震全书》(第一册),合肥:黄山书社,1994年,第22～23页。

⑤ 戴震:《方言疏证序》,见张岱年主编:《戴震全书》(第三册),合肥:黄山书社,1995年,第5～6页。

《说文》《广雅》等字书广采《方言》成说，皆足以为考订《方言》之资。其实，戴震所引之书也有成书早于《方言》的字书《尔雅》和先秦文献。这样，《方言》原本错误可根据《尔雅》以及先秦典籍来订正，郭注以后至隋唐间传写的错误，可据唐以前的书订正。宋以后的错误，可以据唐宋间书校订。这些同类之书，“备见援摭”的材料皆是校勘《方言》有利的佐证。《疏证》引用书目达101种，共采书证3268条。除注释之需外，一个重要原因是他校法的运用。例如，戴震据同类字书、韵书校勘《方言》。例如《方言》：“揞、揜、错、摩，藏也。”戴震《疏证》曰：“‘藏’各本讹作‘灭’，今订正。《广雅》：‘揞、揜、摩，藏也。’《说文》：‘揜，覆也。’《玉篇》：‘揞，藏也。’《广韵》：‘揞，手覆。错，摩也。摩，隐也。’皆于藏之义合。”[①]《广雅》《玉篇》直接训“揞”为“藏”，《说文》《广韵》训“揞”为“覆”，亦“于藏之义合”，故戴震据以改《方言》“灭”字为“藏”。又有据他书引文校勘者。例如《方言》：“所以藏箭弩谓之箙。弓谓之鞬，或谓之皾丸。”《疏证》云：“各本‘丸’讹作‘凡’，因误在下条‘矛’字上。《南匈奴传》‘弓鞬皾丸一’，注云：‘《方言》：“藏弓谓鞬，藏箭谓皾丸。”即箭箙也。’《春秋·昭公二十五年左传》‘公徒释甲执冰而踞’，服虔注云：‘冰，椟丸盖也。’疏引《方言》：‘弓藏谓之鞬，或谓之皾丸。’今据此两引订正。”[②]戴震据《后汉书·南匈奴传注》和《春秋·昭公二十五年左传疏》两引《方言》，确定“凡”乃“丸”字之讹。

汪灼曰：“(戴震)学宗汉郑君康成，六经、秦汉之书无不读。”[③]戴震谙习经传注疏之文，故其他校法能运用得左右逢源，游刃有余。但是诚如程千帆于《校雠广义》中所述：“用此法更需要慎重一些，因为人们引用材料时，是各取所需的，所以或删节以省篇幅，或改动以就文义，皆所难免，不能一概以他书所引为是，本书现存文字为非。”[④]戴震运用他校法也难免此类错误。

二、理校法：以理推定

理校法，即“以充足理由为依据的校勘方法，也称推理校勘法”[⑤]。理

---

① 戴震：《方言疏证》，见张岱年主编：《戴震全书》(第三册)，合肥：黄山书社，1995年，第109～110页。

② 戴震：《方言疏证》，见张岱年主编：《戴震全书》(第三册)，合肥：黄山书社，1995年，第147～148页。

③ 汪灼：《四先生合传》，见张岱年主编：《戴震全书》(第七册)，合肥：黄山书社，1997年，第42页。

④ 程千帆、徐有富：《校雠广义》，济南：齐鲁书社，1998年，第403～404页。

⑤ 钱玄：《校勘学》，南京：江苏古籍出版社，1988年，第113页。

校是校勘工作的补充方法。“当我们发现了书面材料中的确存在着错误，可是又没有足够的资料可供比勘时，就不得不采用推理的方法来加以改正”①。戴震是在西学东渐的文化背景下成长起来的一代巨儒，逻辑推理对他来说完全是得心应手之事。戴震或根据文字、音韵、训诂等小学知识校勘，或根据一书体例校勘，或根据常理推导，不一而足。

（一）根据文字、音韵等小学知识校勘

戴震少年时期就精研《说文解字》，又取《尔雅》及汉儒传、注、笺之存者，参伍考究，打下了坚实的小学基础，加之戴震精通古音，故其能将文字、音韵、训诂知识运用于古籍校勘，实行形、音、义互求。例如《诗经·月出》“劳心惨兮”，戴震指出“‘惨’与‘照’‘燎’‘绍’为云韵”，《正月》“忧心惨惨”中“‘惨’与‘沼’‘乐’‘炤’‘虐’为云韵”，《抑》“我心惨惨”中“‘惨’与‘昭’‘乐’‘貌’‘教’‘虐’‘耄’为云韵”，而《释文》皆音“七感反”，明显“惨”字有误。戴震根据“懆”字音义“采老切，愁不安也”判断“劳心惨兮”“忧心惨惨”“我心惨惨”中“惨”字为“懆”字之讹②。又如《方言·卷十》：“誺，不知也。（音痴眩。）”戴震指出：“‘誺’各本讹作‘誺’，今订正。《玉篇》云：‘誺，不知也。丑脂、丑利二切。誺，同上，又力代切，误也。’《广韵》作‘誺’，以入脂、至韵者为‘不知’，入代韵者为‘误’。此注云‘音痴眩’，与丑脂切合。‘痴’多讹作‘癡’，曹毅之本不误。以六书谐声考之，‘誺’从言桼声，可入脂、至二韵。‘誺’从言来声，应入代韵，不得入脂、至韵。《玉篇》《广韵》因字形相近讹舛遂混合为一，非也。”③此条戴震利用汉字形声字声旁表音、形旁表义的特点订正文字讹误。又如《方言》：“儒输，愚也（儒输犹懦撰也）。”《疏证》：“以双声叠韵考之，儒输，叠韵也。不当作‘儒’。注内懦撰，亦叠韵也。懦，让犬反；撰，士免反。各本‘懦’讹作‘儒’。”④联绵词多为双声叠韵，戴震据此校正讹字。儒，日纽侯韵，输，审纽侯韵；懦，泥纽侯韵，撰，床纽元韵。儒、输声近韵同，为叠韵联绵词；懦、撰声近韵通转。

（二）根据古书体例、义例校勘

“古书通常都有一定体例，因此我们可以根据书的体例来从事校勘。正如阮元所说：‘经有经之例，传有传之例，笺有笺之例，疏有疏之例，通乎

---

① 程千帆、徐有富：《校雠广义》，济南：齐鲁书社，1998年，第415页。

② 戴震：《论韵书中字义答秦尚书》，见张岱年主编：《戴震全书》（第三册），合肥：黄山书社，1994年，第335页。

③ 戴震：《方言疏证》，见张岱年主编：《戴震全书》（第三册），合肥：黄山书社，1995年，第154～155页。

④ 戴震：《方言疏证》，见张岱年主编：《戴震全书》（第三册），合肥：黄山书社，1994年，第185页。

诸例而折衷于孟子“不以辞害志”，而后诸家之本可以知其分，亦可以知其一定不可易者矣。’”[①]学者们“观察了一些个体的例之后，脑中先已有了一种假设的通则，然后用这通则包涵的例来证同类的例，精神上实在是把这些个体的例所代表的通则，演绎出来，故他们的方法是归纳和演绎同时并用的科学方法”[②]。戴震善于根据古书体例校勘，例如他校勘《水经注》，首先归纳出《水经注》经文与注文的行文条例，曰：“《水经》立文，首云某水所出，已下不复重举水名，而《注》内详及所纳小水，加以采摭故实，彼此相杂，则一水之名不得不循文重举。《水经》叙次所过郡县，如云‘又东过某县南’之类，一语实赅一县；而《注》内则自县西至东，详记水历委曲。《水经》所列即当时县治；至善长作《注》时，已县邑流移。《注》既附《经》，是以云迳某县故城，《经》无有称故城者也。凡经例云‘过’注例云‘迳’。”[③]戴震依此体例将《水经注》混淆的经文与注文分开，并以某水各自为篇，“俾读者易见端末。虽遵修旧文，不增一语，固晓然如视掌文也矣”[④]。

戴震校勘《方言》也采用了依据体例校勘的方法。例如《方言》：“婴盈，怒也(婴，上巳音)。燕之外郊，朝鲜洌水之间，凡言呵叱者谓之婴盈。”戴震指出：“‘婴’各本讹作‘魏’，《注》云‘魏，上巳音’，书内‘赵、魏’之‘魏’甚多，本无庸音，惟前卷二‘婴’讹作‘魏’，下云‘羌箠反’，可证‘魏’即‘婴’之讹。《玉篇》云：‘婴，盛貌。’则‘婴盈’为盛气呵叱，如冯之训满，训怒。郭璞言‘冯，恚盛貌’是也。”[⑤]戴震据郭璞只为生僻字注音之体例断定“魏”为讹字，又用本校法证明“魏”即“婴”字之讹，并据字义类化发展规律，证明“婴”有盛义，可训怒。

(三)根据常理推导

在没有直接证据证明文字讹误的情况下，戴震运用常理推导的方法订正讹误。例如《尚书》“舜让于德弗嗣”，戴震指出“弗嗣”当从古本作“不怡”，进而推论曰：“‘舜让于德’，盖以己之德不堪为辞，如岳之言‘否德忝帝位’者，史臣约略之，但曰‘让于德’云耳。尧、舜之让，本以天下为重任，而其身无乐有天下之心。既无乐有天下之心，则尧以重任授舜，舜岂宜辞而不受！如曰让于有德之人，则便当举此人，如岳之举舜，否则让属虚文，圣

---

① 程千帆、徐有富：《校雠广义》，济南：齐鲁书社，1998年，第423页。

② 胡适：《清代学者的治学方法》，见《胡适文集》(二)，北京：北京大学出版社，1998年，第290页。

③ 戴震：《水经考次》，见张岱年主编：《戴震全书》(第四册)，合肥：黄山书社，1997年，第482页。

④ 孔继涵：《戴氏重订水经注序》，见张岱年主编：《戴震全书》(第七册)，合肥：黄山书社，1997年，第204页。

⑤ 戴震：《方言疏证》，见张岱年主编：《戴震全书》(第三册)，合肥：黄山书社，1994年，第122页。

人岂为之哉？然必无不让者，临事而惧之，诚虽小节，必恐其不胜，况任天下重器而不为之变动恐惧，则非也。是以至德犹惧德薄，史臣记其授受之时，不怡见于貌。'不怡'也者，惕然内变，精诚外著者也。古字嗣、怡同声。《毛诗》'子宁不嗣音'，《韩诗》作'不怡音'，亦怡、嗣互出之证。若以'不嗣帝位'为解，则于圣人之仁，以天下为己任，圣人之心，不以己为至德，二者合而为一之极致，与夫圣人之诚让非虚文，皆不可见。且下文'受终'以承'弗嗣'，亦扞格不可通矣。此一字之误，关于至道者非浅小也。"①戴震认为"弗嗣"当为"不怡"，并运用常理推导出舜让于德是以己之德薄为辞的谦虚之语，"不怡"是对授予重任的恐惧。如为"弗嗣"，舜当推荐他人，且与下文"受终"相矛盾。为证明自己的观点，戴震举《诗经》异文证明古字嗣、怡声同，有互讹之例。

陈垣在谈到理校法时说："段玉裁曰：'校书之难，非照本改字不伪不漏之难，定其是非之难。'所谓理校法也，遇无古本可据，或数本各异，而无所适从之时，则需用此法。此法需通识为之，否则卤莽灭裂，以不误为误，而纠纷愈甚矣。故最高妙者此法，最危险者亦此法。"②戴震虽为考据大家，然智者千虑，必有一失。例如《方言》："餽(消息)、喙(口喙)……息也。"戴震指出："注内'消息''口喙'当作'音消息之息''音口喙之喙'。"③此条戴震据郭璞注音体式"音某"、注反切、"音 AB"推出当有注音体式"音 AB 之 A(B)"。这种以双音节词或词组精确注音的方法实为可取，但郭璞是否用过此注音体式，以及全改 AB 型为"音 AB 之 A(B)"是否恰当，便令人怀疑了。

三、本校法：前后印证

本校法即以本书前后互证，发现其异同，而判断其正误。陈垣《校勘学释例》云："此法(本校法)于未得祖本或别本以前，最宜用之。予于《元典章》曾以纲目校目录，以目录校书，以书校表，以正集校新集，得其节目讹误若干条。至于字句之间，则循览上下文义，近而数页，远而数卷，属词比事，抵牾自见，不必尽据异本也。"④戴震谙习文献，故能融会贯通，实现前后互证。例如《周南·卷耳》："我仆痡矣，云何吁矣。"戴震首先指出"吁"字当为

---

① 戴震：《尚书义考》，见张岱年主编：《戴震全书》(第一册)，合肥：黄山书社，1994年，第73页。

② 陈垣：《校勘学释例》，上海：上海书店出版社，1997年，第121～122页。

③ 戴震：《方言疏证》，见张岱年主编：《戴震全书》(第三册)，合肥：黄山书社，1994年，第38～39页。

④ 陈垣：《校勘学释例》，上海：上海书店出版社，1997年，第119页。

“盱”字之讹，然后利用本校法进行前后互证，“《何人斯》之诗曰‘一者之来，云何其盱’，《都人士》之诗曰‘我不见兮，云何盱矣’，皆不得见而远望之意”。最后，戴震利用《毛诗》为生字释义之体例，说明此处不释义是蒙《卷耳》篇而省略，曰：“《毛诗》于‘盱’字不复释，则皆蒙《卷耳》传矣。今此诗及《传》作‘吁’者，后人转写之讹耳。”[①]又如《方言》：“枚，凡也。”戴震指出：“‘枚’各本讹作‘牧’，前卷十二‘个，枚也’。《广雅》：‘枚、个，凡也。’今据以订正。”[②]《方言》：“苏、芥，草也。南楚江湘之间谓之莽（嫫母反）。”戴震指出：“‘谓之莽’各本讹作‘谓之芥’。注内‘嫫母反’脱‘反’字。后卷十‘莽，嫫母反’可证此条讹脱。”[③]此皆戴震依据本书内容校改《方言》及郭注讹误之例。

四、对校法：众本比对

对校法，就是先择定一个底本，再用其他异本逐字地同它对校。陈垣于《校勘学释例》中说：“昔人所用校书法不一，今校《元典章》所用者四端：一为对校法，即以同书之祖本或别本对读，遇不同之处，则注于其旁。刘向《别录》所谓‘一人持本，一人读书，若怨家相对者’即此法也。此法最简便、最稳当，纯属机械法。其主旨在校异同，不校是非，故其短处在不负责任，虽祖本或别本有讹，亦照式录之。”[④]戴震校勘文献，常用多个版本比对，例如他的《方言疏证》多次提及别本，如《方言》：“自关而西，秦、晋之间，凡美色，或谓之好，或谓之窕。故吴有馆娃之宫，秦有漆娥之台。”戴震指出：“诸刻脱‘秦有’二字，《永乐大典》本、曹毅之本俱不脱。”[⑤]《方言》：“嘳、无写，怜也。（皆南鄙之代语也。）”戴震指出：“注内‘南鄙之代语’，谓语相更代。诸刻作‘秦汉之代语’，盖不知者所妄改，今从《永乐大典》本。”[⑥]戴震分别据《永乐大典》本、曹毅之本正《方言》之讹文，补《方言》之脱文。《永乐大典》本为明代官修本类书，其资料来源皆近古本。曹毅之本为明代影印宋

---

① 戴震：《杲溪诗经补注》，见张岱年主编：《戴震全书》（第二册），合肥：黄山书社，1994年，第12页。

② 戴震：《方言疏证》，见张岱年主编：《戴震全书》（第三册），合肥：黄山书社，1994年，第225页。

③ 戴震：《方言疏证》，见张岱年主编：《戴震全书》（第三册），合肥：黄山书社，1994年，第48页。

④ 陈垣：《校勘学释例》，上海：上海书店出版社，1997年，第118页。

⑤ 戴震：《方言疏证》，见张岱年主编：《戴震全书》（第三册），合肥：黄山书社，1994年，第29～30页。

⑥ 戴震：《方言疏证》，见张岱年主编：《戴震全书》（第三册），合肥：黄山书社，1994年，第155～156页。

刊本，就其版本学上的价值而言，亦可以称为古本，近于善本，故有较大的参考价值，自有可据者。戴震校勘《方言疏证》以何种本子为底本，书中没有交代，除了校语中常提到的《永乐大典》本和曹毅之本，当必另有底本。戴震的对校法，在“一底二别”之数本对校的基础上确定其取舍而求定本，和陈垣所说的“在校异同，不校是非”有很大的不同。戴震的做法，似乎有意为后人再校《方言》提供底本。

戴震校勘古典数学专著亦主要采取对校法。例如戴震认为《周髀算经》广大精微，“足以存古法之意，开西法之源”，但是此书刻本脱误，多不可通，所以戴震以《永乐大典》本与刻本对校，详加考订，“补脱文一百四十七字，改讹舛者一百十三字，删其衍复者十八字”①，使《周髀算经》成为可读可用之善本。又如《九章算术》“其理幽而微，其形秘而约”②，但自宋明以来，其书“几于散佚”。戴震从《永乐大典》内辑出《九章算术》，并从孔继涵处借得元丰七年（1084）秘书省刊本③，比对校勘，订其讹舛。

为做到言而有据，戴震在校勘时很少单用一种方法，往往是几种方法综合运用。例如：《方言》：“豫、偑，倦也。（今江东呼‘极’为‘豫’，音喙。）”戴震《疏证》云：“注内‘音喙’各本多讹作‘音剧’，从曹毅之本。‘偑’各本讹作‘飢’，今订正。《史记·司马相如列传》‘徼谻受屈’，裴骃《集解》云：‘谻，音剧。骃按：郭璞曰：“谻、疲，极也。”言兽有倦游者，则徼而取之。’《索隐》：‘司马彪云：“谻，倦也。”谓遮其倦者。《说文》云：“谻，劳也。”燕人谓劳为谻。’《汉书注》：‘苏林曰：谻，音倦谻之谻。’又‘与其穷极倦谻’，《汉书注》引郭璞云：‘穷极倦谻，疲惫也。’《说文·丮部》：‘谻，相踦谻也。’徐锴《系传》云：‘《上林赋》：“徼谻受屈”，谓以力相踦角，徼要极而受屈也。’……《方言》因‘谻’加‘人’旁作‘偑’，犹‘券’加‘人’旁作‘倦’耳。”④此条校勘，戴震引曹毅之本作对校，援引《史记集解》所引《方言》郭注、《汉书注》引郭璞言及《说文》《说文系传》均为他校法，而谓字形称“谻加人旁作偑，犹券加人旁作倦耳”，则据形体变异作同类推证，是又为理校法。

戴震运用多种校勘方法进行校勘，改正讹字、补充脱文、删去衍文，成

① 戴震：《校书提要·周髀算经》，见张岱年主编：《戴震全书》（第六册），合肥：黄山书社，1995年，第632、633页。

② 戴震：《校书提要·九章算术》，见张岱年主编：《戴震全书》（第六册），合肥：黄山书社，1995年，第634页。

③ 戴震：《刊九章算术序》，见张岱年主编：《戴震全书》（第六册），合肥：黄山书社，1995年，第336页。

④ 戴震：《方言疏证》，见张岱年主编：《戴震全书》（第三册），合肥：黄山书社，1994年，第199～200页。

果卓越，蒋元卿盛赞戴震曰："其方法之精密，态度的谨严，实足为校勘家之模范。而其成绩之卓越超绝者，亦无非精、密、慎三字而已。"①

第三节　戴震校勘思想对皖派朴学的引领

孙诒让总结清代校勘特点曰："大抵以旧刊精校为据依，而究其微旨，通其大例。精思博考，不参成见。其是正文字讹舛，或求之于本书，或旁证之它籍及援引之类书，而以声类通转为之钤键。"②这一套有效的校勘方法中，"通其大例""以声类通转为之钤键"实肇始于戴震，戴震对清代校勘学的形成起着导夫先路的作用。然而，清代校勘学的研究成果主要集中在清代校勘学发展的原因、清代校勘家派别的划分、清代校勘的特点等方面，并针对清代校勘大家如卢文弨、顾广圻、王鸣盛等进行了个案研究③。正如胡喜云所言，"对清代校勘学的整体把握，尚待进一步挖掘……缺乏对清代校勘的横向发展层面和纵向发展历程的系统考察。其次，在清代校勘学的个案研究方面，学者多关注卢文弨、顾广圻等专门以校勘名家的学者，而像戴震、惠栋、段玉裁等在经学、小学等方面皆卓有成就的学者，对他们在校勘方面所做贡献的关注则略显不足"④。本节着重探讨戴震对清代皖派校勘学的影响。

一、校勘方法的创新：以古音为钤键

有感于"载籍极博，统之不外文字，文字虽广，统之不越六书"，戴震在前人"六书"研究的基础上提出"四体二用"说，指出"转注"和"假借"是两种用字之法。因为假借字必须因声以求义，所以戴震精研古音系统，"不使今音古音相杂成一韵"⑤。在考古和审音并重的基础上，戴震分古韵为九类二十五部，且阴、阳、入三分相配。为寻求音义通转的法则，戴震又特意作《转语二十章》以发明"六书依声托事，假借相禅，其用至博，操之至约也。

---

① 蒋元卿：《校雠学史》，合肥：黄山书社，1985 年，第 144 页。

② 孙诒让：《札移序》，见《籀庼述林》，上海：上海古籍出版社，2003 年，第 217 页。

③ 2008 年之前的研究成果可以参考胡喜云《清代校勘学研究综述》，载《新世纪图书馆》2008 年第 4 期；之后主要有黄光《顾广圻校勘学思想述论》，载《郑州大学学报（哲学社会科学版）》2009 年第 6 期，以及王学斌《论清代〈管子〉校勘中的学术传承——以王念孙、陈奂、丁世涵、戴望为系谱的考察》，载《管子研究》2010 年第 1 期。

④ 胡喜云：《清代校勘学研究综述》，载《新世纪图书馆》2008 年第 4 期。

⑤ 戴震：《书广韵四江后》，见张岱年主编：《戴震全书》（第六册），合肥：黄山书社，1994 年，第 302 页。

学士茫然，莫究所以，今别为二十章，各从乎声，以原其义”，使学者“疑于义者以声求之，疑于声者以义正之”①。入声的独立和语转规律的揭示实发古人所未发。

古音研究的巨大成果为因声求义之训诂方法提供了坚实的基础，同时，戴震也有意识地将音韵知识运用于古籍校勘，实行形、音、义互求。例如《方言》：“𧩯，不知也。（音痴眩。）”戴震指出：“‘𧩯’各本讹作‘誺’，今订正。《玉篇》云：‘𧩯，不知也。丑脂、丑利二切。誺，同上，又力代切，误也。’《广韵》作‘誺’，以入脂、至韵者为‘不知’，入代韵者为‘误’。此注云‘音痴眩’，与丑脂切合……以六书谐声考之，‘𧩯’从言桼声，可入脂、至二韵。‘誺’从言来声，应入代韵，不得入脂、至韵。《玉篇》《广韵》因字形相近讹舛遂混合为一，非也。”②戴震用形声字声旁表音的知识及古音系统，校改“誺”为“𧩯”。又如《方言》“餳谓之张惶”条，“餳”字或从“昜”，或从“易”，戴震疏证曰：“《广雅》：‘张惶、饴、餄、糖、饧也。饝谓之䬪。’曹宪音释：‘饧，辞精反。’餳字《说文》‘从食，易声’。《广雅》作‘食’旁‘昜’。《玉篇》‘餳’与‘糖’并徒当切，而字作‘食’旁‘昜’。刘熙《释名》云：‘餳，洋也。煮米消烂，洋洋然也。’《周礼·小师注》：‘管如今卖饴餳所吹者。’《释文》云：‘餳，辞盈反。李音唐。’‘辞盈’‘辞精’反音同，当作‘餳’，若音唐则当作‘饧’。《广雅》‘糖’‘饧’两见，自不得同音。此字应以《说文》为正。”③有一字不本之六书，不合于经传，戴震则旁推交通，以求其本。“非周察而得其实，不敢以为言；非精心于稽古，不敢轻笔之书。”④把古音知识运用于校勘，给传统校勘学注入了新的活力。

戴震将音韵引入校勘的方法深深影响了一代学人，“段氏王氏为戴震弟子，段氏则以声音之道施之文字，而知假借、引申与本字之分别。王氏则以声音贯穿训诂，而后知声音训诂之为一物”⑤。段玉裁二十九岁便从戴震问学，深得其师真传。他认为，“不习声类，欲言六书、治经，难矣”⑥，所以精研古音声韵，大量运用古音知识疏证词头和释词的关系，并将其运用

---

① 戴震：《转语二十章序》，见张岱年主编：《戴震全书》（第六册），合肥：黄山书社，1995年，第305页。

② 戴震：《方言疏证》，见张岱年主编：《戴震全书》（第三册），合肥：黄山书社，1995年，第154～155页。

③ 戴震：《方言疏证》，见张岱年主编：《戴震全书》（第三册），合肥：黄山书社，1995年，第237页。

④ 戴震：《汾州府志序》，见张岱年主编：《戴震全书》（第六册），合肥：黄山书社，1995年，第466页。

⑤ 黄侃述、黄焯编：《文字声韵训诂笔记》，上海：上海古籍出版社，1983年，第4页。

⑥ 段玉裁：《周礼汉读考序》，见《经韵楼集》，上海：上海古籍出版社，2008年，第25页。

于校勘。例如段玉裁于《说文解字注》"偄，弱也"条利用声旁详辨耎、需之讹，曰："此与懦儒二字义略同，而音形异。懦儒皆需声，偄耎声也。二声转写多淆，所当核正矣。偄从人，亦或从心。《左传》、《穀梁传》皆曰：'宫子齐之为人也偄。'注皆云：'弱也。'《左传音义》曰：'偄本又作耎，乃乱反，又乃货反，弱也。'《字林》愞音乃乱反，懦音让夫反，云：'弱也。'按，《左传》此音义今本讹甚，考正之如此。古者耎声本在元寒部，而入歌戈部，需声本在侯部，而入虞部。分别划然。古假耎为偄。《考工记》：'马不契耎。'郑云：'耎读为畏偄之偄。'自唐初耎已讹需。"①段玉裁又于"麐，麙也"条指出："《广韵》麙入《十一虞》，麐入《二十九换》，以许'读若偄'订之，是许本从耎，而从需者，乃转写讹俗也。"②又如"旭，从日九声，读若好"条，段玉裁指出："好各本作'勖'，误，今依《诗音义》订。按，音义云：'许玉反。徐又许九反。'是徐读如朽，朽即好之古音，朽之入声为许玉反，三读皆于九声得之。不知何时许九误为'许元'，《集韵》《类篇》皆云'许元切，徐邈读'。今之音义又改元为袁，使学者求其说而断不得矣。大徐许玉切，三部。"③此类讹误非精于古音者不能是正也。正如王念孙所言"不得其远近分合之故，则或执今音以疑古音，或执古之正音以疑古之合音，而声音之学晦矣"④。

王念孙十三岁就承戴震教诲，耳提面命、濡染沾溉，实得戴震小学思想的精髓。王念孙云："训诂之旨，本于声音，故有声同字异，声近义同。虽或类聚群分，实亦同条共贯。譬如振裘必提其领，举网必挈其纲。故曰本立而道生，知天下之至赜而不可乱也。此之不悟，则有字别为音，音别为义，或望文虚造而违古义，或墨守成训而鲜会通。易简之理既失，而大道多歧矣。"⑤古音知识成为王念孙手中一柄利器。例如他利用古文用韵的特点，订正《淮南子》传抄之误。王念孙曰："'使口爽伤'本作'使口厉爽'。注本作'厉爽，病伤滋味也'，《大雅・思齐》笺曰：'厉，病也。'《逸周书・谥法篇》：'爽，伤也。'故曰：'厉爽，病伤滋味也。'后人以韵书'爽'在上声，与'明''聪''扬'三字音不相协，故改'厉爽'为'爽伤'。不知'爽'字古读若'霜'，正与'明''聪''扬'为韵。《卫风・氓篇》'女也不爽'，与'汤''裳''行'为韵。《小雅・蓼萧篇》'其德不爽'，与'瀼''光''忘'为韵……故《老子》'五味令人口爽'，亦与'盲''聋''狂''妨'为韵。而《庄子・天地篇》'五

---

① 段玉裁：《说文解字注》，南京：凤凰出版社，2015 年，第 662 页。

② 段玉裁：《说文解字注》，南京：凤凰出版社，2015 年，第 821 页。

③ 段玉裁：《说文解字注》，南京：凤凰出版社，2015 年，第 532 页。

④ 王念孙：《说文解字注序》，成都：成都古籍书店，1981 年。

⑤ 王念孙：《广雅疏证自序》，见《广雅疏证》，南京：江苏古籍出版社，2000 年，第 1 页。

色乱目，使目不明；五声乱耳，使耳不聪；五味浊口，使口厉爽；趣舍滑心，使性飞扬'，即《淮南》所本也。"[①]王念孙所作的《读〈淮南子〉杂志书后》一文，列举了《淮南子》失韵之误十八条：因字误而失其韵；因字脱而失其韵；因字倒而失其韵；因句倒而失其韵；因句倒而又移注文；因错简而失其韵；因改字而失其韵；因改字以合其韵而实非韵；因改字以合其韵而反失其韵；因改字失其韵又改注文；因改字失其韵又删注文；因加字而失其韵；因句读误而加字以失其韵；既误且脱而失其韵；既误且倒而失其韵；既误且改而失其韵；既误而又加字以失其韵；既脱而又加字以失其韵[②]。王念孙的《读书杂志》以韵脚校勘之例亦比比皆是，如以"循与变、乱、贯为韵"校出"臣谨修"之"修"为"循"字之讹[③]；以"勤、损为韵"校出"四支不动"之"动"为"勤"字之讹[④]；以"乡与功、张为韵"校出"祀四郊"之"郊"为"乡"字之讹[⑤]，等等。

王念孙疏证《广雅》不仅"就古音以求古义"[⑥]，亦借古音以求古字。如《广雅》"馣馣，香也"条，王氏指出："《释器》：'馣，香也。'重言之则曰馣馣。《玉篇》'馣，于含切'，《集韵》又衣检切。宋玉《高唐赋》：'越香掩掩。'掩与馣通。引之云《文选·长门赋》：'桂树交而相纷兮，芳酷烈之訚訚。'李善注云：'訚訚，香气盛也。訚，鱼巾切。'案上文之心、音、宫、临、风、淫、阴、音、襜，下文之吟、南、中、宫、崇、穷、音，皆以东、侵、盐三部字为韵，此古人合韵之常例也。訚为真部之字，古无与东、侵、盐、真四部合韵者，殆误字也。訚訚当为闇闇，即古馣字也。"[⑦]"闇"之作"訚"积误已久，王氏用古音合韵知识校订，实在令人叹服。王引之不改其父之道，谨录其父之说，而又触类旁通，作成《经义述闻》。《经义述闻》中多有用古音校勘之处，如《礼记》"制有小大，度有长短"，引之指出："家大人曰：长短本作短长。与裳、量、常为韵。今作长短则失其韵矣。此盖涉下文视长短而误，《正义》作长短，亦后人依已误之经文改之，唐《月令》已删此二句，无从考证。惟宋抚州本及岳本皆作短长，《吕氏春秋·仲秋篇》同，足证今本之失。"[⑧]此类讹误非思想缜密、精通古韵者不能校也。

---

① 王念孙：《读书杂志·淮南内篇第七》，见《读书杂志》，上海：上海古籍出版社，2014年，第2116页。

② 虞万里：《〈读书杂志〉整理本序》，见王念孙：《读书杂志》，南京：江苏古籍出版社，2000年，第14页。

③ 王念孙：《读书杂志·荀子第八》，上海：上海古籍出版社，2014年，第1898页。

④ 王念孙：《读书杂志·淮南内篇第一》，上海：上海古籍出版社，2014年，第1974页。

⑤ 王念孙：《读书杂志·淮南内篇第三》，上海：上海古籍出版社，2014年，第2028页。

⑥ 王念孙：《广雅疏证自序》，见《广雅疏证》，南京：江苏古籍出版社，2000年，第1页。

⑦ 王念孙：《广雅疏证》，南京：江苏古籍出版社，2000年，第182页。

⑧ 王引之：《经义述闻》，南京：江苏古籍出版社，2000年，第341页。

戴震于《转语二十章序》中揭示古音通转规律曰："凡同位则同声，同声则可以通乎其义。位同则声变而同，声变而同则其义亦可以比之而通。""凡同位为正转，位同为变转。"他将转语理论运用于校勘。例如《方言》："楲，燕之东北，朝鲜、洌水之间谓之椴(江东呼都，音段)。"戴震指出："各本'椴'讹作'椵'。椴，徒乱反。椵，古雅反。'都''椴'一声之转。"[①]戴震的转语理论亦被王氏父子用于校勘。如《广雅疏证》卷五"伪，引也"条，王念孙曰："诸书无训伪为引者。伪当作傿，字之误也。《说文》：'傿，引为贾也。'《玉篇》音于建切。《后汉书·崔寔传》：'悔不小靳，可至千万。'靳或作傿，字又作躽。《玉篇》：'躽，物相当也。'《广韵》'躽，引与为价也。'案：引为价，谓引此物以为彼物之价，即相当之意也。引、傿语之转耳。"[②]引字古音属影纽真部，傿字古音属影纽元部。两字同纽，真元旁转。故王念孙有"引、傿语之转耳"之语。又如《毛诗》："燎之方扬，宁或灭之。赫赫宗周，褒姒灭之。"王引之曰："《毛传》说'宁或灭之'，曰'灭之者水也'。笺曰：'燎之方盛之时，炎炽熛怒，宁有能灭息之者？'言无有也，以无有喻有之者为甚也。家大人曰：'宁，犹乃也，言以燎火之盛而乃有灭之者，以赫赫之宗周，而乃为褒姒所灭，四句以上兴下，一气相承……笺云以无有喻有之者为甚，非也。'……宁、乃一声之转，故诗中多谓乃为宁。戴先生《毛郑诗考正》曰《四月》首章'胡宁忍予'，笺云'宁犹曾也'。按宁犹乃也，语之转。下'宁莫我有'同……贾子《礼》篇'不用命者，宁丁我网'，《史记·殷本纪》作'乃入我网'，此皆古人谓乃为宁之证。"[③]宁字古音属泥纽耕部、乃字古音属泥纽之部。两字同纽，耕之对转。故王引之说"宁犹乃也，语之转"。

李建国说："他(戴震)提出的古音转变的条例，论者以为近代音学的三大发明之一，间接地影响了章太炎纯粹由这种条例讲语言文字的演进，使语源学专著——《文始》得以写成。他如王念孙《广雅疏证》，邵晋涵、郝懿行之治《尔雅》，阮元之辑《经籍籑诂》，虽所得有深浅，但无不取法于戴震。"[④]此言不虚。

将古音引入校勘，戴震首创之，段玉裁、王念孙、王引之将其发挥至极致，成为清代校勘的一大特色。戴南海说："清代戴震、段玉裁、王氏父子、俞樾等人都具有深厚的文字、音韵、训诂之学的根基和丰富的古代历史文化知识，善于发现古书文字上致误的原因，据理加以改正。同时，他们不仅

---

① 戴震：《方言疏证》，见张岱年主编：《戴震全书》(第三册)，合肥：黄山书社，1994年，第92页。
② 王念孙：《广雅疏证》，南京：江苏古籍出版社，2000年，第165页。
③ 王引之：《经义述闻》，南京：江苏古籍出版社，2000年，第148页。
④ 李建国：《汉语训诂学史》，上海：上海辞书出版社，2002年，第210页。

博览群书，而且读得精通。他们以理校为主，又善于从本书和他书取得证据校正文字，且把严密的考证用于校勘，因此时出奇迹，多有创获。”①将古音运用于训诂和校勘，是对文字与语言关系的科学把握。王力说：“这种重形不重音的观点，控制着一千七百年的中国文字学（从许慎时代到段玉裁、王念孙的时代）。直到段玉裁、王念孙，才冲破了这个藩篱。”②准确地说，冲破字形藩篱的当始自戴震。作为乾嘉学术领袖，戴震的校勘实践和寥寥数语对清代科学校勘方法的形成起着导夫先路的作用。

二、校勘规律的探寻：总结义例、误例

正如阮元所说：“经有经之例，传有传之例，笺有笺之例，疏有疏之例，通乎诸例而折衷于孟子不以辞害志，而后诸家之本可以知其分，亦可以知其一定不可易者矣。”③在长期的校勘实践中，戴震掌握了古人用字属辞的一般规律，注意推求义例，高屋建瓴，通彻精辟，并将之用于校勘。如前文所述，戴震校勘《水经注》，首先吃透原书，总结出《水经注》经文与注文遣词造句的条例，然后依此条例重新审视《水经注》，则混淆之经文与注文犁然可辨。又如戴震于《毛郑诗考正·汉广》中曰：“经文思或作息者，转写之讹。《尔雅》‘休，荫也’，郭本作‘休，荫也’，字通用。休、求、泳、方各为韵，思皆句末词助。《韩诗外传》引诗作‘不可休思’。凡诗中用韵之句，韵下有一字或二字为辞助者，必连用之，数句并同，不得有异。惟‘不可休思’思讹作息，及‘歌以谇止’止讹作之，遂乱其例。”④“凡诗中用韵之句，韵下有一字或二字为辞助者，必连用之，数句并同，不得有异”，这句话便是对《诗经》韵下辞助数句不变义例的总结，再用此义例校订“不可休息”之“息”，便可断定“息”为“思”字之讹。张舜徽先生说：“校勘学家对学术界的贡献，本不限于校订文字的正误，而在能通过长期校书工作，掌握古人用字属辞的一般规律，从中找出公例和通则，写成专著，使学者们得到理解古书、疏释旧义的一把钥匙。”⑤戴震善于总结义例，启发后学，为当之无愧的校勘学家。

戴震的弟子段玉裁于《周礼汉读考》中归纳了汉人经文、注文的用字规律，曰：“汉人注经之例，经用古字，注用今字。如经‘灋’注‘法’，经‘眡’注‘视’，经‘示’注‘祇’，经‘槁’注‘犒’，经‘齍’注‘粢’，经‘媺’注‘美’，经‘匶’

---

① 戴南海：《校勘学概论》，西安：陕西人民出版社，1986年，第110页。

② 王力：《中国语言学史》，北京：中华书局，2013年，第160页。

③ 参见程千帆、徐有富：《校雠广义》，济南：齐鲁书社，1998年，第423页。

④ 戴震：《毛郑诗考正》，见张岱年主编：《戴震全书》（第一册），合肥：黄山书社，1994年，第596页。

⑤ 张舜徽：《清代扬州学记》，上海：上海人民出版社，1962年，第201页。

注‘柩’，经‘於’注‘于’，其大较也。学者以此求之，思过半矣。”①他对汉人经文、注文用字规律的归纳与戴震《水经郦道元注序》有异曲同工之妙。段玉裁作《说文解字注》，时刻留意许书训诂之体例。例如，于《说文》列字之顺序，段玉裁指出：“凡部之先后，以形之相近为次。凡每部中字之先后，以义之相引为次。”②并将之运用于校勘。例如：“璬，玉佩。”段氏注曰：“璬、珩、玦三字，铉本在玥下瑞上，锴本则珩、玦又缀于部末，皆非旧次。凡一书内旧次可考者，订正之。此自璬至瑵九篆，皆饰之类。古者杂佩谓之佩玉，见《周礼·玉府》《大戴礼·保傅篇》《礼记·玉藻》。亦谓之玉佩，见《诗·秦风》。璬之言皦也，玉石之白曰皦。”③段玉裁据《说文》列字顺序，校订徐铉、徐锴本列序之失。又如“鎠，昷器也”条，段氏更是整体把握许书特点，曰：“昷各本作‘温’，今正。许书温系水名，昷训‘仁也’。昷训仁，故引申为昷煗字，煗下曰：‘昷也。’……凡经史可借用温，而许书不宜自相矛盾。凡读许书者知此，则九千三百余文之说解，绝无不可通之处矣。盖非用其字之本义，即用其字之引申之义，断无有风马牛不相及者也。温训水名，此云‘温器也’，是为风马牛不相及矣。”④从而校订《说文》文字之讹。段玉裁同时注意其他古书体例，运用于《说文》校勘。例如“粱，禾米也”条，段式指出：“各本作‘米名也’，今正。古训诂多不言某名，如毛传但言水也，山也，艹也，木也皆是。上文粟与米皆兼禾黍言，粱则专为禾米，故别言之。浅人不得其解，乃删禾字矣。”⑤

“无他书可供比勘，专从本书各篇所用的语法字法注意，或细观一段中前后文义，以意逆志，发见出今文本讹误之点。这种工作，非眼光极锐敏，心思极缜密而品格极方严的人不能做。清儒中最初提倡者为戴东原，而应用得纯熟矜慎卓著成绩者为高邮王氏父子”⑥。王念孙秉承其师之意，结合自己一生治学经验云：“经之有说，触类旁通。不通全书，不能说一句；不通诸经，亦不能说一经。”⑦王念孙《广雅疏证》中以一书义例校勘处比比皆是，如卷五上“漠，怕也”条注：“并见卷四‘怕，寞静也’下。怕通作泊，今本怕上无漠字。《文选》张华《励志》诗及卢谌《时兴》诗注，并引《广雅》‘漠，泊也’，今据以补正。又案：今本无漠字者，后人以此漠字为重出而删之也。

---

① 段玉裁：《周礼汉读考》，上海：上海古籍出版社，2002 年，第 284 页。

② 段玉裁：《说文解字注》，南京：凤凰出版社，2015 年，第 2 页。

③ 段玉裁：《说文解字注》，南京：凤凰出版社，2015 年，第 21 页。

④ 段玉裁：《说文解字注》，南京：凤凰出版社，2015 年，第 1223 页。

⑤ 段玉裁：《说文解字注》，南京：凤凰出版社，2015 年，第 577 页。

⑥ 梁启超：《清代学者整理旧学之总成绩》，北京：商务印书馆，1999 年，第 61 页。

⑦ 王念孙：《中州试牍序》，见《高邮王氏遗书》，南京：江苏古籍出版社，2000 年，第 203 页。

下文‘毓，长也’；‘毓，稚也’；‘曩，久也’；‘曩，乡也’；‘陶，喜也’；‘陶，忧也’；‘泞，清也’；‘泞，泥也’，皆删去后一字，正于此同。不知《广雅》属辞之例，皆本于《尔雅》。《尔雅·释言》之文，每因一字而引申其义：有因上一字而连及之者，若‘爽，差也’‘爽，忒也’，‘基，经也’‘基，设也’之类是也；有因下一字而连及之者，若‘流，覃也’‘覃，延也’，‘速，征也’‘征，召也’之类是也。《广雅·释言》亦用此二例，若上文‘羌，乃也’‘羌，乡也’，‘奋，讯也’‘奋，振也’之类，皆因上一字而连及之者也。若‘厕，间也’‘间，非也’，‘况，兹也’‘兹，今也’，及此条‘莫，漠也’‘漠，怕也’之类，皆因下一字而连及之者也。凡如此者，或义同而类及，或义异而别训，属辞比事，各有要归，若改其文云‘羌，乃也，乡也；莫，漠也，怕也’，则是传注解经之体，非《尔雅·释言》之例矣，后放此。”①《广雅》属辞皆本《尔雅》，所以王念孙首先归纳出《尔雅》因一字而引申其义的义例，然后据以校补《广雅》脱文讹字。

王念孙亦据《广雅》遣词造句的规律订正该书的讹误。如卷八上“篑，笫”条注曰：“此条与上下文不相属，当有脱字，或云当作‘篑，笫也’；或云当作篑，谓之笫。案：此篇之例，凡一物二名者，则云某谓之某，自三名以上，始用也字，以总承之。此条若云‘篑，笫也’，则与本篇之例不合。”于卷五“跧，匍匐也”条注曰：“各本跧下俱有庄字，段氏若膺云庄与匍匐之义不相近……《广雅》跧下庄字当是反语之上一字，误为正文也。按《广雅·释言》篇内无连举三字解之者，庄非正文甚明。今从段说删。”王引之于《经传释词序》中曰：“揆之本文而协，验之他卷而通，虽旧说所无，可以心知其意也……凡散见于经传者，皆可比例而知，触类长之。”他把义例校勘的方法运用得纯熟矜慎。例如他订正《春秋穀梁传》“其不地，于纪也”之训诂曰：“范注曰：‘春秋战无不地，即于纪战，无为不地也。郑君曰：纪当为己，谓在鲁也，字之误耳。’……引之谨按：传凡目鲁皆曰我，若《隐二年传》‘向我邑也，以国氏者为其来交接于我’之属。或曰‘内’，若《隐元年传》‘及者何内为志焉尔’之属……无言己者。‘六年蔡人杀陈佗’，《传》曰‘其不地，于蔡也’。文义正与此同。蔡也、纪也皆国名也，不得破纪为己。”②胡适说：“观察了一些个体的例之后，脑中先已有了一种假设的通则，然后用这通则包涵的例来证同类的例，精神上实在是把这些个体的例所代表的通则演绎出来，故他们的方法是归纳和演绎同时并用的科学方法。”③

---

① 王念孙：《广雅疏证》，南京：江苏古籍出版社，2000 年，第 151～152 页。引用时，对部分标点做了改动。

② 王引之：《经义述闻》，南京：江苏古籍出版社，2000 年，第 594 页。

③ 胡适：《清代学者的治学方法》，见《胡适文集》(二)，北京：北京大学出版社，1998 年，第 304 页。

戴震不仅引导后学总结行文义例用以校勘，他还有意识地结合校勘实例总结致误原因，发凡起例，开创新局。例如他于《方言》“台、敌，匹也”条指出：“‘匹’各本讹作‘延’，‘匹’俗作‘疋’，遂讹而为‘延’。”[①]又如“飤马橐，自关而西谓之裺囊”条指出：“‘飤’即古饲字，各本讹作‘饮’，字形相近而讹。”[②]《方言疏证》中揭示的误例可以归纳为八种：一、形近而讹；二、后人妄删；三、因俗体而讹；四、因注文而讹；五、声相近而讹；六、一字分为两字；七、因上条而讹；八、阅书者所记。戴震精研古音，于《论韵书中字义答秦尚书》中指出韵书五种讹误原因：一、讹舛相承；二、异字异音，绝不相通，而传写致误，淆混莫辨；三、凡古人之诗，韵在句中者，韵下用字，不得或异；四、本无其字，因讹而为字；五、字虽不误，本无其音，讹而成音。以上数种误例是古文献讹误的基本类型，所以梁启超说：“戴派每发明一义例，则通诸群书而皆得其读。”[③]对误例的总结，标志着校勘学已经从一般理论原则和方法深入到了具体法规的探索。

戴震总结误例，发疑正误，启示后学在校勘古书时重视归纳通例。段玉裁步其师之武，随文总结误例。主要有因字形而误、声之误、因上下字而误、因下文而误、避讳而误、经注互改而误、旁注误入正文而误、因习语而误、因刊刻而删去者九类[④]。王念孙订正《淮南子》九百余条字句错误，以为“传写讹脱者半，凭意妄改者亦半”，并具体归纳了致误之由六十二例[⑤]。这六十二例大致可分为四种情况：第一至十六，为抄写者不识而误；第十七至二十七，为抄写者妄改致误；第二十八至四十四，为原误而妄改致误；第四十五至六十二，为不明古音而失其韵。王念孙归纳的六十二例是在戴震所做总结的基础上的细化。例如戴震有后人妄删类，王念孙具体分析了妄删的原因：不审文义而妄删，不识假借之字而妄删，既误而又妄删，既脱而又妄删，既衍而又妄删等。如果说王念孙六十二例过于琐细，缺乏概括性和普遍性，那么王引之于《经义述闻·通说下》分析、总结的致误原因，如衍文、形讹、上下相因而误、后人改注疏释文等[⑥]，已从致误的具体原因提高到小学理论和校勘理论上，略具校勘通例之规模。倪其心说：“王念孙《读书杂志》和王引之《经义述闻》则是校勘学巨著，他们在校勘学理论上的突

---

① 戴震：《方言疏证》，见张岱年主编：《戴震全书》（第三册），合肥：黄山书社，1994年，第34页。

② 戴震：《方言疏证》，见张岱年主编：《戴震全书》（第三册），合肥：黄山书社，1994年，第89页。

③ 梁启超：《清代学术概论》，上海：上海古籍出版社，2005年，第37页。

④ 薛惠媛：《段玉裁校勘学研究》，山东大学硕士学位论文，2007年，第17～20页。

⑤ 王念孙：《读书杂志·淮南子内篇第二十二》，上海：上海古籍出版社，2014年，第2468～2494页。

⑥ 王引之：《经义述闻》，南京：江苏古籍出版社，2000年，第776～788页。

出贡献是大量专书校勘成果中所阐述或体现出来的理论和方法，并且具体归纳出许多校勘通例，从而使校勘学理论大体形成体系，影响深远。”①二王单列章节总结通例，标志着古代校勘学理论迈入形成阶段，启发后来学者写成类似的著作。

俞樾在学术上私淑王氏父子，他的《群经平议》《诸子平议》从总体格局到具体形式都以《读书杂志》《经义述闻》为范本，并模仿《读淮南子书后》《经义述闻通说下》作《古书疑义举例》②。《古书疑义举例》第五至七卷总结后人因误读古书而妄改或传抄讹舛失真之例。俞樾在王氏基础上又总结了三十七种，从字词扩大至句子，如上下两句易置例、简策错乱例等，又兼及分章分篇错误例。刘师培读《古书疑义举例》，“叹为绝作，以为载籍之中，奥言隐词，解者纷歧，惟约举其例，以治群书，庶疑文冰释，盖发古今未有之奇也”(《古书疑义举例补序》)。

其后，陈垣在校勘沈刻本《元典章》的基础上，参考前人校勘经验，对校勘理论和方法做了系统总结。他的《校勘学释例》③全书共五卷四十二类例。除了卷二通常字句误例外，又新增了卷一行款误例，如有目无书有书无目例、条目讹为子目例、非目录误为目录例、正文讹为小注小注讹为正文例等；此外，特别是卷三至卷五总结了元代用字、用语、名物的特例。用字误例如不谙元时简笔字而误例、不谙元时译音用字而误例、用后起字易元代字例等；用语误例如不谙元时语法而误例、不谙元时用语而误例、用后代语改元代语例；名物误例如不谙元时年代而误例、不谙元朝帝号庙号而误例、不谙元代专名而误例、不谙元时体制而误例等。总结元代用字、用语、名物的特例可以提醒后人不可凭借私见浅识而妄改古书。“《释例》全面总结了校勘一种古籍的理论、方法、原则和通例，初步建立起校勘学体系”④。

总结误例，虽然呈现出后出转精的趋势，但就其研究思路而言无不取法于戴震。戴震发起之功、奠基之力不可抹杀。诚如梁启超所说：“凡启蒙时代之大学者，其造诣不必极精深，但常规定研究之范围，创革研究之方法，而以新锐之精神贯注之。”⑤此实为中肯之言。

三、校勘结论的改定：以求是为原则

戴震尝指责当时考据风气中日益暴露的泥古佞汉的倾向，云：“今之博

---

① 倪其心：《校勘学大纲》，北京：北京大学出版社，1987年，第57页。

② 俞樾：《古书疑义举例》，上海：上海古籍出版社，2007年。

③ 陈垣：《校勘学释例》，上海：上海书店出版社，1997年。

④ 倪其心：《校勘学大纲》，北京：北京大学出版社，1987年，第77页。

⑤ 梁启超：《清代学术概论》，上海：上海古籍出版社，2005年，第9页。

雅文章善考核者，皆未志乎闻道，徒株守先儒而信之笃，如南北朝人所讥，'宁言周、孔误，莫道郑、服非'，亦未志乎闻道者也。"[1]戴震认为，"汉人之书，就一书中有师承可据者，亦有失传傅会者"[2]，"汉儒训诂有师承，亦有时傅会；晋人傅会凿空益多；宋人则恃胸臆为断，故其袭取者多谬，而不谬者在其所弃"[3]，"宋本不皆善，有由宋本而误者"[4]。也就是说，汉人去古未遥，口耳相传，可信者多；宋人精于校勘，多有善本，后人予以重视亦理所当然。但是，古本亦有失传傅会者，需要好学之士善辨其间。求是闻道是戴震校勘的根本原则。戴震校勘《大戴礼记》，于《与卢侍讲召弓书》中指出，所有误字，如"谓"讹作"男"，"食"讹作"嗜"，"旋"讹作"短"，"之"讹作"也"，"牲"讹作"牷"，"互文"讹作"玄之"，"瑱"讹作"须"……"凡此类即就印本改正"，"苟害六书之义，虽汉人亦在所当改，何况魏、晋、六朝？"[5]凡是"字形转写"这种显然讹谬之处，不必管它讹误年代，皆要"径行改易"[6]，以还旧书原貌。

戴震的求是精神，影响了一代学者。常年的耳濡目染，其弟子段玉裁深刻领会其师不迷信古本、以求是为本、大胆改字的思想。他在给顾广圻的信中曰："凡校书者欲定其一是，明圣贤之义理于天下万世，非如今之俗子夸博赡、夸能考核也。故有所谓宋版书者，亦不过校书之一助，是则取之，不是则却之，宋版岂必是耶？故刊古书者，其学识无憾，则折衷为定本以行于世，如东原师之《大戴礼》《水经注》是也。其学识不能自信，则照旧刊之，不敢措一辞，不当捃摭各本，侈口谈是非也。"[7]段氏所谓"明圣贤之义理"，"校书者欲定其一是"，"宋版书者，亦不过校书之一助"，"折衷为定本以行于世"等思想，是对戴震校勘理论和实践的继承。段玉裁尝云："凡宋版古书，信其是处则从之，信其非处则改之，其疑而不定者则姑存以俟之，不得勿论其是非，不敢改易一字。意欲存其真，适滋后来之惑也。"[8]段

① 戴震：《答郑丈用牧书》，见张岱年主编：《戴震全书》（第六册），合肥：黄山书社，1995年，第374页。

② 戴震：《经考·尔雅》，见张岱年主编：《戴震全书》（第二册），合肥：黄山书社，1994年，第359页。

③ 戴震：《与某书》，见张岱年主编：《戴震全书》（第六册），合肥：黄山书社，1995年，第495页。

④ 戴震：《言谈辑要》，见张岱年主编：《戴震全书》（第六册），合肥：黄山书社，1995年，第717页。

⑤ 戴震：《与卢侍讲召弓书》，见张岱年主编：《戴震全书》（第六册），合肥：黄山书社，1995年，第281～283页。

⑥ 戴震：《论韵书中字义答秦尚书》，见张岱年主编：《戴震全书》（第三册），合肥：黄山书社，1994年，第336页。

⑦ 段玉裁：《答顾千里书》，见《经韵楼集》，上海：上海古籍出版社，2008年，第300页。

⑧ 段玉裁：《与黄尧圃论孟子音义书》，见《经韵楼集》，上海：上海古籍出版社，2008年，第85页。

玉裁注释《说文》时，对古本、善本的讹误从不曲为之说，不株守、不盲从。例如《说文》：“豐，从豆，象形。”段玉裁说：“𡴀象豆大也，此与豐上象形同耳。戴侗云：‘唐本曰：从豆从山丰丰声。蜀本曰：丰声，山取其高大。’按：生部云：‘丰，艹盛丰丰也’，与豐音义皆同。《大射仪》注曰：‘豐其为字从豆，𡴀声。近似豆，大而卑矣。’似郑时有𡴀字，但郑注转写至今，亦多讹误。𡴀声之声，或是剩字。仪征阮氏元说𧊒字瓦云：‘丰字当是𦍒声，而山象形。豐字当是丰丰声，而凵象形。一从艹盛之丯，一从艹蔡之丰也。’玉裁按，并丯、并丰，《说文》无字。如朁、鬵字从兓声，蒜字从祘声，飙、𧖁字从猋声、蟲声，㯻、𣗥字从𣏟，皆非无字者也。则唐本、蜀本未可遽信。”①段氏依《说文》所从之字皆为词头的体例对唐本、蜀本提出疑问。又如“纺，纺丝也”条，段氏大胆订正唐本之误：“纺，各本作‘网’，不可通。唐本作‘拗’，尤误。今定为‘纺丝也’三字句，乃今人常语耳。凡不必以他字为训者，其例如此。”②

在段玉裁看来，戴震的校改思想是对汉代学者如郑玄等的实学思想的继承。“郑君之学，不主于墨守，而主于兼综；不主于兼综，而主于独断。其于经字之当定者，必相其文义之离合，审其音韵之远近，以定众说之是非，而以己说为之补正”③。所以段玉裁主张：“夫校经者，将以求其是也。审知经字有讹则改之，此汉人法也。汉人求诸义而当改则改之，不必其有左证。自汉而下，多述汉人，不敢立说擅改，故博稽古本及他引经之文，可以正流俗经本之字者，则改之。”④凡以理校订为误者，不必有佐证，径行改易可也。例如《说文》：“绢，缯如麦稍色。”段氏指出：“色字今补，色讹‘也’，而俗删之耳。自绢至綟二十三篆，皆言缯帛之色，而此色字先之。《声类》混缚、绢为一字，由不考其义之殊也。稍者，麦茎也。缯色如麦茎青色也。”⑤

在大量的校勘实践基础上，段玉裁进一步阐释了“求是”之“是”的内容及必要性。“是非有二。曰：底本之是非，曰：立说之是非”⑥，所谓“底本之是非”就是著书者稿本文字的正误，所谓“立说之是非”就是著书者所言义理的正误。求得底本之是非，才能确定所据之经为其本经，然后可以推定经之义理。否则所据之经非其本经，而缘之立说，则所释之义已非其本义。“不先正注、疏、释文之底本，则多诬古人”。段玉裁《说文解字注》校出了大

① 段玉裁：《说文解字注》，南京：凤凰出版社，2015 年，第 368～369 页。

② 段玉裁：《说文解字注》，南京：凤凰出版社，2015 年，第 1122 页。

③ 段玉裁：《经义杂记序》，见《经韵楼集》，上海：上海古籍出版社，2008 年，第 188 页。

④ 段玉裁：《答顾千里书》，见《经韵楼集》，上海：上海古籍出版社，2008 年，第 298 页。

⑤ 段玉裁：《说文解字注》，南京：凤凰出版社，2015 年，第 1130 页。

⑥ 段玉裁：《与诸同志论校书之难》，见《经韵楼集》，上海：上海古籍出版社，2008 年，第 332～333 页。

量的文字讹误。除了善辨底本之是非外，还要辨析立说之是非，如戴震辩宋儒对“理”“性”“道”等传统儒学核心范畴的曲解。段玉裁继承其师摭实的态度，旗帜鲜明地主张校勘立说之是非，“不断其立说之是非，则多误今人”①。因为“义理所由失者或失其句度，或失其故训，或失其音读，三者失而义理能得，未之有也”，所以段玉裁辩《大学》“明明”与“亲民”的句度、故训、音读之失。段玉裁依据《尔雅》“明明、斤斤，察也”之训，释“明明”为“宣著之谓”。之所以重言明者，是为了体现“其德自小至于大，自内至于外，自微至于著，自近至于远，自迩室屋漏至于家国天下”，“非重言‘明’，不足形容其积累之盛”。孔颖达释“明明”为“谓身有明德而更章显之”、朱子释“明，明之也。明德者，人之所得乎天，而虚灵不昧，以具众理而应万事者也”，皆“失古经句度故训，以私定之句度故训释经，非《大学》之旨也”。至于程子读“亲民”为“新民”，“又失其音读者也”。段玉裁指出：“人与人患隔而不亲，亲民之事，必兼富之教之，未有不使民菽粟如水火而责以仁者。即《大学》一篇言之，曰‘小人乐其乐而利其利’，曰‘为人君止于仁，与国人交止于信’，曰‘民之所好，好之；民之所恶，恶之’，‘不以利为利，以义为利’。”失其音读则“为政之次第失矣。尚何至善之可求耶”②。

王念孙也在践行其师不盲从古本、惟求其是的精神。只是他对改字抱有更审慎的态度和明确的标准。王念孙曰：“吾用小学校经，有所改，有所不改。周以降，书体六七变，写官主之，写官误，则为改；孟蜀以降，椠工主之，椠工误，则为改；唐宋明之士，或不知声音文字而改经，以不误为误，是妄改也，则为改其所改。若夫周之没，汉之初，经师无竹帛，异字博也。吾不能择一为定，则不改。假借之法，由来久也，其本字什八可求，什二不可求，必求本字以改假借字，则考文之圣之任也，则不改。写官椠工误矣，吾疑之，且思而得之矣；但群书无左证，惧后来者之借口也，则又不改焉。”③王念孙所谓“写官误”“椠工误”“则为改”，是对戴震“字形转写之谬”“径行改易”的校勘理论的继承。“异字博”“假借之法”“则不改”是对戴震“传其信，不传其疑，疑则阙”④校勘理论的发展。在校勘实践中，王念孙坚守其校勘原则，如《墨子》“五谷不熟谓之大侵”，他指出：“《艺文类聚》百谷部引《墨子》‘五谷不熟谓之大侵’者，乃涉上文引《穀梁传》‘五谷不升谓之大侵’

① 段玉裁：《与诸同志论校书之难》，见《经韵楼集》，上海：上海古籍出版社，2008年，第336页。

② 段玉裁：《在明明德在亲民说》，见《经韵楼集》，上海：上海古籍出版社，2008年，第59～60页。

③ 支伟成：《清代朴学大师列传》，长沙：岳麓书社，1998年，第165～166页。

④ 戴震：《与姚孝廉姬传书》，见张岱年主编：《戴震全书》第六册，合肥：黄山书社，1995年，第372～373页。

而衍。《太平御览》时序部二十百谷部一引《墨子》皆无此八字。《墨子》所记本与《穀梁传》不同,不可强合也。”[①]《艺文类聚》是唐高祖李渊下令编修的,欧阳询主持其事。因其所引者多为唐前古本,可用以互校今传之本而纠其误谬。但对于《艺文类聚》的讹误,王念孙并不盲从,而是大胆指出。又如《汉书》:“巴俞宋蔡,淮南于遮,文成颠歌,族居递奏,金鼓迭起。”颜师古释“族”曰:“族,聚也,聚居而递奏也。”王念孙指出:“歌声可言‘起’,不可言‘居’,师古言‘聚居’,非也。‘居’读为‘举’,‘族举’者,具举也。‘递奏’者,更奏也。《荀子·王制篇》云‘举错应变而不穷’,《非相篇》云‘居错徙,应变不穷’,‘居错’即‘举错’。《书大传》‘民能敬长怜孤,取舍好让,举事力者’,《韩诗外传》‘举’作‘居’,是‘举’、‘居’古字通也。《史记》正作‘族举递奏’。”[②]颜师古家学渊博,又博览群书,卓然为一代大家,其《汉书注》亦可谓善本,然而王念孙对《汉书注》不可会通之处,并不曲为之解。诚如戴震所言,“凡宗仰昔贤,用寄爱慕”,而“闻名起敬可也”,但对于可以考核的讹误,则“必有起而辩之”[③]。王念孙仿戴震校勘《方言》而校《广雅》。其《广雅疏证》一书,共正讹字 580 处、补脱字 490 处、删衍文 39 处、改正先后倒置字 123 处,基本恢复了《广雅》的本来面貌。

王念孙教育其子王引之曰:“说经者期于得经意而已,前人传注不皆合于经,则择其合经者从之,其皆不合则以己意逆经意而参之他经,证以成训,虽别为之说亦无不可。必欲专守一家,无少出入,则何邵公之墨守见伐于康成者矣。”[④]王引之承其父志,遍校群籍,作《经义述闻》,不作何邵公之墨守。例如《大戴礼记》:“此则非士之罪也,有士者之羞也。”王引之指出:“戴先生校本改‘有士者’为‘有土者’,孔本仍作‘有士者’。释曰:有士不用则君之耻。家大人曰‘有土者’犹言有国者,《史记·孔子世家》曰:‘夫道之不修也,是吾丑也,夫道既已大修而不用,是有国者之丑也。’又自序曰:‘且士贤能而不用,有国者之耻。’《盐铁论·国病篇》曰:‘国有贤士而不用,非士之过,有国者之耻。’义并与此同。又《说苑·说丛篇》:‘士横道而偃,四肢不掩,非士之过,有土者之羞也。’此正用曾子语。今本土作士者,涉上句士字而误耳。凡是书之显然讹误者,孔必曲为之说,而不肯依他书改正,此亦守残之癖也。”[⑤]又如《毛诗·小宛篇》“人之齐圣”,《毛传》曰:“齐,正

① 王念孙:《读书杂志·墨子第一》,上海:上海古籍出版社,2014 年,第 1438 页。

② 王念孙:《读书杂志·汉书第十》,上海:上海古籍出版社,2014 年,第 814 页。

③ 戴震:《答曹给事书》,见张岱年主编:《戴震全书》(第六册),合肥:黄山书社,1995 年,第 331 页。

④ 王引之《经义述闻自序》中引其父之言,见《经义述闻》,南京:江苏古籍出版社,2000 年。

⑤ 王引之:《经义述闻》,南京:江苏古籍出版社,2000 年,第 283～284 页。

也。”笺曰：“中正通知之人。”王引之更正曰：“齐圣，聪明睿智之称，与下文‘彼昏不知’相对。齐者，知虑之敏也。《史记·五帝纪》：‘生而神灵，弱而能言，幼而徇齐，长而敦敏，成而聪明。’徐广解徇齐引墨子曰：‘年逾五十则聪明心虑不徇通矣。’《索隐》引《大戴礼》作‘叡齐’，一本作‘慧齐’。《史记》旧本作‘浚齐’，皆明智之称……毛以齐为正，杜以齐为肃，又以为中，皆未当也。”①诸说并立时，王引之则唯求其是，不囿于汉学之藩篱也。

王引之于校勘中形成了“三勇改、三不改”的改字原则，曰：“吾用小学校经，有所改，有所不改。周以降，书体六七变，写官主之，写官误，吾则勇改；孟蜀以降，椠工主之，椠工误，吾则勇改；唐、宋、明之士，或不知声音文字而改经，以不误为误，是妄改也，吾则勇改其所改。若夫周之没，汉之初，经师无竹帛，异字博矣，吾不能择一以定，吾不改；假借之法，由来旧矣，其本字十八可求，十二不可求，必求本字以改假借字，则考文之圣之任也，吾不改；写官椠工误矣，吾疑之，且思而得之矣，但群书无佐证，吾惧来者之滋口也，吾又不改。”②王引之的改字原则，体现了其唯求其是的实学精神。梁启超指出，王氏父子读书善得其间，并能空明其心，每立一说，必广集证据，然后断其是非③。这是对王氏父子校勘过程的准确写照。

四、结语：理校派的形成

戴震将其古音学知识引入校勘，为传统校勘学注入了科学精神，使清代校勘学取得了超越前人的成就。在校勘实践中，戴震随文总结误例，指出校勘法则、规律，为后世校勘家立下了范式典例，引领着清代校勘朝理论的方向发展，最终出现了出色的校勘学理论著作，归纳出许多切实的校勘通例，标志着清代校勘学的形成。戴震崇尚古本但不盲从，他凭借自己坚实的小学和文献功底，大胆改正古书讹误，形成定本刊行于世。戴震的校勘特色经段玉裁、王氏父子等的发扬光大，终于形成了与以卢文弨为代表的对校派相抗衡的理校派。

与戴震、段玉裁、二王改字传统形成鲜明对比的是卢文弨和顾广圻。卢文弨对宋代以前之书抱着敬畏态度，不敢随意改动。他说：“宋以前所增窜者，疑亦不少，此则不敢去，恐其瑒糠及米也。舍宋本而从别本者，著之；

---

① 王引之：《经义述闻》，南京：江苏古籍出版社，2000年，第151页。

② 龚自珍：《工部尚书高邮王文简公墓表铭》，见《龚自珍全集》，上海：上海人民出版社，1975年，第148页。

③ 梁启超：《清代学术概论》，上海：上海古籍出版社，1957年，第39页。

意有疑者，亦著之。若专辄而改旧所传，则吾岂敢！”①他与戴震同校《大戴礼记》，却持不同的校勘学主张，以为“又有虽俗字，而其来已久，魏、晋、六朝皆用之，如凖之作准，杀之作煞，陈之作阵，景之作影，亦皆不改”②。后来，卢文弨致书王念孙论校正《大戴礼记》事，再次强调不改正文之字而以案语说明于下的做法，曰：“读所校《大戴礼记》，凡与诸书相出入者，并折衷之以求其是，足以破注家望文生义之陋。然旧注之失，诚不当依违，但全弃之，则又有可惜者。若改定正文，而与注绝不相应，亦似未可。不若且仍正文之旧，而作案语系于下，使知他书之文故有胜于此之所传者。”③顾广圻更是奉行“不校校之”的原则，反对轻易改字，曰：“书必以不校校之，毋改易其本来不校之谓也，能知其是非得失之所以然，校之之谓也。”④顾广圻主张将校勘成果写成校勘记附原书以行，而不要列于原文之下，以免割断字句。他在《列女传考证后序》中云：“其传写讹脱，亦略为补正”，“不欲著于当句之下，横隔字句，故别为此《考证》附于后。”⑤所以倪其心说清代出现了强调保持原貌、主张说明异文正误而不作更改的对校学派，和明确主张订正刊误、敢于改正误字的理校学派。“这两派对校勘学的理论都作出了贡献”⑥。

---

① 卢文弨：《书校本贾谊新书后》，见《抱经堂文集》，北京：中华书局，1985 年，第 143 页。

② 戴震：《与卢侍讲召弓书》，见张岱年主编：《戴震全书》第六册，合肥：黄山书社，1995 年，第 282 页。

③ 卢文弨：《与王怀祖庶常论大戴礼记书》，见《抱经堂文集》，北京：中华书局，2015 年，第 176 页。

④ 顾广圻：《礼记考异跋》，见《思适斋书跋》卷十四，上海：上海古籍出版社，2007 年，第 186 页。

⑤ 顾广圻：《列女传考证后序》，见《顾千里集》，北京：中华书局，2007 年，第 140 页。

⑥ 倪其心：《校勘学大纲》，北京：北京大学出版社，1987 年，第 49 页。

第四章　戴震文字音韵学思想及其对皖派朴学的影响

第一节　戴震文字音韵学思想的创新

有感于“宋以后理学的发展，对于理义及训诂日益重视，而对于古音和字形的研究却渐趋疏忽，不懂古音和古音假借，而以今音读异体字，改通假字，造成古书混乱现象迭起”①，顾炎武提出：“读九经自考文始，考文自知音始。”②戴震继承了清初学者的实学精神，少时就精研《说文解字》，又取《尔雅》及汉儒传、注、笺之存者，渐及经史子集，参伍考究，打下了坚实的小学功底。在广泛的涉猎之后，戴震意识到“载籍极博，统之不外文字，文字虽广，统之不越六书”，于是在考诸前人之“六书”研究的基础上，更富于创见性地重新诠释了传统的六书，提出“四体二用”说。戴震认为“指事”“象形”“形声”“会意”为四种“造字”方法；“转注”和“假借”则是两种“用字”方法。因造字之法莫多于谐声，文字之用莫博于假借，所以因声求义才是真正的训诂方法。然而“古今音尤弇侈不同”，“音之流变有古今”③，为探明古音系统，“不可使今音古音相杂成一韵”④，戴震考古和审音并重，不仅重视古文献材料的客观归纳、总结，而且在考古的基础上，从语音本身探求其变化的原理。戴震说：“仆谓审音本一类，而古人之文，偶有相涉有不相涉，不得舍其相涉者，而以不相涉为断；审音非一类，而古人之文，偶有相涉，始可以五方之音不同，断为‘合韵’。”⑤在考古和审音并重的基础上，戴震以阴、阳、入三分法，将古音韵部分为九类二十五部。因为“六书依声托事，假借相禅，其用至博，操之至约也。学士茫然，莫究所以”，所以戴震作《转语

---

① 倪其心：《校勘学大纲》，北京：北京大学出版社，1987 年，第 48 页。

② 顾炎武：《答李子德书》，见《亭林诗文集》，北京：商务印书馆，1937 年，第 244 页。

③ 戴震：《书广韵目录后》，见张岱年主编：《戴震全书》（第六册），合肥：黄山书社，1995 年，第 298 页。

④ 戴震：《书广韵四江后》，见张岱年主编：《戴震全书》（第六册），合肥：黄山书社，1995 年，第 302 页。

⑤ 戴震：《答段若膺论韵》，见张岱年主编：《戴震全书》（第三册），合肥：黄山书社，1994 年，第 352 页。

二十章》，“各从乎声，以原其义”，使学者“疑于义者以声求之，疑于声者以义正之”①。戴震的“四体二用”说和阴、阳、入三分法，以及转语理论，引发清代六书研究走向高峰②，同时亦引起小学研究方法、研究内容的革新，造就了皖派小学研究的辉煌。

一、戴震“四体二用”说的创新与反响

“六书”一词最早见于战国时代的《周礼》。《周礼·地官·保氏》曰：“保氏掌谏王恶而养国子以道，乃教之六艺：一曰五礼、二曰六乐、三曰五射、四曰五驭、五曰六书、六曰九数。”东汉班固于《汉书·艺文志》中首次指出“六书”之内涵，曰：“古者八岁入小学，故《周官》保氏掌养国子，教之六书，谓象形、象事、象意、象声、转注、假借。”班固以“六书”为汉字“造字之本”。汉末郑玄注《周礼》，引郑众语云：“六书：象形、会意、转注、处事、假借、谐声也。”最早对六书作出详尽解释的是许慎，他于《说文解字·叙》中曰：“《周礼》，八岁入小学，保氏教国子先以六书：一曰指事，指事者，视而可识，察而可见，‘上’‘下’是也；二曰象形，象形者，画成其物，随体诘诎，‘日’‘月’是也；三曰形声，形声者，以事为名，取譬相成，‘江’‘河’是也；四曰会意，会意者，比类合谊，以见指㧑，‘武’‘信’是也；五曰转注，转注者，建类一首，同意相受，‘考’‘老’是也；六曰假借，假借者，本无其字，依声托事，‘令’‘长’是也。”许慎将六书概括为指事、象形、形声、会意、转注和假借，并于分类之后列举实例加以说明。许慎的《说文解字》被小学家视为文字学的奠基之作，更有学者认为，许慎《说文解字》的完成就是“六书”学的创立。

班固承袭西汉末刘歆《七略》而作《汉书·艺文志》，郑众为刘歆再传弟子，许慎是刘歆再传弟子贾逵的学生，可以说东汉“六书”三家说都承继了刘歆的“六书”观点，只是名称大同小异。虽然班固、郑众、许慎三家对“六书”的归纳各有千秋，但其共性在于将“六书”认定为“造字之本”，这一观点也成为古代文字学领域的一个共识。直至元末明初，赵古则认识到假借、转注不同于象形、指事、会意、谐声四者③，其于《六书本义·六书总论》中曰：“独体为文，合体为字。象形、指事，文也。象形，文之纯；指事，文之加也。会意、谐声，字也。谐声，字之纯；会意，字之间也。假借、转注，则文字

① 戴震：《转语二十章序》，见张岱年主编：《戴震全书》（第六册），合肥：黄山书社，1995年，第304～305页。

② 清代《说文》研究者研究六书自不待言，单独研究六书者亦众，单被《说文解字诂林六书总论》收录的就有50家，研究论文达69篇。

③ 李芳芳：《“四体二用”说倡始者之再认识》，载《洛阳理工学院学报（社会科学版）》2008年第3期。

之俱也。庫于象形，滋于指事，广于会意，备于谐声。至于声，则靡不谐矣。四书不足，然后假借以通其声。声有未合，而又转注以演其声。象形、指事一也，象形有加为指事。会意、谐声一也，会意主声为谐声。假借、转注一也，假借叶声为转注。明乎此，则六书之能事毕矣。”①虽然赵古则以叶声假借为转注，但是他将假借、转注从六书中剥离了出来。赵古则的观点得到明代杨慎和吴元满的支持，杨慎曰：“戴侗、赵古则，于六书皆有论著，悉凡翻讨之……熊朋来、赵古则，窥班得胥，撷英寻实。”②吴元满亦曰：“惟赵抝谦《六书本义》以假借、转注为用，而六义始明。”③杨慎进一步将六书概括为“四经二纬”，曰：“假借，借此四者也。转注，注此四者也。四象以为经，假借、转注以为纬。四象之书有限，假借、转注无穷也。”④他明确指出假借、转注为“四象”所造之字的借用、转用。

受赵古则、杨慎和吴元满的启发，戴震首次提出“四体二用”说，真正创新了六书理论。戴震认为，“六书也者，文字之纲领，而治经之津涉也。载籍极博，统之不外文字，文字虽广，统之不越六书”，所以戴震考订自汉以来迄于近代各家之说，辩驳得失，作《六书论》三卷。可惜此书已失传，但其“四体二用”思想尚散见于戴震的论文集中。例如戴震于《答江慎修先生论小学书》中曰：

> 大致造字之始，无所冯依。宇宙间事与形两大端而已，指其事之实曰“指事”，一二、上下是也；象其形之大体曰“象形”，日月、水火是也。文字既立，则声寄于字，而字有可调之声；意寄于字，而字有可通之意。是又文字之两大端也。因而博衍之，取乎声谐，曰“谐声”；声不谐，而会合其意曰“会意”。四者，书之体止此矣。由是之为用，数字共一用者，如“初、哉、首、基”之皆为“始”；“卬、吾、台、予”之皆为“我”，其义转相为注，曰“转注”。一字具数用者，依于义以引伸，依于声而旁寄，假此以施于彼，曰“假借”。所以用文字者，斯其两大端也。⑤

戴震认为字形的产生无外乎象形、指事、会意、谐声四种。万事万物仅

---

① 赵抝谦：《六书本义・六书总论》，上海：上海古籍出版社，1987年，第289～290页。

② 杨慎：《升庵集・六书索隐序》，上海：上海古籍出版社，1987年，第18页。

③ 吴元满：《六书正义・自序》，上海：上海古籍出版社，2002年，第3页。

④ 顾炎武：《音学五书・音论下》，北京：中华书局，1982年，第46页。

⑤ 戴震：《答江慎修先生论小学书》，见张岱年主编：《戴震全书》（第三册），合肥：黄山书社，1994年，第333～334页。

为事与形两大类，指其事之实，即为指事；象其形之大体，即为象形。文字既立，形、声、义关系确立，然后由指事、象形组成合体字，声音相谐的为谐声，会合其义的为会意，“书之体止此类”。至于“转注”与“假借”则为字之用。“数字共一用者，其义转相为注”，是为转注；“一字具数用者，依于义以引伸，依于声而旁寄，假此以施于彼”，是为假借。假借和转注并不能提供新的汉字形体，只是汉字的使用，“用文字者，斯其两大端也”。尽管六书中的谐声与假借皆出于声，但是两者的区别在于“谐声以类附声，而更成字；假借依声托事，不更制字”①。至此，戴震明确提出了“四体二用”说。

戴震的“四体二用”说得到弟子的广泛支持，段玉裁、王念孙、王引之等的小学研究皆恪守了戴震的“四体二用”说。例如段玉裁云：“六书者，文字声音义理之总汇也。有指事、象形、形声、会意，而字形尽于此矣。字各有音，而声音尽于此矣。有转注、叚借，而字义尽于此矣。异字同义曰转注，异义同字曰叚借。有转注，而百字可一义也；有叚借，而一字可数义也……赵宋以后，言六书者，匈襘狭隘，不知转注、叚借所以包括诂训之全，谓六书为仓颉造字六法，说转注多不通。戴先生曰：‘指事、象形、形声、会意四者，字之体也。转注、叚借二者，字之用也。圣人复起不易斯言矣。’”②段玉裁从汉字形、音、义的错综关系方面研究六书，将转注、假借与前四种相区别。他又曰：“盖有指事、象形，而后有会意、形声；有是四者为体，而后有转注、假借二者为用。戴先生曰：‘六者之次第出于自然。’是也。”③可见段玉裁六书理论完全本于戴震的“四体二用”说。

由于段玉裁研究《说文》取得的巨大成就以及他所确立的地位，戴震的“四体二用”说为多数小学研究者所接受。例如朱骏声于《说文通训定声·自叙》中云：“天地间有形而后有声，有形、声而后有意与事，四者文字之体也。意之所通，而转注起焉，声之所比，而假借生焉，二者文字之用也。”王筠进一步发挥“四体二用”说，云：“观乎天文，观乎人文，而文生焉。天文者，自然而成，有形可象者也；人文者，人之所为，有事可指者也。故文统象形指事二体。字者，孳乳而浸多也，合数字以成一字者皆是，即会意形声二体也。四者为经，造字之本也；转注、假借为纬，用字之法也。”④他著《文字蒙求》，仅存象形、指事、会意、形声四卷，可见其不以转注、假借为造

---

① 戴震：《答江慎修先生论小学书》，见张岱年主编：《戴震全书》(第三册)，合肥：黄山书社，1994年，第333页。

② 段玉裁：《说文解字注》，南京：凤凰出版社，2015年，第1308页。

③ 段玉裁：《说文解字注》，南京：凤凰出版社，2015年，第1310页。

④ 王筠：《说文释例·六书总说》，北京：中华书局，1987年，第6页。

字之法。所以黄德宽、陈秉新指出："虽然戴氏之前研究'六书'者已有人察觉'四体'与'二用'有别，然而真正明确阐述并产生较大影响的则是戴震的'四体二用'说，段玉裁、王筠等皆师其说。段说界划明晰，而王说尤为详密。"①

于六书中，转注、假借聚讼最多，戴震于《答江慎修先生论小学书》中详细阐释转注含义，曰："震谓'考''老'二字属谐声、会意者，字之体；引之言转注者，字之用。转注之云，古人以其语言立为名类，通以今人语言，犹曰'互训'云尔。转相为注，互相为训，古今语也。《说文》于'考'字训之曰'老也'，于'老'字训之曰'考也'，是以叙中论转注举之。《尔雅·释诂》有多至四十字共一义，其六书转注之法欤？"从字形结构看，"考""老"分别为谐声、会意字，而许慎以其为转注例字，可见这是指字之用。戴震相信许慎论六书必有师承，他以《说文》"考""老"互训之例，证明六书之转注即为互训。戴震指出，时有古今，地有南北，字有流变，音有变转，而"别俗异言，古雅殊语，转注而可知，故曰'建类一首，同意相受'"②。许慎所谓"建类一首，同意相受"，即指以义为类，同意字相互训释。

段玉裁力倡戴震的转注说，认为戴震"互训"说的提出"如日月出矣"③，并指出："转注犹言互训也……转注者，所以用指事、象形、形声、会意四种文字者也。……老部曰，老者考也，考者老也，以考注老，以老注考，是之谓转注。"他解释道："建类一首，谓分立其义之类而一其首，如《尔雅·释诂》第一条说'始'是也，同意相受，谓无虑诸字意旨略同，义可互受相灌注而归于一首，如初、哉、首、基、肇、祖、元、胎、俶、落、权、舆，其于义或近或远，皆可互相训释，而同谓之'始'是也。"④段玉裁曾言："昔东原师之言，仆之学不外以字考经，以经考字。余之注《说文解字》也，盖窃取此二语而已。"⑤正如卢文弨所言："夫不通众经则不能治一经，况此书（指《说文解字》）为义理事物之统汇，而以寡闻鲜见之胸，用其私智小慧，妄为穿凿，可乎？吾友金坛段若膺明府，于周、秦、两汉之书无所不读，于诸家小学之书靡不博览而别择其是非。"⑥故段玉裁注《说文解字》能贯通群经，"以字考

---

① 黄德宽、陈秉新：《汉语文字学史》，合肥：安徽教育出版社，2006年，第120页。

② 戴震：《答江慎修先生论小学书》，见张岱年主编：《戴震全书》（第三册），合肥：黄山书社，1994年，第333页。

③ 段玉裁：《说文解字注》，南京：凤凰出版社，2015年，第1310页。

④ 段玉裁：《说文解字注》，南京：凤凰出版社，2015年，第1309页。

⑤ 陈焕：《说文解字注跋》，见段玉裁：《说文解字注》，南京：凤凰出版社，2015年，第1350页。

⑥ 卢文弨：《段若膺说文解字读序》，见《抱经堂文集》，北京：中华书局，1990年，第33页。

经，以经考字"，"搜转注假借之微言，备故训之大义"①。例如《说文解字》："陂，一曰池也。"段玉裁注曰："此云'陂者，池也'，故水部有池篆云：'陂也。'正考老转注之例。"②段玉裁于《说文解字注》第一卷"下，底也"云："许氏解字，多用转注。转注者，互训也。底云'下也'，故下云'底也'。此之谓转注。全书皆当以此求之。"③所以段玉裁《说文解字注》多用互训释义。此外，段玉裁还作有《说文转注释例》。此书虽"未尝属草，故今不见"④，但是段玉裁书信中多有提及，例如《与邵二云书二》曰："去年始悉力于《说文解字》……搜转注假借之微言，备故训之大义。"⑤《与王怀祖书》曰："弟以《说文》转写，未必皆本字，如：'𢚧，愁也'；'愁，𢚧也'；为转注，而今本'𢚧'作'憂'，行和之貌，与'愁'何涉乎？他书可用假借字，许书说解中用假借多窒碍而不可通，曾举数十事发明之，今拟将此等字不下数百通举出为《释例》，以附于其后，就正有道焉。"⑥可见段玉裁于转注多有心得⑦。

赞成戴震转注说者还有王筠、桂馥、黄式三、张度、胡琨等。"互训"说者把转注看作同义词互相训释，从而将其从造字法中剥离出来。洪亮吉是戴震"互训"说的践行者，其所作《六书转注录》十卷，把《尔雅》《说文》《释名》《广雅》《小尔雅》中的互训分篇编纂。

戴震认为，假借包括"依于义以引申"的假借和"依于声而旁寄，假此以施于彼"的假借。至于"依于义以引申"的假借，戴震于《论韵书中字义答秦尚书蕙田》中指出，音声有不随训诂变化的，则一音有数义；音声有随训诂而变化者，则一字或数音。大致一字本义之外的词义引申，都是六书之假借。戴震接着以"胡""宁""易""象""关""燕"等字为例，认为除本义以外的音义引申，皆为假借。然而，根据陆宗达、王宁的定义，"引申是一种有规律的词义运动。词义从一点（本义）出发，沿着它的特点所决定的方向，按照各民族的习惯，不断产生新义或派生新词，从而构成有系统的义列"⑧，戴震此处所举之词义并非严格意义上的词义引申，但他于《毛郑诗考正》"北山二章"中"贤"字释义已有较明确的引申系列："凡字有本义，属乎偏旁，其因而推广之义，皆六书之假借。贤本物数相校而多之名，因谓多才为贤，又

---

① 段玉裁：《与邵二云书二》，见《经韵楼集》，上海：上海古籍出版社，2008年，第389页。
② 段玉裁：《说文解字注》，南京：凤凰出版社，2015年，第1271页。
③ 段玉裁：《说文解字注》，南京：凤凰出版社，2015年，第3页。
④ 刘盼遂：《先生著述考略》，见《段玉裁先生年谱》，民国铅印《段王学五种》本。
⑤ 段玉裁：《与邵二云书二》，见《经韵楼集》，上海：上海古籍出版社，2008年，第389页。
⑥ 段玉裁：《与王怀祖第五书》，见《经韵楼集》，上海：上海古籍出版社，2008年，第417页。
⑦ 杨蓉蓉：《段玉裁的转注理论》，载《辞书研究》1985年第5期。
⑧ 陆宗达、王宁：《训诂与训诂学》，太原：山西教育出版社，1996年，第109页。

专谓多善行为贤，由是习而忘乎作字之初矣。”①

受戴震影响，段玉裁也以词义引申为假借。他认为许慎假借例字令、长便属于词义引申类假借。他指出：“则凡事物之无字者，皆得有所寄而有字。如汉人谓县令曰令长，县万户以上为令，减万户为长。令之本义，发号也。长之本义，久远也。县令、县长本无字，而由发号、久远之义引申展转而为之，是为叚借。”②《说文解字注》多处指出词义引申为假借，例如“礼，履也”，段玉裁注曰：“履，足所依也。引伸之，凡所依皆曰履，此假借之法。”③又如“皇，大也”，段玉裁注曰：“皇本大君，因之凡大皆曰皇。假借之法，准此矣。”④

关于词义引申是否可以归入假借的问题，孙雍长已作出很好的解释。他说：“这是一个问题的两个方面，并不相排斥。从语言中的词义现象来看，它的确是引申问题；但从先民们造字表词的思维心理来说，它又的确是假借问题。”他认为利用现代语言学观念区分假借与引申是必要的；但是，先民们为某个语词创制书写符号时，并不具备今天的语言学观念，不可能去考虑这一意义与某个已有字的意义联系⑤。戴震将词义引申纳入假借的观点得到众多古文家的支持。例如张行孚《说文发疑·六书假借》云：“六书假借之说。许君自叙曰‘本无其字，依声托事’，义本甚明。即戴氏震所谓‘一字具数用者，依于义以引申，依于声而旁寄，假此以施于彼曰假借’是也。古时假借始于本无其字，故读则依所借字之声，而义则托于所借字之事。如‘来’，周所受瑞麦𪎊，天所来也’，故借为‘行来’之‘来’。其读则仍依‘来𪎊’之‘来’，所谓依声也；而其义则寄托于‘天所来也’之事；所谓托事也，盖假借实兼声义二考言之。其余如‘韦’字、‘乌’字、‘朋’字、‘西’字皆然……于是有依于义以引申而假借者，如人之身从‘首’始，故借‘首’为始，中国为最大，故借‘夏’为大，此既有其字而托事假借者也。有依于声而旁寄以假借者，如借雕为琱……义无可通，但取其同音，此既有其字而依声假借者也。盖自来言假借者，未有不兼‘音同义异’‘音同义近’二者言之也。”⑥其他如王筠、江声更是将本义以外之义皆归入假借。戴震将“依于

---

① 戴震：《毛郑诗考正》，见张岱年主编：《戴震全书》（第一册），合肥：黄山书社，1994年，第626页。

② 段玉裁：《说文解字注》，南京：凤凰出版社，2015年，第1310页。

③ 段玉裁：《说文解字注》，南京：凤凰出版社，2015年，第3页。

④ 段玉裁：《说文解字注》，南京：凤凰出版社，2015年，第15页。

⑤ 孙雍长：《六书研究中的一些看法》，载《古汉语研究》1990年第3期。

⑥ 张行孚：《说文发疑·六书假借》，见丁福保：《说文解字诂林》，昆明：云南人民出版社，2006年，第166页。

义以引申"纳入假借，开启了清代文字学区分本义和引申义、探索字源的大门，扩展了文字学的研究领域，促进了清代文字学的昌盛。

至于"依于声而旁寄，假此以施于彼"的假借，戴震亦有详细阐释，他于《经考附录》中云："六书之假借，《说文序》云'本无其字，依声托事'是也。凡六书之字，古人谓之名。名者，声之为也。既以声名之，从而为之字。假借者本无其字，而假他字以寄是名者也。或两名声同，则为同声之假借；或两名声微异，则为转声之假借。"之所以出现同声假借和声转假借，是因为"上古但有语言，未有文字，语言每多于文字，亦先于文字"。用有限的文字记录无限的语言，必然出现文字假借。戴震认为不明六书之假借，便会辗转推求，穿凿附会，反而不得其要，就如张载以"日月"为"易"，陆佃以"蜥易之变"训《易》中之"易"。"易"字实为假借。"事物之变换迁移谓之易，此一名也；蜥易之为物，以双声名之，此又一名也。未立蜥易字之前，不可谓无变易之语。专就蜥易傅会变易之义，可乎？《易》之为变易，《象》之为像，无涉于虫兽。说者支离穿凿，由六书不明，不知假借之说耳。"①

段玉裁发展了假借理论，认为假借有本无其字的假借与本有其字的假借两种，曰："原夫叚借放于古文本无其字之时，许书有言'以为'者，有言'古文以为'者，皆可荟萃举之。以者，用也，能左右之曰以。凡言'以为'者，用彼为此也。如'来'，周所受瑞麦来麰也，而以为行来之来。'乌'，孝乌也，而以为乌呼字。'朋'古文凤，神鸟也，而以为朋党字……言'以为'者凡六，是本无其字，依声托事之明证。本无来往字，取来麦字为之，及其久也，乃谓来为来往正字，而不知其本训，此许说叚借之明文也。其云'古文以为'者，'洒'下云：古文以为洒扫字。'疋'下云：古文以为《诗・大雅》字。'丂'下云：古文以为巧字。'臤'下云：古文以为贤字……此亦皆所谓依声托事也。而与来、乌、朋、子、韦、西六字不同者，本有字而代之，与本无字有异。"段玉裁指出，如来、乌、朋、子、韦、西六字皆为本无其字的假借，而且假借后亦不再为之造字；而如洒、疋、丂、臤、炭、哥、诐等字皆为本有其字的假借，这是两种不同的假借。但是对于本有其字的说法段玉裁并不确定，故又曰："然或叚借在先，制字在后，则叚借之时，本无其字，非有二例。惟前六字，则叚借之后终古未尝制正字，后十字，则叚借之后遂有正字为不同耳。"有可能是本有其字的假借，在假借之初亦无本字，假借后才重新为之造字，故两种假借并无本质区别。段氏进一步推测假借的历时演变规律，提出"假借三变"说，云："大氐叚借之始，始于本无其字。及其后也，既有其

① 戴震：《经考附录》，见张岱年主编：《戴震全书》(第二册)，合肥：黄山书社，1994年，第371页。

字矣，而多为叚借。又其后也，且至后代讹字亦得自冒于假借。博综古今，有此三变。”①

随着研究的深化，研究古文者对假借的认识更加准确。他们在戴震、段玉裁假借说的基础上，进一步指出本无此字而假借者，为作六书之法也；本有此字而假借者，为用六书之法也。例如王引之于《经义述闻·经文假借》中指出：“许氏《说文》论六书假借曰：‘本无其字，依声托事，令长是也。’盖无本字而后假借他字，此谓造作文字之始也。至于经典古字，声近而通，则有不限于无字之假借者，往往本字见存，而古本，则不用本字而用同声之字。”②焦循亦曰：“六书有假借。本无此字假借同声之字以充之，则不复更造此字，如许氏所举令、长二字……又有从省文为假借者，如省狎为甲，省旁为方，省杜为土，省虞为吴，或以为避繁就简，犹可言耳。惟本有之字彼此互借，如麓、录二字，本皆有者也，何必借录为麓……而声近则以借而通。窃谓本无此字而假借者，作六书之法也；本有此字而假借者，用六书之法也。”③侯康在《说文假借例释》中进一步以“通假”称谓用字之假借，云：“何谓本？制字之假借是也；何谓末？用字之假借是也。二者相似而实不同。制字之假借，是本无其字而依托一字之声或事以当之，以一字为二字者也；用字之假借，是既有此字，复有彼字，音义略同，因而通假，合二字为一字者也。”④侯康认为“本无其字”的假借为制字之假借，“本有其字”的假借为用字之假借，称为“通假”。蔡金台高度赞同侯氏之说，于《六书假借说》中谓：“欲求假借之本，则必明乎制字、用字之说，自近人禺山侯康发之，其所辩驳，皆足以发明许叙本无其字之旨，而通古今异用之原。”⑤章太炎亦云：“同声通用者，后人虽通号假借，非六书之假借也。”⑥

正如戴震所言：“夫六经字多假借，音声失而假借之意何以得？故训音声相为表里。”⑦由于“声转之假借”的大量存在，戴震从理论高度，研究古音声纽、韵部对转原理，使音转公式化、表格化，便于学者通过声韵关系探求假借字的本义。

---

① 段玉裁：《说文解字注》，南京：凤凰出版社，2016年，第1310～1311页。

② 王引之：《经义述闻》，南京：江苏古籍出版社，2000年，第756页。

③ 焦循：《周易用假借论》，见《雕菰集》，上海：上海古籍出版社，2010年，第90页。

④ 侯康：《说文假借例释》，见丁福保：《说文解字诂林》，昆明：云南人民出版社，2006年，第221页。

⑤ 蔡金台：《六书假借说》，见丁福保：《说文解字诂林》，昆明：云南人民出版社，2006年，第225页。

⑥ 章太炎：《转注假借说》，见《国故论衡》，上海：上海古籍出版社，2003年，第36页。

⑦ 戴震：《六书音均表序》，见张岱年主编：《戴震全书》(第六册)，合肥：黄山书社，1995年，第384页。

二、九类二十五部的确立

李开指出："戴震的语文学成就主要集中在音韵学上，古音学、今音学、等韵学三大块都取得了卓特成就。"①戴震继承了顾炎武、阎若璩的音韵学成就，但是他认为顾氏、阎氏的考古之功有余，而审音不足，云："古无协音，自陈季立、焦弱侯始，迨顾宁人氏而考之益精。余窃谓古音之说明于是，可断隋、唐已来论韵之当否。然隋、唐诸君子辨声之法，迄于宋而其传失。辨声失其传，而后古音之说方出。如陈氏、顾氏，皆博稽三代有韵之文，以求古音，而未能审声以知音……余独惜隋、唐辨声之法之传失也。"②戴震指出，古音分部不能仅以古韵文为凭，因为"援古以证其合，易明也；援古以证其分，不易明也。古人用韵之文，传者希矣，或偶用此数字，或偶用彼数字，似彼此不相涉，未足以断其截然为二为三也"③，所以研究古音还要审音。

戴震于《答段若膺论韵》中曰："书中自信剖别入微，亦在古音韵至谐之云然。仆谓古人以音韵从其意言……夫音韵之谐，密近而成节奏为谐，稍远而成节奏亦谐，远而隔碍为不谐。"④又于《古音》中曰："音有流变，一系乎地，一系乎时。系乎地者，在古人即非一读。……五方殊语，随声气转变，见于六经者，遽数之不能终其物。六书之谐声假借，《诗》之取韵，各因其声类中一二字由它类流变而入者用之……其流变所入，各如其方之音。在古人不訾为非，正音不疑其误……此声气敛侈，出入之自然。"⑤戴震认为古音关系的远近、声类流变的规律，都符合声气敛侈出入之自然，所以需要分辨声音的舒促敛侈。

戴震审音之法承自江永。江永曾说："六朝人音学甚精，李登之《声类》、周颙之《四声切韵》、沈约之《四声》，今虽不传，世所传《广韵》本之唐，唐又本之隋，其原盖自六朝创之……分韵细入毫，韵之相似如东冬钟支脂之，当分而不可合，必有所以然者……凡分韵之类有三，一以开口合口分，

---

① 李开：《戴震语文学研究》，南京：江苏古籍出版社，1998年，第107页。

② 戴震：《读淮南子洪保》，见张岱年主编：《戴震全书》（第六册），合肥：黄山书社，1995年，第554～555页。

③ 戴震：《答段若膺论韵》，见张岱年主编：《戴震全书》（第三册），合肥：黄山书社，1994年，第351页。

④ 戴震：《答段若膺论韵》，见张岱年主编：《戴震全书》（第三册），合肥：黄山书社，1994年，第345页。

⑤ 戴震：《古音》，见张岱年主编：《戴震全书》（第三册），合肥：黄山书社，1994年，第315、317、320页。

一以等分，一以古今音分。”①也就是说，审音要辨开合、精等韵、分古今。“精通等韵和今音，能运用等韵原理进行古今音比较，即由今音上推古音，从系统上观察古韵，分立阴、入、阳三类韵部。这是审音派的本质特点，也是认定审音派的原则标准”②。戴震曾从《永乐大典》中寻得宋初杨倓《韵谱》，精心考究并加以校正。戴震的阴、阳、入相配，以及以等韵审音就是受杨倓和江永的启发。

诚如江永所说：“音韵古今有流变，韵书所定，皆其流变之音，古音则不尽然。”③但是戴震首先发现《广韵》含有古音材料。戴震盛赞《广韵》别立四江、既描写今音又暗示古今音流变的做法，曰：“隋、唐二百六韵，据当时之音，撰为定本，至若古音，固未之考也。然别立四江以次东、冬、钟后，似有见于古用韵之文，江合于东、冬、钟，不入阳、唐，故使之特自为部。不附东、冬、钟韵内者，今音显然不同，不可没今音，且不可使今音古音相杂成一韵也。不次阳、唐后者，撰韵时以可通用字相附近，不使以今音之近似而淆紊古音也。”同时，戴震亦惋惜《广韵》“不能尽从斯例”④。李开先生认为：“戴发现，《广韵》是存有古音的，这是音韵学史上的首次发现，对后世学术界产生过重大影响。”⑤戴震认为今音与古音有流变者，有不变者，而流变者少，不变者多，不变者，今音即古音。所以戴震作《声类表》逐一考订《广韵》的洪细、开合和古今音，离析归整，重新编排《广韵》。“戴震《声类表》正是按《广韵》存古条例来改造《广韵》，重新编排《广韵》”⑥。

戴震1773年所作的《声韵考》分古韵为十三类（还有独立出来的入声七部），与江永十三部大致相同，只是分立了支、脂、之，但又合并了真元、侵谈。韵部的分合都是戴震审音的结果。戴震审音坚守两个原则，其一，“就一类分之为平、上、去、入，又分之为内声、外声，又分之为一、二、三、四等列。虽同声同等，而轻重舒促必严辨”⑦。其二，“音之敛侈，有无庸苛求者，惟大限则宜区别”⑧。1774年，戴震进一步以呼等考之，“真至仙，侵至

① 江永：《四声切韵表凡例》，见严式诲编：《音韵学丛书》（第八册），北京：国家图书馆出版社，2011年，第11～12页。

② 唐作藩：《论清代古音学的审音派》，载《语言研究》1994年增刊，第112页。

③ 江永：《四声切韵表凡例》，见严式诲编：《音韵学丛书》（第八册），北京：国家图书馆出版社，2011年，第11页。

④ 戴震：《书广韵四江后》，见张岱年主编：《戴震全书》（第六册），合肥：黄山书社，1995年，第302页。

⑤ 李开：《戴震语文学研究》，南京：江苏古籍出版社，1998年，第124页。

⑥ 李开：《戴震语文学研究》，南京：江苏古籍出版社，1998年，第126页。

⑦ 戴震：《声韵考》，见张岱年主编：《戴震全书》（第三册），合肥：黄山书社，1994年，第301页。

⑧ 戴震：《声韵考》，见张岱年主编：《戴震全书》（第三册），合肥：黄山书社，1994年，第315页。

凡，同呼而具有四等者，二；脂、微、齐、皆、灰，及祭、泰、夬、废，亦同呼而具有四等者，二；仍分真已下十四韵，侵已下九韵，各为二；而脂、微诸韵与之配者，亦各为二……以九类分二十五部”。一至三部收喉音，四至十五部收鼻音，十六至二十一部收舌齿音，二十二至二十五部收唇音。“以此为次，似几于自然”①。

戴震的九类二十五部按王力先生考订的音值，如表1所示。

表1　戴震古音韵部分类②

喉音	（一）	1.阿 阳声 歌、戈、麻 2.乌 阴声 鱼、虞、模 3.垩 入声 铎
鼻音	（二）	4.膺 阳声 蒸、登 5.噫 阴声 之、咍 6.亿 入声 职、德
	（三）	7.翁 阳声 东、冬、钟、江 8.讴 阴声 尤、侯、幽 9.屋 入声 屋、沃、烛、觉
	（四）	10.央 阳声 阳、唐 11.夭 阴声 萧、宵、肴、豪 12.约 入声 药
	（五）	13.婴 阳声 庚、耕、清、青 14.娃 阴声 支、佳 15.厄 入声 陌、麦、昔、锡
舌齿音	（六）	16.殷 阳声 真、谆、臻、文、欣、魂、痕 17.衣 阴声 脂、微、齐、皆、灰 18.乙 入声 质、术、栉、物、迄、没
	（七）	19.安 阳声 元、寒、桓、删、山、先、仙 20.霭 阴声 祭、泰、夬、废 21.遏 入声 月、曷、末、辖、黠、屑、薛
唇音	（八）	22.音 阳声 侵、盐、添 23.邑 入声 缉
	（九）	24.腌 阳声 覃、谈、咸、衔、严、凡 25.諜 入声 合、盍、洽、狎、业、乏、叶、帖

戴震以零母影母字为各韵部命名，李开认为这有利于纯粹规范韵脚而

① 戴震：《答段若膺论韵》，见张岱年主编：《戴震全书》（第三册），合肥：黄山书社，1994年，第354～356页。

② 李开据王力拟音整理，见李开：《戴震评传》，南京：南京大学出版社，1992年，第306～307页。

排除声纽，使韵部研究处于与声纽的暂时隔离状态。同时，戴震注意阴、阳、入三分与相配，开古音阴、阳、入对转之先河。他在《答段若膺论韵》中说："仆审其音，有入者如气之阳，如物之雄，如衣之表；无入者如气之阴，如物之雌，如衣之里。又平上去三声近乎气之阳、物之雄、衣之表，入声近乎气之阴、物之雌、衣之里。故有入之入与无入之去近，从此得其阴阳、雌雄、表里之相配。而侵已下九韵独无配，则以其为闭口音，而配之者更微不成声也。"①阴、阳之名亦即由此而来。王国维指出："阴阳二类分于戴氏，其状此二声之别，亦惟戴氏言之最善。"②对于戴震的入声独立，王力先生亦给予了充分的肯定。他在《汉语音韵》中指出："江永把入声另分八部，并主张数韵共一入，这是阴阳入三分的先河。戴震认为入声是阴阳相配的枢纽，所以他的古韵九类廿五部就是阴阳入三声分立的。应该指出，戴氏和江永的古韵分部的性质还是很不相同的。江永只分古韵为十三部，而没有分为廿一部（连声入），他还不能算是阴阳入三分，入声还没有和阴阳二声分庭抗礼。到了戴震，入声的独立性才很清楚了。"③黄易青等亦云："戴震的最主要成就不在韵部的分合，而在于他让入声韵部独立，并构成阳、入、阴三声相配的格局。"④戴震所著《声类表》就是将同类阴、阳、入各部归为一类，按照音理定《广韵》为九类二十五部的。

三、转语理论的提出

何谓"转语"？顾名思义，转语即语音的流转，又名"音转"。它是指"汉字的音随着意义分化或方音差异而产生变化，从而在书写上改用另形的现象"⑤。它以同一语词并表达同一意义为基准。所谓"同一语词"，就是说其声韵尽管发生了流转变异，但终究还是原来的那个"音"，变异中一般并未失去其主要的语音特征。这就是黄承吉所说："凡字原只一声，故只一音。虽周流参差于各方之口舌，而原即此音也。"⑥所谓"表达同一意义"，就是词的语音发生了变化，但仍表达同一中心意义。最早注意到转语现象，并用"转"这个概念来表示语言变化的是《方言》的作者扬雄。他在《方

---

① 戴震：《答段若膺论韵》，见张岱年主编：《戴震全书》（第三册），合肥：黄山书社，1994 年，第 348～349 页。

② 王国维：《五声说》，见《观堂集林》，北京：中华书局，1959 年，第 344 页。

③ 王力：《王力文集》（第五卷），济南：山东教育出版社，1986 年，第 163 页。

④ 黄易青、王宁、曹述敬：《传统古音学研究通论》，北京：商务印书馆，2015 年，第 220 页。

⑤ 王宁：《音转原理浅谈》，见戴淮清：《汉语音转学》附录，北京：中国友谊出版公司，1986 年，第 399 页。

⑥ 黄生：《字诂义府合按》，北京：中华书局，1984 年，第 51 页。

言》一书中，用“转语”“语之转”来说明不同地域方言的差异，如《方言》卷三：“庸谓之倯，转语也。”“铤，空也，语之转也。”卷十：“煤，火也。楚转语也。”扬雄在《方言》中罗列了六条方言转语的现象，这说明他对方言所造成的语音差异是有所认识的。朱国理基于对《方言》的研究，从历时、共时角度指出，《方言》中的转语就是指因时代不同、地域不同而造成的词语语音的变化，转语可以分成方言音转和古今音转两类，认为方言音转就是古今转语在共时空间平面上的体现①。

转语与方言本来就渊源有自。中国地大物博，各地事物的名称千差万别，由于时空的交错，有音转关系的方言词语在文献和实际语言中大量存在。刘师培说：“方言既杂，殊语日滋，或义同而言异，或言一而音殊。乃各本方言，增益新名，或择他字以为代。”②所谓“增益新名”，就是“专门为其造字”。所谓“择他字以为代”，就是“借用声音近似的字来代替”。扬雄《方言》中的方言字，有些就是采用这些方法记录下来的。濮之珍指出：“《方言》一书里所用的文字有好些只有标音的作用：有时沿用古人已造的字，例如‘儇，慧也’，《说文》‘慧，儇也’，《荀子・非相篇》‘乡曲之儇子’；有时迁就音近假借的字，例如，‘党，知也’，‘党’就是现在的‘懂’字，又‘寇、剑、弩，大也’，这三个字都没有大的意义；另外还有扬雄自己造的字，例如，‘俺’训‘爱’，‘悛’训‘哀’，‘姅’训‘好’之类。”③这些方言字、方言借字与通用字之间不仅表现为文字不同，也体现了语音上的差异，具有音转关系。

郭璞深明此理，他注释《方言》继承扬雄转语之说，注意到文字所代表的语言，从声音上去考察语词间的关系，并用“声转”“语转”“语声转”等术语来说明古今语及方俗语之变迁。例如：《方言》卷一：“燕之北鄙、齐楚之郊或曰京，或曰将，皆古今语也。”郭璞注曰：“语声转耳。”《方言》卷五：“杷（无齿为朳），宋魏之间谓之渠挐（今江东名亦然，诺猪反），或谓之渠疏。”郭璞注曰：“语转也。”

郭璞继承并发扬了扬雄的转语观念，值得称道。但自晋代以降，直至两宋，“转语”说似乎悄然消失，无人问津。直至元代，“转语”说终于复苏。戴侗将“转语”独立作为一种训诂方法，并将其运用于同源词的研究中，更名为“因声求义”法。他于《六书故・六书通释》中说：“夫文，生于声者也。有声而后形之以文。义与声俱立，非生于文也。”基于这种认识，他正式提出了“一声之转”的术语，并用以指导其训诂实践。戴侗于《六书故》卷九

① 朱国理：《试论转语理论的历史发展》，载《古汉语研究》2002年第1期。

② 刘光汉：《新方言后序一》，见《章太炎全集》，上海：上海人民出版社，2017年，第147页。

③ 濮之珍：《中国语言学史》，上海：上海古籍出版社，1987年，第103页。

“女”字下云：“吾、卬、我、台、予，人所以自谓也；尔、女、而、若，所以谓人也。皆一声之转。”[①]其后，明陈第、方以智对转语现象的普遍性、规律性有了进一步认识。陈第在《毛诗古音考叙》中说：“时有古今，地有南北，字有更革，音有转移。”[②]方以智在《通雅》的《序》《凡例》、卷首之一的《方言说》中也分别指出：“上下古今数千年，文字屡变，音亦屡变。学者相沿不考，所称音义，传讹而已。”“天地岁时推移，而人随之，声音亦随之，方言可不察乎？古人名物，本系方言，训诂相传，遂为典实。”“欲通古义，先通古音。声音之道，与天地转。岁差自东而西，地气自南而北，方言之变，犹之草木移接之变也。历代训诂、谶纬、歌谣、小说，即具各时之声称，惟留心者察焉。”方以智还将这些认识融于实践，运用转语进行求源。如他的《通雅》卷十九云：“媻、姥诸称，皆母之转语也，齐人呼母为婺，李贺称母阿弥，江南曰阿妈，或作姥，或呼为妹。因作奶，江南呼母曰阿姐，皆母字之转也。”[③]

然而首次从理论高度，提出古音、方音对转原理的则是清代的戴震。戴震是清代考古、审音并重的大家，他指出“音之流变有古今，而声类大限无古今”[④]，所以从音理的角度出发，著《声类表》和《声韵考》二书，探讨音转之法。

关于声纽之转变，戴震追本究源，从发音部位和发音方法上加以考察。他于《转语二十章序》中曰：“人之语言万变，而声气之微，有自然之节限。是故六书依声托事，假借相禅，其用至博，操之至约也。学士茫然，莫究所以。今别为二十章，各从乎声，以原其义……人口始喉下底唇末，按位以谱之，其为声之大限五，小限各四，于是互相参伍，而声之用盖备矣……用是听五方之音及少儿学语未清者，其展转必讹溷，必各如其位。斯足证声之节限位次，自然而成，不假人意厝设也。”[⑤]戴震认为，人之语言千变万化，加之汉语流行区域之广，在发展过程中分化成多种方言，形成方音的差异，但是语音的演变特别是声纽的演变，皆受语音构成元素本身在发音学上特征的节制，而在一定的限度内流转。这就是所谓“声气之微，有自然之节限”。关于语音的流变，特别是声纽演变的“自然节限”，还没有为戴震之前的学者所重视。戴震按照发音的“自然节限”，于《声类表》中将声纽按发音

① 戴侗：《六书故》，西蜀李鼎元1784年刊本。

② 陈第：《毛诗古音考》，北京：中华书局，1991年。

③ 方以智：《通雅》，北京：中国书店，1990年。

④ 戴震：《书广韵目录后一》，见张岱年主编：《戴震全书》（第六册），合肥：黄山书社，1995年，第298页。

⑤ 戴震：《转语二十章序》，见张岱年主编：《戴震全书》（第六册），合肥：黄山书社，1995年，第304～305页。

部位分成喉音、牙音、舌音、齿音、唇音五大类，每类一大格，又按发音方法分成四小类，即“发、送、内收、外收”。戴震认为，“位”与“次”这两大“自然之节限”对音转的制约，不外乎两条规律：“同位”和“位同”。“凡同位则同声，同声则可以通乎其义。位同则声变而同，声变而同则其义亦可以比之而通”；“凡同位为正转，位同为变转”。“同位”指发音部位相同，发音部位相同，则发音方法容易转变，所以说“同位为正转”。

正转之法即转而不出其类，即喉音、牙音、舌音、齿音和唇音各声母相互转变。如喉类正转，必须在见、溪、群、影、喻、晓、匣七母范围内相互转变。“位同”指发音方法相同。发音方法相同，则发音部位可能前后移动，所以说“位同为变转”。戴震将每类按发音方法分为四小限，即四个“声位”。戴震对发音方法的分析，同他对发音部位的分析一样，是在审音的基础上，以说明“转语”为出发点的。变转指转而不出其位，即同位内的声组互相转变。如第三位的变转，必须在影、喻、泥、娘、日、疑、明、微八母范围内相互转变。

为进一步说明位同变转理论，戴震举例说：“参伍之法，台、余、予、阳，自称之词，在次三章。吾、卬、言、我，亦自称之词，在次十有五章。截四章为一类，类有四位，三与十有五，数其位皆至三而得之，位同也。凡同位为正转，位同为变转。尔、女、而、戎、若，谓人之词。而如、若、然，义又交通，并在次十有一章。《周语》‘若能有济也’，《注》云：‘若，乃也。’《檀弓》‘而曰然’，《注》云‘而，乃也’。《鲁论》‘吾末如之何’，即‘奈之何’。郑康成读‘如’为‘那’。曰乃，曰奈，曰那，在次七章。七与十有一，数其位亦至三而得之。若此类，遽数之不能终其物，是以为书明之。”[①]这就是说，台、余、予、阳四字声纽喻母在《声类表》第三章，与吾、卬、言、我四字声纽疑母在《声类表》第十五章位同，义可转而通。尔、女、而、戎、若、如、然七字声纽日母在《声类表》第十一章，与乃、奈、那三字声纽泥母在《声类表》第七章位同，义可转而通。其余可依此类推。戴震更就其徽州本地方言来解析转语的实际情况，云：“更就方音言，吾郡歙邑读若‘摄’（失叶切）。唐张参《五经文字》、颜师古注《汉书·地理志》已然。‘歙’之正音读如‘翕’，‘翕’与‘歙’，声之位同者也。”[②]歙从欠翕声，许及切，晓母缉韵，其方音读若摄，失叶切，审母叶韵。声纽从晓变为审，晓是第一类的第四位，审是第三类的第

① 戴震：《转语二十章序》，见张岱年主编：《戴震全书》（第六册），合肥：黄山书社，1995 年，第 305 页。

② 戴震：《转语二十章序》，见张岱年主编：《戴震全书》（第六册），合肥：黄山书社，1995 年，第 305 页。

四位，位同为变转。

戴震在分析发音原理的基础上，把“声纽”按其演变的“自然节限”安排在一定的位置上，使之公式化、表格化（见表 2）。这样，从语音演变的相互关系出发把汉字组成一个系统，以便从字音的相互关系中了解字音的演变，根据字音的演变推求字义的源流。

表 2　戴震的声纽系统表①

发音部位	行次	声母			
		清	次清	次浊	浊
牙音	1	见			
	2		溪		群
喉音	3	影		喻、微	邪、匣
	4	影	晓、溪、透		匣
舌音	5	端			
	6	知	透		定
	7			泥、日	
	8			来	
齿音	9	知、庄、章	彻		
	10	知	彻、初、昌		崇、船、澄
	11			日、泥、娘	
	12	山、书、心		喻、四	禅
	13	精、山			
	14		清		从、禅
	15			疑	
	16	心			邪
唇音	17	帮			并
	18		滂		并
	19		滂	明	并
	20	非	敷		奉

① 李开据《声类表》整理，见李开：《戴震语文学研究》，南京：江苏古籍出版社，1998 年，第 162～163 页。

在戴震看来，语转主要为声纽之转，但韵部也可发生转化。他于《声韵考·古音》(1773年)中提出韵部语转原则："有微转而不出其类者，如真、谆于先、仙，脂于皆，蒸于登，之于咍，幽于侯，支于佳，鱼、虞于模，侵于覃。有转而轶出其类递相条贯者，如蒸、登于东，之、咍于尤，职、德于屋，东、冬于江，幽、侯于萧，屋、烛于觉，阳于庚，药、觉于陌、麦、锡，歌于麻，鱼、虞、模于麻，铎于陌。及旁推交通，如真于蒸及青，寒、桓于歌、戈，之于真及支，幽、候于虞，屋、烛于锡，宵于魂及之，支、佳于麻，歌于支、佳，模于支、侵，凡于东。其共入声互转者，如真、文、魂、先于脂、微、灰、齐，换于泰，咍于登，侯于东，厚、侯于讲、绛，支于清，模于歌、戈。此声气敛侈，出入之自然。知此则无疑于古今异言、五方殊语矣。"①又于《答段若膺论韵》中云："其转之法有三：一为转而不出其类，脂转皆，之转咍，支转佳，是也；一为相配互转，真、文、魂、先转脂、微、灰、齐，换转泰，咍、海转登、等，侯转东，厚转讲，模转歌，是也；一为联贯递转，蒸、登转东，之、咍转尤，职、德转屋，东、冬转江，尤、幽转萧，屋、烛转觉，阳、唐转庚，药转锡，真转先，侵转覃，是也。"②这就是说，韵部有正转和旁转之别。正转之法有三种：其一，转而不出其类。音转范围不超出九类中的本类。其二，邻类同声相转。阳、阴、入三声中的同声而且是邻类即可相互转化。其三，转而不出其部。二十五部的任一部，内部各韵互转，转变范围只限本部。旁转交通即旁转之法，是正转外的长距离变化。语言中有此现象不多见，但能济正转之穷，故戴震指出备用。戴震从声纽的发音部位和发音方法、韵母的正转、旁转说明语音转变的规律，得到周中孚的高度评价，其认为戴震的转语理论"纲领既张，纤悉毕举，彼此相配，四声一贯，所以补前人所未为而厘之就绪者也"③。

音转规律主要体现在声纽和韵部的既对立又互补上，二者相互依存、相互制约，处在一个共存的统一体中。戴震运用其转语理论疏证《方言》，探究同源词词源、分析方言音变与揭示音转假借。通过分析《方言疏证》128条音转语料，可以部分地再现戴震的语转思想和他总结的语转规律。

1.声转规律。声转规律是指声纽发生流转演变的规律。主要有：

(1)旁纽转化。旁纽转化指喉音、舌音、齿音、唇音中同系的字相互转

---

① 戴震：《声韵考》，见张岱年主编：《戴震全书》(第三册)，合肥：黄山书社，1994年，第319～320页。

② 戴震：《答段若膺论韵》，见张岱年主编：《戴震全书》(第三册)，合肥：黄山书社，1994年，第350～351页。

③ 周中孚：《郑堂读书记》，见张岱年主编：《戴震全书》(第七册)，合肥：黄山书社，1997年，第226页。

化。这类共有 46 组。其中，见系 10 个，分别为见溪 2[①]、见群 4、匣见 3、匣溪。端系 17 个，分别为定透 10、定端 5、端透、来定。照系 4 个，分别为穿禅、书喻 2、书章。精系 4 个，分别为精从 2、心精、精清。帮系 11 个，分别为滂并 5、滂明 3、帮滂 2、并帮。

(2)准旁纽转化。准旁纽转化只限于舌音(舌头音、舌上音)与齿音(齿头音、正齿音)两类，即舌头音与舌上音之间、齿头音与正齿音之间位置不相当的字相互转化。这类共 8 组，分别是喻定 2、端书 2、穿定 2、禅来、禅透。

(3)准双声转化。准双声转化指同类或舌齿间声母位置相当的字相互转化。具体地说，端、照组声母位置相同的字，如端与照、透与穿、定与神；精、照组声母位置不相同的字，如精与照、清与穿、心与审；精、庄组声母位置相同的字，如精与庄、清与初、心与山，都是准双声字。这类共有 4 组。

(4)邻纽转化。邻纽转化是指舌音与齿音、鼻音与鼻音、鼻音与边音的字相互转化。这类共有 3 组。

(5)无涉。无涉指声转字声纽相隔较远。这类仅 1 组。

于这 62 组声转语料中，旁纽 46 组，约占声转总数的 74%；准旁纽 8 组，约占声转总数的 13%；准双声 4 组，约占声转总数的 6%；邻纽 3 组，约占声转总数的 5%；无涉 1 组，约占声转总数的 2%。声转以同系相转为主，同类相转次之。

2. 韵转规律。韵转规律是指韵部发生流转演变的规律。主要有：

(1)旁转。旁转指古韵阴、阳、入三套韵部，每套相近的韵部互相转变。换句话说，就是某一阴声韵转到和它相邻的另一阴声韵，或者某一阳声韵转到和它相邻的另一阳声韵。引起旁转的原因，是一个字的主要元音的发音部位发生了前后高低的变化。这类共有 21 组，分别是幽宵 2、叶缉、药觉 2、之支、物月 2、职铎、脂歌、侯真、文元 2、侯鱼 2、之鱼、蒸阳、支鱼、宵侯、脂歌、蒸东。

(2)对转。对转指古韵阴、阳、入三类韵在一定条件下相互流转的音变现象。发生转变的首要条件是主要元音相同，变化只发生在收韵尾音的增加、失落和改变上。换句话说，在语言的发展变化过程中，常常有这种现象，即某一阳声韵的字，由于失去了鼻音韵尾，而变成了阴声韵的字；入声韵的字，由于失去了塞音韵尾，而变成阴声韵的字。反之，阴声韵亦可转变为阳声韵、入声韵。这类共有 8 组，分别是支锡、歌元、鱼铎 2、叶谈、药宵、

---

① 数字记录出现的次数，下同。

幽觉、耕支。

(3)旁对转。旁对转是指先旁转而后对转。这类共 14 组，分别是微元、锡阳、脂月、屋宵 2、幽屋 3、觉侯、鱼屋、阳锡、铎耕、文月、物元。

(4)通转。通转是指三大类韵部中，不同类韵部主要元音相同即可相互转化。韵尾同属鼻音或韵尾同属塞音但不相同的也叫通转。通转字韵尾发音部位可以不同。这类共有 16 组，分别是屋缉、之微、真耕、支脂 5、铎月、侵元 2、铎元 2、鱼月、谈歌、鱼元。

(5)无涉。无涉指声转字韵部相隔较远。这类共 3 例。例如：苦、开，溪纽双声，韵部鱼微无涉；或、滙，匣纽双声，韵部职谈无涉；肆、余，定纽双声，韵部质鱼无涉。

《方言疏证》韵转共有 62 组，其中，旁转 21 组，约占韵转总数的 34%；对转 8 组，约占韵转总数的 13%；旁对转 14 组，约占韵转总数的 22%；通转 16 组，约占韵转总数的 26%；韵部无涉 3 例，约占韵转总数的 5%。可见，韵转以旁转为主，旁对转和通转次之，韵部无涉的最少。

3. 音转时声韵关系。声纽和韵部处在一个统一体中，它们相互依存，相互制约。黄侃曾于《求本字捷术》一文中指出："凡以声相变者，无不有关于韵；凡以韵相转者，无不有关于声。此语言转变之大则，又以之示限制也。钱玄同知韵关于声，而不知声关于韵，故尝言声变而不言旁转，此其蔽也。"①又说："研究转变必推其所由来，故凡言转者，定有不转者以为之根，然后可得而转也。凡言变者，定有不变者以为之源，然后可得而变也。"②为了更好地说明戴震总结的转语规律，揭示声转时所要求的韵部的条件和韵转时所要求的声纽条件，我们分别将声转时韵部情况(见表 3)和韵转时声组情况(见表 4)列表如下：

表 3　声转时韵部情况表

声转类别	数量	韵转条件	数量	占比(%)
旁纽	46	叠韵	36	78
		旁转	5	11
		旁对转	3	7
		通转	2	4

① 黄侃述、黄焯编：《文字声韵训诂笔记》，上海：上海古籍出版社，1983 年，第 116 页。

② 黄侃述、黄焯编：《文字声韵训诂笔记》，上海：上海古籍出版社，1983 年，第 156 页。

续表

声转类别	数量	韵转条件	数量	占比(%)
准旁纽	8	叠韵	6	75
		对转	1	12.5
		旁对转	1	12.5
邻纽	3	叠韵	1	33.3
		旁对转	1	33.3
		通转	1	33.3
准双声	4	叠韵	3	75
		通转	1	25
无涉	1	叠韵	1	100

从声转表可以看出，声纽相转，韵部以叠韵为主，计 47 条，约占总数的 76%，旁转(5 组)和旁对转(5 组)次之，通转(4 组)和对转(1 组)数量最少。上述数字显示，声纽关系远近的不同，对韵部的要求也不同，声母关系最近的旁纽要求韵部叠韵的比例高，同时也可以有一定数量的旁转、旁对转和通转，而声母关系比较远的无涉类则要求韵部叠韵的频率更高。说明声母关系越近，韵转的频率就越高；声母关系越远，韵转的频率就越低。

表 4　韵转时声纽情况表

韵转类别	数 量	声转条件	数量	占比(%)
旁转	21	双声	16	76
		旁纽	5	24
对转	8	双声	7	88
		准旁纽	1	12
旁对转	14	双声	9	64.3
		邻纽	1	7.1
		旁纽	3	21.4
		准旁纽	1	7.1

续表

韵转类别	数 量	声转条件	数量	占比(%)
通转	16	双声	12	75
		旁纽	2	12.5
		准双声	1	6.3
		邻纽	1	6.3
无涉	3	双声	3	100

从韵转表可以看出，韵部相转，声母以双声为主，共有47组，约占62组韵转的76%，旁纽次之，共10组，约占韵转总数的16%，准旁纽(2组)、邻纽(2组)和准双声(1组)数量很少。在这62组韵转中，双声和旁纽共有57组，约占62组韵转总数的92%。真正相隔较远的无涉类仅占韵转总数的5%。同时，韵部关系远近的不同，对声纽的要求也不同，关系最近的旁转对双声要求的比例较高，旁转双声的比例为76%，当然也有一定数量的旁纽，而韵部关系比较远的无涉类则要求声纽双声的频率更高。这说明韵部关系越近，声纽相转的频率就越高；韵部关系越远，声纽相转的频率就越低。通过对《方言疏证》音转现象的分析，我们可以把汉语的音转规律归纳为：

第一，声纽流转以同系、同类为主，异类又以发音方法相同的为主，其他种类的流转数量不多。韵部流转以元音相近(韵尾相同或无韵尾)为主，其他种类流转的数量有限。

第二，音转必须声、韵二者制衡而转，声转必须以韵部的相同相近为条件；韵转必须以声纽的相同相近为条件。二者处在一个既对立又互补的共存的统一体中。

第三，声纽相转，韵部以叠韵为主，而韵部相转，声纽以双声为主。

吴泽顺曾从王氏父子《广雅疏证》《读书杂志》《经义述闻》《经传释词》四书中的音转材料总结出的音转规律与此基本相似①。李开将戴震的韵转规律与王力的对转、旁转、旁对转进行比较，得出："王力提出的代表性对转25例，用戴表能说明者20例；王力提出的代表性旁转9例，用戴表能说明者7例；王力提出的代表性旁对转5例，用戴表能说明者2例，说明率达74%。"②这体现了戴震的真知灼见。

① 吴泽顺:《从王氏四种看先秦文献语言的音转规律》,载《青海师范大学学报(社会科学版)》1991年第1期。

② 李开:《戴震语文学研究》,南京:江苏古籍出版社,1998年,第145页。

戴震从文字声、韵两部分分别总结出了音转规则，得到了后人的认同。黄侃对其极为推崇，曰："戴震继作，天诱其聪，其《转语》一序，文字不过数百，而包举无穷。学者得其只言片语，光辉充实，足以名家。谓之为集中国语言学之大成，亦无不可。后来绍续，殆未有出其范围者矣。"①殷孟伦也说："清代小学之业盛，乾嘉而后，群趣于声音文字训诂之沟合，而戴君《转语》，实为其不祧之祖。戴君之文虽不及千名，然笼圈条贯，百世可知。学者谨循其辙，上自经典，下穷谣俗，随物名之，随事用之，六通四辟，无所不在。"②

第二节　戴震文字音韵学思想对皖派小学的影响

胡奇光于《中国小学史》中指出："皖派……以文字学为基点，从音韵入手研究学术，小学大师几乎蝉联而出：江永传给'天下奇才'戴震，戴震传给段玉裁、王念孙，王念孙又传给儿子王引之，简直像接力赛一样，以惊人的速度，登上了小学的最高峰。特别是段、王，取得了划时代意义的业绩，以致后人把乾嘉学派的小学，称为'段王之学'。"③胡奇光将皖派朴学迅速崛起的原因归结为"小学指导思想的根本转变"，这是正确的见解。"以音韵作为贯通文字、训诂的主线，这是戴震的一大创见"④。在戴震的引领下，其弟子段玉裁、王氏父子都以音韵为研究小学的主线，扩大了字词的研究范围，使小学研究初具近代语言学的理念。

一、以研究音韵为小学的基础

漆永祥说，戴震"在考据学诸学科中，以小学为先导与枢纽，小学之中又绝重音韵学"⑤。为了探求"依于声而旁寄，假此以施于彼"的假借字之义，戴震利用了自顾炎武以来古音研究成果，从理论高度，提出古音、方音对转原理，著《声类表》和《声韵考》二书以明音转之法。戴震重视音韵学的做法深深影响了一代学人。他每有所得，便与段玉裁斟酌商讨。戴震的《答段若膺论韵》论述了他的古韵分部原则，如"夫音韵之谐，密近而成节奏为谐，稍远而成节奏亦谐，远而隔碍为不谐"，"以入声为相配之枢纽"，"音

① 转引自殷孟伦：《黄侃先生在古汉语研究方面的贡献》，载《江苏省语言学会会刊》1981 年第 3 期。

② 殷孟伦：《子云乡人类稿》，济南：齐鲁书社，1985 年，第 264 页。

③ 胡奇光：《中国小学史》，上海：上海人民出版社，2005 年，第 207 页。

④ 胡奇光：《中国小学史》，上海：上海人民出版社，2005 年，第 209 页。

⑤ 漆永祥：《乾嘉考据学研究》，北京：中国社会科学出版社，1998 年，第 2 页。

之流变无定方，而可以推其相配者”，“古人用韵之文，传者希矣，或偶用此数字，或偶用彼数字，似彼此不相涉，未足断其截然为二为三也”，等等，并指出三条正转之法。在戴震的影响下，段玉裁在前人研究《诗经》《楚辞》用韵的基础上，进一步研究《说文》中的形声字，得出“同谐声者必同部”的结论，即同一声旁的形声字属于同一个韵部。段玉裁以此为依据，在合韵研究的基础上，将古韵分为六大类十七部，创作了《六书音均表》。戴震在致段玉裁的信中，指出《六书音均表》的得失，并提出详细的修改建议①。在复信时，戴震一并附上自己的《声韵考》。段玉裁传抄了戴震的《声韵考》并刊刻之。戴震去世前十几日仍在手批段玉裁《六书音均表》。丁杰回忆称：“戴东原先生卧病京邸，余偕友人往候之，时先生撰《声类表》甫毕，又力疾点定段君《六书音均表》。”②段玉裁《答丁小山书》《答戴东原先生书(乙未十月)》详细列举了戴震校改和商讨的内容。段玉裁自称：“师与余论韵先后十五年，学与俱进，顾、江及余所未憭者，皆补其缺，诣其微，庶此事考核称无憾。”③所以魏建功称：“大约谐声系统分部之法，段氏当有相当影响得之戴震。”④

段玉裁认为，“夫不习声类，欲言六书、治经，难矣”⑤，“音均明而六书明，六书明而古经传无不可通”，所以作《六书音均表》，“盖将使学者循是以知假借、转注，而于古经传无疑义，而恐非好学深思，鲜能心知其意也”⑥。《六书音均表》共五卷，分别为《今韵古分十七部表》《古十七部谐声表》《古十七部合用类分表》《诗经韵分十七部表》和《群经韵十七部表》，包含了段玉裁的主要古音学研究主张，即将“侯、尤”分立，“支、脂、之”三分，“真、文”分立，使古韵分部渐趋精密。特别是将“支、脂、之”三分，戴震赞其曰：“能发自唐以来讲韵者所未发”⑦，“伟其所学之精，好古有灼见卓识。”⑧段玉裁的“古十七部本音说”“古十七部音变说”“古四声说”“古音义说”“音韵随时代迁移说”“音转而义同”“同声必同部”“古假借必同部”“古转注同部说”等等，揭示了汉语的语音规律，为学者“因声以求假借义”指明了原则和方向。

---

① 戴震：《答段若膺论韵》，见张岱年主编：《戴震全书》(第三册)，合肥：黄山书社，1994 年，第 345～360 页。

② 段玉裁撰、杨应芹订补：《东原年谱订补》，见张岱年主编：《戴震全书》(第六册)，合肥：黄山书社，1995 年，第 706 页。

③ 段玉裁：《声类表序》，见《经韵楼集》，上海：上海古籍出版社，2008 年，第 123 页。

④ 魏建功：《古音系研究》，北京：中华书局，1996 年，第 124 页。

⑤ 段玉裁：《周礼汉读考序》，见《经韵楼集》，上海：上海古籍出版社，2008 年，第 25 页。

⑥ 段玉裁：《说文解字注》，南京：凤凰出版社，2015 年，第 1373 页。

⑦ 段玉裁：《东原先生札册跋》，见《经韵楼集》，上海：上海古籍出版社，2008 年，第 180 页。

⑧ 段玉裁：《说文解字注》，南京：凤凰出版社，2015 年，第 1365 页。

段玉裁著《说文解字注》，依据古韵十七部为《说文解字》中每个字注明所属之部。王念孙指出："吾友段氏若膺，于古音之条理，察之精，剖之密。尝为《六书音均表》，立十七部以综核之。因是为《说文注》，形声读若，一以十七部之远近分合求之，而声音之道大明。于许氏之说，正义借义，知其典要，观其会通。而引经与今本异者，不以本字废借字，不以借字易本字，揆诸经义，例以本书，若合符节，而训诂之道大明。训诂声音明而小学明，小学明而经学明，盖千七百年来无此作矣。"①

王念孙训诂典籍亦先研究古音。据《清史稿》记载，王念孙"初从休宁戴震受声音文字训诂，其治经，熟于汉学之门户，手编《诗三百篇》《九经》《楚辞》之韵，分古音为二十一部。于支、脂、之三部之分，段玉裁《六书音均表》亦见及此，其分至、祭、盍、辑为四部，则段书所未及也。念孙以段书先出，遂辍作"②。虽然王念孙为避免与段玉裁著作重复而辍作，但是王念孙的《韵表》《毛诗群经楚辞古韵谱》《与李方伯书》《与江晋三书》《与陈硕甫书》《与段玉裁书》《书钱氏〈答问〉地字音后》《六书音均表后》《重修古今韵略凡例》等，都阐释了他的古音学思想。王念孙的古音学主张主要包括：缉、合分立，从脂部分出至部，去声祭、泰、夬、废和入声月、曷、末、黠、辖、薛从脂部分出独立成部，以屋、沃、烛、觉为侯部的入声韵。王念孙晚年又接受孔广森的观点，将东、冬分立而分古音为二十二部，结论多与戴、段相合。王念孙所作《雅诂表》以古韵二十一部分列所释之字，揭示声义相通之故。王国维指出："昔戴东原先生作《转语二十章》，其书不传，唯有一序在集中，先生此表，颇与戴君书类，惟戴君书以字母列字，先生以韵列字，此事全异，然欲以通声音训诂之由，则所同也。"③在声纽方面，王念孙继承了其师戴震将上古声纽分为二十部的学术成果，将上古声纽分为二十三纽，并以之为《释大》二十三篇的编排次序（虽然仅存八篇，但已示人声义相通之理）；其子王引之《经传释词》亦依上古声母列字编排。王国维于《周代金石文韵读序》中指出："古韵之学，自昆山顾氏而婺源江氏，而休宁戴氏，而金坛段氏，而曲阜孔氏，而高邮王氏，而歙县江氏，作者不过七人，然古音廿二部之目，遂令后世无可增损。"④王力也说："清代古音学到王念孙，已经是登峰造极。"⑤

---

① 王念孙：《说文解字注序》，见段玉裁：《说文解字注》，南京：凤凰出版社，2015 年。

② 赵尔巽等：《清史稿·儒林传》，北京：中华书局，1977 年，第 13212 页。

③ 王国维：《高邮王怀祖先生训诂音韵书稿叙录》，见《观堂集林》，北京：中华书局，1959 年，第 396 页。

④ 王国维：《周代金石文韵读序》，见《观堂集林》，北京：中华书局，1959 年，第 394 页。

⑤ 王力：《清代古音学》，北京：中华书局，1992 年，第 199 页。

梁启超在总结清代音韵学成就时指出："慎修弟子戴东原著《声类表》《声韵考》。东原复传其弟子段茂堂、王石臞、孔巽轩。茂堂著《六书音均表》，据以注《说文》；石臞、巽轩都各有撰述（石臞书近由上虞罗氏印行，巽轩书名曰《诗声类》）。而段、王后辈有江晋三（有诰）著《音学三书》，亦颇多创获。要之，乾嘉以后言古韵者虽多，而江、戴门下薪火相传，实为其中坚。"①由此可见戴震音韵学研究对皖派朴学的影响。

二、扩大了词义的研究范围

黄孝德指出："戴震'四体二用'，划清了造字方法与用字方法的界限，使研究文字的本义与引申义之间的关系有了明确的界说。"清代《说文》四大家段玉裁、桂馥、王筠、朱骏声正是聚拢在这面旗帜之下，掀起了乾嘉时期《说文》之学的巨澜；清代训诂学家王念孙、王引之父子的辉煌业绩，"也受益于戴震的'四体二用'说"②。戴震"四体二用"说，特别是假借、转注为字之用的观点，贯通了文字、音韵和训诂之间的关系；区分了本义和引申义，扩大了文字学研究的范围，引起了皖派学者研究方法的革新。

受戴震体用之分的影响，段玉裁明确指出："凡字有本义焉，有引申、假借之余义焉。守其本义而弃其余义者，其失也固；习其余义而忘其本义者，其失也蔽。蔽与固，皆不可以治经。"③段玉裁还以享与飨为例，说明字之本义、引申义和假借义的区别。享，本义为祭祀，引申为下献其上，用为宴飨则为字之假借；飨，本义为乡饮酒，引申为宴饮宾客，用为祭祀则为字之假借④。由于"《说文》因字之体以言其用，故只言字之本义，不言假借"⑤，而典籍为字之用，故多用字之引申义、假借义，故段玉裁注《说文》不仅分析文字的本义，而且引经据典，分析文字的引申义、假借义，扩大了字义研究的范围，为经典解读提供一助。例如《说文》："格，木长貌者。"段玉裁指出："木长貌者，格之本义。引伸之，长必有所至，故《释诂》曰：'格，至也。'《抑》诗传亦曰：'格，至也。'凡《尚书》'格于上下''格于艺祖''格于皇天''格于上帝'是也。此接于彼曰至，彼接于此则曰来。郑注《大学》曰：'格，来也。'凡《尚书》'格尔众庶'格汝众是也。至则有摩杚之义焉，如云'格君心之非'

---

① 梁启超：《中国近三百年学术史》，天津：天津古籍出版社，2003年，第244页。

② 黄孝德：《汉字研究中"四体二用"说的确立及其应用——读〈戴东原·答江慎修先生论小学书〉》，载《武汉大学学报（社会科学版）》1981年第6期。

③ 段玉裁：《济盈不濡轨传曰由辀以下曰轨》，见《经韵楼集》，上海：上海古籍出版社，2008年，第10页。

④ 段玉裁：《享飨二字释例》，见《经韵楼集》，上海：上海古籍出版社，2008年，第285页。

⑤ 段玉裁：《释能》，见《经韵楼集》，上海：上海古籍出版社，2008年，第363页。

是也。或借假为之。如《云汉》传曰：'假，至也。'《尚书》格字，今文《尚书》皆作假是也。有借格为庋阁字者，亦有借格为扞垎字者。"[①]《说文》释"格"为木长貌，为"格"之本义。段玉裁综合条贯，指出《尔雅·释诂》《诗经·抑》释"格"为"至"，《大学》郑注释"格"为"来"，皆为格之引申义。至于《诗经·云汉》和今本《尚书》借"假"为"格"，以及典籍中的"庋阁""扞垎"义，则是"格"之假借义。段玉裁于《说文》"鬈，发好也"下进一步总结道："凡说字必用其本义，凡说经必因文求义，则于字或取本义，或取引伸、假借，有不可得而必者矣。故许于毛传，有直用其文者，凡毛许说同是也。有相近而不同者，如毛曰'鬈，好貌'，许曰'发好貌'……此引伸之说也。有全违者，如毛曰'匪，文章貌'，许曰'器似竹匧'……此假借之说也。经传有假借，字书无假借。"[②]也就是说，字书训释的是本义，而经传要根据语境，或释本义或释引申义或释假借义。所以段玉裁指出："凡治经，经典多用叚借字，其本字多见于《说文》。学者必于《尔雅》、传注得经义，必于《说文》得字义。既读经注，复求之《说文》，则可知若为叚借字，若为本字，此治经之法也。"[③]

除了本义、引申义与假借义，段玉裁《说文解字注》还突破单个字的研究，总结系列同源词的核心义。例如《说文解字》："洞，疾流也。"段玉裁注曰："此与辵部迵、马部駧音义同。引伸为洞达、为洞壑。"[④]又于"迵"字注曰："《玉篇》云：'迵，通达也。'是也。水部：'洞，疾流也。'马部：'駧，驰马洞去也。'义皆相同。"[⑤]也就是说迵、洞、駧为一组同源词，其核心意义是通达、畅通之义。又如《说文解字》："娠，女妊身动也。"段注："凡从辰之字皆有动意，震、振是也。"[⑥]又于"踬"字注曰："与口部唇，雨部震，手部振，音义略同。"[⑦]也就是说，娠、踬、震、振为一组同源词，其核心意义为动。

段玉裁曾自称其注《说文解字》只是窃取其师"以字考经，以经考字"二语而成[⑧]，所以《说文解字注》"搜转注假借之微言，备故训之大义"[⑨]。依戴震所言，转注即互训，互训词往往皆为同义词。《说文解字注》随处系联同义词。例如《说文》："陂，一曰池也。"段玉裁注曰："此云'陂者，池也'，故水

① 段玉裁：《说文解字注》，南京：凤凰出版社，2015 年，第 442 页。
② 段玉裁：《说文解字注》，南京：凤凰出版社，2015 年，第 745～746 页。
③ 段玉裁：《聘礼辞曰非礼也敢对曰非礼也敢》，见《经韵楼集》，上海：上海古籍出版社，2008 年，第 30 页。
④ 段玉裁：《说文解字注》，南京：凤凰出版社，2015 年，第 955 页。
⑤ 段玉裁：《说文解字注》，南京：凤凰出版社，2015 年，第 130 页。
⑥ 段玉裁：《说文解字注》，南京：凤凰出版社，2015 年，第 1068 页。
⑦ 段玉裁：《说文解字注》，南京：凤凰出版社，2015 年，第 147 页。
⑧ 陈焕：《说文解字注跋》，见段玉裁：《说文解字注》，南京：凤凰出版社，2015 年，第 1350 页。
⑨ 段玉裁：《与邵二云书二》，见《经韵楼集》，上海：上海古籍出版社，2008 年，第 389 页。

部有池篆云：'陂也。'正考老转注之例。《诗》惟《召南》言沱，余多言池，不可淆溷。许书：'沼，池也。''洼，深池也。''潢，积水池也。''湖，大陂也。''汥，水都也。''漥，一曰窊也。''洿，一曰，窊下也。'义皆同物，岂可改为沱乎？陂得训池者，陂言其外之障，池言其中所蓄之水。故曰：'刘媪尝息大泽之陂'，谓大泽之旁也。曰'叔度汪汪，若千顷陂'，即谓千顷池也。湖训大陂，即大池也。《陈风》'彼泽之陂'，《传》曰：'陂，泽障也。'《月令》注曰：'畜水曰陂。'凡经传云'陂池'者，兼言其内外。或分析言之，或举一以互见。许池与陂互训，浑言之也。"[①]段玉裁首先罗列许书陂、池互训之例，再扩大到沼、洼、潢、湖、汥、漥、洿等字的互训，指出义皆同物，最后征引《史记·高祖本纪》《后汉书·黄宪传》《毛诗传》《月令注》析言陂、池二者的细微区别，辨别近义词之义。

《说文解字注》是段玉裁训诂方法由字之体转变为字之用的成功典范，而王念孙父子更是将声韵贯穿于训诂，"以古音求古义，引申触类，不限形体"[②]，探寻经典中的假借义。王引之秉承其父训诂学思想，亦指出："训诂之指，存乎声音。"[③]他们不限形体、因声以求假借义之例随处可见。例如：《史记·夏本纪》"北播为九河，同为逆河"，王念孙指出："'逆河'本作'迎河'。《古文尚书》作'逆河'，今文作'迎河'。《汉书》皆用今文，《史记》虽多用古文，然用今文者亦不少。此篇及《河渠书》《汉书·地理志》之同为'逆河'，皆后人依古文改之……'逆'字古读若'御'，而'迎'字亦有'御'音。《天官书》'迎角而战者不胜'，徐广曰：'迎，一作御。'《楚辞·离骚》'九疑缤其并迎'，与'故'为韵，则'迎'亦可读若'御'。《庄子·应帝王篇》'不将不逆'，与'藏''伤'为韵，《淮南·览冥篇》'逆'作'迎'，则'逆'又可读若'迎'。'迎''逆''御'古声并相近，故古文作'逆河'，今文作'迎河'也。"[④]文献中"逆河""迎河"互见，王念孙运用古音知识证明"逆""迎"古音相近而相通，"逆"为"迎"的假借字。王引之的《经文假借》更是罗列了254例假借，并指出假借字的释义方法："由借字之古音，以考同音之本字，惟求合于经文，不敢株守旧说。"[⑤]黄侃说："至东原戴氏小学一事遂确立楷模，段氏王氏为戴氏弟子。段氏则以声音之道施于文字，而知假借、引申与本字之分别；王氏则以声音贯穿训诂，而后知声音训诂之为一物。"[⑥]

---

① 段玉裁：《说文解字注》，南京：凤凰出版社，2015年，第1271页。
② 王念孙：《广雅疏证序》，见《广雅疏证》，南京：江苏古籍出版社，2000年。
③ 王引之：《经义述闻序》，见《经义述闻》，南京：江苏古籍出版社，2000年，第2页。
④ 王念孙：《读书杂志》，上海：上海古籍出版社，2014年，第181～182页。
⑤ 王引之：《经义述闻》，南京：江苏古籍出版社，2000年，第756～761页。
⑥ 黄侃述、黄焯编：《文字声韵训诂笔记》，上海：上海古籍出版社，1983年，第4页。

戴震以转注为互训而博综群籍以相互印证。王氏父子也遍搜字书、韵书、词书以及经史子集的传注，相互考究。王念孙注释《广雅》，“就古音以求古义，引申触类，扩充于《尔雅》《说文》，无所不达。然声音文字部分之严，一丝不乱。盖借张揖之书以纳诸说”①。为了疏证词义，王念孙不限于征引字书、辞书如《尔雅》《说文解字》《方言》《玉篇》《释名》《广韵》等，还广及经史子集的传注，如贾逵、郑玄、马融、郭璞、毛亨、王逸、陆德明、颜师古、李善等注文。例如《广雅》：“乱，理也。”王念孙疏证曰：“乱者，《说文》：‘治也，一曰理也。’《尔雅》：‘乱，治也。’《皋陶谟》云：‘乱而敬。’……乐之终有乱，诗之终有乱，皆理之义也。故《乐记》云：‘复乱以饬归。’王逸《离骚》注云：‘乱，理也。’所以发理辞指总撮其要也。‘理’与‘治’同意，故理谓之乱亦谓之敕，治谓之敕亦谓之乱。”②为了解释“乱”有理义，王念孙广引《说文解字》《尔雅》和王逸注中乱、治、理转注之例，以及《皋陶谟》《乐记》的用字之例加以证明，做到字书、韵书、词书与经史子集传注的互求。

文献互训可以相互发明，互训词虽然意义相同，但一般有细微差别，为一组近义词，其中不乏具有同源关系的词语。如果说段玉裁《说文解字注》的最大成就在于引经据典分析文字的本义、引申义与假借义，那么王氏父子的最大贡献则在于博综群籍探求同源词。例如《广雅》：“緫、纱，微也。”王念孙疏证曰：“緫、纱、纟、綒、细，皆丝之微也。緫之言恍惚，纱之言眇小也。《孙子算经》云：‘蚕所吐丝为忽，十忽为秒。’緫、忽，纱、秒并通。”③为疏证“纱”的微义，王念孙博引《说文解字》《方言》《尔雅》《毛传》等典籍，系联了“纱”的同源词“眇”“秒”“杪”“篎”“鶪(鷔)”。“眇”为眼睛小，“秒”为禾尖小，“杪”为木尖小，“篎”为竹管小，“鶪(鷔)”为鸟虫小，他们具有相同的语源意义“小”，且都从“少”得声，为一组同源词。徐复曰：“王氏以声音通训诂，语多独创。其词源、词族之研究尤微至。书中屡言‘某之言某也’，妙达神旨，可谓有卓见灼识者。”④王念孙的《释大》更是一篇系联同源词的典范。他取相同声纽的字为一类，旁通互证，揭示声同则义近的规律，展示了声、义转化的关系及演化的脉络。

王引之注意到：“自汉以来，说经者宗尚雅训。凡实义所在，既明箸之矣，而语词之例，则略而不究，或即以实义释之，遂使其文扞格，而意亦不

---

① 王念孙：《王念孙传》，见《广雅疏证》，南京：江苏古籍出版社，2000年，第12～13页。

② 王念孙：《广雅疏证》，南京：江苏古籍出版社，2000年，第57页。

③ 王念孙：《广雅疏证》，南京：江苏古籍出版社，2000年，第122～123页。

④ 徐复：《弁言》，见王念孙：《广雅疏证》，南京：江苏古籍出版社，2000年，第4页。

明。"[①]所以他将小学研究范围扩大至语词领域,"自九经三传及周、秦、西汉之书,凡助语之文遍为搜讨",成《经传释词》十卷。例如"用"字,王引之指出:"用,词之以也。《一切经音义》七引《苍颉篇》曰:'用,以也。''以''用'一声之转。凡《春秋公羊传》之释经,皆言'何以',《穀梁》则或言'何用',其实一也。《书·皋陶谟》曰:'侯以明之,挞以记之,书用识哉。''用'亦'以'也,互文耳,用词之由也。《诗·君子阳阳》传曰:'由,用也。''由'可训为'用','用'亦可训为'由',一声之转。《礼记·礼运》曰:'故谋用是作,而兵由此起。''用'亦'由'也,互文耳,用,词之为也。《诗·雄雉》曰:'不忮不求,何用不臧。'言何为不臧也,《节南山》曰:'国既卒斩,何用不监。'言何为不监也。《庄六年穀梁传》曰:'何用弗受。'亦谓何为弗受也。'用''以''为'皆一声之转,故'何以'谓之'何用','何为'亦谓之'何用',互见以为二字下。"[②]王引之指出,"用"与"以""为"一声之转,声近而义相通。"经传中实字易训,虚词难释"[③]。王引之将"用"释为语辞,《礼记·礼运》《诗·雄雉》《节南山》《庄六年穀梁传》之文便能得到更好的解释。

此外,王引之在戴震分析双声、叠韵的基础上,进一步指出古汉语中同义双音节词现象。他认为上下同义的双音节词,"解者分为二义,反失其指",并以《泰》《象传》为例,曰:"'后以裁成天地之道,辅相天地之宜。'解者训裁为节。或以为坤富称财。不知裁之言载,成也。裁与成同义而曰裁成,犹辅与相同义而曰辅相也。"[④]其他如宴息、威灭、弱孤等皆是此类。吴根友指出:"王念孙继承并发展了戴震的古典语言学,并通过运用这一古典语言知识校勘古代典籍,取得了巨大的学术成就。如果说,在戴震那里,古典语言学的研究还只是服务于对经书之道的把握,语言学的研究还只是工具;在王念孙那里,古典语言学的研究已经初步具备了独立性,而王引之《经传释词》一书则标志着王氏父子的语言学研究已经让古代汉语具备了相对独立的学科基础。"[⑤]

三、结语:小学研究初具近代语言学的理念

戴震对字书研究有很多规划。例如他以"古故训之书,其传者莫先于《尔雅》,六艺之赖是以明也"而尤重《尔雅》,因此作《尔雅文字考》十卷。然

---

① 王引之:《经传释词自序》,见《经传释词》,南京:江苏古籍出版社,2000年。

② 王引之:《经传释词》,南京:江苏古籍出版社,2000年,第12页。

③ 阮元:《经传释词序》,见《经传释词》,南京:江苏古籍出版社,2000年。

④ 王引之:《经义述闻》,南京:江苏古籍出版社,2000年,第772页。

⑤ 吴根友:《试论王念孙对古典人文知识增长的贡献》,载《文史哲》2012年第4期。

而戴震认为,《尔雅文字考》仅仅在于补郭璞注之缺、订邢昺疏之漏,他还期待一部“考订得失,折衷前古,于《尔雅》万七百九十一言,合之群经传记,靡所扞格”[①]的研究著作。其后,邵晋涵著《尔雅正义》二十卷,郝懿行著《尔雅义疏》二十卷。“邵二云的《正义》,就是把戴东原所计画的事业赓续成功……郝兰皋补缀一番,愈益精密”[②]。又如《说文》是第一部运用六书理论分析字形的字书,戴震自少就精心研究,“三年尽得其节目。又取《尔雅》《方言》及汉儒传、注、笺之存于今者,参伍考究”[③]。为了实现字书互证,戴震将《方言》抄录于李焘《许氏说文五音韵谱》上,“字与训两写,详略互见”[④]。受其启发,段玉裁作《说文解字注》、朱骏声作《说文通训定声》。总而言之,在戴震的引领下,其弟子如段玉裁、王氏父子等皆精研古音,并将古音知识运用于字书、训诂研究,使“因声求义”成为小学研究的钤键;他们博综群籍,区别文字的本义、引申义与假借义,系联同源词,使清代小学研究从经学的附庸一变为学术大国,初具近代语言学的理念。濮之珍说:“王念孙和段玉裁是同时代人,同师戴震,当时是乾嘉极盛时代,而‘段王之学’可说是乾嘉时代的代表,段玉裁的《说文解字注》和王念孙《广雅疏证》,标志十八世纪中国语言学的研究发展,已进入新的阶段。”[⑤]王力也说:“如果说段玉裁在文字学上坐第一把交椅的话,王念孙则在训诂学上坐第一把交椅,世称‘段王之学’。段、王二氏是乾嘉学派的代表,他们的著作是中国语言学走上科学道路的里程碑。”[⑥]段、王辉煌业绩的取得得益于戴震的“四体二用”说,所以黄侃说:“清世治小学者,如段茂堂、王怀祖皆能推求本字。阮云台则本于王,郝兰皋又本于阮。而王学则出于东原戴氏,故今之小学,乃戴学也。”[⑦]可见戴震文字音韵学思想对皖派小学影响的深远。

---

① 戴震:《尔雅文字考序》,见张岱年主编:《戴震全书》(第六册),合肥:黄山书社,1995年,第275～276页。

② 梁启超:《中国近三百年学术史》,天津:天津古籍出版社,2003年,第233页。

③ 段玉裁撰、杨应芹订补:《东原年谱订补》,见张岱年主编:《戴震全书》(第六册),合肥:黄山书社,1995年,第651页。

④ 段玉裁撰、杨应芹订补:《东原年谱订补》,见张岱年主编:《戴震全书》(第六册),合肥:黄山书社,1995年,第666页。

⑤ 濮之珍:《中国语言学史》,上海:上海古籍出版社,2002年,第450页。

⑥ 王力:《中国语言学史》,北京:中华书局,2013年,第165页。

⑦ 黄侃述、黄焯编:《文字声韵训诂笔记》,上海:上海古籍出版社,1983年,第56～57页。

第五章　戴震自然科学研究成果及其对皖派朴学的影响

第一节　戴震的天文历算研究特色及其影响

洪榜尝曰："先生以为……经之难明，在一事必综其全而核之，巨细毕究，本末兼察，信而有征，合诸至道而不留余议。诵《尧典》至'乃命羲、和'，不知日月列星之所以运行，则掩卷不能卒业……不知古今推步之长，则如《夏书》之'辰不集于房'，鲁太史引以为'正阳之月孟夏'，东晋《古文尚书》系之'季秋'，系之'仲康肇位四海'；《小雅·十月之交》，郑康成以为周正十月，刘原甫以为夏正十月；《春秋传》两记'日南至'，历代史志载步算家上考，曲合其一而卒违其一；儒者何以识古今之真伪，辨笺解之得失？决鲁历至朔之当否？……凡经之难明，有此数事。先生日夜孳孳，搜集比勘，凡天文、历算、推步之法，测望之方……少广、旁要之率，钟实、管律之术，靡不悉心讨索。"①于文字、音韵之外，戴震亦留心于天文、算学等自然科学，以其为阐释六经之一助。

一、戴震的天文历算研究成果

"算术者推步之纲维也"②。精确的历法研究需要以精密的观测和复杂的计算为依据，我国古代之历法多与算学相结合，故合称"历算"。戴震以经为至道者，自幼便立志"由字通词，由词通道"。对于经典中"日月星辰之运转"等天文知识，戴震必究乎其所以，精研基础性知识算术。据洪榜记载，戴震二十岁左右从江永问学，江永为一代大师，精于《三礼》、步算、钟律和地名沿革。"江先生见其盛年博学，相得甚欢。一日举历算中数事问先生曰：'吾有所疑，十余年未能决。'先生读其书，谛观之，因为剖析比较，言其所以然。江先生惊喜，叹曰：'累岁之疑，一日而释，其敏不可及也。'"③

---

① 洪榜：《戴先生行状》，见张岱年主编：《戴震全书》（第七册），合肥：黄山书社，1997年，第4～5页。

② 阮元：《畴人传》（上），上海：商务印书馆，1935年，《凡例》第2页。

③ 洪榜：《戴先生行状》，见张岱年主编：《戴震全书》（第七册），合肥：黄山书社，1997年，第7页。

此时，戴震的历算已小有成就，二十二岁写成《策算》一卷，依次为乘法、除法、开方，并略举经籍之资于算者，如《周易》《考工记》《汉书·律历志》《皇极经世》《吕氏春秋》《仪礼注》等，推衍成帙，为治经之士览观。戴震三十三岁那年避仇入都，“纪太史昀、王太史鸣盛、钱太史大昕、王中翰昶、朱太史筠，俱甲戌进士，以学问名一时，耳先生名，往访之，叩其学，听其言，观其书，莫不击节叹赏，于是声重京师，名公卿争相交焉。金匮秦文恭公闻其善步算，即日命驾，延主其邸，朝夕讲论《五礼通考》中《观象授时》一门，以为闻所未闻也。文恭全载先生《句股割圜记》三篇，为古今算法大全之范，其全书往往采先生说”①。《观象授时》乃古今历法汇编，所引之书涵盖《十三经》及注疏、子书涉及天文历法者、史书之天文志和律历志，以及西洋新法、时人撰述。“凡日月之缠离交食，五星之迟疾伏见，恒星之行而渐差，及受六曜之凌犯，皆有精算密合”②。由此可见戴震于天文、历算的精通。

戴震撰述的历算专著除《策算》外，主要还有《原象》九篇和《续天文略》。另有《周礼太史正岁年解》《九道八行说》《周髀北极璇机四游解一》《周髀北极璇机四游解二》《记夏小正星象》《续天文略序》《与丁升衢书》《再与丁升衢书》等天文学论文数篇。

《原象》前四篇为“释天”。第一篇研究“璇玑玉衡”，论及黄赤道极；第二篇研究“中星”，论及岁差；第三篇研究“土圭”，论及里差；第四篇研究“五纪”，论及历法宜随时观测。第五至八篇为《句股割圜记》的内容。第九篇为《迎日推策记》。戴震之所以将《句股割圜记》纳入《原象》，是因为他认为：“天体，浑圜也。如黄、赤道，各成一规，则皆平圜。古割圜法，以半弧背与句股合为用。由乘除、开方以尽句股，由句股以尽弧矢，由弧矢以尽平圜、浑圜，步算之能事毕矣。”③

《句股割圜记》乃戴震精心研究之作。全书分上、中、下三篇，上篇研究三角八线和平三角形解法，中篇研究球面直角三角形解法，下篇研究球面斜三角形解法，通篇以勾股御三角，所以陈展云称其为“几何法的三角术”。他认为戴震《句股割圜记》“所谓‘同限’，就是近日所谓‘相似’。一部《句股割圜记》，全基于所谓‘同限’的道理，而借比例的法子去证算”④。

---

① 段玉裁撰、杨应芹订补：《东原年谱订补》，见张岱年主编：《戴震全书》（第六册），合肥：黄山书社，1995年，第666～667页。

② 钱宝琮：《戴震算学天文著作考》，见张岱年主编：《戴震全书》（第七册），合肥：黄山书社，1997年，第636页。

③ 戴震：《句股割圜记》，见张岱年主编：《戴震全书》（第五册），合肥：黄山书社，1995年，第124页。

④ 陈展云：《戴东原的天算学》，载《晨报副刊》1924年1月22日。

有感于郑樵不知天文之事，杂取旧史，讹舛特甚而又未能择之精、语之详，戴震作《续天文略》。《续天文略》选取"星见伏昏旦中""列宿十二次""星象""黄道宿度""七衡六间""晷景短长""北极高下""日月五步规法""仪象""漏刻"十目逐条说明。"或补前书阙遗，或赓所未及。凡占变推步不与焉。考自唐、虞以来，下迄元、明，见于六经史籍，有关运行之体者，约而论之，著于篇"①。但是"日月五步规法""仪象""漏刻"三目未见内容，盖《续天文略》为未完成之作。戴震《续天文略》于每目之下，首列六经典籍中相关记载，然后论述现象产生之由。"每目记述后面的论断，可以当作简单的中国天文学史读"②。

此外，戴震还于四库馆校订了我国古代数学专著八种。戴震以《九章算术》为"古今算学之弁冕"，认为"算术莫古于九数，九数莫古于是书。虽新法屡更。愈推愈密，而穷源探本，要百变不离其宗"③，而尤其重视此书。但是自明至清，我国算学研究处于低潮，《九章算术》散佚失传。"近时以算名者，如王寅旭、谢野臣、梅定九诸子，咸未之见"④。梅定九所作《中西算学通》意在会通中西算学，但是"《周髀》而外，绝不见征引，是以意欲存古而未能"⑤。为振兴传统算学，戴震访求《九章算术》二十余载而不得，疑《永乐大典》收录此书，随乡贤曹文埴入翰林院，见到《永乐大典》内《九章算术》，但已"离散错出"，思缀集之而未能。直到戴震奉诏入都充任四库馆编修，"乃得尽心纂次，订其讹舛"⑥，又"《注》中指状表目，如朱实、青实、黄实之类，皆就图中所列而言。图既不存，则其《注》猝不易晓，今推寻注意，为之补图"⑦，作《九章算术订讹补图》。戴震的订讹补图，对于《九章算术》的重新问世具有开创之功。

---

① 戴震：《续天文略序》，见张岱年主编：《戴震全书》（第四册），合肥：黄山书社，1995年，第33～34页。

② 陈展云：《戴东原的天算学》，载《晨报副刊》1924年1月22日。

③ 戴震：《校书提要·九章算术》，见张岱年主编：《戴震全书》（第六册），合肥：黄山书社，1995年，第635页。

④ 戴震：《刊〈九章算术〉序》，见张岱年主编：《戴震全书》（第六册），合肥：黄山书社，1995年，第336页。

⑤ 戴震：《〈九数通考〉序》，见张岱年主编：《戴震全书》（第六册），合肥：黄山书社，1995年，第557页。

⑥ 戴震：《刊〈九章算术〉序》，见张岱年主编：《戴震全书》（第六册），合肥：黄山书社，1995年，第336页。

⑦ 戴震：《校书提要·九章算术》，见张岱年主编：《戴震全书》（第六册），合肥：黄山书社，1995年，第635页。

“古者九数，惟《九章》《周髀》二书流传最古，故讹误亦特甚”[①]。戴震据《永乐大典》内所载详加校订，为《周髀算经》“补脱文一百四十七字，改讹舛者一百十三字，删其衍复者十八字”[②]。此外，戴震“纂次《永乐大典》内散篇，于《仪礼》得张淳《识误》、李如圭《集释》；于算学得《九章》《海岛》《孙子》《五曹》《夏侯阳》五种算经”，喜不自禁，寄信于段玉裁，曰：“皆久佚而存于是者，足宝贵也。”[③]戴震一一为之编纂成帙、考订讹误，并附提要述其源流，使湮没多年的数学著作重见天日，使中国传统数学的成就被重新认识。特别是在乾隆下诏翻刻包括《周髀算经》《九章算术》《海岛算经》等七部算书在内的《武英殿聚珍版丛书》，孔继涵校勘、翻刻《算经十书》之后，这些传统算书为清代学者所易得，这为乾嘉古算学的复兴奠定了基础。于是，研究古算之风盛起，例如吴烺作《周髀算经注》，李潢作《九章算术细草图说》《辑古算经考注》，程瑶田作《周髀矩数图注》《周髀用矩述言》等。

二、戴震天文历算研究的特色

(一)西学中源观和融贯中西的实践

自明万历年间始，西方传教士陆续将西方先进的算学、天文、历算和医学等科学技术传入中国。例如意大利传教士利玛窦与徐光启一道翻译《几何原本》《测量法义》等书，德国传教士汤若望参编《崇祯历书》(后改为《新法算书》)、制造测量仪器，法国传教士张诚等教授康熙《初等几何学》《应用几何学》，等等。西方科学技术的传入促进了我国科学技术的发展，培养了一批精通西学的学者。诚如梁启超所言，“自明徐光启、李之藻等广译算学、天文、水利诸书，为欧籍入中国之始，前清学术，颇蒙其影响，而范围亦限于天算”[④]。清初历算家如王锡阐、梅文鼎等皆兼通中西。王锡阐著有天文历法专著《晓庵新法》，首创日月食初亏、复圆方位角算法，使日月食预报超过当时西方水平；著数学专著《圆解》，以西法之三角八线关系解勾股割圆之法。梅文鼎著有《古今历法通考》，为中国历学史上一大观；著《平三角举要》《弧三角举要》研究平面三角和球面三角。但是，自西方科技传入中国伊始，就引起了中西之学孰先孰后、孰优孰劣的争论。雍正元年

---

① 戴震：《校书提要·周髀算经》，见张岱年主编：《戴震全书》(第六册)，合肥：黄山书社，1995年，第634页。

② 戴震：《校书提要·周髀算经》，见张岱年主编：《戴震全书》(第六册)，合肥：黄山书社，1995年，第633页。

③ 戴震：《与段茂堂等十一札》，见张岱年主编：《戴震全书》(第六册)，合肥：黄山书社，1995年，第539页。

④ 梁启超：《清代学术概论》，上海：上海古籍出版社，2005年，第81页。

(1723)更是直接将西洋传教士赶到澳门,禁止他们踏入内地。“自雍正元年以后,西洋最新学说既少输入之机会,乾隆朝复以政府之力从事振兴中国旧学。一时学者又转而尊古排外,学术思潮为之一变”①。

戴震的天文历算研究正处于致力整理传统文献、弘扬民族自信的乾隆时期,难免带有西学中源的倾向。戴震于《测算》中指出,西洋《新法历书》袭用中土古历,云:“明万历三十八年以后至崇祯末,西洋人庞迪峨、熊三拔等所译《新法历书》云,西法岁三百六十五日四分日之一,每四岁之小余成一日,因而置闰……此即《周髀算经》:‘三百六十五日谓之经岁,余四分日之一,积四年而增一日’也。”又云:“第谷测春分时刻……定岁实三百六十五日二十三刻三分四十五秒。考其与回回历异同……于回回历之小余不差分秒。其会望策二十九日五三〇五九三,亦云西史依巴谷考验所得。于元郭守敬《授时历》之朔策,二十九日五千三百五分九十三秒,亦不差分秒。”最后戴震总结道:“西洋人旧法袭用中土古《四分历》,其新法则袭《回回历》,会望策又袭郭守敬,乃妄言第谷、巴谷测定,以欺人耳。”②

《周髀算经》乃中国古代一部重要的天文数学经典,主要阐述勾股定理及其在天文测量上的应用,以及盖天说和古四分历法。戴震称《周髀算经》文本广大精微,皆足以存古法之意、开西法之源。所以戴震于《周髀算经》提要中,详细列举西学源于该书的证据,曰:“如书内以璇玑一昼夜环绕北极一周而过一度,冬至夜半璇玑起北极下子位,春分夜半起北极左卯位,夏至夜半起北极上午位,秋分夜半起北极右酉位,是为璇玑四游所极,终古不变。以七衡六间测日躔法敛,冬至日在外衡,夏至在内衡,春秋分在中衡,当其衡为中气,当其间为节气,亦终古不变。古盖天之学,此其遗法。盖浑天如球,写星象于外,人自天外观天;盖天如笠,写星象于内,人自天内观天。笠形半圆,有如张盖,故称盖天。合地上地下两半圆体,即天体之浑圆矣。其法失传已久,故自汉以迄元、明皆主浑天。明万历中,欧逻巴人入中国,始别立新法,号为精密。然其言地圆,即《周髀》所谓地法覆槃,滂沱四隤而下也。其言南北里差,即《周髀》所谓北极左右,夏有不释之冰,物有朝生暮获;中衡左右,冬有不死之草,五谷一岁再熟。是为寒暑推移,随南北不同之故。春分至秋分,极下常有日光;秋分至春分,极下常无日光。是为昼夜永短,随南北不同之故也。其言东西里差,即《周髀》所谓东方日中,西

---

①　钱宝琮:《戴震算学天文著作考》,见张岱年主编:《戴震全书》(第七册),合肥:黄山书社,1997年,第626页。

②　戴震:《测算》,见张岱年主编:《戴震全书》(第五册),合肥:黄山书社,1995年,第23～24页。引用时,标点略作改动。

方夜半;西方日中,东方夜半。昼夜易处,如四时相反。是为节气合朔,如时早晚,随东西不同之故也。又李之藻以西法制《浑盖通宪》,展昼短规使大于赤道规,一同《周髀》之展外衡使大于中衡。其新法历书述第谷以前西法,三百六十五日四分日之一,每四岁之小余成一日,亦即《周髀》所谓三百六十五日者三,三百六十六日者一也。西法多出于《周髀》,此皆显证,特后来测验增修,愈推愈密耳。《明史·历志》谓尧时宅西居昧谷,畴人子弟散入遐方,因而传为西学者,固有由矣。"①

除认为西洋历书袭用中土古历外,戴震还指出西洋三角八线亦源于中原句股,曰:"中土测天用句股,今西人易名三角、八线,其三角即句股,八线即缀术。然而三角之法穷,必以句股御之,用知句股者,法之尽备,名之至当也。"②"中土准望用句股,西法易名三角八线,而正弦比例之根,生于句股,则句股能御三角,三角不能御句股,虽深明西人之算者,咸昧其由来也。"③戴震认为中土勾股完全可以御三角。此观点得到钱大昕等人的支持,例如钱氏云:"以有定之勾股,御无定之三角。三角相求,特勾股中之一术,而说者谓勾股不能御三角,岂其然乎!"④

戴震西学中源说受到钱宝琮的批判。钱宝琮指出:"震之所认为于理可通者皆奉为古法,其不可通者则诋为后人臆说。任意推断,殊欠缜密。"戴震西学中源"诸说穿凿附会殊堪发噱"⑤。但是不可否认的是,在西方经历文艺复兴之前,我国科技确实处于世界领先地位。可惜明清时期,很多科技成果或湮没不闻,或歧解纷呈,莫衷一是。为弘扬中华文化,戴震尽心于传统天文算学成果的总结和整理,其功不可磨灭。

戴震虽然主张西学中源,但他并不排外,而是采取西为中用、中西融贯的做法。例如戴震的《句股割圜记》,便融会了传统算学成果与明末清初传入的西方最新数学知识。"勾股测望术和割圆术是中国古典数学的传统内容,元郭守敬创用勾股弧矢法求赤道积度和赤道内外度,开始球面三角的研究。但此后三百年中算研究无人继武,到清初竟几失传"⑥。清初数学

---

① 戴震:《校书提要·周髀算经》,见张岱年主编:《戴震全书》(第六册),合肥:黄山书社,1995年,第632～633页。

② 戴震:《与是仲明论学书》,见张岱年主编:《戴震全书》(第六册),合肥:黄山书社,1995年,第371页。

③ 洪榜:《戴先生行状》,见张岱年主编:《戴震全书》(第七册),合肥:黄山书社,1997年,第5页。

④ 钱大昕:《策问》,见《潜研堂文集》,上海:上海古籍出版社,2010年,第159页。

⑤ 钱宝琮:《戴震算学天文著作考》,见张岱年主编:《戴震全书》(第七册),合肥:黄山书社,1995年,第641页。

⑥ 胡炳生整理:《句股割圆记说明》,见张岱年主编:《戴震全书》(第五册),合肥:黄山书社,1995年,第119页。

家梅文鼎不分中西，以《新法算术》翻译粗糙，自撰《平三角举要》《弧三角举要》《勾股测量》等书；江永自撰《算誊》，论球面三角术。戴震认为："梅定九、薛仪甫诸家，兼通西洋之说，有八线表、平三角、弧三角等法。虽别立名目，于古之句股弧矢不异。惜译书时欲张其说，凡一语可该，必衍为千百言，多其端绪，使观之者目眩、而莫测其涯涘。又讳言立法之本，出于句股弧矢。转谓句股不能御三角，三角能御句股。"①又"欧逻巴窃取句股为三角法，猥云三角能御句股，句股不能御三角。梅勿庵书亦言之，以三角中无直角，非复句股比例可推，必用八线表之正弦，乃得三边互求之法。不知三角中成六句股，两两相等，交错其间，以生比例。惜勿庵尚未明此关窍，不能羽翼古人。"②所以戴震作《句股割圜记》，易以新名、饰以古义，羽翼传统天算学。阮元云："西法三角八线，即古之勾股弧矢，自西学盛行，而古法转昧。（戴震）取梅文鼎所著《三角法举要》《堑堵测量》《环中黍尺》三书之法，易以新名，饰以古义，作《句股割圜记》三篇，因言《周髀》首章之言，衍而极之，以备步算之大全，补六艺之逸简。"③

所谓"易以新名、饰以古义"，即如《句股割圜记》称圆为"圜"、称角为"觚"、称线段为"矩"，称直角三角形锐角对边为"句"、底为"股"、斜边曰"弦"。弦亦称径"隅"；又称面积为"幂"，取古覆巾之名；又称正弦为"内矩分"、余弦为"次内矩分"、正切为"矩分"、余切为"次矩分"、正割为"径引数"、余割为"次引数"等，此类皆依古义而自命名。由于新名典雅，读者不甚明了，戴震假托吴思孝之名，以注语明之，沟通中、西之学。戴震弟子段玉裁指出："《句股割圜记》以西法为之，注亦先生所自为，假名吴君思孝。皆如左太冲《三都赋注》假名张载、刘逵也。"④《句股割圜记》中，戴震用《考工记》旧名称钝角为"倨"、锐角为"句"、直角为"倨句中矩"，吴注分别曰"今名钝角""今名锐角""今名直角"⑤。吴注解说亦直称为直角、锐角、钝角。吴曰："三角法之边尽易为角，角尽易为边，以入算者，今亦名次形法。"⑥从

① 戴震：《句股割圜记》，见张岱年主编：《戴震全书》（第五册），合肥：黄山书社，1995年，第168页。

② 戴震：《句股割圜记》，见张岱年主编：《戴震全书》（第五册），合肥：黄山书社，1995年，第77页。

③ 阮元：《畴人传》（下），上海：商务印书馆，1935年，第529页。

④ 段玉裁撰、杨应芹订补：《东原年谱订补》，见张岱年主编：《戴震全书》（第六册），合肥：黄山书社，1995年，第662页。

⑤ 戴震：《句股割圜记》，见张岱年主编：《戴震全书》（第五册），合肥：黄山书社，1995年，第135页。

⑥ 戴震：《句股割圜记》，见张岱年主编：《戴震全书》（第五册），合肥：黄山书社，1995年，第237页。

吴注中亦可窥见戴震对西学算法的娴熟。

戴震运用弧、矢、弦等传统概念，借助于“相似直角三角形对应边成比例”的原理，构建了49个勾股割圜术，形成了一个独立的勾股割圜系统。这一系统给人以古已有之的感觉，增加了文化自信；同时，它与西学中的三角八线系统相对应，加速了西方三角学在国内的接受。李开对戴震《句股割圜记》有深入研究，他指出：“戴震的《勾股割圆记》，以特有的方式系统推演了平面三角形和球面三角形的勾股原理，大大发展了自《周髀》以来的勾股弦求法，戴震的传统勾股学以其个人的努力达到了同时代的平面三角和球面三角函数学的水平，是一个了不起的奇迹……戴震之所以能如此，与他继承传统数学，视《九章算术》、《海岛算经》等为可贵，又努力吸收西学，力求洋为中用有密切关系，二者舍其一都不可能达到勾股学的高峰。”①此为得实之言。戴震《句股割圜记》取得的成就是中西融贯的结果。

(二)服务于经典阐释

戴震尝云：“六书、九数等事，如轿夫然，所以舁轿中人也。以六书、九数等事尽我，是犹误认轿夫为轿中人也。”②戴震的六书、九数、天算研究皆服务于经典阐释。戴震于《句股割圜记序》中说：“儒者仰不知天道，不可以通经。如‘命羲和’为《尧典》之端首，一启卷，盖已茫然；……此经史不决之大疑。他端未易剖析者，遽数之不能终其物也。”③对于经史中关于天算的不决之大疑，戴震皆有精密的注释。例如《毛诗》“十月之交，朔日辛卯。日有食之，亦孔之丑”，郑《笺》以为周正十月，而刘原甫始疑为夏正十月。傅仁均和一行推算日食为周幽王六年(前776)乙丑建酉之月辛卯朔辰时。阎百诗《尚书古文疏证》“初亦用刘原甫说”，后精通推步，著书自驳旧时之失。此外，《毛诗序》以此诗为刺幽王，而郑玄笺以为刺厉王。戴震首先以步算知识推算日食发生的时间，曰：“以步算之法上推，幽王六年乙丑建酉之月，辛卯朔，辰时日食。诗据周正十月，非夏正。”④然后科学地解释了日食、月食现象，云：“凡日月之行，日躔一度，则月逡十三度有奇。三百六十五日不及四分日之一，日躔黄道一周。月道交于黄道，半在其南，半在其北，最远相距不满六度。二十七日过四分日之一而月逡一周，二十九日过半日而月与日会。整用之为大月三十日，小月二十九日。朔策岁气相校，

① 李开：《戴震评传》，南京：南京大学出版社，1992年，第222页。

② 戴震：《戴震集》，上海：上海古籍出版社，1980年，第452页。

③ 吴思孝：《句股割圜记序》，见《戴震全集》(第二册)，北京：清华大学出版社，1992年，第661页。据段玉裁《戴东原先生年谱》可知，此序为戴震所作。

④ 戴震：《毛诗补传》，见张岱年主编：《戴震全书》(第一册)，合肥：黄山书社，1994年，第383页。

于是为小岁十二朔，大岁十三朔，以正四时。大岁者，有闰月之年也。日月虽会，非当其道之交，不食；近交乃有食。朔，齐行也；望，遥对也。日蔽于月体，故日食恒在朔；月蔽于地影，故月食恒在望。日高而月卑，其间相去甚远，又以寔体揜蔽者，易地则殊观，故日食各地不同。月之食乃适为虚影所揜蔽，故其食分之浅深，天下皆同。”①正如戴震所说，日月之行有常度，终古不变，步算家“辨于其理，然后立法不惑”。而所谓“当食不食、不当食而食”之说，失在立法，不失在天行。既然天道有常，君子为何以天变而畏惧？戴震最后解释道：“君道比于日，故以日引喻尤切，宜常明而不宜有蔽者也……此诗借日食以警王，欲王自知其掩蔽尔。”②戴震利用天算知识唯物主义地阐释经典，化解聚讼，而又不失经典的教化功用。戴震还特意著《书小雅十月之交篇后》，发明本诗的微言大义，曰：“悬象著明，莫大乎日月，犹有时蔽亏，人君而可自谓无蔽无足亏君德乎？日，君象；月，臣象。日失其明，俾昼作夜，君德如斯，岂不甚丑。冀王反己自责，知其蔽而丑之，则修德而复乎常明之体矣。”③

又如戴震《原象》开篇介绍“璇玑玉衡”，是因为历来经学家对“璇玑玉衡”众说纷纭。汉刘向《说苑》云：“璇玑，谓北辰勾陈枢星也。”汉初伏生指出：“璇者，还也，机者，几也，微也。其变几微，而所动者大，谓之璇机，是故璇机谓之北极。”④他们以璇玑为北极星。又有以璇玑玉衡为北斗七星者，例如屈原《楚辞·九思》：“上察兮璇玑。”洪兴祖注：“北斗魁四星为璇玑。”列代经学家以璇玑玉衡为天文仪器者居多。例如《史记集解》：“郑玄曰：‘璇玑玉衡，浑天仪也。’”《史纪正义》：“蔡邕云：‘玉衡长八尺，孔径一寸，下端望之，以视星宿，盖县机以象天，而以衡望之，转机窥衡，以知星宿。机径八尺，圆周二丈五尺而强也。’郑玄云：‘运转者为机，持正者为衡。’”孔颖达曰：“马融云：‘浑天仪可转旋，故曰机。衡，其横箫所以视星宿也。以璿为机，以玉为衡，盖贵天象也。日月星皆以璇玑玉衡度，知其盈缩进退，失政所在。’”《尚书大传》：“璇玑者何也？《传》曰：璇者，还也。机者，几也，微

① 戴震：《毛郑诗考正》，见张岱年主编：《戴震全书》（第一册），合肥：黄山书社，1994年，第622～623页。

② 戴震：《毛诗补传》，见张岱年主编：《戴震全书》（第一册），合肥：黄山书社，1994年，第384页。

③ 戴震：《书小雅十月之交篇后》，见张岱年主编：《戴震全书》（第六册），合肥：黄山书社，1995年，第231页。

④ 孙星衍：《尚书今古文注疏》，北京：中华书局，1986年，第36页。

也。其变几微而所动者大，谓之璇玑。是故璇玑谓之北极。"[①]戴震指出，先儒以汉以后之人的观点为说，失璇玑玉衡本来之义。后世之浑天仪仅是袭用古名。戴震据《周髀算经》之记载，指出璇玑为黄道极。"考之《周髀算经》，谓赤道极曰北正极，谓黄道极曰北极璇机。正北正极者，左旋之枢。北极璇机者，右旋之枢"。玉衡为准八节而设的衡界。"衡，横也，横界。冬夏至相距四十余度之间，古有分至启闭，谓之八节，准以设衡。"[②]"外衡冬至，内衡夏至，中衡春分、秋分，不相变革"。古人设璇玑玉衡审验天行，以见"日月之赢缩迟疾，皆有规法，于以见运行之机。至动有常，是以历数得而明之"[③]。凌廷堪认为戴震"璇玑玉衡"新说信而有征，"自汉太初以来，推步家不知有黄极，虽授时之精于测验，于黄极亦茫如也。至西人始发明之，儒者惊为创获，不知其名已见于《舜典》，其解已具于《周髀》，后人囿于传注，未之详也。戴氏之言，信而有征"[④]，故而拟为《璇玑玉衡赋》。戴震"璇玑玉衡"新说虽未必为定论，但可为汉及之前文献中"璇玑玉衡"的注释提供一助。

戴震于《句股割圜记》用功最勤。秦蕙田的《五礼通考》后屡见改易。他于《句股割圜记》篇终总结道："总三篇，凡为图五十有五，为术四十有九，记二千四百一十七字。因《周髀》首章之言，衍而极之，以备步算之大全，补六艺之逸简。治经之士于博见洽闻，或有涉乎此也。"[⑤]戴震于此明确交代了《句股割圜记》的创作目的，就是使治经之士有资于此。钱宝琮也曾指出，戴震《策算》乘、除题以《周易》二篇策数，焦延寿《易林卦》变，《汉书·律历志》度量衡制、律管长度、历法计算题为例；开方用《论语》"千乘之国"面积求方边题，《考工记》"轮人""磬氏"勾股求弦题为例，此书似"专为研治经史之士而作"[⑥]。钱宝琮依据戴震算书中所举例题，认为戴震算学研究服务于经典释读，此为的论。戴震尝直言："不知少广、旁要，则《考工》之器不

---

① 戴震：《尚书义考》，见张岱年主编：《戴震全书》(第一册)，合肥：黄山书社，1994年，第74～75页。

② 戴震：《尚书义考》，见张岱年主编：《戴震全书》(第一册)，合肥：黄山书社，1994年，第76页。

③ 戴震：《原象》，见张岱年主编：《戴震全书》(第四册)，合肥：黄山书社，1995年，第6～7页。

④ 凌廷堪：《拟璇玑玉衡赋序》，见张岱年主编：《戴震全书》(第七册)，合肥：黄山书社，1997年，第292页。

⑤ 戴震：《句股割圜记》，见张岱年主编：《戴震全书》(第五册)，合肥：黄山书社，1995年，第250页。

⑥ 钱宝琮：《戴震算学天文著作考》，见张岱年主编：《戴震全书》(第七册)，合肥：黄山书社，1997年，第628页。

能因文而推其制。”[①]为注解《周礼·考工记》，戴震运用算学知识绘制出名物图画，“翼赞郑学，择其正论，补其未逮。图傅某工之下，俾学士显白观之”[②]。戴震《考工记图》共绘制58幅图画，包括车舆、兵器、量器、宫室、礼乐之器等，图与注相互发明。

三、戴震天文历算研究对皖派朴学的影响

受“西学中源”思潮影响，戴震重视传统算学，但亦注意吸收西学成果，“能够巧妙地把西方科技知识融合到中国传统学术中去，使人‘以为其所固有’”[③]。戴震这一做法虽然受到部分后人的批判，例如钱宝琮指出：“戴震虽学于江氏，得西洋历算之真传，而所有论著则皆受时代思潮之影响，未能贯彻江氏实事求是之精神。”[④]但不可否认，戴震的天算研究在增加文化自信之同时，加速了西方三角学在国内的传播。此外，戴震整理校订传统算书，为乾嘉古算学的复兴奠定了基础。李开说：“明清之际，我国传统的研究因西学的传入而趋于中断，戴震崛起于日趋衰落的中法数学之坛，把传统数学的研究推向一个新的或许是最后一个高峰，这是数学史上弘扬民族文化的盛事。”[⑤]

受戴震天算研究的影响，其弟子及私淑弟子研究天算者较多，主要有孔广森、凌廷堪、焦循、阮元、汪莱、罗士琳、俞正燮、许如兰、江临泰、王贞仪等人。例如孔广森，因其父孔继汾为戴震至交，因而得随戴震游历而尽传其学。阮元记曰：“（孔广森）少曾师事休宁戴震，因得尽传其学。及官翰林，与窥中秘，得见王孝通《缉古算法》……由是精研九数，学益大进……巽轩生自圣裔，兼有师承，宜乎学贯天人矣。”[⑥]孔广森数学成就主要集中于《少广正负术内外篇》和批校的《测圆海镜》。他研究数学，注重代数方法和推理过程，使解题过程简明化。许义夫在研究了孔广森《少广正负术内外篇》的部分内容后总结道：“总的来说，孔广森的《少广正负术内外篇》还是有它的独到之处的，是一部在当时学习高次方程的解法及应用的较好教

---

① 戴震：《与是仲明论学书》，见张岱年主编：《戴震全书》（第六册），合肥：黄山书社，1995年，第371页。

② 戴震：《考工记图序》，见张岱年主编：《戴震全书》（第五册），合肥：黄山书社，1995年，第313页。

③ 徐道彬：《论戴震与西学》，载《自然科学史研究》2010年第2期。

④ 钱宝琮：《戴震算学天文著作考》，见张岱年主编：《戴震全书》（第七册），合肥：黄山书社，1997年，第626页。

⑤ 李开：《戴震评传》，南京：南京大学出版社，1992年，第222页。

⑥ 阮元：《畴人传》（下），上海：商务印书馆，1935年，第629～630页。

材。他的数学成就尽管不如后来的学者那么大……但是，他处于中国古代数学发掘整理的初期阶段，在当时对我国古典数学的复兴起了承前启后的作用。”①孔广森不仅致力于我国古典数学的复兴，而且吸收了西学传入的借根方法，做到融贯中西，裨益我国数学学科。

焦循私淑戴震，他认为：“徽州之学，自江文学永倡其先，戴庶常震、金殿撰榜、程孝廉方正瑶田踵而兴焉。江氏精西人法，戴氏饰以古《九章》《割圆》，故天文术算，与宣城梅氏相伯仲。”②焦循以戴震著作为蓝本，著有《释弧》三卷、《释轮》二卷、《释椭》一卷、《加减乘除释》八卷、《天元一释》二卷、《开方通释》一卷。其《释弧》一书被钱大昕盛誉为“于正弧、斜弧、次形、矢较之用，理无不包，法无不备”③。焦循认为：“名起于立法之后，理存于立法之先。理者何？加减乘除之错综变化也。”④焦循所说的理，即为加减乘除的运算法则。针对戴震算学专著的古奥难懂，焦循作《加减乘除释》，总结加、减、乘、除、分数和比例之理。他使用甲、乙、丙、丁等天干记录数字符号，使《加减乘除释》成为一部理论性数学专著。陈居渊认为，《加减乘除释》“不仅在传统数学研究领域有新的突破，而且在中国数学思想史上也有重大建树”⑤。

焦循接受了戴震以天算为解经之一助的思想，将其数学成就与其三世相传的易学研究结合起来，“以测天之法测易”。焦循于《易图略自序》中曰：“夫易，犹天也，天不可知，以实测而知。七政恒星，错综不齐，而不出乎三百六十度之经纬；山泽水火，错综不齐，而不出乎三百八十四爻之变化。本行度而实测之，天以渐而明；本经文而实测之，《易》亦以渐而明。非可以虚理尽，非可以外心衡也……十数年来，以测天之法测《易》，而此三者，乃从全《易》中自然契合。”又曰：“卦画之所之，其比例齐同，有似九数，其辞则指其所之，亦如句股割圆，用甲乙丙丁子丑等字，指其变动之迹，吉凶利害，视乎爻之所之，泥乎辞以求之，不啻泥甲乙丙丁子丑之义以索算数也……非明九数之齐同比例，不足以知卦画之行。”⑥焦循认为读《易》者应当如学算术者一样，求其法于甲、乙、丙、丁，不以空虚之理说之，否则就变成了庄子之《寓言》、佛氏之禅语。焦循不仅悟得《易》旁通之旨，还悟得九数的比

---

① 许义夫：《孔广森关于高次方程的应用》，载《自然科学史研究》1989 年第 2 期。

② 焦循：《石埭儒学教谕汪君孝婴别传》，见《雕菰集》，上海：上海古籍出版社，2010 年，第 235 页。

③ 阮元：《通儒扬州焦君传》，见《揅经室集》(上)，邓经元点校，北京：中华书局，1993 年，第 479 页。

④ 焦循：《加减乘除释自序》，见《雕菰集》，上海：上海古籍出版社，2010 年，第 189 页。

⑤ 陈居渊：《焦循 阮元评传》，南京：南京大学出版社，2006 年，第 159 页。

⑥ 焦循：《与朱椒堂兵部书》，见《雕菰集》，上海：上海古籍出版社，2010 年，第 140 页。

例之法，所以能窥见经传之微言奥义。正如王茂等所指出的，焦循“确是本着天文、数学的科学精神，努力从本经自身内部探索它的通则，而不附加以任何外来的东西。他企图把《易》学变成一门精确的学问，一如现时所谓‘硬科学’。从哲学史角度看，这无疑是一种重要的理论动向。其所以重要，在于它要打破传统学术在理论和方法上的模糊性、不确定性、随意性，而要把自然科学的精神灌注入《易》这样充满神秘色彩的学科之中。这是一种创新、一种突破”①。

阮元亦重视算术研究，他认为：“数为六艺之一。而广其用，则天地之纲纪，群伦之统系也。天与星辰之高远，非数无以效其灵。地域之广轮，非数无以步其极。世事之纠纷繁赜，非数无以提其要。”②所以他将天算纳入儒学的范畴，并于《畴人传序》中指出：“数术穷天地，制作侔造化，儒者之学，斯为大矣……术数之妙，穷幽极微，足以纲纪群伦，经纬天地，乃儒流实事求是之学，非方技苟且干禄之具。”阮元承继了戴震“西学中源”和“中西会通”的算学思想。他认为：“天文算数之学，吾中土讲明而切究者，代不乏人。”“吾中土之法之精微深妙，有非西人所能及者。”③中土算学在明季之前是超越西人的。由于明季学者空谈性命，不务实学，西人方才赶超中土。所以阮元也主张算学研究当中西会通、兼收并蓄，曰：“元尝稽考算氏之遗文，泛览欧逻之述作，而知夫中之与西，枝条虽分，而本干则一也。如地为圆体，则曾子十篇中已言之。七政各有本天，与郄萌日月不附天体之说相合……然则中之与西，不同者其名，而同者其实。乃强生畛域，安所习而毁所不见，何其陋欤？”④他于《畴人传・南怀仁》中指出西人熟于几何，所制仪象精审，所以测量天象更为准确，所以天算研究要会同中西，取其精华、去其糟粕。阮元主持编撰的《畴人传》46 卷，记述自黄帝以来杰出的天文学家、数学家 280 人，不仅包括中土学人 243 人，亦包括了西人 37 人，践行了会通中西、兼收并蓄的主张。《畴人传》于每人先叙其生平简历，次叙其学术特点，最后为编者评价。此外，《畴人传》还坚持了皖派朴学实事求是的治学精神，认为“河图洛书之数，传者非真。元会运世之篇，言之无据。此皆数学之异端，艺术之杨墨也”，所以凡“以妖星晕珥云气虹霓占验吉凶，及太一壬遁卦气风角之流涉于内学者，一概不收”。吴根友等指出，阮元明确将天算实学与具有迷信色彩的方技之学、应付科举的干禄之学区别开

① 王茂等：《清代哲学》，合肥：安徽人民出版社，1992 年，第 694 页。

② 阮元：《里堂学算记序》，见《揅经室集》（下），邓经元点校，北京：中华书局，1993 年，第 681 页。

③ 阮元：《畴人传》（下），上海：商务印书馆，1935 年，第 568 页。

④ 阮元：《里堂学算记序》，见《揅经室集》（下），邓经元点校，北京：中华书局，1993 年，第 682 页。

来，“表现出自然科学、技术类的知识在儒学门庭中不断展示其重要性并且朝向专业化发展的明显趋势，对于中国近代自然科学的引进与发展，起到了很好的文化铺垫作用”①。

自《畴人传》问世后的100年间，学者不断为之绍续，例如罗士琳作《畴人传续编》，增加了杨晖、元好问、钱大昕、凌廷堪等25人。诸可保作《畴人传三编》，增加了128人。黄钟骏父子作《畴人传四编》，增加了435人。“由阮元开其端，后经不断地增补完善，一部以中国科学家为主体的科技史就初步形成了”②。此外，为筹备《畴人传》的编著，阮元与入幕的焦循搜访算书，得《测圆海镜》《益古演段》等古籍，直接推动了中国古典算学的研究。

阮元曰：“九数为六艺之一，古之小学也。自暴秦焚书，六经道湮，后世言数者或杂以太一三式占候卦气之说。由是儒林之实学，下与方技同科，是可慨已。庶常以天文、舆地、声音、训诂数大端为治经之本，故所为步算诸书类皆以经义润色，缜密简要，准古作者，而又网罗算氏，缀辑遗经，以绍前哲，用遗来学。盖自有戴氏，天下学者乃不敢轻言算数，而其道始尊。然则戴氏之功，又岂在宣城下哉？”③戴震不仅缀辑数学遗经，具有“以绍前哲，用遗来学”之功，而且通过天算研究和传道授业，使天算学逐渐摆脱经学附庸地位，并不断理论化，成为独立的研究对象和学科门类。所以陈展云说：“虽然在东原以前，研究古算的并不乏人，不过论到贡献最大、影响后人最深的，三百年来，除了东原更没有第二个人。”④

第二节　戴震的水地方志研究特色及其影响

戴震曾语于是仲明曰：“至若经之难明，尚有若干事……不知古今地名沿革，则《禹贡》职方失其处所……凡经之难明右若干事，儒者不宜忽置不讲。”⑤《禹贡》为《尚书》中的一篇，其以山水为界，分天下为九州，兼记山脉、河流、土壤、物产等信息。戴震认为，不知古今地理沿革，就不能知晓《禹贡》所记的疆域所在。可见，戴震亦以水地研究为阐释六经之一助。

---

① 吴根友、孙邦金等：《戴震、乾嘉学术与中国文化》，福州：福建教育出版社，2015年，第821页。

② 陈居渊：《焦循 阮元评传》，南京：南京大学出版社，2006年，第434页。

③ 阮元：《畴人传》(下)，上海：商务印书馆，1935年，第542页。

④ 陈展云：《戴东原的天算学》，载《晨报副刊》1924年1月22日。

⑤ 戴震：《与是仲明论学书》，见张岱年主编：《戴震全书》(第六册)，合肥：黄山书社，1995年，第371页。

一、戴震的水地方志研究成果

戴震尝言："治经必分数大端以从事，各究洞原委，始于六书、九数，故有《诂训篇》，有《原象篇》，继以《学礼篇》，继以《水地篇》，约之于《原善篇》，圣人之学如是而已矣。"[①]《水地篇》是戴震计划创作的《七经小记》之一。戴震的水地研究著作主要有《水地记》《水经》；校订《水经注》；主修《汾州府志》《汾阳县志》。

据孔继涵记载，戴震于乾隆十九年(1754)前后作《水地记初稿》，曰："《水地记》乃戴东原先生二十余年前流传之稿底也，鱼门兄题云未定本。癸巳之夏，东原寓于洪刑曹素人兄处，见其所著《水地记》未曾编次，置一大簏中，手检以相示，及抄得是本。与东原语及，东原曰：'是草稿者，不足存也。'"[②]初稿本为六卷，卷一记山，以水为坐标，记录全国大山，并记其在县治的方位。卷二记秦四十郡、汉一百零三郡国，唐十道二百九十三州，主要介绍秦、汉和唐郡县的设置以及管辖范围的变化。以下分别记河水、济水、淮水和淄水等水，介绍各水流经地，主要依据《水经》及郦道元《水经注》，最后有摘自胡渭《禹贡锥指》的内容。《水地记初稿》盖为戴震写作《水地记》的准备资料。戴震以草稿者不足存，"遂出其已成之第一卷见付"[③]。定本《水地记》仅完成一卷，其以"河水"为纲，记述了起于河出之地"昆仑之墟"，终于"太行八陉"，记述了黄河流程的一半。《水地记》以《水经注》为主要引证材料，将其融于考述之中，并参以戴氏实地考察所得。戴震于《水地记》中曰："余以己丑年游其地，登吕梁、黄栌、薛颉、狐岐及汾东绵山，亲所经见，乃晓然于《禹贡》之文。"[④]清人王宗炎盛赞戴震实地考察的做法，曰："目验心稽，实事求是。虽未成之书，实胜于程大昌之《禹贡山川地理图》也。"[⑤]段玉裁也称赞戴震《水地记》"固将合天下之山为一山，合天下之川为一川。而自《尚书》、《周官》、《春秋》之地名，以及战国至今，历代史志建置沿革之纷错，无不依山川之左右曲折，安置妥帖，至赜而不乱……使经之

---

① 段玉裁撰、杨应芹订补：《东原年谱订补》，见张岱年主编：《戴震全书》(第六册)，合肥：黄山书社，1995年，第705页。

② 段玉裁撰、杨应芹订补：《东原年谱订补》，见张岱年主编：《戴震全书》(第六册)，合肥：黄山书社，1995年，第664页。

③ 戴震：《水地记》，见张岱年主编：《戴震全书》(第四册)，合肥：黄山书社，1995年，第401页。

④ 戴震：《水地记》，见张岱年主编：《戴震全书》(第四册)，合肥：黄山书社，1995年，第422页。

⑤ 王宗炎：《〈水地记〉一卷》，见谭其骧主编：《清人文集地理类汇编》(第5册)，杭州：浙江人民出版社，1988年，第428页。

言地理者，于此稽焉”[①]。

据程瑶田《五友记》记载，戴震于乾隆十五年(1750)就有整理《水经注》的愿望，戴震曰：“《水经》郦道元《注》亦如《太傅礼》，人所不治者，其《经》《注》之错互，字句之讹脱，与《太傅礼》无异……而文章之古，益以转写之讹，人望之如蚕丛未辟者，然是皆不可不治其芜杂，使就条理。”[②]乾隆三十年(1765)戴震写成《水经》一卷，并记曰：“夏六月，阅胡朏明《禹贡锥指》引《水经注》，疑之，因检郦氏书展转推求，始知朏明所由致谬之故，实由唐以来《经》、《注》互讹……书中类此者不胜悉数，今得其立文定例，就郦氏所注，考定《经》文，别为一卷。兼取《注》中前后倒紊不可读者，为之订正，以附于后。”[③]《水经》一卷，由《水经》《附考》《后记》三部分组成，另附作者“以河江为纲，按地望先后”而考定的《水经》所记之一百二十三水的新次序，由此，国家图书馆藏的另一抄本即题名为《水经考次》[④]。《水经》是从《水经注》中析出的一百二十三水的全部经文。《附考》是对《河水》《淇水》《易水》《濕水》《穀水》《渭水》《颍水》《沔水》《江水》诸篇错乱经文、注文的考正。《后记》总结分辨《水经注》经文与注文的四大义例，简述《水经注》流传及致误之由，以及分卷和作者问题。

《水地记》《水经》的写作为戴震晚年校订《水经注》奠定了基础。据《戴东原先生年谱》记载，乾隆三十七年(1772)，戴震主讲浙东金华书院，“刊自定《水经注》，至癸巳，未及四分之一，而奉召入都矣。后在都踵成之……与聚珍板同时而出者也”。聚珍板即乾隆题诗的武英殿聚珍本。杨应芹师指出，武英殿聚珍本与自刻本的不同之处有：一、殿本分为四十卷，而自刻本则破卷立篇，以《水经注》现存的一百二十三条河流为篇；二、殿本随文案校，自刻本没有校语；三、殿本的注文不分段，自刻本则适当分段[⑤]。戴震自刻本代表了自己的意志，显示了戴震水地研究思想和径直改正的校勘特色。

---

① 段玉裁撰、杨应芹订补：《东原年谱订补》，见张岱年主编：《戴震全书》(第六册)，合肥：黄山书社，1995年，第704～705页。

② 程瑶田：《五友记》，见张岱年主编：《戴震全书》(第七册)，合肥：黄山书社，1997年，第40页。

③ 段玉裁撰、杨应芹订补：《东原年谱订补》，见张岱年主编：《戴震全书》(第六册)，合肥：黄山书社，1995年，第675～676页。

④ 杨应芹：《戴震与水经注》，载《江淮论坛》1995年第3期。

⑤ 杨应芹：《御用之作与独立研究的终极成果——戴震两种不同版本的〈水经注〉》，载《文史哲》2014年第2期。

二、戴震本于山水条理的水地方志研究特色

针对程朱理学“理也者，形而上之道也，生物之本也；气也者，形而下之器也，生物之具也”①，戴震指出世界乃客观的物质世界，气是生物之本，根本不存在一个形而上的理。“理者，察之而几微必区以别之名也，是故谓之分理；在物之质，曰肌理，曰腠理，曰文理；得其分则有条而不紊，谓之条理”②。戴震认为理乃专属客观世界的不易之则。“举凡天地、人物、事为，虚以明夫不易之则曰理”③。侯外庐指出：“就世界观的含义来说，戴震的‘理’是指事物本身所固有的规律或条理。”④这个天地、人物、事为的客观条理需要通过对事物本身的剖析至微，从而发现一个事物区别于另一个事物的根本属性。戴震的条理哲学面向现实，他在实践中通过对研究对象的条分缕析、分析至微，掌握研究对象的不易之则，因而取得了令人瞩目的成就。

具体到水地方志研究，戴震的条理哲学体现在对山水地望的考察、对《水经注》行文规律的把握，以及对方志地理沿革的梳理。考察地望就是考察山川的自然形势，即“因川源之派别，知山势之逶迤，高高下下，不失地防”⑤。具体而言，就如戴震于《汾州府志例言》中所言：“以水辨山川之脉络，而汾之东西山为干为枝，为来为去，俾井然就叙。水则以经水统其注入之枝水，因而遍及泽泊、堤堰、井泉，高高下下，不失地防……令众山如一山，群川如一川。”⑥戴震最早的水地研究著作《水地记》，虽是未完成之作，但是对河、济、淮三水的考源述流，已体现了戴震“固将合天下之山为一山，合天下之川为一川”⑦的考察地望的水地研究思想。戴震对《水经注》的校勘和研究更是体现了其注重条理的治学思想。

《水经注》至唐宋时期已经残缺紊乱，经文多误入注文中，注文多误为经文。校改者往往以臆妄改，所以讹误更甚。戴震条分缕析，分辨出经文

① 朱熹：《晦庵先生朱文公文集》，见朱杰人、严佐之、刘永翔主编：《朱子全书》(第23册)，上海：上海古籍出版社，合肥：安徽教育出版社，2002年，第2755页。

② 张岱年主编：《戴震全书》(第六册)，合肥：黄山书社，1995年，第151页。

③ 张岱年主编：《戴震全书》(第六册)，合肥：黄山书社，1995年，第89页。

④ 侯外庐：《中国思想史纲》(下)，北京：中国青年出版社，1981年，第126页。

⑤ 段玉裁撰、杨应芹订补：《东原年谱订补》，见张岱年主编：《戴震全书》(第六册)，合肥：黄山书社，1995年，第704页。

⑥ 戴震：《汾州府志例言》，见张岱年主编：《戴震全书》(第六册)，合肥：黄山书社，1995年，第581～582页。

⑦ 段玉裁撰、杨应芹订补：《东原年谱订补》，见张岱年主编：《戴震全书》(第六册)，合肥：黄山书社，1995年，第704～705页。

和注文行文的四大义例：一是经文开始说明某水所出，以下不再列举水名，而注文详及所纳群川，所以一水之名，屡次列举。二是经文叙次各水所经过的郡县，而注文内详列水历委曲。三是经文仅说出某县，而注文因时代的更迭，旧县或湮或移，所以常称“某故城”，而经文没有称“某故城”的。四是经文云“过”，而注文云“迳”。戴震对《水经注》行文四大义例的总结，为校订《水经注》讹误、区别经文与注文确立了总原则。例如《经》曰“河水又北过北地富平县西”，戴震按照“《水经》立文，首云某水所出，以下不复重举水名”的义例，指出：“‘河水’二字，后人所加。”又如《经》曰“大河又东北迳高唐县故城西”，戴震按照“《注》既附《经》，是以云‘迳某县故城’，《经》无有称‘故城’者也”的义例，指出：“此《注》文误为《经》者也。”①戴震按照《水经注》行文义例校订讹误、辨别经文和注文，这只是研究《水经注》的基础工作，戴震还要按照其水地研究思想令《水经注》中群川如一川。其于自刻本《水经注序》中曰：

> 《崇文总目》“《水经注》亡者五卷”，今所传即宋之残本，后人又加割裂以傅合四十卷之数。如《注》文“江水又东迳巫县故城南”，《注》讹列为《经》，遂与《经》文“又东过巫县南”割分异卷。《唐六典·注》云：“《水经》所引天下之水百三十七。”今自河水至斤员水，凡百二十三，应脱逸十有四水，盖在五卷中者也……今以某水各自为篇。北方之水，莫大于河，而河以北、河以南众川，因之得其叙矣。南方之水，莫大于江，而江以北、江以南众川，因之得其叙矣。惟以地相连比，篇次不必一还其旧，庶乎川渠缠络，有条而不紊焉。②

《水经注》已脱逸五卷十四水，后人割裂卷次以傅会四十卷之数，戴震欲还其旧貌，但苦于“无复据证”，所以他的自定本《水经注》以某水各自为篇，北方之水依照河以北、河以南叙其次序；南方之水依照江以北、江以南叙其次序，使众川以地相连比，有条而不紊。正是这种按照山川自然形势研究水地的思想，使得分篇本《水经注》“虽遵修旧文，不增一语，固晓然如视掌文矣”③。

---

① 戴震：《手校水经注批语》，见张岱年主编：《戴震全书》（第六册），合肥：黄山书社，1995年，第558、562页。

② 戴震：《水经郦道元注序》，见张岱年主编：《戴震全书》（第六册），合肥：黄山书社，1995年，第323～324页。

③ 戴震纂次、杨应芹点校：《分篇水经注·孔序》（第一册），合肥：黄山书社，1995年，第1页。

戴震的条理思想在方志编修中具体体现为严考地理沿革，厘清一地的历史条理；不守陈规，根据方志的条理对编纂体例和地图绘制方法进行大胆创新，从而加强了志书的科学性和实用性。

戴震于《汾州府志例言》和《汾阳县志例言》中阐释了自己方志编修的独到见解。他认为，方志是记录一方情况的史志，有今就有古，编修方志首先要明确一地的古今沿革。他于《汾州府志例言》中曰："志之首，沿革也。"①"沿革不明，则志中述古，未有能免于谬悠者。"②沿革不明，编修者虽然"勤求经史，犹眩若棼丝也，同名异地，未能证实，杂取其人与事于篇，谓免识者之讥，难矣"③。州县的置废分合，名实交错，异常复杂。如果不能详实考订地理沿革，仅以地名收罗典籍，必然会取彼地人物、事件置于此地，而此地人物、事件失于记载，故而不能客观呈现一地的历史真实。所以戴震说："沿革定而上考往古，乃始无惑。"④他所编修的《汾州府志》充分体现了他重沿革的修志思想。该书详细考证了汾州府境自《禹贡》记载以来，历周、春秋、七国、秦、汉、魏、晋、隋、唐、宋、元、明及清各朝的行政规划以及府境所属州郡，订正以前志书不考沿革的疏漏。例如戴震指出，晋时太原不同于《诗经》中的太原；北魏中都与汉中都相去甚远；北魏太和十二年(488)改吐京镇为汾州，汾州之名自是始也，而汾州治蒲子镇，非今府境；汾阳之为县名，汉及隋唐皆非此地，今汾阳县名即起于明万历二十三年(1595)。此皆同名异地之例，不加考证辨析，便会以此地为彼地。又有一地异名之例。例如他在《汾阳县志例言》中指出："是县境邃古之初以迄后代，有西河、汾州、汾阳三名，同地并称也。"⑤沿革的考订，可以使读志者"披览图志，与读史相表里者也。而一州一县咸各有志，俾沿革山川见历代史者，于此可稽。因以近察政之体要，民之利病，故非通古今，明吏治，则撰次概不足观"⑥。

戴震修志详考地理沿革，特色鲜明，被后人称为"地理派"。中国地方史志协会称"地理派主张志书是地理书，志书的内容偏重于地理方面，但是在疆域、沿革、山川等方面，记载与考据颇详，在学术上有较高价值"⑦。

虽然戴震曾说"夫志以考地理，但悉心于地理沿革，则志事已竟"，但是

---

① 张岱年主编：《戴震全书》(第六册)，合肥：黄山书社，1995年，第580页。
② 张岱年主编：《戴震全书》(第六册)，合肥：黄山书社，1995年，第585页。
③ 张岱年主编：《戴震全书》(第六册)，合肥：黄山书社，1995年，第507页。
④ 张岱年主编：《戴震全书》(第六册)，合肥：黄山书社，1995年，第581页。
⑤ 张岱年主编：《戴震全书》(第六册)，合肥：黄山书社，1995年，第585页。
⑥ 张岱年主编：《戴震全书》(第六册)，合肥：黄山书社，1995年，第510页。
⑦ 中国地方史志协会编：《中国地方史志论丛》，北京：中华书局，1984年，第310页。

他“于沿革之外，非无别裁卓见者也”①。为编修大明志书，明永乐年间两次颁布修志条例，统一方志规格、体例。条例规定志书应该包括建置沿革、分野疆域、城郭、山川、镇市、土产、贡赋、风俗、户口、学校、军卫、郡里廨舍、寺观、祠庙、桥梁、古迹、宦迹、人物、仙释、杂志、诗文等 21 项。该条例成为后世修志的固定范式。戴震不墨守成规，认为“修志不贵古雅。余撰《汾州》诸志，皆从世俗，绝不异人，亦无一定义例，惟所便尔”②。例如他编修《汾州府志》，篇目定为：地图、沿革、星野疆域、山川、城池、官署、仓廒、学校、坛壝、关隘、营汛、驿铺、户口、田赋、盐税、宦积、食封、流寓、义行、科目、仕实、烈女、祠庙、事考、杂识、艺文。戴震于《汾州府志例言》和《汾阳县志例言》中详细说明了作此安排的缘由。志书首呈地图，因为地图与志书相为表里，可参照阅读。次考地理沿革，沿革定则述古不至于讹谬。例如汾阳名县始于明万历中，然而旧志未经细考，便以隋之汾阳宫、唐之汾阳郡为县境故实。戴震虽以为星野之说虚而不实，仍附于沿革之后，目的在于存其梗概，以见傅会之非。疆域次于星野之后，疆域辨则东西南北广袤可见、山川可得纪。山川次于疆域，本天地之自然，然后农政水利系之。城池、官署至盐税皆为官事，政之大体、民之利弊系于此。职官、名宦至烈女九者，为一境之内的往事，可以之为鉴。古迹、冢墓、祠庙、事考、杂识、艺文存以备稽古者检之③。志书的功用在于“近察政之体要，民之利病”，凡无关于政事、民生的项目皆可以删减调整。“至若志之俗体，凑合八景、十景，绘图卷首，近来名手颇有知为陋习，宜削去者。星野之载步天歌及星图，均属陋习。又如每篇有小序，序皆通套语，近来亦有删去不用者矣”④。戴震又曰：“旧志人物门类，乃首名僧，余欲删之，而所载实事，卓卓如彼，又不可去……他志编次人物之中，无识甚矣。余思名僧必居古寺，古寺当归古迹，故取名僧事实，归之古迹，庸史不解此创例。”⑤其他如以星野附于沿革之后，不特列目；山川附载济渡、桥梁；关隘、营汛附于城池等，皆反映了戴震编志以实用为本、以类相从的思想。其弟子段玉裁“曾节抄《府志》例言、图表、

---

① 章学诚：《记与戴东原论修志》，见《文史通义》，罗炳良译注，北京：中华书局，2012 年，第 1380 页。

② 章学诚：《记与戴东原论修志》，见《文史通义》，罗炳良译注，北京：中华书局，2012 年，第 1375 页。

③ 张岱年主编：《戴震全书》(第六册)，合肥：黄山书社，1995 年，第 580～589 页。

④ 张岱年主编：《戴震全书》(第六册)，合肥：黄山书社，1995 年，第 537 页。

⑤ 章学诚：《记与戴东原论修志》，见《文史通义》，罗炳良译注，北京：中华书局，2012 年，第 1380 页。

沿革、星野、疆域、山川、古迹，将付诸梓，以为修志楷式”[①]；《续修四库全书提要》也盛赞戴震编修的《汾州县志》“一扫前志之荒芜，纲举目张，诚方志中之善本也”。

旧志体例，在沿革、疆域之后，次之城郭，然后次之山川。即使如清代水地研究成就卓越的大家顾祖禹、阎若璩、赵一清等，也都按照传统的研究定势——先郡国而后山川。戴震认为先城郭而后山川的研究思路不符合自然之条理。自然中的山川有自然之条贯，“山自合而分，其来也有脉络条贯，是谓地防；川自分而合，界乎两山之间，循其地防者也”[②]。“因川源派别，知山势之逶迤，高高下下，不失地防”[③]。首先了解山川形势，山川形势既定，求其沿岸城郭，即使已迁徙流移，也有迹可寻。“今古迁移，不可究诘。治斯学者，因川原之派别，知山势之逶迤。由山镇之阴阳，水行所迳过，知州郡之沿革迁徙。大凡水之上流，川出于两山之间，历千百年如其故道，至其委流，地平衍而土疏斥，不数岁辄迁徙不常”[④]。戴震编修《汾州府志》《汾阳县志》皆先山川，次之城郭，因山川而求其郡县。“以水辨山之脉络，而汾之东西山为干为枝，为来为去，俾井然就叙。水则以经水统其注入之枝水，因而遍及泽泊、堤堰、井泉，高高下下，不失地防，兴水利，除水患，从是求之，思过半也。故兼及自昔以来引渠灌溉之法，筑防疏浚之功，备详其下，令众山如一山，群川如一川，府境虽广，山川虽繁，按文而稽，各归条贯”[⑤]。

戴震“以山川为主求其郡县”的思想与其《水地记》《水经注》研究思想一脉相承。李开以为，戴震的“‘以山川为主’，就是以大地来研究地理，这就能把对象的研究置于科学的基础上，这是完全正确的科学思想。在‘山川为主’中戴震又更深层地处理山和水的关系，他是以水领山的……‘山川为主，以水领山’，这就是戴震的地理学思想，也是《水地记》的指导思想。这一指导思想使戴震的水地研究除了为解经服务外，还成为独立的研究对象和门类科学”[⑥]。

---

① 张岱年主编：《戴震全书》(第六册)，合肥：黄山书社，1995 年，第 684 页。

② 张岱年主编：《戴震全书》(第六册)，合肥：黄山书社，1995 年，第 586 页。

③ 张岱年主编：《戴震全书》(第六册)，合肥：黄山书社，1995 年，第 324 页。

④ 洪榜：《戴先生行状》，见张岱年主编：《戴震全书》(第七册)，合肥：黄山书社，1997 年，第 8 页。

⑤ 戴震：《汾州府志例言》，见张岱年主编：《戴震全书》(第六册)，合肥：黄山书社，1995 年，第 581～582 页。

⑥ 李开：《戴震评传》，南京：南京大学出版社，2002 年，第 117～118 页。

戴震认为："地图及沿革表，志开卷第一事也。"①方志中县境图表最紧要，故其尤重地图之绘制。因为"作图无法，则失其实，检图考地适足滋惑"，戴震作图"先布方格，然后按其山之方向远迩，水之委曲流注，不使图与形势或爽"②。他的地图制作仍沿用了其以山川求郡县的思想。山川定而后城池、关隘等依山川形势而设，有条而不紊。为准确显示府州县治的方向里数，戴震画方计里。段玉裁回忆说："见先生自画地图，白纸红格，每格方减寸许，画方计里，用晋裴秀法，而里数之远近，即可计北极之高下。凡直省、府、厅、州、县、方乡，四至八到，无少差误。"③这样，一境之高下远近敛于一纸之内。戴震将作图之法推荐给弟子段玉裁，说："县境图最紧要，须用方格，每方几里，方向里数，必大致可稽。一注明山名、水名，一注明村庄之名。恐太繁碎，同样绘二图，分注曰'县境山川图'、曰'县属村镇图'……村镇必分八到，注明距县治里数。铺驿则注明某铺至某铺、某驿至某驿，两头递交里数，使考古知今，藉此为据。"④"县境山川图""县属村镇图"的分绘可以使地图简洁明了、脉络分明。科学方法的运用使戴震所绘地图少有差错。

三、戴震水地方志研究对皖派朴学的影响

戴震重视山水条理、严考地名沿革以及以适用为本的水地方志思想，对皖派学者焦循和阮元的影响较大。嘉庆十一年(1806)，焦循受时任扬州知州伊秉绶的聘请，与阮元等编《扬州图经》《扬州文粹》，后因伊秉绶调任而中辍，焦氏将所辑文献编为《扬州足征录》二十七卷。继任知州姚秋农重修《扬州府志》，焦氏亦参与纂修。此外，焦循著有《北湖小志》⑤六卷、《邗记》六卷，记述扬州一地风土。

受戴震影响，焦循编纂方志重视地理沿革的考订，认为"郡志为土地之书，宜先释地"⑥。例如他在致阮元的信中，指出《项羽本纪》"东阳令史陈

---

① 戴震：《汾州府志例言》，见张岱年主编：《戴震全书》(第六册)，合肥：黄山书社，1995年，第584页。

② 戴震：《汾州府志例言》，见张岱年主编：《戴震全书》(第六册)，合肥：黄山书社，1995年，第589页。

③ 段玉裁撰、杨应芹订补：《东原年谱订补》，见张岱年主编：《戴震全书》(第六册)，合肥：黄山书社，1995年，第709页。

④ 戴震：《与段茂堂等十一札》，见张岱年主编：《戴震全书》(第六册)，合肥：黄山书社，1995年，第537页。

⑤ 焦循的《北湖小志》被阮元评为"足觇史才"。阮元：《〈扬州北湖小志〉序》，见《揅经室集》(上)，邓经元点校，北京：中华书局，1993年，第391页。

⑥ 焦循：《上郡守伊公书》，见《焦循全集》(第13册)，扬州：广陵书社，2016年，第5883页。

婴起兵事”和“封项伯为射阳侯事”中东阳和射阳两地名问题。焦循依据《通典》《汉书》《后汉书》的记载，详细考订东阳和射阳的区治沿革，并指出：“地之沿革，有名改而地是者，平安之为宝应是也；有名是而地非者，江都之为仪征是也；有本为此地而今分者，如海陵以南，今为靖江、太兴是也；有本非此地而合者，如东阳之合于海陵，射阳之合于宝应是也……凡疆域所在，其犬牙分合，有迹可考者，似均宜详核而不可遗弃。”[①]疆域犬牙分合、似是而非，修志者需要详加考核。由于“事远年湮，咨询莫及，既不可见，复不可闻，无可奈何，乃检之故籍，以求十一于千百……且古书具在，学者剌取之，皆可成书，而见闻可及，略之不言，日愈多而事愈湮矣”。年远事湮，古籍便是考核的依据，但是据以考核的材料，例如《通典》《元和郡县志》《太平寰宇记》等书记载的地理沿革，也要详审之再引以为据；此外，还要实地考察，访于时人，据实记录，“不厌于详，不嫌于琐”[②]。在焦循看来，修志不仅要考核地名沿革，水名、寺观、桥冢、亭榭名称的沿革也要考证清楚。焦循指出，《河防》附于《山川》不妥，当作《河渠略》一门。“循细究水道诸书，其涵洩闸坝之名，多不相合。或古有今废，或古无今立。自雍正后七八十年，又不知更换几许，必得将见在情形明白，否则不可作此略也。”又曰：“凡寺观、桥冢、亭榭等，虽见于书，今实不知所在者，别为《古迹考》一篇。地理沿革，亦别作《沿革考》一篇。”[③]

对地名、水名、寺观、桥冢、亭榭名称沿革的考核，是皖派朴学实事求是的考据精神在修志中的运用和体现。考据家事事不苟，为确认高家桥是否为曾都转所造，焦循细为履访，继而指出：“此高家桥并非曾都转所造，都转所造之桥，乃蓝家沟之桥，在此桥之西南，循亲往看之，其桥旁有碑，载明曾老太太出银云云。此桥不跨沙河，若高家桥于都转毫无涉也。”[④]至于方志中的人物更应“宜各举所知，未可以一人之闻见囿也”。例如“明季殉节之人，须与《明史》互校，《明史稿》与《明史》终有不同”[⑤]。

戴震修志摒弃总结八景、十景之陋习，以实用为本，故绘制地图，使阅

---

① 焦循：《丙寅手札·与阮芸台先生(正月二十七日)》，见《焦循全集》(第13册)，扬州：广陵书社，2016年，第6232页。

② 焦循：《上郡守伊公书》，见《焦循全集》(第13册)，扬州：广陵书社，2016年，第5883～5884页。

③ 焦循：《丁卯手札·与阮芸台先生(二月初八日)》，见《焦循全集》(第13册)，扬州：广陵书社，2016年，第6242～6243页。

④ 焦循：《丙寅手札·与阮芸台先生(十二月十四日)》，见《焦循全集》(第13册)，扬州：广陵书社，2016年，第6240页。

⑤ 焦循：《己巳手札·与秦太史(三月十七日)》，见《焦循全集》(第13册)，扬州：广陵书社，2016年，第6258页。

者一目了然。焦循作《北湖小志》，阮元为其刻印，并建议在卷首增图。此时，焦循因要编纂《扬州府志》，精力不足，遂嘱托同乡欧阳锦完成此事。欧阳锦为了此志，“往来高邮天长界上，求诸山涧入湖之道”①，进行实地探勘，绘制出了北湖地理图。焦循核查之后，编次为六幅水地图，又作十幅名胜旧迹图。由是，共计十六幅，定为一卷，即为今《北湖小志》卷首。“这六幅水地图为后人更为直观地了解北湖地区当时的水陆形势与地域分布提供了便利，同时也有利于更好理解《北湖小志》卷一《叙水上》《叙水下》《叙地》对北湖地理的叙述”②。

阮元不仅襄助焦循方志写作，他本人也直接或间接参与编修了几部方志，主要有《广东通志》《扬州府志》《云南通志稿》《嘉兴府志》《仪征县志》等。阮元的水地方志思想受戴震影响颇深，其所撰《云南通志稿》也依山川条理，纲举目张。其于该书《凡例》中指出：“谨依《山海经》《水经注》之例，每山每水必究其脉络源流，提纲于前，分目于后，而水道则目中又有目，庶几有条不紊，爽若列眉。”③王先谦高度评价阮元这一做法，以为“文达水地之学，旷古无俦”，“《通志稿》，实宝书也”④。

戴震自称其修志“聊以法古人详于民事之意”⑤，不守陈规，以实用为本。阮元继承了戴震修志不固守义例、凡关切国计民生的事项即详细记录的做法，针对不同地域特点设立不同的类目。例如他主持的《广东通志》设置《舆地略》《山川略》《关隘略》《海防略》《建置略》《经政略》等类，详述疆域、气候、户口、风俗、物产、学校、津梁等关切国计民生的事项，特别是他在《关隘略》后增加《海防略》，反映了广东的地方特色。广东海岸线狭长，为防止海盗的侵扰，一直在各关防要塞设有炮台等军事设施，海防是广东的一件大事。《关隘略》分东路、中路、西路、兵船、水忌等目，详细论述了历代广东海事、要塞关防和攻守战事，并绘图 20 张，让人对广东海域的地理形势、军事要点和炮台分布情况一目了然。又如，针对广东外国旅居人口较多之现实，阮元于人物传记里增列《外番》一目，叙述旅居人口的宗教信仰、风俗习惯和语言器物等信息。阮元修撰的《云南通志稿》于《食货志》中专列《盐法》和《矿厂》两目。他于该书《凡例》中指出：“盐法、矿厂为滇南大

---

① 闵尔昌：《焦里堂先生年谱》，北京：北京图书馆出版社，1999 年，第 53 页。

② 杨丹：《焦循方志编撰与文学活动之关系研究》，西华师范大学硕士学位论文，2020 年，第 61 页。

③ 阮元等：《云南通志稿》，道光十五年（1835）刻本。

④ 《中华文史论丛》增刊《艺风堂友朋书札》（下），上海：上海古籍出版社，1980 年，第 46 页。

⑤ 戴震：《重修孝义县志序》，见张岱年主编：《戴震全书》（第六册），合肥：黄山书社，1995 年，第 451 页。

政，尤宜详载。盐法有旧章新法，矿厂有现采已封，金、银、铜、铁各厂并京铜采买鼓铸诸例，俱不可缺。”[①]盐业、矿业是云南两大主要产业，《盐法》和《矿厂》两目反映了云南地域的民生特色。又如，云南为我国少数民族聚居地，《云南通志稿》增设《南蛮志》和《土司》，皆为不守旧志义例、灵活设目的体现[②]。

戴震认为沿革表及地图乃志书开卷第一事，成为地理派的代表。阮元继承了以戴震为首的地理派的做法，重视郡县沿革的考订。他于道光《云南通志稿》的《凡例》中言：“总目首天文；志书天文而外，地理最重，故次之；天文地理本于天成，若人事则以建置为首，故又次之。”阮元主持纂修的《广东通志》第三至九卷为郡县沿革表，参验史志群籍考订地名沿革，而又重视地图的绘制。阮元认为：“古人不曰志而曰图经，故图最重。宋王中行等《广州图经》不可见矣，今则一县一州为一图，沿海洋汛又为长图，按册读之，粲然毕著矣。”[③]《广东通志》共绘制省图1幅，府、直隶州、厅图16幅，散州县图89幅，并附有海防图20幅。为保证舆地图的准确无误，阮元采取以小聚大的方式。“《图说》者，以一邑分四乡，以四乡分都图，每一地保所管之地绘为一图，周回径直不过二、三里耳。图内为说曰，东西南北至某处，有某山，与何处相连，有某水、某路，自某处来，自某处去，所管之地有某村、某桥、某庙、某墓。聚十数地保之图，即成一乡聚，四乡即成一邑。一邑之图说须以数十纸计，而城池、庙宇、街巷更在此外。此所以为图经也。”[④]阮元督学浙江时，详考《禹贡》中提到的“三江”和浙江河道的古今变迁，绘图10幅，著为《浙江图考》，“博稽古籍，亲履今地，引证诸说，图以明之，用告学者，请勿复疑”[⑤]。阮元图与说相为表里的做法，同戴震“立度辨方之文，图与传注相为表里者也”[⑥]的思想一脉相承。

戴震修志，不仅不固守义例，以国计民生为重，还重视地理沿革、地图绘制，成为乾嘉时期著名的地理派代表。阮元继承了戴震主导的地理派的修志思想，同时还融汇了章学诚主导的历史派重视人事的做法，以“人事与

① 阮元：《云南通志稿》，道光十五年(1835)刻本。

② 舒习龙：《水地之学 旷古无俦——阮元历史地理学思想与实践》，载《盐城师范学院学报(人文社会科学版)》2012年第3期。

③ 阮元：《重修广东省通志序》，见《揅经室集》(上)，邓经元点校，北京：中华书局，1993年，第589页。

④ 阮元：《扬州府志事志氏族表图说三门记》，见《揅经室集》(上)，邓经元点校，北京：中华书局，1993年，第582页。

⑤ 阮元：《浙江图考上》，见《揅经室集》(上)，邓经元点校，北京：中华书局，1993年，第267页。

⑥ 戴震：《考工记图序》，见张岱年主编：《戴震全书》(第五册)，合肥：黄山书社，1995年，第313页。

地理相为经纬”[1]，形成了“兼史家之三长，考地理于千古”[2]的方志思想，故其所修之志，为学界所推崇，成为后世志书的楷式。

① 阮元：《扬州府志事志氏族表图说三门记》，见《揅经室集》（上），邓经元点校，北京：中华书局，1993年，第581页。

② 阮元：《泰山志序》，见《揅经室集》（上），邓经元点校，北京：中华书局，1993年，第537页。

第六章　皖派宗师戴震与皖派朴学

清代考据学之鼎盛可与汉代经学、隋唐佛学和宋明理学相提并论，梁启超称此四者“确能成为时代思潮者”①。清代考据学以其质朴的学风而被名为“朴学”。朴学分吴、皖两派，又以皖派为盛。皖派朴学发轫于明末清初的江永。江永治学于“古今制度及钟律声韵，无不探赜索隐，尤深于三礼及天文地理之学”②。凡实用之学，他多有涉猎。江永执教不疏园时，戴震、程瑶田等好学之士纷至沓来。他们或传其师《三礼》之学，或传小学、典制之学，而戴震独得其全。他们皆秉承了实事求是的治学态度和实学考据的治学方法。治学宗旨、治学态度和治学方法等要素的确立，标志着皖派朴学的形成。及戴震避仇入都，学者或信服而交友之，或师事之，或私淑之，经过师友的笃守与广传，戴震倡导的情感哲学、因声求义的训诂学以及勇于改字的校勘学等，皆发展为独立的学科，并取得累累硕果，戴震亦获得“皖派宗师”之称。皖派朴学在戴震的引领下终于突破地域限制，成为有清一代显赫的学派。

第一节　求学不疏园，皖派朴学矩矱形成

戴震少年博学，十六七岁便已打下坚实的小学根基，于《十三经注疏》能全举其辞。他有志于闻道，以为“非求之六经、孔、孟不得，非从事于字义、制度、名物，无由以通其语言”③，走上了由词通道之路。同邑学者程恂一见戴震便钟爱之，以为“载道器也”。经程恂的推荐，戴震得到大师江永的指点。“婺源江慎修先生永治经数十年，精于《三礼》及步算、钟律、声韵、地名沿革，博综淹贯，岿然大师。先生一见倾心，取平日所学就正焉”④。戴震《答江慎修先生论小学书》列举前人转注之谬说，提出六书“四体二用”

① 梁启超：《清代学术概论》，上海：上海古籍出版社，2005年，第1页。

② 《江永》，见《清史列传》卷六八，北京：中华书局，1987年，第5490页。

③ 段玉裁撰、杨应芹订补：《东原年谱订补》，见张岱年主编：《戴震全书》（第六册），合肥：黄山书社，1995年，第652页。

④ 段玉裁撰、杨应芹订补：《东原年谱订补》，见张岱年主编：《戴震全书》（第六册），合肥：黄山书社，1995年，第653页。

说，江永深以为然，曰："众说纷纭，得此论定，诚无以易。"[①]在名师的指点下，戴震学业益进。在求学不疏园之前，戴震已小有成就，作有《筹算》一卷、《六书论》三卷、《考工记图》两卷、《转语》二十章、《尔雅文字考》十卷、《屈原赋注》九卷。江永一日举历算中数事问戴震，戴震详为剖析，江永惊喜，叹曰："累岁之疑，一日而释，其敏不可及也。"[②]

正如汪灼所言："先生（戴震）名成于征聘而学之成原于两馆余家。当是时，室人无北门之叹，又得通博艺林。"[③]汪灼祖辈乐善好施，建立不疏园，收藏大量典籍，而又延请大师讲学其中。乾隆十七年（1752），园主汪梧凤延请戴震来园课其子辉与灼，时江永亦执教不疏园。戴震一面课童，一面求学于江永，于"秦、汉之书无不读，随读研究，析疑义，明制度，岂非考之约而览之博与"[④]。当时同问学于江永者还有汪梧凤、程瑶田、汪肇龙、郑牧、金榜、方矩等好学之士。凌廷堪记此事曰，"婺源江君永，精《礼经》及推步、钟律、音声、文字之学，先生偕其县人郑牧、歙人……金榜师事之，而先生独能得其全"[⑤]。他们志相合、业相同，相互切磋问学。

因为戴震最早拜江永为师，且已小有成就，故同学者以戴震为首。程瑶田回忆其初识戴震，戴震示其所校《太傅礼》，程瑶田读而惊喜，遂与戴震订交。后来程瑶田与汪肇龙、汪松岑谈及"当世可交而资讲习益者"，程瑶田推荐"戴东原"。于不疏园中，他们"时时与东原处"。程瑶田自称与东原交垂三十年，相互质疑问难，知东原最深。他指出，戴震治学以治经为先，旁及百家众流。其所治《太傅礼》《水经注》与《方言》，为其他学者所不能也[⑥]。程瑶田受戴震影响至深，故其长于名物考证，而又不废义理。其《通艺录》主要是考据论文，但又有《论学小记》《论学外篇》等义理之作。汪灼亦回忆其父汪梧凤与戴震研讨场景，曰："与先严同学不疏园，南东异室处，偶读书有得，未尝不来先严处，分榻坐，抵掌谈道，欢声达墙外。"又记汪梧

① 段玉裁撰、杨应芹订补：《东原年谱订补》，见张岱年主编：《戴震全书》（第六册），合肥：黄山书社，1995年，第657页。

② 洪榜：《戴先生行状》，见张岱年主编：《戴震全书》（第七册），合肥：黄山书社，1997年，第7页。

③ 汪灼：《四先生合传》，见张岱年主编：《戴震全书》（第七册），合肥：黄山书社，1997年，第42页。

④ 汪灼：《四先生合传》，见张岱年主编：《戴震全书》（第七册），合肥：黄山书社，1997年，第42页。

⑤ 凌廷堪：《戴东原先生事略状》，见张岱年主编：《戴震全书》（第七册），合肥：黄山书社，1997年，第19页。

⑥ 程瑶田：《五友记》，见张岱年主编：《戴震全书》（第七册），合肥：黄山书社，1997年，第39～41页。

凤、戴震与汪肇龙辩论场景，汪肇龙往往执论至声色俱厉，但旁求侧引，思而得之后大呼："二公昨日之言真不罔。"①

身为江门的大弟子，戴震不遗余力地宣扬以江、戴为首的皖派朴学的学术主张。戴震与同学郑牧论为学所得，曰："其得于学，不以人蔽己，不以己自蔽，不为一时之名，亦不期后世之名。"有名之累便有二弊，"非掊击前人以自表襮，即依傍昔儒以附骥尾"，"君子务在闻道"。戴震进一步指出皖派朴学的治学宗旨，即"好友数人，思归而共讲明正道，不入四者之弊"，做到实事求是，以追述古圣贤之道为己任②。在戴震得知同学方矩致力于古文之学时，他写信规劝道："事于文章者，等而末者也"，"肆力古文，必将求其本。求其本，更有所谓大本。大本既得矣，然后曰是道也，非艺也"。何谓"大本"？大本就是圣人之道。何以求得？"圣人之道在六经"③。戴震希望方矩与郑牧、汪梧凤共勉，坚持皖派朴学的治学宗旨，致力于圣人之道。

于不疏园，戴震写就了《毛诗补传》二十六卷、《水地记初稿》和《与是仲明论学书》。戴震的《毛诗补传》被学界广泛传抄，题为《戴氏经考》。戴震晚年给王千仞《诗经比义述》作序，见到文中多处引文来自其《毛诗补传》，可见《毛诗补传》流传之广。戴震于《毛诗补传序》中明确指出治经宗旨，即"今就全诗考其名物字义于各章之下，不以作诗之意衍其说"。因为"名物字义，前人或失之者，可以详核而知。古籍具在，有明证也。作诗之意，前人或失之者，非论其世、知其人，固难以臆见定也"④。戴震言下之意即，他的《诗经》研究依据现存典籍考证字义、名物，知其世，论其人，然后体悟出《诗经》中蕴含的圣贤之义，而不是依据大序、小序臆定作诗之义。该序写成后在不疏园内广为传诵，"程瑶田、金榜、郑牧、方希原、汪梧凤等人均奉为圭臬"。江永读后认为"治经宗旨始明"⑤。在戴震的引领下，依据典籍考证字义和名物、由词通道成为不疏园学者共同遵守的治经方法和宗旨；实事求是成为他们共同坚守的治学精神。治学方法与治学精神的确定，以及代表性专著的形成，标志着皖派朴学矩矱的形成。

---

① 汪灼：《四先生合传》，见张岱年主编：《戴震全书》（第七册），合肥：黄山书社，1997 年，第 42～43 页。

② 戴震：《答郑丈用牧书》，见张岱年主编：《戴震全书》（第六册），合肥：黄山书社，1995 年，第 373～374 页。

③ 戴震：《与方希原书》，见张岱年主编：《戴震全书》（第六册），合肥：黄山书社，1995 年，第 375 页。

④ 戴震：《毛诗补传序》，见张岱年主编：《戴震全书》（第一册），合肥：黄山书社，1994 年，第 125～126 页。

⑤ 汪柏树：《戴震与不疏园——从不疏园首称大弟子到四库全书馆首席经学大师》，载《黄山学院学报》2015 年第 4 期。

皖派朴学与吴派的最大区别就在于其“求是”。王鸣盛指出：“方今学者，断推两先生，惠君之治经求其古，戴君求其是，究之，舍古亦无以为是。”①钱穆认为王氏所说的“惠君求古”“戴君求是”，是指“徽学原于述朱而为格物，其精在《三礼》，所治天文、律算、水地、音韵、名物诸端，其用心常在会诸经而求其通；吴学则希心复古，以辨后起之伪说，其所治如《周易》，如《尚书》，其用心常在溯之古而得其原。故吴学进于专家，而徽学达于征实”②。尽管汉儒去古未遥，又家法相传，汉儒说经更能反映六经真谛，“求古”是“求是”的基础，舍古亦无以求是；但是一味迷信汉儒，认为“凡古必真，凡汉皆好”，不求其实，笃守汉学则难免有误。所以戴震说：“信古而愚，愈于不知而作，但宜推求，勿为株守。”③皖派不仅推求文本之原貌，求一字之本义，还通过对名物典制、天文历算、地理沿革的考证，知人论世，体悟出六经中的微言大义。六书、九数和典章制度之学，皆为实体实事，“夫实事在前，吾所谓是者，人不能强辞而非之；吾所谓非者，人不能强辞而是之也”④。吴根友等人认为，皖派朴学的求是精神“在学术研究活动中培养了士人尊重知识理性，反对学术权威的精神”⑤。

“求是”“求实”成为皖派学者一直坚守的学风。例如戴震弟子段玉裁便曰：“闻之东原师曰：‘知十而皆非真知，不若知一之为真知也。’”⑥“凡著书者，将以求其是而已，非将以求胜前人而要名也。”⑦阮元则曰：“余以为儒者之于经，但求其是而已矣，是之所在，从注可，违注亦可，不必定如孔、贾义疏之例也……盖株守传注，曲为附会，其弊与不从传注凭臆空谈者等。”⑧所以梁启超认为：“惠、戴齐名，而惠尊闻好博，戴深刻断制。惠仅‘述者’，而戴则‘作者’也。受其学者，成就之大小亦因以异，故正统派之盟主必推戴。”⑨

---

① 洪榜：《戴先生行状》，见张岱年主编：《戴震全书》（第七册），合肥：黄山书社，1997年，第8页。

② 钱穆：《中国近三百年学术史》，北京：商务印书馆，1997年，第357页。

③ 戴震：《与王内翰凤喈书》，见张岱年主编：《戴震全书》（第六册），合肥：黄山书社，1995年，第277～278页。

④ 凌廷堪：《戴东原先生事略状》，见张岱年主编：《戴震全书》（第七册），合肥：黄山书社，1997年，第23页。

⑤ 吴根友、孙邦金等：《戴震、乾嘉学术与中国文化》，福州：福建教育出版社，2015年，第389页。

⑥ 段玉裁：《左传刊杜序》，见《经韵楼集》，上海：上海古籍出版社，2008年，第72页。

⑦ 段玉裁：《娱亲雅言序》，见《经韵楼集》，上海：上海古籍出版社，2008年，第192页。

⑧ 阮元：《焦里堂循群经宫室图序》，见《揅经室集》（上），邓经元点校，北京：中华书局，1993年，第250页。

⑨ 梁启超：《清代学术概论》，上海：上海古籍出版社，2005年，第4页。

第二节　结交学术名流，皖派朴学远播京师

江永一生科场不利，终身在婺源、休宁和歙县等地开馆授徒，未曾走出安徽。偏居一隅的皖派朴学能够成为有清一代的显学，有赖于戴震在京都的宣讲与传播。

一、结交京师名流

戴震33岁时，族人抢占其祖坟并贿赂县令，欲致戴震罪。戴震只身挟策避难北京，寄居于歙县会馆。为宣传皖派朴学考据成果与治学方法，戴震带着所著之书拜谒新科进士钱大昕。钱大昕少年有成，24岁被乾隆特赐举人，27岁中进士，选为翰林院庶吉士。戴震与其谈论一整天，钱大昕目送戴震离开时感慨戴震乃“天下奇才也”。当时秦蕙田正研究算书，广求天下精于推步者，钱大昕推荐戴震。秦蕙田即日命驾，延请戴震至其府邸。秦蕙田乃乾隆元年(1736)进士，授编修，官至礼部侍郎，工部、刑部尚书。戴震为其讲论观象授时一门，秦蕙田以为闻所未闻也。秦蕙田撰《五礼通考》多采戴震之说，又全载戴震《句股割圜记》三篇，以为古今算法大全之典范。

钱大昕、秦蕙田对戴震的肯定与高度评价奠定了戴震在京城学术界的地位。“一时馆阁通人：河间纪太史昀、嘉定王编修鸣盛、青浦王舍人昶、大兴朱太史筠，先后与先生定交，于是海内皆知有戴先生矣”①。段玉裁亦称：“是时纪太史昀、王太史鸣盛、钱太史大昕、王中翰昶、朱太史筠，俱甲戌进士，以学问名一时，耳先生名，往访之，扣其学，听其言，观其书，莫不击节叹赏，于是声重京师，名公卿争相交焉。”②纪昀历任翰林、礼部尚书和协办大学士。纪昀见戴震早年所作《考工记图》，叹为奇书，欲为其付梓，并为之序，称该书“俾古人制度之大暨其礼乐之器，昭然复见于今”，并盛赞戴震“不喜驰骋其辞，但存所是”。纪昀认为戴震“深明古人小学，故其考证制度字义，为汉已降儒者所不能及。以是求之圣人遗经，发明独多”③。戴震“由字通词、由词通道”的治学理路以及实事求是的治学精神得到纪昀的肯

---

①　钱大昕：《戴先生震传》，见张岱年主编：《戴震全书》(第七册)，合肥：黄山书社，1997年，第14页。

②　段玉裁撰、杨应芹订补：《东原年谱订补》，见张岱年主编：《戴震全书》(第六册)，合肥：黄山书社，1995年，第666页。

③　纪昀：《考工记图序》，见张岱年主编：《戴震全书》(第七册)，合肥：黄山书社，1997年，第177页。

定，其研究成果亦得到至高评价——为汉以降儒者所不能及。后来，纪昀在给余存吾的书信中还声称："东原与昀交二十余年，主昀家前后几十年，凡所撰录，不以昀为弇陋，颇相证质，无不犁然有当于心者。"①其他数人，如王鸣盛为乾隆十九年(1754)榜眼，历任翰林院编修、侍读学士、内阁学士兼礼部侍郎、光禄寺卿。王昶为乾隆二十二年(1757)召试第一，入直军机处，后历任鸿胪寺卿兼军机章京、江西按察使、陕西按察使、云南布政使，官终刑部右侍郎。朱筠为乾隆十九年(1754)进士，选庶吉士、赞善大夫、侍读学士，督安徽学政。他们皆为乾隆时期既有地位又有学识的学术名流，戴震与他们结交可以迅速地传播皖派朴学思想，提升其在学界的影响力。

二、宣传皖派朴学治学思想

在与诸公卿的交往中，戴震不失时机地宣讲皖派朴学的治学方法和精神。姚鼐欲拜戴震为师，戴震以所学不同而婉拒，但是他提出交相为师、参互以求"十分之见"的主张。求十分之见，正是皖派朴学主张和实事求是的治学精神的体现。戴震所谓"十分之见"，就是"必征之古而靡不条贯，合诸道而不留余议，巨细必究，本末兼察"。以"十分之见"治经，"传其信，不传其疑，疑则阙，庶几治经不害"。所谓"未至十分之见"，就是"依于传闻以拟其是，择于众说以裁其优，出于空言以定其论，据于孤证以信其通；虽溯流可以知源，不目睹渊泉所导，循根可以达杪，不手披枝肄所岐，皆未至十分之见也"。以"未至十分之见"治经，则失"不知为不知之意，而徒增一惑"②。梁启超以为戴震求"十分之见"之法实乃科学之方法，戴震所谓"十分之见"与"未至十分之见"，即科学家的定理与假说。科学定理的求得必然经过假设阶段。初得一义，未敢信其为真，以其为研究起点，几经试验证明，其真之程度增至五六分、七八分，最后达至十分，于是认定为定理。如果不能至十分，或仍存为假说以俟后人，或遂自废弃。"凡科学家之态度，固当如是也。震之此论，实从甘苦阅历得来。"③

戴震考证《尚书·尧典》"光被四表"既是其求十分之见的典范，亦是其以实例传播考据学的成功案例。王鸣盛征引《尔雅》"光，充也"训释《尚书》"光被四表"之"光"。戴震指出，此解不可无辨。虽然《尔雅》《孔传》《释文》

---

① 纪昀：《与余存吾太史书》，见张岱年主编：《戴震全书》(第七册)，合肥：黄山书社，1997年，第152页。

② 戴震：《与姚孝廉姬传书》，见张岱年主编：《戴震全书》(第六册)，合肥：黄山书社，1995年，第372页。

③ 梁启超：《清代学术概论》，上海：上海古籍出版社，2005年，第37页。

皆训光为充，但是戴震认为汉、唐诸儒有株守之嫌，凡出于《尔雅》便信之笃、不敢易，训“光”为“充”转致学者疑。戴震根据《说文》“桄，充也”，《唐韵》“桄，古旷反”，《释文》“横，古旷反”，《孔子闲居》郑玄注“横，充也”，初步推断“光被四表”当有作“横被四表”者，并指出：“横被，广被也。正如《记》所云‘横于天下’‘横乎四海’是也。横四表、格上下对举，溥遍所及曰横，贯通所至曰格。”后来钱大昕为戴震得一例证，《后汉书·冯异传》有“横被四表，昭假上下”；姚鼐又为戴震得一例证，《西都赋》有“横被六合”；戴震族弟受堂又得一例，《汉书·王莽传》有“昔唐尧横被四表”；洪榜亦云《淮南子·原道训》有“横四维而含阴阳”，高诱注：“横，读桄车之桄。”“是汉人‘横’‘桄’通用甚明”。至此，经过多方索求，戴震终于确信“横被四表”中“横转写为桄，脱误为光”。戴震考证的“横被四表”终成定论，亦即达到十分之见。戴震进而指出：“信古而愚，愈于不知而作，但宜推求，勿为株守。”①戴震以一“光”字展现考古之难以及考据学的价值，友人姚鼐、钱大昕等纷纷为其提供例证，亦可见皖派朴学的考据学思想为京城学术名流所接受与支持。

文字训诂不仅要博综群籍，还要精通音声，因声求义。戴震曾与秦蕙田详述音韵与文字训诂的关系，曰：“字书主于训诂，韵书主于音声，然二者恒相因。”何为相因？戴震举例曰：“大致一字既定其本义，则外此音义引伸，咸六书之假借。其例或义由声出。”例如“胡”字，《诗经》“胡不万年”，“胡”与“何”一声之转而有“何”义。“凡训诂之失传者，于此亦可因声而知义”。又有讹舛相承者，如《诗经·月出》“劳心惨兮”，《正月》“忧心惨惨”中的“惨”，可以根据韵字“沼”“昭”“乐”“燎”等确定为“懆”。又如“凡古人之诗，韵在句中者，韵下用字，不得或异”，据此可订正《诗经》“不可休息”中的“息”为“思”字之讹。戴震以上述数例说明音韵学知识对于文字训诂的重要性，并指出：“训诂音声，自汉已来，莫之能考也久，无怪乎释经论字，茫然失据。此则字书、韵书所宜审慎不苟也。”②也就是说，文字训诂必先通乎古音，然后由声音探求假借本字，亦可由音韵订正经文传注之讹误。

戴震认为治经不仅要训诂词义，还有若干事需要推求，必须做到巨细毕究，本末兼察。他曾与章学诚说：“诵《尧典》至‘乃命羲和’，不知恒星七政，则不卒业。诵《周南》《召南》，不知古音则失读；诵古《礼经》，先士冠礼，

---

① 戴震：《与王内翰凤喈书》，见张岱年主编：《戴震全书》（第六册），合肥：黄山书社，1995年，第277～278页。

② 戴震：《论韵书中字义答秦尚书》，见张岱年主编：《戴震全书》（第三册），合肥：黄山书社，1995年，第334～336页。

不知古者宫室衣服等制，则迷其方。”①天算、地理、典制和音韵等知识皆为治经之一助，所以自皖派朴学开创者江永始，就多精研文字、音声、天文历算和典章制度。戴震更是身体力行，日夜孳孳于以上数事，“凡天文、历算、推步之法，测望之方，宫室衣服之制，鸟兽、虫鱼、草木之名状，音和、声限古今之殊，山川、疆域、州镇、郡县相沿改革之由，少广、旁要之率，钟实、管律之术，靡不悉心讨索，知不可以雷同剿说，瞻涉皮傅”②。

戴震一再向友人宣讲皖派朴学考据六书、九数、名物、制度对探求古经义理的重要性。他为王昶《郑学斋》作记，指出：“学者大患在自失其心，心全天德，制百行。不见天地之心者，不得己之心；不见圣人之心者，不得天地之心；不求诸前古贤圣之言与事，则无从探其心于千载下。是故由六书、九数、制度、名物，能通乎其词，然后以心相遇。”③六书、九数、名物、制度皆是皖派朴学考据的对象，考据的目的就是通乎其词、知其世，然后知晓圣人之心。戴震又在给方书山《春秋究遗》作序时曰：“学者莫病于株守旧闻，而不复能造新意，莫病于好立异说，不深求之语言之间，以至其精微之所存。”只有深究存在于语言中的六书、九数、制度、名物等，“如身居其世睹其事，然后圣人之情见乎词者，可以吾之精心遇之”④。

世人对六书、九数、名物、制度的考证未免有琐碎之讥，所以戴震一再强调，六书、九数等事，就如轿夫，是为了抬轿中之人——大道，无论是考究六书、九数、名物、制度，还是探究古音，都是为探寻隐藏在六经中的微言大道。戴震曰：“余于训诂、声韵、天象、地理四者，如肩舆之隶也。余所明道，则乘舆之大人也。”⑤“轿中之人”“乘舆之大人”即戴震所追求的隐含于六经中的“圣人之道”。戴震晚年的义理之作就是其早期考据的结果。

三、推介江永

戴震用自己的学识叩开了京师的学术大门，并一直宣称“其学术实本之江慎修先生”⑥，不断推荐其师江永的著作，以期进一步扩大皖派朴学的

① 章学诚：《又与正甫论文》，见仓修良编注：《文史通义新编新注》，北京：商务印书馆，2017年，第808页。

② 洪榜：《戴先生行状》，见张岱年主编：《戴震全书》（第七册），合肥：黄山书社，1997年，第5页。

③ 戴震：《郑学斋记》，见张岱年主编：《戴震全书》（第六册），合肥：黄山书社，1995年，第407页。

④ 戴震：《春秋究遗序》，见张岱年主编：《戴震全书》（第六册），合肥：黄山书社，1995年，第381～382页。

⑤ 章学诚：《书朱陆篇后》，见张岱年主编：《戴震全书》（第七册），合肥：黄山书社，1997年，第288页。

⑥ 王昶：《江慎修先生墓志铭》，见张岱年主编：《戴震全书》（第七册），合肥：黄山书社，1997年，第277页。

影响。秦蕙田延请戴震至府邸，见书笥中有数篇历学专著，戴震顺势为之言江先生。秦蕙田撰《五礼通考》摭录江永之说入《观象授时》，并取全书载入《推步法解》，还遗憾未能见到江永的《礼经纲目》[①]。据钱大昕记载，他与戴震同在纪昀处，戴震“盛称婺源江氏推步之学不在宣城下”。钱大昕“恨不即得其书读之”。后来钱大昕在秦蕙田处尽观江永《翼梅》。尽管钱大昕对江永岁实消长之说表示不解，以为“当今学通天人者”莫如戴震，故书信请教戴震以“解仆之惑”[②]，但是客观上因为戴震的引荐，江永的算学专著得到了推广。江永去世后，戴震作《江慎修先生事略状》，详述江永著述，即《周礼疑义举要》六卷、《礼记训义择言》六卷、《深衣考误》一卷、《礼经纲目》八十八卷、《律吕阐微》十一卷、《春秋地理考实》四卷、《乡党图考》十一卷、《读书随笔》十二卷、《古韵标准》六卷、《四声切韵表》四卷、《音学辨微》一卷、《推步法解》五卷、《七政衍》一卷、《金水二星发微》一卷、《冬至权度恒气注》一卷、《历辨》一卷、《岁实消长辨》一卷、《历学补论》一卷、《中西合法拟草》一卷、《近思录集注》十四卷。戴震称赞江永《礼经纲目》“使三代礼仪之盛，大纲细目，井然克睹”；并声称江永考定了历来的“岁实消长”之歧见、《易象》“往来上下”之歧见、《深衣图考》之歧见等。江永著作虽已缮写成帙，但都藏于其家，未能广播，戴震“恐就逸坠，不得集太史氏”，所以作《江慎修先生事略状》以达于执事[③]。后十余年，戴震又取自著《江慎修先生事略状》约请王昶作江先生墓志铭。及戴震校《四库全书》时，“尽取先生二十种写之，以藏秘府”[④]。受戴震的影响，朱筠任安徽学政时，以江永从祀朱子于紫阳书院。朱筠回忆称：“筠在京师，早闻江先生名，比奉命视学来江南，试徽州，征其书，尽读之而善。会有求书之诏，即具以闻，旋檄府建主祔祀紫阳书院，风示学官弟子，俾之向学。”[⑤]由于戴震的推荐，江永著作得以刊行于世，客观上扩大了皖派朴学的影响，江永亦以一介寒儒赫然列传于史册。

---

① 戴震：《江慎修先生事略状》，见张岱年主编：《戴震全书》（第六册），合肥：黄山书社，1995年，第413页。

② 钱大昕：《与戴东原书》，见张岱年主编：《戴震全书》（第七册），合肥：黄山书社，1997年，第130～132页。

③ 戴震：《江慎修先生事略状》，见张岱年主编：《戴震全书》（第六册），合肥：黄山书社，1995年，第409～414页。

④ 王昶：《江慎修先生墓志铭》，见张岱年主编：《戴震全书》（第七册），合肥：黄山书社，1997年，第278页。

⑤ 朱筠：《笥河文集》，上海：上海古籍出版社，2010年，第563～564页。

四、皖派朴学被京师学界所接受

自戴震到京师伊始，就致力于传播皖派朴学的治学方法与治学精神，加之戴震考据学取得的突出成就，皖派朴学很快被京师学界所接受，戴震也被誉为经学第一人。乾隆三十八年(1773)，朝廷诏开四库馆。四库馆总裁裘曰修推荐戴震入四库馆充任纂修，并得到于敏中、秦蕙田和纪昀等人的支持，乾隆下诏特召戴震以举人身份参修《四库全书》。戴震负责经部纂修事宜，勤修其职，晨夕披览。“馆中有奇文疑义，辄就咨访”。乾隆四十年(1775)，“特命与会试中式者同赴殿试，赐同进士出身，改翰林院庶吉士”。于四库馆中，戴震共校订《仪礼集释》《仪礼识误》《大戴礼记》《水经注》《周髀算经》《九章算术》《海岛算术》《五曹算经》《孙子算经》《夏侯阳算经》《章丘建算经》《五经算术》《缉古算经》《数术记遗》《孟子赵注》《孟子音义》《方言》诸书。“所校《大戴礼记》《水经注》尤精核”①。戴震早年就已研究《水经注》，入都后曾将成果展示给纪昀、钱大昕、姚鼐和段玉裁等人。他总结出经文与注文遣词之体例，然后依此体例校勘《水经注》，“迎刃分解，如庖丁之解牛，故能正千年《经》、《注》之互讹，俾言地理者，有最适于用之书”。戴震因而得到乾隆以诗褒奖，其诗曰：“悉心编纂诚宜奖，触目研磨信可亲。设以《春秋》素臣例，足称中尉继功人。”②戴震运用义例校勘《水经注》，不仅有功于《水经注》的整理，为学者提供有用之版本，“而且在科学方法论上提供了范例，推动清代学术向归纳与演绎相结合的科学方向发展”③。

戴震去世后，京师学者纷纷为其作传。例如钱大昕作《戴先生震传》，叙述其治学特色：“由声音、文字以求训诂，由训诂以寻义理，实事求是，不偏主一家，亦不过骋其辩以排击前贤”；“不以人蔽己，不以己自蔽，不为一时之名，亦不期后世之名”；等等。这是对皖派朴学治学特色和治学精神的准确写照。钱大昕对戴震的考据学成就予以了特别的肯定，曰：“其学长于考辨，每立一义，初若创获，及参互考之，果不可易。”戴震辩证明堂之制，考辨《汾州府志》中汾州沿革，重释《周髀》“北极璇玑四游”，考证《尚书·尧典》“光被四表”等都被当作考据学的典范，列于传记之中④。“和戴震的交

① 赵尔巽等：《清史稿·儒林传》，北京：中华书局，1977年，第13198页。

② 段玉裁撰、杨应芹订补：《东原年谱订补》，见张岱年主编：《戴震全书》(第六册)，合肥：黄山书社，1995年，第690～691页。

③ 汪柏树：《戴震与不疏园——从不疏园首称大弟子到四库全书馆首席经学大师》，载《黄山学院学报》2015年第4期。

④ 钱大昕：《戴先生震传》，见张岱年主编：《戴震全书》(第七册)，合肥：黄山书社，1997年，第12～18页。

往，又使他看到皖派学术的精华与特色”①。受皖派朴学的影响，钱大昕43岁开始读《说文解字》，研究声音、文字、训诂之学，研究成果主要见于《十驾斋养新录》。他总结《说文解字》义例，研究假借字、俗字，指出古无轻唇音和舌上音，以及因声求义训诂方法的运用等，皆显示钱大昕在皖派朴学的影响下走上了考据学之路。

不同于钱大昕重视戴震的考据成就，王昶肯定了戴震由字以通辞、由辞以通道，以及巨细必究的治经方法的有效性。王昶为戴震作墓志铭，曰："戴震谓经之至者道也，所以明道者辞也，所以成辞者字也。必由字以通辞，由辞以通道，乃可得之。又经之难明，在一事必综其全而核之，巨细必究，信乃有征。"王昶指出，戴震日夜孳孳于音韵、名物、典制、推步、算术二十余年，搜罗比勘，靡不悉心讨索，故"其学弥博而探指弥约"，能究极乎天地人之故，得古圣贤之大道。"东原之学，苞罗旁搜于汉、魏、唐、宋诸家，靡不统宗会元，而归于自得。名物象数，靡不穷源知变，而归于理道。本朝之治经者众矣，要其先之以古训、折之以群言，究极乎天地人之故，端以东原为首"。戴震以其义理之作《孟子字义疏证》为"平生著述最大者"，而王昶充分肯定了戴震的义理之作究极乎天地人之故，可见王昶所言与戴震"定交之久，与知东原之深，莫如余也"②之言不虚。

第三节　开拓出多元考据对象，引领出多门类学科

正如戴震于《与是仲明论学书》中所指出的，不知恒星七政所以运行，则不能理解《尚书》历法；不懂古音，则不能解释《诗经》的押韵；不知古者宫室、衣服之制，则不能辨别其制作与功用；不知古今地名沿革，则《禹贡》职方失其处所；不知鸟兽虫鱼草木之状类名号，则不能理解《诗经》比兴。戴震认为，文字、音韵、训诂、名物、制度等都是订经的必要资助，皆为考据的对象，所以他治经分数大端以从事，计划始于六书、九数，然后作《训诂篇》《原象篇》《学礼篇》《水地篇》《原善篇》。虽然天不假以时日，戴震未能完成他的宏伟规划，但是从其已有研究成果可以看出，戴震开拓出多元考据对象，并通过对研究对象的条分缕析，抓住了研究对象的条理，如庖丁之解牛，豁然明朗，所以在哲学、训诂学、水地方志学以及天文算学等领域都有独到的建树。戴震弟子或再传弟子根据个人的天分、爱好，从事一门或多

---

① 王记录：《钱大昕的史学思想》，北京：社会科学文献出版社，2004年，第23页。

② 王昶：《戴东原先生墓志铭》，见张岱年主编：《戴震全书》（第七册），合肥：黄山书社，1997年，第29～33页。

门学科的研究，表现出脱离经学而独立的趋势。张寿安指出："考证工夫开拓出的多元知识才是清代学术的新面貌。"[①]

一、引领出乾嘉新义理学派

针对宋明理学提倡的"存天理、灭人欲"，戴震从语言学角度，通过对古经中"理"的考订，得出"理者，察之而几微必区以别之名也"，并唯物地指出气乃构成世界的物质基础，"气化流行，生生不息"[②]，所谓"天理"就是指气化运行中遵循的客观规律。戴震循着"人道本于性，而性源于天道"的哲学思路，指出人欲本于天道之生生。戴震肯定了人是血气心知的实体存在，有血气就要遂其生。遂生的方法，就是通过眼耳鼻口与天地之气相通，从而有声色臭味之欲。人之欲"无非以生以养之事"，故不可去。欲、情、知之失才是恶的根源。"欲之失为私，私则贪邪随之矣；情之失为偏，偏则乖戾随之矣；知之失为蔽，蔽则差谬随之矣。"要做到欲、情、知的无失，就必须用心知节制情欲，"以我之情絜人之情"[③]。戴震《原善》《孟子字义疏证》等著作的完成，"标志着戴震完全越出经学藩篱而进入哲学，而且是充分体现时代精神的独具特色的新哲学"[④]。

戴震重情达欲的情感哲学得到其弟子及私淑弟子如程瑶田、洪榜、凌廷堪、焦循和阮元等的发扬光大。他们继承了戴震由实而虚的哲学研究理路，运用考据的方法，作有《论文小记》《论文外篇》《复礼论》《好恶说》《慎独格物说》《性善解》《格物解》《说理》《论语论仁论》《大学格物说》《论语一贯说》《孟子论仁论》《性命古训》等义理学之作，发明戴震哲学的义旨，弘扬戴震的人性论和人伦道德观，最终形成了有别于宋明理学的乾嘉新义理学派。同时，戴震所倡导的"察分理"，"为行将日益增多的具体科学门类的诞生提供了哲学依据"[⑤]。

二、形成因声求义之文字训诂方法

戴震认为经学"载籍极博，统之不外文字，文字虽广，统之不越六

---

① 张寿安：《打破道统·重建学统——清代学术思想史的一个新观察》，载《近代史研究所集刊》2006年第52号。

② 戴震：《孟子字义疏证》，见张岱年主编：《戴震全书》（第六册），合肥：黄山书社，1995年，第151、175页。

③ 戴震：《孟子字义疏证》，见张岱年主编：《戴震全书》（第六册），合肥：黄山书社，1995年，第175、160、197、152页。

④ 李开：《戴震评传》，南京：南京大学出版社，2002年，第100页。

⑤ 萧萐父、许苏民：《明清启蒙学术流变》，沈阳：辽宁教育出版社，1995年，第653页。

书”[①]。六书是文字的纲领，只要提纲挈领，明确文字的本质，就可以通训诂、明经义。戴震在对传统六书研究的基础上提出“四体二用”说，指出象形、指事、会意、谐声四种为造字之法，转注、假借二者为用字之法[②]。戴震已经注意到六经字多假借的现象，曰：“夫六经字多假借，音声失而假借之意何以得？故训音声相为表里。”[③]假借依声托义，与文字形体相分离，所以假借字的释读必须通过声音寻求本字。然而正如戴震所说：“音有流变，一系乎地，一系乎时。系乎地者，在古人即非一读。”如果以今音比拟古音，便会乖剌不通。所以戴震精研古音系统，认为“音之敛侈，有无庸苛求者，惟大限则宜区别”[④]。为发掘出书面文字形体掩盖下的文字音义关系，戴震作《声类表》和《声韵考》总结古音声纽、韵部，作《转语二十章》发明文字音转之规律，使学者“疑于义者以声求之，疑于声者以义正之”[⑤]，从而使因声求义法有章可循。

戴震抓住了文字是记录语言的符号这一本质属性，从理论高度研究了因声求义的训诂方法，从而沟通了语音与文字、训诂的关系。“戴门后学，名家甚众，而最能光大其业者，莫如金坛段玉裁、高邮王念孙及念孙子引之。”[⑥]段玉裁、王念孙和王引之发扬光大了戴震因声求义之训诂方法。段玉裁的代表作《说文解字注》广泛运用因声求义之法，揭示文字的假借义、引申义，被王念孙誉为“盖千七百年来无此作矣”。王氏父子亦认为训诂之旨本于音声。王念孙的《广雅疏证》《读书杂志》和王引之的《经义述闻》《经传释词》(统称为“王氏四种”)因声以求义，揭示假借义、系联同源词，成为清代训诂学名著。在《说文解字注》《广雅疏证》等标杆性专著的示范作用下，因声求义之法成为清代训诂学一大钤键。“清代学者在训诂学方面最大的贡献是沟通语言与文字的关系……戴震说‘训诂音声，相为表里’，这是很重要的见解，成为清代学者研究训诂的准绳，从而建立了许多推考字义的理论和方法，把零散的知识贯串起来，使训诂学在中国语言学科中成为有系统，有理论，有严谨方法的一门学问。”[⑦]

---

① 戴震：《六书论序》，见张岱年主编：《戴震全书》(第六册)，合肥：黄山书社，1995 年，第 295 页。

② 戴震：《答江慎修先生论小学书》，见张岱年主编：《戴震全书》(第三册)，合肥：黄山书社，1994 年，第 333～334 页。

③ 戴震：《六书音均表序》，见张岱年主编：《戴震全书》(第六册)，合肥：黄山书社，1995 年，第 384 页。

④ 戴震：《声韵考》，见张岱年主编：《戴震全书》(第三册)，合肥：黄山书社，1994 年，第 315 页。

⑤ 戴震：《转语二十章序》，见张岱年主编：《戴震全书》(第六册)，合肥：黄山书社，1995 年，第305页。

⑥ 梁启超：《清代学术概论》，上海：上海古籍出版社，2005 年，第 36 页。

⑦ 周祖谟：《文字音韵训诂论集》，北京：北京大学出版社，2000 年，第 311 页。

三、形成重视山水条理和地理沿革的地理派

戴震以水地研究为阐释六经之一助，故而研究水地方志。戴震水地方志研究，注重对山水地望的考察和对地理沿革的考订。考察地望就是考察山川的自然形势，就是“以水辨山之脉络……水则以经水统其注入之枝水，因而遍及泽泊、堤堰、井泉，高高下下，不失地防……令众山如一山，群川如一川”①。戴震最早的水地研究著作《水地记》，虽是未完成之作，但是他对河、济、淮三水的考源述流，已体现了他“固将合天下之山为一山，合天下之川为一川”②的考察地望的水地研究思想。戴震自刻本《水经注》以某水各自为篇，北方之水，因黄河而得其叙；南方之水，因长江而得其叙，体现了其重视山水条理的治学思想。

戴震“以山川为主求其郡县”的方志思想与其《水地记》《水经注》研究思想一脉相承。戴震认为自然中的山川有自然之条贯，“因川源派别，知山势之逶迤，高高下下，不失地防”③。山川形势既定，求其沿岸城郭，即使已迁徙流移，亦有迹可循。所以戴震编修《汾州府志》《汾阳县志》都先山川，次之城郭，因山川而求其郡县。此外，戴震还严考地理沿革，梳理一地的历史。因为“沿革不明，则志中述古，未能有免于谬悠者”④。李开以为：“‘山川为主，以水领山’，这就是戴震的地理学思想，也是《水地记》的指导思想。这一指导思想使戴震的水地研究除了为解经服务外，还成为独立的研究对象和门类科学。”⑤

戴震考察山水地望、考证地名沿革的水地方志思想，对皖派学者焦循、阮元的影响较大。焦循编纂方志亦重视地理沿革的考订，认为“郡志为土地之书，宜先释地”⑥。在焦循看来，修志不仅要考核地名沿革，水名、寺观、桥冢、亭榭名称的沿革也要考证清楚。阮元亦认为志书于天文而外，地

① 戴震：《汾州府志例言》，见张岱年主编：《戴震全书》（第六册），合肥：黄山书社，1995 年，第 581～582 页。

② 段玉裁撰、杨应芹订补：《东原年谱订补》，见张岱年主编：《戴震全书》（第六册），合肥：黄山书社，1995 年，第 704～705 页。

③ 戴震：《水经郦道元注序》，见张岱年主编：《戴震全书》（第六册），合肥：黄山书社，1995 年，第 324 页。

④ 戴震：《汾阳县志例言》，见张岱年主编：《戴震全书》（第六册），合肥：黄山书社，1995 年，第 585 页。

⑤ 李开：《戴震评传》，南京：南京大学出版社，2002 年，第 118 页。

⑥ 焦循：《上郡守伊公书》，见《焦循诗文集》（上），刘建臻点校，扬州：广陵书社，2009 年，第 238 页。

理最重。他主持编修的《广东通志》参验史志群籍，考订地名沿革，作有七卷郡县沿革表。对地名、水名、寺观、桥冢、亭榭名称沿革的考核，是皖派朴学实事求是、事事不苟的考据精神在修志中的体现。戴震考察山水地望、考证地名沿革的水地方志思想，经过焦循、阮元的实践与发展，逐渐形成水地方志研究中的地理派。“地理派主张志书是地理书，志书的内容偏重于地理方面，但是在疆域、沿革、山川等方面，记载与考据颇详，在学术上有较高的价值。”①

四、形成西学中源的天算研究特色

洪榜尝曰：“先生以为……经之难明，在一事必综其全而核之，巨细毕究，本末兼察，信而有征，合诸至道而不留余议。诵《尧典》至‘乃命羲和’，不知日月列星之所以运行，则掩卷不能卒业……不知古今推步之长，则如《夏书》之‘辰不集于房’，鲁太史引以为‘正阳之月孟夏’，东晋《古文尚书》系之‘季秋’，系之‘仲康肇位四海’……儒者何以识古今之真伪，辨笺解之得失？决鲁历至朔之当否？”②戴震的天文、历算研究著作有《原象》《续天文略》《九道八行说》《周髀北极璇玑四游解》《记夏小正星象》等，并整理了《九章算术》《五经算术》《海岛算经》《周髀算经》《孙子算经》《张丘建算经》《夏侯阳算经》《五曹算经》等专著，对我国古典天文、历算学的复兴起了承前启后的作用。

戴震的天文、历算研究正处于致力整理传统文献、弘扬民族自信的乾隆时期，难免带有西学中源的倾向。例如他认为《周髀算经》文本广大精微，皆足以存古法之意、开西法之源，并认为西洋三角八线亦源于中原勾股。戴震虽然主张西学中源，但是他并不排外，而是采取西为中用、中西融贯的做法，将西学融入传统算学研究。所以李开说戴震之所以能取得如此成就，“与他继承传统数学，视《九章算术》《海岛算经》等为可贵，又努力吸收西学，力求洋为中用有密切关系，二者舍其一都不可能达到勾股学的高峰”③。

受戴震天算研究影响，其弟子及私淑弟子孔广森、焦循、阮元等都研究天算。孔广森著有《少广正负术内外篇》，并批校《测圆海镜》。焦循著有《释弧》《释轮》《释椭》《加减乘除释》《天元一释》《开方通释》。阮元则主持

---

① 刘光禄：《历史上方志的派别、类型和修志主张》，中国地方史志协会编：《中国地方史志论丛》，北京：中华书局，1984年，第310页。

② 洪榜：《戴先生行状》，见张岱年主编：《戴震全书》(第七册)，合肥：黄山书社，1997年，第4～5页。

③ 李开：《戴震评传》，南京：南京大学出版社，1992年，第222页。

编撰了第一部记述历代天文、算术家活动及其成果的天算史著作《畴人传》。阮元在《畴人传》中评价戴震曰："庶常以天文、舆地、声音、训诂数大端为治经之本，故所为步算诸书类皆以经义润色，缜密简要，准古作者，而又网罗算氏，缀辑遗经，以绍前哲，用遗来学。盖自有戴氏，天下学者乃不敢轻言算数，而其道始尊。然则戴氏之功，又岂在宣城下哉？"[①]戴震不仅缀辑数学遗经，具有"以绍前哲，用遗来学"之功，而且通过天算研究和传道授业，使天算学逐渐摆脱经学附庸地位，成为独立的研究对象和门类科学。

第四节　结语：皖派朴学成为显学

正如许苏民所说："戴震之所以能创造出一种与中世纪统治阶级的意识形态和伦理异化相对立的人文主义的新哲学，就在于他的思想中充满了科学的知性精神。"[②]正是这种科学的知性精神，戴震的经学研究建立在对经典字词、名物典制的剖析入微上。戴震"日夜孳孳，搜集比勘，凡天文、历算、推步之法，测望之方，宫室衣服之制，鸟兽、虫鱼、草木之名状，音和、声限古今之殊，山川、疆域、州镇、郡县相沿改革之由，少广、旁要之率，钟实、管律之术，靡不悉心讨索"[③]。通过对研究对象的剖析，戴震发现了一个事物区别于另一个事物之根本属性，因而在哲学、文字音韵学、训诂学以及自然科学等多个领域取得了令人瞩目的成就。

一枝独秀不是春。"东原之学，其朋辈中能受之者，莫如程易畴，次则金檠斋。其乡后学能受之者，莫如洪蕊登，次则凌次仲……其弟子最著者段茂堂、孔巽轩、王怀祖及其子伯申"[④]。除了不疏园数友如程瑶田、金榜等的共同相守，皖派朴学思想和研究方法得到戴震弟子、再传弟子和私淑弟子的发扬光大。他们继承了戴震考证字义和名物、由词通道的实事求是之治学精神，重视小学研究，并以小学为考据手段，从事哲学、训诂学、校勘学和自然科学研究，皆取得卓越的成就，从而形成了不同的门类科学，皖派朴学因此成为显学，戴震亦获得"皖派宗师"之称。

---

① 阮元：《畴人传》(下)，上海：商务印书馆，1935年，第542页。

② 许苏民：《戴震与中国文化》，贵阳：贵州人民出版社，2000年，第331页。

③ 洪榜：《戴先生行状》，见张岱年主编：《戴震全书》(第七册)，合肥：黄山书社，1997年，第5页。

④ 梁启超：《戴东原先生传》，见张岱年主编：《戴震全书》(第七册)，合肥：黄山书社，1997年，第100页。

参考文献

图　书

[1]张岱年等.戴震全书[M].合肥:黄山书社,1997 年.

[2]梁启超.清代学术概论[M].上海:上海古籍出版社,2005 年.

[3]梁启超.论中国学术思想变迁之大势[M].北京:中华书局,1936 年.

[4]梁启超.中国近三百年学术史[M].天津:天津古籍出版社,2003 年.

[5]钱穆.国学概论[M].北京:商务印书馆,1997 年.

[6]钱穆.中国近三百年学术史[M].北京:商务印书馆,1997 年.

[7]段玉裁.经韵楼集[M].上海:上海古籍出版社,2008 年.

[8]王国维.观堂集林[C].北京:中华书局,1999 年.

[9]梁启超.饮冰室合集[C].北京:中华书局,1989 年.

[10]胡适.胡适文集[M].北京:北京大学出版社,1998 年.

[11]赵尔巽等.清史稿[M].北京:中华书局,1976 年.

[12]顾炎武.日知录[M].长沙:岳麓书社,1994 年.

[13]周兆茂.戴震哲学新探[M].合肥:安徽人民出版社,1997 年.

[14]张立文.戴震哲学研究[M].北京:人民出版社,2014 年.

[15]王茂.戴震哲学思想研究[M].合肥:安徽人民出版社,1980 年.

[16]朱杰人,严佐之,刘永翔主编.朱子全书[M].上海:上海古籍出版社,2002 年.

[17]刘述先.朱子哲学思想的发展与完成[M].台北:台湾学生书局,1984 年.

[18]王宁.训诂学原理[M].北京:中国国际广播出版社,1996 年.

[19]陆宗达,王宁.训诂方法论[M].北京:中国社会科学出版社,1983 年.

[20]洪诚.训诂学[M].南京:江苏古籍出版社,1984 年.

[21]胡朴安.中国训诂学史[M].北京:北京市中国书店,1983 年.

[22]周祖谟.文字音韵训诂论集[M].北京:北京大学出版社,2000 年.

[23]支伟成.清代朴学大师列传[M].长沙:岳麓书社,1998 年.

[24]李开.戴震语文学研究[M].南京:江苏古籍出版社,1998 年.

[25]李开.戴震评传[M].南京:南京大学出版社,2006 年.

[26]程千帆,徐有富.校雠广义[M].济南:齐鲁书社,1998 年.

[27]钱玄.校勘学[M].南京:江苏古籍出版社,1998 年.

[28]蒋元卿.校雠学史[M].合肥:黄山书社,1985 年.

[29]陈垣.校勘学释例[M].上海:上海书店出版社,1997 年.

[30]黄德宽.汉语文字学史[M].合肥:安徽教育出版社,1990 年.

[31]何九盈.中国古代语言学史[M].广州:广东教育出版社,2005 年.

[32]徐道彬.戴震考据学研究[M].合肥:安徽大学出版社,2007 年.

[33]卢文弨.抱经堂文集[M].北京:中华书局,1990 年.

[34]刘梦溪.中国现代学术经典·胡适卷[M].石家庄:河北教育出版社,1996 年.

[35]章学诚.文史通义[M].罗炳良译注,北京:中华书局,2012 年.

[36]段玉裁.戴震集[M].上海:上海古籍出版社,1980 年.

[37]萧萐父,许苏民.王夫之评传[M].南京:南京大学出版社,2002 年.

[38]唐君毅.唐君毅集[M].北京:群言出版社,1993 年.

[39]朱熹编.河南程氏遗书[M].上海:商务印书馆,1935 年.

[40]朱熹.周易程氏传[M].北京:九州出版社,2011 年.

[41]李泽厚.中国古代思想史论[M].天津:天津社会科学院出版社,2003 年.

[42][日]村濑裕也.戴震的哲学:唯物主义和道德价值[M].王守华,卞崇道,于时化,刘荣,史学善译,济南:山东人民出版社,1996 年.

[43]高平叔编.蔡元培文集[C].台北:锦绣出版事业股份有限公司,1995 年.

[44]章太炎.章太炎全集[Z].上海:上海人民出版社,1985 年.

[45]章太炎.国学略说[M].上海:上海文艺出版社,2001 年.

[46]章太炎.太炎文录初编[M].上海:上海书店,据古书流通处 1924 年版影印.

[47]黄侃述,黄焯编.文字声韵训诂笔记[M].上海:上海古籍出版社,1983 年.

[48]黄侃.黄侃论学杂著[M].北京:中华书局,1964 年.

[49]胡适. 胡适学术文集[C]. 北京：中华书局，1991 年.

[50]周祖谟. 周祖谟语言学论文集[M]. 北京：商务印书馆，2001 年.

[51]张岱年. 中国伦理思想研究[M]. 上海：上海人民出版社，1989 年.

[52]张岱年. 中国哲学大纲[M]. 北京：中国社会科学出版社，1982 年.

[53]许苏民. 戴震与中国文化[M]. 贵阳：贵州人民出版社，2000 年.

[54]张立文. 戴震哲学研究[M]. 北京：人民出版社，2014 年.

[55]张之洞. 劝学篇[M]. 郑州：中州古籍出版社，1998 年.

[56]陆宗发. 现代训诂学探讨[M]. 杭州：浙江大学出版社，2008 年.

[57]赵振铎. 训诂学史略[M]. 郑州：中州古籍出版社，1988 年.

[58]白兆麟. 新著训诂学引论[M]. 上海：上海辞书出版社，2005 年.

[59]许慎. 说文解字[M]. 北京：中华书局，1985 年.

[60]尔雅[M]. 郭璞注. 北京：中华书局，1985 年.

[61]陈彭年，等. 重修广韵[M]. 北京：中华书局，1985 年.

[62]段玉裁. 说文解字注[M]. 南京：凤凰出版社，2015 年.

[63]朱骏声. 说文通训定声[M]. 武汉：武汉古籍书店，1983 年.

[64]王念孙. 广雅疏证[M]. 南京：江苏古籍出版社，2000 年.

[65]王念孙. 读书杂志[M]. 北京：北京市中国书店，1985 年.

[66]王引之. 经义述闻[M]. 杭州：浙江古籍出版社，1985 年.

[67]王力. 同源字典[M]. 北京：商务印书馆，1982 年.

[68]唐作藩. 上古音手册[M]. 南京：江苏人民出版社，1982 年.

[69]朱熹. 四书章句集注[M]. 北京：中华书局，1983 年.

[70]陆德明. 经典释文[M]. 中华书局，1985 年.

[71]程瑶田. 程瑶田全集[M]. 陈冠明等点校，合肥：黄山书社，2008 年.

[72]焦循. 焦循全集[M]. 扬州：广陵书社，2016 年.

[73]凌廷堪. 校礼堂文集[C]. 北京：中华书局，1998 年.

[74]余嘉锡. 古书通例[M]. 上海：上海古籍出版社，1986 年.

[75]魏源. 魏源全集[M]. 长沙：岳麓书社，2004 年.

[76]马瑞辰. 毛诗传笺通释[M]. 北京：中华书局，1989 年.

[77]戴南海. 校勘学概论[M]. 西安：陕西人民出版社，1986 年.

论 文

[1]吴根友. 试论戴震的语言哲学思想[J]. 中国哲学史,2009 年第 1 期.

[2]李红英. 近十五年戴学研究综述[J]. 安徽史学,2002 年第 2 期.

[3]李畅然. 戴震解经方法论发微——以《与是仲明论学书》为中心[J]. 文史哲,2014 年第 4 期.

[4]邓国宏. 戴震哲学方法论新探——以"解释学循环"为视角的观察[J]. 孔子研究,2018 年第 2 期.

[5]陶清. 戴震哲学思想研究——以《孟子字义疏证》为个案[J]. 孔子研究,2016 年第 5 期.

[6]陶武. 传统人性理论再解读——戴震人性可善论摭谈[J]. 学术界,2014 年第 10 期.

[7]杨应芹. 御用之作与独立研究的终极成果——戴震两种不同版本的《水经注》[J]. 文史哲,2012 年第 4 期.

[8]吴根友. 再论皖派与吴派的学术关系——以戴震与惠栋为例[J]. 中国高校社会科学,2014 年第 3 期.

[9]漆永祥. 再论戴震学术研究中的几个争议问题[J]. 学术界,2015 年第 3 期.

[10]许苏民. 戴震哲学思想研究综述[J]. 社会科学动态,1997 年第 7 期.

[11]龙鑫. 戴震思想"分期说"评议[J]. 北京大学研究生学志,2010 年第 2 期.

[12]徐道彬. 徽州学者与清代审音派[J]. 安徽大学学报(哲学社会科学版),2013 年第 5 期.

[13]吴泽顺. 从王氏四种看先秦文献语言的音转规律[J]. 青海师范大学学报(哲学社会科学版),1991 年第 1 期.

[14]王平. 戴震《方言疏证》中的声转和语转[J]. 山东师范大学学报(社会科学版),1998 年第 1 期.

[15]党怀兴,王亚元. 清代"假借"学说研究[J]. 陕西师范大学学报(哲学社会科学版),2014 年第 2 期.

[16]邓跃敏. 戴震《方言疏证》的校勘成就[J]. 求索,2007 年第 1 期.

[17]朱国理. 试论转语理论的历史发展[J]. 古汉语研究,2002 年第

1 期.

[18]江中柱.戴震"四体二用说"研究[J].湖北大学学报(哲学社会科学版),1993 年第 4 期.

[19]吴根友.从经学解释学到经典解释学[J].社会科学战线,2019 年第 6 期.

[20]翟忠义.论戴震在地理学上的贡献[J].山东师范大学学报(人文社会科学版),2003 年第 6 期.

[21]朱昌荣.皖派朴学述论[D].芜湖:安徽师范大学,2003 年.

[22]吴泽顺.汉语音转研究[D].长沙:湖南大学,2004 年.

[23]刘艳清.清代"六书"说研究[D].西安:陕西师范大学,2010 年.

[24]张庆伟.东传科学与乾嘉考据学关系研究[D].济南:山东大学,2013 年.